KLEOPATRA

EIN LEBEN

STACY SCHIFF

KLEOPATRA

EIN LEBEN

Aus dem Amerikanischen
von Helmut Ettinger
und Karin Schuler

Bassermann

ISBN 978-3-8094-4780-1

1. Auflage
Genehmigte Sonderausgabe

Die Originalausgabe erschien auf Amerikanisch unter dem Titel
Cleopatra. A Live bei Little, Brown and Company, New York.

Projektleitung dieser Ausgabe: Martha Sprenger
Umschlaggestaltung: Atelier Versen, Bad Aibling
Satz: Uhl + Massopust, Aalen
Herstellung: Franziska Polenz

Penguin Random House Verlagsgruppe FSC® N001967

Druck und Bindung: GGP Media GmbH, Pößneck

Printed in Germany

214101050113

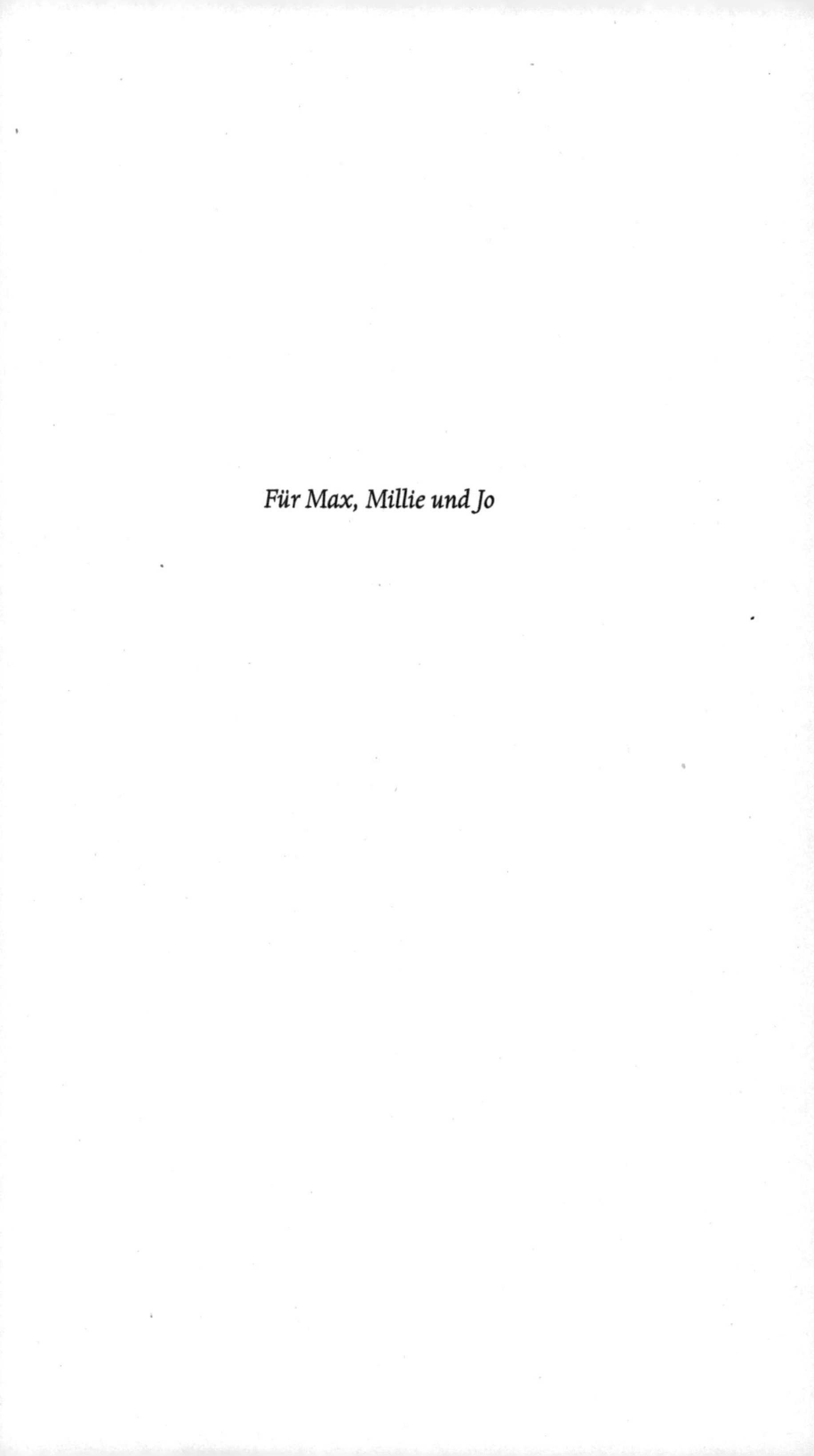

Für Max, Millie und Jo

INHALT

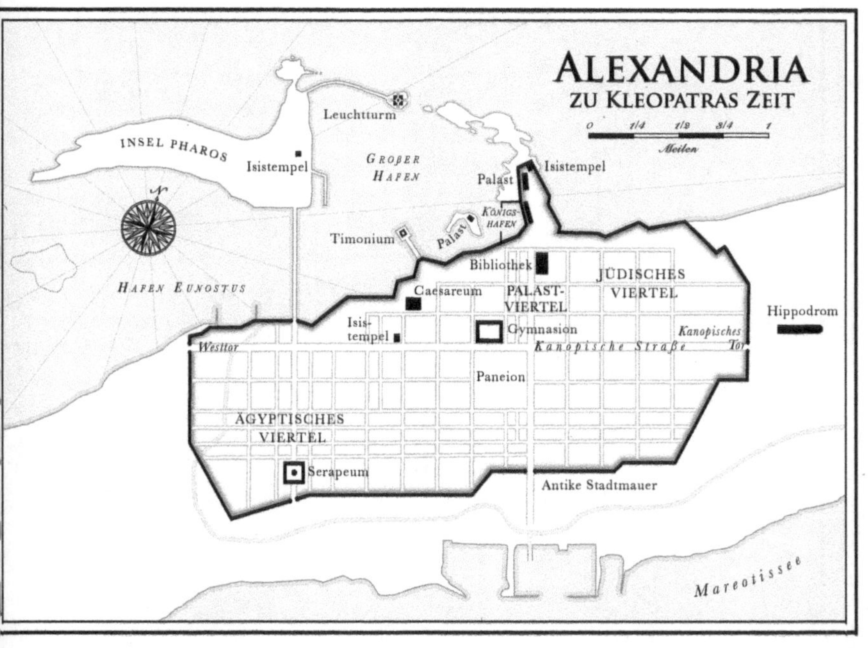
ALEXANDRIA
ZU KLEOPATRAS ZEIT
0 1/4 1/2 3/4 1
Meilen
Leuchtturm
INSEL PHAROS
Isistempel
GROßER
HAFEN
Palast
Isistempel
KÖNIGS-
HAFEN
Timonium
Palast
Bibliothek
JÜDISCHES
VIERTEL
HAFEN EUNOSTUS
Caesareum
PALAST-
VIERTEL
Hippodrom
Isis-
tempel
Gymnasion
Kanopisches
Tor
Westtor
Kanopische Straße
Paneion
ÄGYPTISCHES
VIERTEL
Serapeum
Antike Stadtmauer
Mareotissee

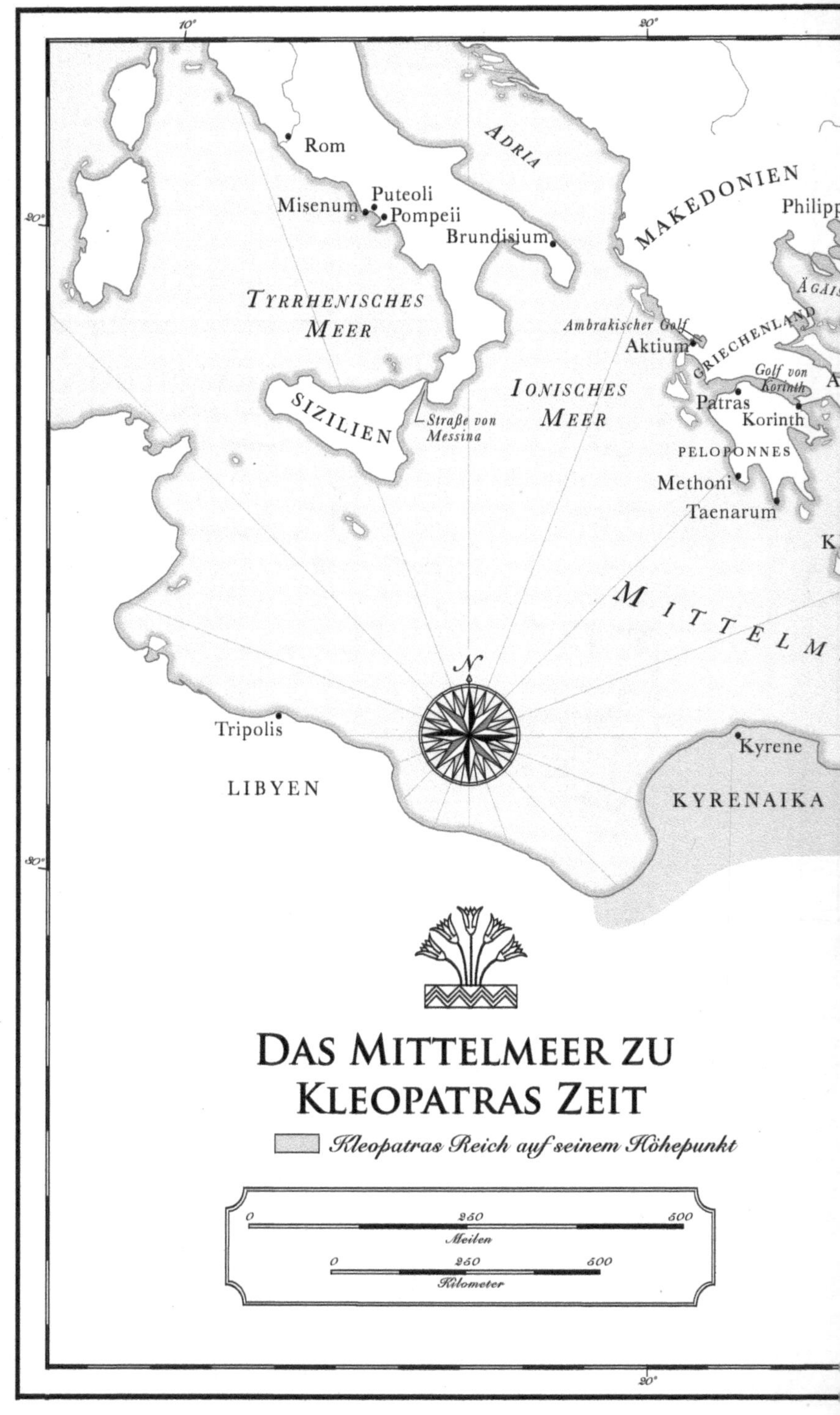

Das Mittelmeer zu Kleopatras Zeit

Kleopatras Reich auf seinem Höhepunkt

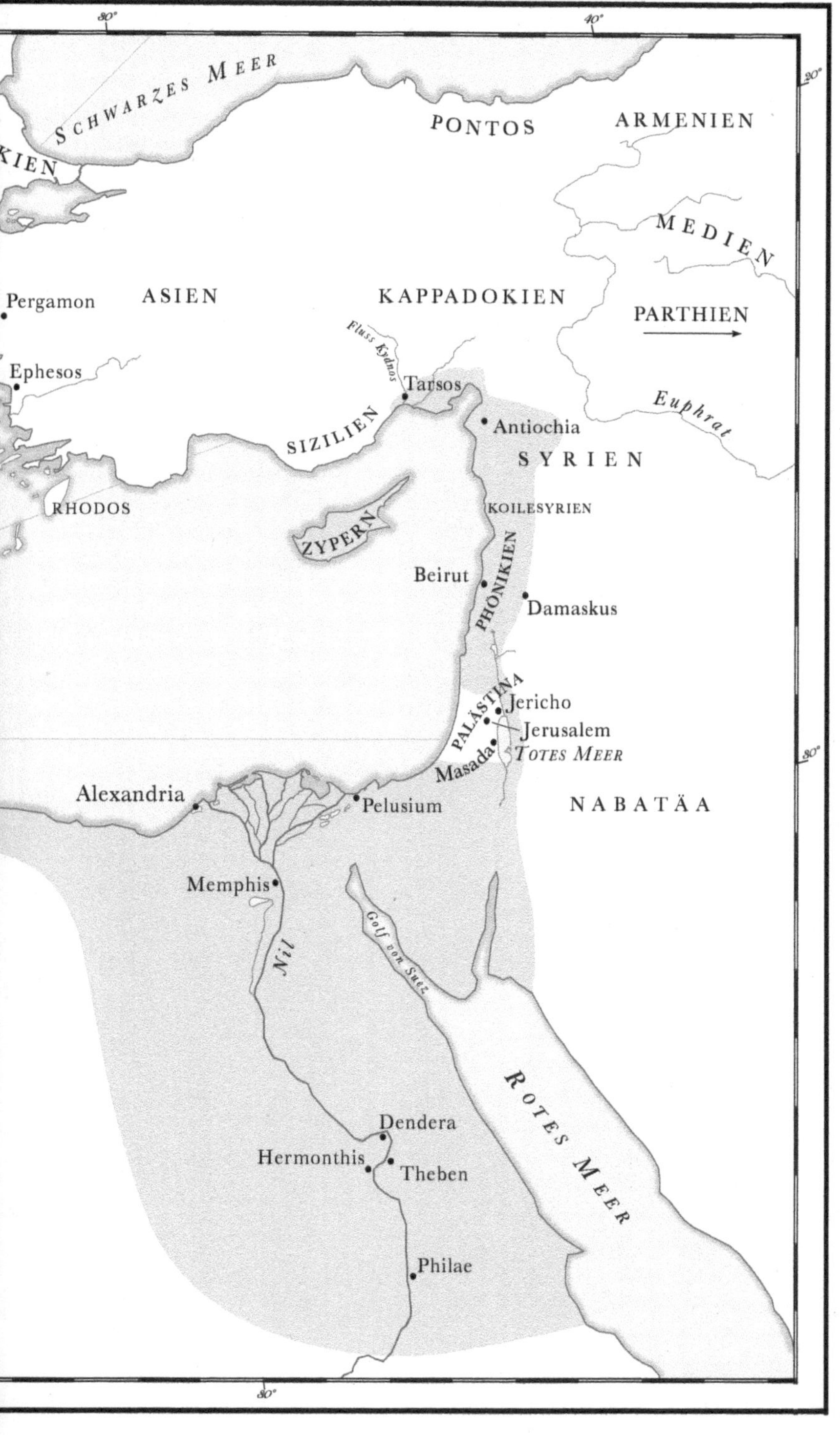

30°
40°
20°
SCHWARZES MEER
PONTOS
ARMENIEN
KIEN
MEDIEN
Pergamon
ASIEN
KAPPADOKIEN
PARTHIEN
Fluss Kydnos
Ephesos
Tarsos
Euphrat
Antiochia
SIZILIEN
SYRIEN
RHODOS
KOILESYRIEN
ZYPERN
PHÖNIKIEN
Beirut
Damaskus
PALÄSTINA
Jericho
Jerusalem
Masada
TOTES MEER
30°
Alexandria
Pelusium
NABATÄA
Memphis
Golf von Suez
Nil
ROTES MEER
Dendera
Hermonthis
Theben
Philae
30°

I

DIESE ÄGYPTISCHE FRAU[1]

»Den Sterblichen ist nichts nützlicher als weises Misstrauen.«[2]

EURIPIDES

EINE DER BERÜHMTESTEN Frauen, die je gelebt haben, Kleopatra VII., hat Ägypten zweiundzwanzig Jahre lang regiert. Sie verlor ein Königreich, gewann es zurück, verlor es beinahe wieder, errichtete ein Imperium und büßte dieses schließlich ganz ein. Als Kind eine Göttin, mit achtzehn eine Königin, bald darauf eine Berühmtheit, war sie schon zu ihren Lebzeiten Gegenstand von Spekulation und Bewunderung, Klatsch und Legende. Auf dem Gipfel ihrer Macht kontrollierte sie im Grunde die gesamte Küste des östlichen Mittelmeers, das letzte große Königreich aller Herrscher Ägyptens. Für einen flüchtigen Augenblick hielt sie das Schicksal der von Rom geprägten Welt in ihren Händen. Sie hatte ein Kind mit einem verheirateten Mann und drei weitere mit einem anderen. Sie starb mit neununddreißig Jahren eine Generation vor Christi Geburt. Katastrophen zementieren stets einen Ruf, Kleopatras Ende aber war abrupt und sensationell. Seitdem hat sie sich in unserer Fantasie festgesetzt. Viele haben für sie gesprochen, darunter die größten Dramatiker und Dichter. Seit zweitausend Jahren legen wir ihr Worte in den Mund. In einem Nachleben, wie es die Geschichte rastloser kaum kennt, ist sie zu einem Asteroiden, einem Videospiel, einem Klischee, einem Glücksspielautomaten, einem Stripteaseklub und zu einem Synonym für Elizabeth Taylor geworden. Shakespeare hat ihr endlose Wandlungsfähigkeit bescheinigt. Er hatte keine Ahnung.

Ihr Name ist unauslöschlich, doch ihr Bild verschwommen. Kleopatra mag eine der bekanntesten Gestalten der Geschichte sein, aber wir haben kaum eine Vorstellung davon, wie sie wirklich aussah. Als authentisch können allein ihre Porträts auf Münzen gelten, die – wahrscheinlich mit ihrer Genehmigung – zu ihren Lebzeiten geprägt wurden. Zudem gedenken wir ihrer aus den falschen Gründen. Als fähige, klarsichtige Herrscherin wusste sie, wie man eine Flotte aufbaut, einen Aufstand niederschlägt, eine Währung kontrolliert und eine Hungersnot bewältigt. Ein berühmter römischer General bezeugte, dass sie sich in der Kriegskunst auskannte. Selbst zu Zeiten, da Herrscherinnen keine Seltenheit waren, ragte sie als die einzige Frau der antiken Welt heraus, die allein regierte und in der Politik Roms eine Rolle spielte. Sie häufte die größten Reichtümer des Mittelmeerraums an. Und sie genoss größeren Respekt als jede andere Frau ihrer Zeit, was ein reizbarer königlicher Rivale erkennen musste, als er, während sie an seinem Hof weilte, ihre Ermordung forderte. (Angesichts ihrer Stellung war diese einfach nicht möglich.)[3] Kleopatra entstammte einem alten Mördergeschlecht und hielt diese Familientradition aufrecht, zeichnete sich jedoch für Zeit und Ort durch bemerkenswert gute Sitten aus. Und doch gilt sie bis heute als schamlose Verführerin – nicht der einzige Fall, dass aus einer echten Powerfrau ein kokettes Weibchen gemacht wird.

Wie jedes Leben, das die Dichter geradezu herausgefordert hat, war auch das Kleopatras von Verwerfungen und Enttäuschungen geprägt. Sie wuchs in unvorstellbarem Luxus auf, erbte aber ein Königreich im Niedergang. Über zehn Generationen hatte sich ihre Familie als Pharaonengeschlecht stilisiert. Die Ptolemäer waren in Wirklichkeit aus Makedonien stammende Griechen. Folglich ist Kleopatra etwa so viel Ägypterin wie Elizabeth Taylor. Als sie achtzehn war, übernahm sie zusammen mit ihrem zehnjährigen Bruder die Kontrolle über ein Land mit einer großen Vergangenheit, aber einer ungewissen Zukunft. Dreizehnhundert Jahre trennen Kleopatra von Nofretete. An den Pyramiden, die sie ziemlich sicher Julius Caesar präsentierte, prangten bereits Graffiti. Die Sphinx hatte schon tausend Jahre zuvor eine Grundsanierung erfahren. Der Glanz des einst großen Ptolemäerreichs war stumpf geworden. Kleopatra wurde erwachsen in einer Welt, über welcher der Schatten Roms lag. Das hatte während ihrer Kindheit seine Herrschaft bis an die Grenzen Ägyptens ausgedehnt. Als Kleopatra elf Jahre alt war, schärfte Caesar seinen Offizieren ein, wenn sie keine Kriege führten, keine Reichtümer erwarben und andere beherrschten, dann seien sie keine Römer. Ein Souverän des Ostens, der einen einsamen Kampf gegen Rom führte, formulierte Kleopatras späteres Dilemma so: Die Römer haben die Gemütslage von Wölfen. Sie hassen große Könige. Was sie besitzen, haben sie zusammengeraubt. Sie wollen alles erobern und dabei »entweder alles zerstören oder bei dem Versuch untergehen«.[4] Was das für das letzte verbliebene reiche Land in Roms Einflusssphäre bedeutete, war klar. Ägypten hatte sich bisher durch geschicktes Verhandeln einen Namen gemacht und dabei zumeist seine Unabhängigkeit bewahren können. Zuweilen hatte es selbst in Angelegenheiten Roms eingegriffen.

Für eine gigantische Geldsumme hatte Kleopatras Vater die offizielle Bezeichnung »Freund und Verbündeter des Römischen Volkes« erworben. Seine Tochter musste erkennen, dass es nicht ausreichte, ein Freund jenes Volkes und dessen Senats zu sein, sondern dass sie sich den jeweils mächtigsten Römer zum Freund machen musste. In der Spätzeit der Republik, die von Bürgerkriegen erschüttert wurde, war das eine verwirrende Aufgabe. Zu Kleopatras Lebzeiten flammten sie mehrfach auf. Immer wieder traten römische Kommandeure gegeneinander an, um hauptsächlich ihre eigenen Interessen durchzusetzen. Zweimal geschah das unerwartet auf ägyptischem Boden. Jede dieser Erschütterungen sandte ein

Beben durch den ganzen Mittelmeerraum, wo man permanent damit beschäftigt war, Loyalitäten zu korrigieren und Tributzahlungen umzuleiten. Kleopatras Vater hatte auf Pompeius den Großen gesetzt, den brillanten römischen General, dem das Glück ewig hold zu sein schien. Er wurde zum Schutzherrn der Familie. Auch er führte einen Bürgerkrieg gegen Julius Caesar, als Kleopatra auf der anderen Seite des Mittelmeers den Thron bestieg. Im Sommer des Jahres 48 v. Chr. brachte Caesar Pompeius in Mittelgriechenland die entscheidende Niederlage bei. Pompeius floh nach Ägypten. An einem ägyptischen Strand wurde er erdolcht und enthauptet. Da war Kleopatra einundzwanzig Jahre alt. Sie hatte keine Wahl, als sich bei dem neuen Herrn über die römische Welt beliebt zu machen. Das tat sie anders als die meisten übrigen Klientelkönige, deren Namen heute zu Recht vergessen sind. In den folgenden Jahren kämpfte sie darum, die unaufhaltsame römische Flut in eine ihr günstige Richtung zu lenken. Nach Caesars Ermordung musste sie die Schutzherren wechseln und arrangierte sich schließlich mit dessen Protegé Marcus Antonius. Aus dem Abstand der Jahre gesehen, wirkte ihre Herrschaft wie eine Gnadenfrist. Ihre Geschichte war im Grunde vorüber, bevor sie wirklich begann. So hat sie selbst es natürlich nicht gesehen. Als sie starb, wurde Ägypten zu einer Provinz des Römischen Reichs. Seine Selbstständigkeit sollte es erst im 20. Jahrhundert wiedererlangen.

Kann von einer Frau, die mit den beiden mächtigsten Männern ihrer Zeit geschlafen hat, überhaupt etwas Gutes gesagt werden? Vielleicht, aber nicht unter Bedingungen, als Rom die Geschichtsschreibung kontrollierte. Kleopatra stand an einem der gefährlichsten Schnittpunkte der Geschichte – dem von Frau und Macht. Hunderte Jahre zuvor hatte Euripides bereits gewarnt, kluge Frauen seien gefährlich. Ein römischer Historiker beschrieb eine judäische Königin mit großer Befriedigung als reine Galionsfigur, um sie sechs Seiten weiter für ihre gewagten Ambitionen und ihr ungehöriges Machtstreben zu verdammen.[5] Eine eher entwaffnende Art der Machtausübung war allerdings auch schon zu spüren. In einem Ehevertrag aus dem 1. Jahrhundert v. Chr. versprach die Braut, treu und liebevoll zu sein. Weiter gelobte sie, ihrem Ehemann mit Essen oder Trinken keinen Liebestrank zu verabreichen.[6] Wir wissen nicht, ob Kleopatra Antonius oder Caesar geliebt hat. Was wir wissen, ist, dass sie beide dazu brachte, das zu tun, was sie wollte. Aus römischer Sicht »versklavte« sie beide. Das Nullsummenspiel war erfunden: Macht der Frau bedeutete Täuschung des Mannes. Auf die Frage, wie sie ihren Einfluss auf Augustus, den ersten Kaiser von Rom, erlangt habe, soll dessen Frau geantwortet haben: »Indem ich mich selbst absolut tugendhaft verhalte, stets mit Freuden tue, was ihm gefällt, mich nicht in seine Angelegenheiten einmische, vor allem aber vorgebe, die Favoritinnen nicht zu bemerken, denen seine Leidenschaft gilt.«[7] Diese Formel sollte man nicht unbedingt für bare Münze nehmen. Und Kleopatra war ohnehin aus ganz anderem Holz geschnitzt. Sie brachte es durchaus fertig, dem berühmtesten römischen General der Zeit auf einer geruhsamen Angeltour unter der blassen Sonne Alexandrias zu empfehlen, er möge sich seinen Aufgaben widmen.

Für einen Römer galten Freizügigkeit und Gesetzlosigkeit als griechische Untugenden. Kleopatra war gleich doppelt verdächtig: zum einen, weil sie aus einer Kultur stammte, der man »eine natürliche Gabe der Täuschung« zuschrieb[8], zum anderen, weil sie in Alexandria lebte. Ein Römer konnte Exotik und Erotik nicht auseinanderhalten. Kleopatra stand für den geheimnisvollen, alchemistischen Osten, für ihr eigenartiges, sinnenfrohes Land, das so pervers und urtümlich erschien wie sein erstaunlicher Fluss. Männer, die ihr begegneten, verloren offenbar den Kopf oder änderten ihre Pläne. Selbst in Plutarchs Biografie von Marcus Antonius ist sie mit diesem durchgebrannt. Ähnlich wirkte sie auf einen Historiker des 19. Jahrhunderts, der sie bei der ersten Begegnung mit Caesar als »ein lockeres Mädchen von sechzehn« beschreibt.[9] (Dabei war sie zu dieser Zeit bereits eine sehr zielstrebige Frau von einundzwanzig Jahren.) Der Ruf, eine Sirene des Ostens zu sein, ging Kleopatra lange voraus. Das verwundert nicht, denn sie stammte aus dem die Sinne betörenden Land von Sex und Exzess. Es ist nicht schwer zu verstehen, weshalb Caesar Geschichte, Kleopatra aber Legende wurde.

Unser Blick wird auch dadurch verstellt, dass die Römer, die über Kleopatras Leben berichteten, offenbar ihre eigene Historie nur allzu gut kannten. Das ist in ihren Berichten immer wieder zu spüren. Wie Mark Twain in seinem überwältigenden, aber auch überladenen Bericht vom Vatikan ziehen wir zuweilen die Kopie dem Original vor. Das haben die Autoren der Antike auch getan. Sie haben verschiedene Berichte zusammengewürfelt oder alte Geschichten wieder aufgewärmt. Die Sünden anderer Missetäter haben sie Kleopatra angelastet. Geschichte eignete sich noch stets dafür, mit immer neuen Ausschmückungen, aber nicht unbedingt mehr Genauigkeit neu erzählt zu werden. In den antiken Texten tragen die Schurken immer ein besonders vulgäres Violett, schlingen zu viel gebratenen Pfau hinunter, salben sich mit besonders seltenen Ingredienzen oder lösen Perlen auf. Ob nun eine transgressive, machthungrige ägyptische Königin oder ein skrupelloser Seeräuber – sie waren bekannt für die »abstoßende Extravaganz« ihrer Ausstattung.[10] Laster und Opulenz gingen Hand in Hand, ihre Welt loderte in Purpur und Gold. Da half auch nicht, dass Geschichte in Mythologie, Menschliches in Göttliches überging. In Kleopatras Welt konnte man die Überreste von Orpheus' Leier besichtigen oder das Ei, aus dem Helena von Troja geschlüpft war.

Geschichte wird nicht nur von der Nachwelt, sondern auch für die Nachwelt geschrieben. Die Verfasser der heute vorhandenen ausführlichsten Quellen sind Kleopatra nie begegnet. Plutarch wurde geboren, als sie schon sechsundsiebzig Jahre tot war. (Er war ein Zeitgenosse der Evangelisten Matthäus, Markus, Lukas und Johannes.) Appian schrieb aus einem Zeitabstand von über einhundert und Cassius Dio von weit über zweihundert Jahren. Kleopatras Geschichte unterscheidet sich von der der meisten Frauen dadurch, dass die Männer, die sie schrieben, ihre Rolle aus persönlichen Gründen eher verstärkten als abschwächten. Ihr Verhältnis zu

Marcus Antonius war das längste ihres Lebens, jedoch das zu dessen Rivalen Augustus hat die Zeiten überdauert. Der musste Antonius und Kleopatra besiegen. Um diesem Sieg im Interesse Roms noch mehr Glanz zu verleihen, schuf er im Stil des heutigen Boulevards die Version von der unersättlichen, heimtückischen, blutrünstigen, machtgierigen ägyptischen Königin. Er blies Kleopatra zu hyperbolischen Dimensionen auf, um seinen Triumph möglichst groß erscheinen zu lassen und damit seinen tatsächlichen Gegner und ehemaligen Schwager aus dem Bild zu drängen. Das Ergebnis nimmt sich aus wie eine Napoleon-Biografie aus der Feder eines Briten des 19. Jahrhunderts oder eine Geschichte Amerikas im 20. Jahrhundert aus der des Vorsitzenden Mao.

Zu der großen Zahl höchst tendenziöser Historiker kommt eine besonders kümmerliche Faktenlage. Aus Alexandria sind keine Papyri erhalten geblieben. Von der antiken Stadt ist oberirdisch fast nichts mehr zu erkennen. Wenn überhaupt, dann besitzen wir maximal ein geschriebenes Wort von Kleopatra. (Im Jahr 33 v. Chr. signierte sie oder ein Schreiber ein königliches Dekret mit dem griechischen Wort *ginesthoi*, das so viel bedeutete wie »Ausführen«.) Die Autoren des klassischen Zeitalters hielten nichts von Statistik und gelegentlich auch nichts von Logik. Ihre Berichte widersprechen einander und sich selbst. Appian geht sorglos mit Einzelheiten um, Josephus mit den zeitlichen Abläufen. Cassius Dio zog Rhetorik exakten Formulierungen vor. Die Lücken wirken so regelmäßig, als wären sie bewusst geschaffen. Man ist versucht, von einer Verschwörung des Schweigens zu sprechen. Wie kann es sein, dass aus einem Zeitalter des vollendeten realistischen Porträts keine eindeutig bestätigte Büste Kleopatras überliefert ist? Ciceros Briefe aus den ersten Monaten des Jahres 44 v. Chr. – als Caesar und Kleopatra in Rom zusammen waren – wurden nie veröffentlicht. Die längste griechische Geschichte jener Zeit übergeht diese eindeutig stürmische Periode. Schwer zu sagen, was uns dabei am meisten fehlt. Appian kündigt Ausführlicheres über Caesar und Kleopatra in seinen vier Büchern zur ägyptischen Geschichte an, die nicht mehr vorhanden sind. Der Bericht des Livius bricht ein Jahrhundert vor Kleopatra ab. Von der detaillierten Schilderung ihres Leibarztes wissen wir nur, weil Plutarch sich darauf bezieht. Die Chronik des Dellius ist verschwunden und mit ihr die anzüglichen Briefe, die Kleopatra ihm geschrieben haben soll. Selbst Lucan kommt mitten in seinem epischen Poem zu einem abrupten, ärgerlichen Halt und lässt Caesar zu Beginn des Alexandrinischen Krieges in Kleopatras Palast verschanzt zurück. Und wo es an Fakten mangelt, da überwuchern Mythen die Geschichte.

Die Lücken in der Überlieferung sind ein Problem, wie man sie gefüllt hat, ein weiteres. Wo Staatsaffären wegfallen, bleiben uns die Affären des Herzens. Diese dominante Frau, versiert in Politik, Diplomatie und Staatsführung, perfekt in neun Sprachen, eloquent und charismatisch, wirkt wie eine gemeinsame Kreation von römischen Propagandisten und Hollywood-Regisseuren. Ihr blieb es vorbehalten, einer Erscheinung, von deren Existenz wir immer wussten, ein antikes Markenzeichen zu verleihen: der Macht der weiblichen Sexualität. Auch ihr Timing konnte schlechter nicht sein. Nicht nur, dass ihre Geschichte von ihren Feinden geschrieben wurde, sie hatte auch noch das Pech, in aller Munde zu sein, als die lateinische Dichtkunst erblühte. So hat sie buchstäblich in einer ihr feindlichen Sprache überlebt. Damit konnte die Fiktion ins Kraut schießen. George Bernard Shaw nennt unter seinen Quellen für *Caesar und Cleopatra* die eigene Fantasie. Zahlreiche Historiker beziehen sich auf Shakespeare, was man verstehen kann. Aber das ist, als nähme man die Worte des berühmten Schauspielers George C. Scott für die von General Patton, den er im Film dargestellt hat.

Kleopatras Bild wiederherzustellen bedeutet, die wenigen Fakten zu sichern, zugleich aber auch die Kruste der Mythen und der jahrhundertelangen Propaganda abzutragen. Sie war eine griechische Frau, deren Geschichte Männern in die Hände fiel, die ihre Zukunft in Rom sahen, die Mehrzahl Beamte des Reichs. Die Methoden ihrer Geschichtsschreibung liegen für uns im Dunkeln.[11] Quellen führten sie nur selten an. Zumeist verließen sie sich auf ihr

Gedächtnis.[12] Nach heutigen Standards wären sie allesamt als Polemiker, Apologeten, Moralisten, Fabulierer, Wiederverwerter, Flickwerker oder Hacker eingestuft worden. Kleopatras Ägypten hat bei seinem hohen Bildungsstand selbst keinen großen Historiker hervorgebracht. Daher kann man nur auf die Quellen zurückgehen. Die mögen mangelhaft sein, aber es sind die einzigen, die wir haben. Bis heute gibt es darin keine generelle Übereinstimmung zu den Grunddaten ihres Lebens – wer ihre Mutter war, wie lange sie in Rom lebte, wie oft sie schwanger war, ob sie und Antonius verheiratet waren, wie die Schlacht verlief, die ihr Schicksal besiegelte, oder wie sie starb.* Ich habe versucht zu berücksichtigen, wer von den Verfassern ein ehemaliger Bibliothekar und wer ein Klatschreporter war, wer Ägypten mit eigenen Augen gesehen hat, wer es verachtet hat und wer dort geboren wurde, wer ein Problem mit Frauen hatte und wer mit dem Eifer eines römischen Konvertiten schrieb, wer eine Rechnung begleichen, seinem Kaiser schmeicheln oder seinen Hexameter vervollkommnen wollte. (Ich stütze mich nur wenig auf Lucan. Er erschien zeitig auf der Bildfläche – vor Plutarch, Appian oder Cassius Dio. Zudem war er Dichter und sehr sensationslüstern.) Selbst wenn Berichte weder tendenziös noch konfus wirken, sind sie oft übertrieben. Wie bereits festgestellt, gab es in der Antike keine klaren, unausgeschmückten Geschichten.[13] Man wollte vor allem blenden. Ich habe nicht versucht, die Leerstellen zu füllen, aber gelegentlich die Interpretationsmöglichkeiten eingegrenzt. Was kaum wahrscheinlich war, bleibt kaum wahrscheinlich, obwohl auch hier die Meinungen radikal auseinandergehen. Das Unversöhnliche bleibt unversöhnt. In den meisten Fällen habe ich den Kontext wiederhergestellt. Kleopatra hat in der Tat ihre Geschwister umgebracht, aber Herodes die eigenen Kinder. (Später jammerte er, er sei der »unglücklichste der Väter«.[14])

* Nicht einmal die Schriftsteller und Künstler sind sich über Caesar und Kleopatra einig: Er liebt sie (Georg Friedrich Händel), er liebt sie nicht (George Bernard Shaw), er liebt sie (Thornton Wilder).

Plutarch erinnert uns daran, dass solches Verhalten unter Herrschern geradezu axiomatisch war. Kleopatra muss nicht unbedingt schön gewesen sein, aber ihr Reichtum und ihr Palast verschlugen einem Römer den Atem. Von den beiden Seiten des Mittelmeers nahmen sich die Dinge stets sehr verschieden aus. Neuere Forschungen aus den letzten Jahrzehnten zu Frauen in der Antike und im hellenistischen Ägypten haben das Bild beträchtlich aufgehellt. Ich habe versucht, den Schleier des Melodrams von den Schlussszenen des Lebens der Kleopatra wegzuziehen, der selbst aus nüchternen Chroniken Seifenopern macht. Zuweilen wird das Geschehen in der Tat dramatisch, und das aus gutem Grund. Kleopatras Zeit war eine Ära der übergroßen, faszinierenden Persönlichkeiten. An ihrem Ende verlassen die größten Akteure abrupt die Szene. Hinter ihnen bricht eine Welt zusammen.

Vieles, was Kleopatra betrifft, wissen wir nicht, aber eine Menge war ihr selbst unbekannt. Sie wusste weder, dass sie im 1. Jahrhundert v. Chr. noch im Zeitalter des Hellenismus lebte, denn beides sind Konstrukte einer späteren Zeit. (Das hellenistische Zeitalter beginnt mit dem Tod Alexanders des Großen im Jahr 323 v. Chr. und endet mit Kleopatras Tod 30 v. Chr. Am besten ist es vielleicht einmal definiert worden als eine griechische Periode, in der Griechen keine Rolle spielten.[15]) Aus mehreren Gründen wusste sie auch nicht, dass sie Kleopatra VII. war; denn eigentlich war sie die sechste Kleopatra. Sie kannte keinen Mann namens Octavian. Der Mann, der sie besiegte, absetzte, in den Selbstmord trieb und sie für die Nachwelt zurechtmachte, wurde als Gaius Octavius geboren. Als er für Kleopatras Leben Bedeutung erlangte, nannte er sich Gaius Julius Caesar nach seinem berühmten Großonkel und Kleopatras Liebhaber, der ihn in seinem Testament adoptiert hatte. Wir kennen ihn heute als Augustus, einen Titel, den er erst drei Jahre nach Kleopatras Tod annahm. In diesem Buch erscheint er als Octavian, denn zwei Caesars sind wie immer einer zu viel.

Die meisten Ortsnamen haben sich seit der Antike geändert.

Lionel Cassons sinnvoller Führung folgend, habe ich vertraute Namen den logisch richtigen vorgezogen. Daher ist Berytus in diesem Buch Beirut, während Pelusium, das nicht mehr existiert und heute östlich von Port Said an der Einfahrt zum Suezkanal läge, Pelusium bleibt. Die Geografie hat sich in vieler Hinsicht gewandelt: Küstenlinien sind eingebrochen, Sümpfe ausgetrocknet, Berge erodiert. Alexandria wirkt heute flacher als zu Kleopatras Lebzeiten. Das alte Straßennetz gibt es nicht mehr, und die Stadt strahlt auch nicht mehr in blendendem Weiß. Der Nil liegt etwa drei Kilometer weiter östlich. Aber der Staub, die schwülwarme Meeresluft und die purpurfarbenen Sonnenuntergänge sind immer noch da. Die menschliche Natur bleibt erstaunlich beständig. Der Gang der Geschichte ist nicht mehr zu verändern. Berichte aus erster Hand gehen nach wie vor weit auseinander.*[16] Seit über zweitausend Jahren gelingt es einem Mythos, die Geschichte zu überholen und zu überleben. Wenn nicht anders angegeben, sind alle Jahreszahlen als v. Chr. zu verstehen.

* So ist es seit undenklichen Zeiten gewesen. »Und das Streben nach Sicherung der Tatsachen war eine mühselige Aufgabe, denn jene, die Augenzeugen der verschiedenen Ereignisse waren, berichteten über dieselben Dinge nicht in gleicher Weise, sondern unterschiedlich je nach ihrer Parteinahme für die eine oder andere Seite und nach ihrer Erinnerung«, grollte Thukydides fast vierhundert Jahre vor Kleopatra.

II

TOTE MÄNNER BEISSEN NICHT[1]

»Es ist eine Gottesgabe und ein wahres Glück,
wenn man so wenige Verwandte hat.«[2]

MENANDER

IN DIESEM SOMMER stellte sie in einem Wüstenlager unter der Glut der syrischen Sonne eine Söldnertruppe zusammen. Sie war einundzwanzig, eine Waise und Verbannte. Sie wusste bereits, was übermäßiges Glück und dessen dramatischer Begleiter – Unglück – bedeutet. Sie, die den höchsten Luxus ihrer Zeit gewohnt war, hielt nun dreihundert Kilometer von den Ebenholztüren und Onyxfußböden ihres Palastes entfernt Hof. Seit einem Jahr stand ihr Zelt im Gestrüpp der Wüste ihrer Heimat am nächsten. Während der letzten Monate hatte sie um ihr Leben kämpfen müssen, war durch Mittelägypten, Palästina und Südsyrien geflohen. Im Staub dieses Sommers hatte sie eine Armee auf die Beine gestellt.

Die Frauen in ihrer Familie und natürlich auch sie waren zu solchen Taten fähig. Sie fühlte sich in der Lage, mit einem Feind fertig zu werden, der sich ihr in den Weg stellte. In gefährlicher Nähe unweit der Küstenfestung Pelusium an Ägyptens Ostgrenze standen 20 000 erfahrene Soldaten – eine Armee, etwa halb so groß wie jene, mit der Alexander der Große dreihundert Jahre zuvor nach Asien übergesetzt war. Diese war eine Respekt einflößende Ansammlung von Piraten und Banditen, Räubern, Verbannten und flüchtigen

Sklaven unter dem nominellen Befehl ihres dreizehn Jahre alten Bruders. Zusammen mit ihm hatte sie den Thron Ägyptens geerbt. Sie hatte ihn beiseite geschoben, wofür er sie aus dem Königreich verbannte, das sie gemeinsam als Ehemann und Ehefrau hätten regieren sollen. Die Armee ihres Bruders kontrollierte die roten Backsteinmauern von Pelusium und dessen massive halbrunde Türme von sechs Metern Durchmesser. Sie selbst lagerte östlich davon an der öden Küste in einem flirrenden Meer von bernsteingelbem Sand. Eine Schlacht stand bevor. Ihre Lage war bestenfalls hoffnungslos zu nennen. Zum letzten Mal für zweitausend Jahre steht Kleopatra VII. hinter den Kulissen. Binnen weniger Tage wird sie sich in die Weltgeschichte katapultieren. Dafür aber muss sie im Angesicht des Unvermeidlichen das Unwahrscheinliche wagen. Wir schreiben das Jahr 48 v. Chr.

Über dem ganzen Mittelmeerraum schwebte ein »seltsamer Wahnsinn« voller Omen, Anzeichen und unglaublicher Gerüchte. Die Stimmung schwankte zwischen nervös und verzweifelt. An einem einzigen Nachmittag konnte man zornig und freudig, machtbewusst und furchtsam zugleich sein. Manche der Gerüchte erfüllten sich tatsächlich. Anfang Juli hörte Kleopatra, dass der römische Bürgerkrieg, der Kampf des unbesiegbaren Julius Caesar gegen den unbeugsamen Pompeius den Großen mit ihrem eigenen Krieg zu kollidieren drohte. Das war besorgniserregend. Denn solange Kleopatra denken konnte, waren die Römer die Beschützer der Monarchen Ägyptens gewesen. Die verdankten ihren Thron der zerstörerischen Macht, die binnen weniger Generationen fast den gesamten Mittelmeerraum erobert hatte. Und Pompeius war, so weit ihre Erinnerung reichte, immer ein besonders enger Freund ihres Vaters gewesen. Der brillante General hatte jahrzehntelang zu Lande und zur See Sieg auf Sieg errungen, in Afrika, Asien und Europa ein Land nach dem anderen bezwungen. Sowohl Kleopatra als auch der ihr entfremdete Bruder Ptolemaios XIII. standen in seiner Schuld.

Nur Tage später stellte Kleopatra fest, dass die Chance, von einem ermordet zu werden, der dir einen Gefallen schuldet, ebenso groß ist wie von einem Mitglied der eigenen Familie. Am 28. September tauchte Pompeius vor der Küste von Pelusium auf. Caesar hatte ihn besiegt. Verzweifelt suchte er nach einem Zufluchtsort. Logischerweise fiel ihm dabei der junge König ein, dessen Familie er stets unterstützt hatte und der ihm zutiefst verpflichtet war. Der konnte ihm guten Gewissens keine Bitte abschlagen. Jedoch die drei Regenten, die für den jungen Ptolemaios das Regime führten – Theodotos, sein Rhetoriklehrer, Achillas, der mutige Befehlshaber der königlichen Garde, und Potheinos, ein Eunuch, der flugs vom Kindererzieher des jungen Königs zum ersten Minister aufgestiegen war, verweigerten ihre Zustimmung. Das unerwartete Auftauchen des römischen Generals stellte sie vor eine schwere Entscheidung, die sie heftig debattierten. Die Meinungen gingen auseinander. Wenn man Pompeius abwies, machte man ihn sich zum Feind, nahm man ihn aber auf, dann stellte man sich gegen Caesar. Wurde Pompeius beseitigt, konnte er Kleopatra, der er wohlgesinnt war, nicht zu Hilfe eilen. Er konnte auch nicht selbst den ägyptischen Thron besteigen. »Tote Männer beißen nicht«, war der zwingende Ratschlag, den der Rhetoriklehrer Theodotos mit einem Lächeln präsentierte, nachdem er durch einen einfachen logischen Schluss bewiesen hatte, dass sie Pompeius weder behilflich sein noch beleidigen durften. Er schickte dem Römer einen Willkommensgruß und ein »elendes kleines Boot« entgegen.[3] Pompeius hatte noch keinen Fuß auf festen Boden gesetzt, als er im flachen Wasser vor Pelusium in Sichtweite von Ptolemaios' Armee und des kindlichen Königs in seiner purpurnen Robe erdolcht und sein Kopf vom Rumpf getrennt wurde.*

Caesar versuchte später diese grausame Tat zu begreifen. Dabei räumte er ein, dass in Zeiten des Unglücks Freunde häufig zu Fein-

* Ptolemaios XIII. sah diesem Mord vom Strand aus zu, was ihm einen ständigen Platz in Dantes neuntem Kreis der Hölle – in der Gesellschaft von Kain und Judas – eingebracht hat.

den werden. Vielleicht hat er auch daran gedacht, dass sich Feinde in solchen Zeiten unerwartet als Freunde erweisen können. Die Ratgeber des Ptolemaios enthaupteten Pompeius vor allem, um sich bei Caesar in ein günstiges Licht zu rücken. Welch bessere Gelegenheit konnte es geben, sich bei dem unumstrittenen Herrn des Mittelmeerraums beliebt zu machen? Damit vereinfachten sich allerdings die Dinge für Kleopatra. Im römischen Bürgerkrieg, einer Auseinandersetzung von derart brennender Intensität, dass sie weniger wie ein bewaffneter Konflikt denn wie die Pest, eine Flut oder ein Großfeuer wirkte[4], stand sie nun als Unterstützerin der Verliererseite da.

Drei Tage später traf Julius Caesar auf den Spuren seines Rivalen vor der Hauptmasse seiner Truppen in der ägyptischen Hauptstadt ein.[5] Die riesige Metropole Alexandria galt als Heimstatt von boshaftem Witz, fragwürdiger Moral und Diebstahl in großem Stil. Ihre Bewohner sprachen schnell, in vielen Sprachen und wirr durcheinander. Es war eine erregende Stadt mit hitzigen Gemütern und einem wachen, lebendigen Geist. Die allgemeine Unruhe wurde durch dieses zweite Aufblitzen von kaiserlichem Rot weiter angeheizt. Caesar achtete darauf, die Freude über seinen Sieg zu mäßigen, und blieb auch in der Folgezeit dabei. Als Theodotos ihm den drei Tage alten Kopf des Pompeius präsentierte, wandte er sich entsetzt ab und brach in Tränen aus. Die mögen zum Teil sogar echt gewesen sein, denn Pompeius war eine Zeit lang nicht nur sein Verbündeter, sondern auch sein Schwiegersohn gewesen. Wenn die Ratgeber des Ptolemaios geglaubt hatten, mit diesem grausigen Willkommensgruß Caesar auf Distanz zu halten, dann irrten sie. Und wenn Caesar annahm, der Mord an Pompeius sei ein Zeichen von Sympathie für ihn, dann lag auch er falsch, zumindest was das Volk von Alexandria betraf. Sein Eintreffen wurde von Unruhen begleitet, denn niemand war hier weniger willkommen als ein Römer, vor allem, wenn er die offiziellen Insignien der Macht trug. Bestenfalls würde sich Caesar in ihre Angelegenheiten einmischen. Und schlimmstenfalls war er auf Eroberung aus.

Rom hatte schon einmal einen ungeliebten König eingesetzt, der zu allem Überfluss sein Volk auch noch mit neuen Steuern belegte, um für diese Gunst zu bezahlen. Die Alexandriner wollten aber nicht für einen König, den sie gar nicht wünschten, zur Kasse gebeten werden. Sie hatten auch nicht die Absicht, sich zu Untertanen Roms machen zu lassen.

Caesar bezog ein sicheres Quartier in einem Pavillon auf dem Gelände des Ptolemaios-Palastes im östlichen Teil der Stadt nahe den königlichen Werften. Die Geplänkel gingen weiter, längs der von Kolonnaden gesäumten Straßen ebbten die Raufereien mit entsprechendem Gebrüll nicht ab. Doch innerhalb der Palastmauern war Caesar vor all diesen Unruhen sicher. Er hatte bereits in aller Eile Verstärkung angefordert. Dann rief er die verfeindeten Geschwister zu sich. Caesar meinte, es obliege ihm, ihren Streit zu schlichten, so wie er und Pompeius sich zehn Jahre zuvor für ihren Vater eingesetzt hatten. Ein stabiles Ägypten lag im Interesse Roms, vor allem, weil es beträchtliche Schulden begleichen musste. Hatte er doch erst vor Kurzem seinem Rivalen angedeutet, es sei für die streitenden Seiten Ägyptens an der Zeit, »ihr starrsinniges Verhalten aufzugeben, den bewaffneten Kampf zu beenden und ihr Glück nicht länger aufs Spiel zu setzen«[6]. Kleopatra und ihr Bruder sollten Erbarmen mit sich selbst und ihrem Land haben.

Die Vorladung zu Caesar stellte Kleopatra vor die Aufgabe, sich Erklärungen zurechtzulegen und einige Kalkulationen anzustellen. Sie hatte allen Grund, ihre Sache rasch vorzubringen, bevor die Berater ihres Bruders ihr in die Parade fahren konnten. Dessen Armee hielt sie wirksam von Ägypten fern. Caesar hatte zwar verlangt, dass er sie auflösen möge, aber Ptolemaios hatte bisher keinen Finger gerührt. Wenn sie ihre Männer durch den goldenen Sand nach Westen in Richtung der Grenze und der hohen Türme von Pelusium marschieren ließ, riskierte sie einen Waffengang. Einem Bericht zufolge versuchte sie über einen Mittelsmann Kontakt zu Caesar aufzunehmen. Als sie aber sah, dass man sie verraten hatte (sie war bei den Höflingen im Palast nicht beliebt), entschloss sie sich, ihre Sache persönlich vorzutragen. Nun galt es auszutüfteln, wie es ihr gelingen könnte, unerkannt und lebend durch die feindlichen Linien, über eine gut bewachte Grenze in den schwer bewachten Palast zu kommen. Später sollte ihr Ruf vor allem mit dem Hang zu großem Gepränge in Verbindung gebracht werden, jedoch in ihrem ersten und größten politischen Hasardspiel ging es darum, möglichst unauffällig zu bleiben. Nach heutigen Vorstellungen stand sie vor einem merkwürdigen Dilemma. Um bekannt zu werden und ihre Geschichte ins Laufen zu bringen, musste diese Frau sich zunächst unerkannt in ihr eigenes Haus schleichen.

Natürlich erforderte das eine sorgfältige Abwägung. Plutarch berichtet, dass sie »ratlos war, wie sie unentdeckt hineingelangen könnte«[7]. Dann verfiel sie oder jemand in ihrer Umgebung – sie hatte auch ihre Vertrauten – auf eine brillante Idee. Die erforderte eine Kostümprobe. Und sie setzte mehrere außerordentlich geschickte Mitstreiter voraus, unter denen sich ein treuer sizilianischer Gefolgsmann namens Apollodoros befand. Zwischen der Halbinsel Sinai, wo Kleopatras Lager stand, und dem Palast in Alexandria, wo sie aufgewachsen war, lag ein gefährliches Sumpfgebiet voller Mücken und anderer Insekten. Dieses schützte Ägypten vor einer Invasion von Osten. Es war dafür bekannt, mit »heimtückischer Arglist« ganze Armeen verschlingen zu können.[8] Die Truppen des Ptolemaios kontrollierten die Küste, wo Pompeius' Leiche in einem provisorischen Grab verrottete. Der sicherste und einfachste Weg nach Westen führte daher weder durch die schlammigen Teiche von Pelusium noch per Schiff entlang der Mittelmeerküste, wo Kleopatra für jedermann sichtbar gewesen wäre und gegen eine starke Gegenströmung hätte ankämpfen müssen. Sinnvoller erschien es schon, einen Umweg nach Süden den Nil aufwärts bis nach Memphis zu nehmen und dann auf dem Fluss in Richtung Küste zu fahren – eine Tour von mindestens acht Tagen. Auch der Fluss konnte nicht gefahrlos benutzt werden, denn dort herrschte dichter Verkehr, der von Zollbeamten streng kontrolliert wurde. Bei starkem Wind und von Mücken umschwirrt, unternahm Kleopatra vermutlich Mitte Oktober die Fahrt auf dem trüben Wasser des Nils. Die Berater des Ptolemaios widersetzten sich in der Zwischenzeit Caesars Aufforderung. Wie konnte ein römischer General es wagen, einen König zu sich zu beordern? Der Mann niederen Ranges hatte den Höherstehenden aufzusuchen, das war Caesar wohlbekannt.

So kam es, dass Apollodoros nach der Abenddämmerung in aller Stille ein Ruderboot in den Osthafen von Alexandria bis zur Palastmauer steuern konnte. Hier war es dunkel, während die flache Küstenlinie der Stadt vom Feuer des großartigen hundertzwanzig Meter hohen Leuchtturms, eines Wunders der antiken Welt, erhellt wurde. Er stand am Ende eines künstlich aufgeschütteten Damms auf der Insel Pharos, nur achthundert Meter von Kleopatra entfernt. Aber von ihr war nichts zu sehen. Bevor Apollodoros sein Boot festmachte, schlüpfte sie in einen großen Sack aus Hanf und streckte sich der Länge nach darin aus. Apollodoros band den Sack mit einer Lederschnur zu und warf ihn sich über die Schulter. Das ist der einzige Hinweis auf Kleopatras Körpergröße. Zum leisen Plätschern der Wellen schritt er durch das Palastgelände – einen Komplex von Gärten, vielfarbig gestrichenen Villen und Kolonnadengängen von etwa eineinhalb Kilometern Länge, einem Viertel der Ausdehnung der Stadt. Der Sizilianer, der seine Königin sicher nicht allein aus der Wüste begleitet, aber ihre Rückkehr geplant und organisiert hatte, kannte sich im Palast bestens aus. Auf seinem Rücken gelangte Kleopatra durchs Tor und von dort direkt in Caesars Gemächer, die eigentlich ihr gehörten. Dies war eine der ungewöhnlichsten Heimkünfte der Geschichte. Viele Königinnen sind aus dem Dunkel aufgestiegen, aber Kleopatra ist die Einzige, die aus einem groben Sack heraus, in dem man normalerweise Papyrusrollen oder einen kleinen Goldschatz beförderte, auf die Weltbühne trat. Mit List und Verkleidungen kannte sie sich aus. Später sollte sie einmal zusammen mit einer anderen gefährdeten Frau in einem Sarg entkommen.

Wir wissen nicht, ob Caesar bei ihrer Enthüllung anwesend war.

Die Umstände machen es jedoch unwahrscheinlich, dass Kleopatra ihm »majestätisch« (wie eine Quelle behauptet)[9], mit Gold und Edelsteinen beladen (wie eine andere angibt) oder auch nur einigermaßen gut frisiert gegenübertrat. Der männlichen Fantasie, fünfhundert Jahren Kunstgeschichte und zwei der größten Dramen der englischen Literatur zum Trotz erschien sie sicher von Kopf bis Fuß in einen figurbetonten, ärmellosen langen Leinenkittel gehüllt. Das einzige Beiwerk, das sie benötigte und auch als einzige Frau Ägyptens tragen durfte, war das Diadem, ein breites weißes Band, das sie als hellenistische Herrscherin auswies. Es ist unwahrscheinlich, dass sie vor Julius Caesar erschien, ohne es um die Stirn gewunden und am Hinterkopf verknotet zu haben. Für Kleopatras »Fähigkeit, sich jedermann angenehm zu machen«[10], gibt es indessen vielfältige Belege. Es ist allgemein bekannt, dass es unmöglich war, mit ihr zu sprechen, ohne ihrem Zauber zu erliegen.[11] Für die bei der beschriebenen Szene Anwesenden war die Kühnheit des Manövers, das überraschende Erscheinen der jungen Königin in den verschwenderisch gestalteten Räumen ihres eigenen Heims, die Caesar bisher kaum hatte in Besitz nehmen können, von besonderem Reiz. Aus heutiger Sicht muss es einen politischen und persönlichen Schock ausgelöst haben. Der bestand darin, dass zwei Zivilisationen, die sich in verschiedener Richtung entwickelten, einander in einem einzigen erschütternden Augenblick unerwartet berührten.

Julius Caesar, der für seine schnelle Reaktion und seine Intuition gerühmt wurde, war nicht leicht zu überraschen. Stets tauchte er auf, bevor man ihn erwartete und seine Boten ihn überhaupt ankündigen konnten. (In jenem Herbst hatte er allerdings den Preis für das Eintreffen in Ägypten vor seinen Legionen zu zahlen.) Wenn sein Erfolg zum größten Teil auch »mit seiner Schnelligkeit und seinen überraschenden Aktionen«[12] zu erklären war, kam hinzu, dass er sich selten durcheinanderbringen ließ, stets auf alle Eventualitäten vorbereitet war und als präziser, glänzender Stratege galt. Seine Ungeduld hat ihn überlebt: Was ist sein

Veni, vidi, vici, das er erst ein Jahr später aussprechen sollte, anderes als der Anspruch auf Effizienz? Caesar kannte sich mit der menschlichen Natur so gut aus, dass er bei der Entscheidungsschlacht in diesem Sommer seinen Männern befohlen hatte, ihre Speere nicht aus der Ferne gegen die Feinde zu schleudern, sondern den Männern des Pompeius direkt ins Gesicht zu stoßen. Ihre Eitelkeit, so sagte er voraus, sei größer als ihr Mut. Und er sollte recht behalten. Pompeius' Soldaten bedeckten ihre Gesichter mit den Händen und liefen davon. Seit zehn Jahren hatte Caesar die größten Hindernisse bewältigt und erstaunliche Taten vollbracht. Er stemmte sich nicht gegen das Schicksal, glaubte aber, dass man ihm ein wenig nachhelfen dürfe. Er gehörte zu der Art von Opportunisten, die eine große Sache daraus machen, immer wieder neu über ihr Glück zu staunen. Zumindest was Einfallsreichtum und kühne Entscheidungen betraf, fand er in Alexandria eine verwandte Seele.

Auf einem anderen Gebiet hatte die junge ägyptische Königin mit dem »liebessatten Mann, dessen beste Zeit dahin war«, wenig gemein.[13] (Caesar war damals zweiundfünfzig.) Seine amourösen Eroberungen waren ebenso legendär und vielfältig wie seine militärischen Heldentaten. Auf den Straßen wurde der elegante Mann mit dem kantigen Gesicht, den blitzenden schwarzen Augen und markanten Wangenknochen bejubelt. Übertrieben war jedoch die Behauptung, die beiden seien »ein Mann für jede Frau und eine Frau für jeden Mann« gewesen.[14] Kleopatra war seit drei Jahren mit einem Bruder verheiratet, der in jeder Hinsicht »noch ein Knabe« war.[15] Selbst wenn er mit dreizehn Jahren schon die Pubertät erreicht hätte, was unter den damaligen Verhältnissen als unwahrscheinlich galt, versuchte er bisher zumeist, sie loszuwerden. Spätere Autoren sollten Kleopatra als »Ptolemaios' unreine Tochter«, eine »einzigartige Sirene« oder »geschminkte Dirne« abtun, deren »Sittenlosigkeit Rom teuer zu stehen kam«. Was diese »Hurenkönigin« wohl kaum haben konnte, als sie im Oktober 48 vor Caesar stand, war sexuelle Erfahrung.[16]

Wenn beides überhaupt voneinander zu trennen ist, dann muss

sie vor allem ans Überleben und weniger an Verführung gedacht haben. Wie die Berater ihres Bruders bereits demonstriert hatten, war der Preis Caesars Gunst. Kleopatra musste sich zwingend mit ihm statt mit dem bisherigen Wohltäter der Familie verbünden, dessen Feldzug sie unterstützt hatte und dessen Leichnam ohne Kopf jetzt am Strand des Mittelmeers verweste. Unter den gegebenen Umständen konnte sie nicht davon ausgehen, dass Caesar ihr günstig gesonnen sei. Aus seiner Sicht war ein junger König, der eine Armee zur Verfügung hatte und das Vertrauen der Alexandriner genoss, die bessere Wahl. Allerdings klebte das Blut des Pompeius an Ptolemaios' Händen. Caesar mag kalkuliert haben, dass der Preis, den er in Rom für ein Bündnis mit dem Mörder eines Landsmannes hätte zahlen müssen, größer war als der für die Unterstützung einer abgesetzten, hilflosen Königin. Seit Langem wusste er, dass »alle Menschen mit größerem Eifer gegen ihre Feinde arbeiten als mit ihren Freunden zusammenwirken«[17]. So mag Kleopatra zumindest anfangs ihr Leben eher Caesars Missbilligung ihres Bruders und dessen Abneigung gegen Ptolemaios' Berater – sie waren kaum die Sorte Menschen, mit denen man gern Geldgeschäfte tätigte – zu verdanken haben als ihrem eigenen Charme. Außerdem hatte sie Glück. Ein Chronist weist darauf hin, dass ein Mann von anderem Schlag ihr Leben vielleicht gegen das des Pompeius eingetauscht hätte. Caesar wäre durchaus in der Lage gewesen, ihr auch den Kopf abzuschlagen.[18]

Grundsätzlich jedoch war dieser römische Befehlshaber eher von sanfter Sinnesart. Er konnte durchaus Zehntausende Männer töten, war aber ebenso berühmt dafür, sich selbst gegenüber erbitterten Feinden gnädig zu zeigen, bei manchen sogar zweimal. »Nichts war seinem Herzen teurer«, bestätigte einer seiner Generale, »als Bittstellern zu vergeben.«[19] Eine so mutige, königliche und eloquente Bittstellerin war da zweifellos etwas Besonderes. Caesar hatte aber noch einen weiteren Grund, sie sympathisch zu finden: Als junger Mann war er ebenfalls auf der Flucht gewesen. Auch er hatte schwerwiegende politische Fehler begangen. So logisch sein

Entschluss, Kleopatra willkommen zu heißen, sich damals auch ausnahm, beschwor er doch eine der kritischsten Situationen in Caesars Karriere herauf. Als er Kleopatra begegnete, kämpfte sie um ihr Leben. Im Spätherbst hatten sie beide darum zu ringen, denn in den folgenden Monaten geriet Caesar unter die Belagerung und den permanenten Ansturm eines fintenreichen Gegners, der ihn zum ersten Mal erahnen ließ, was ein Guerillakrieg in einer Stadt bedeutete, die er nicht kannte und wo er mit seinen Leuten stark in der Minderzahl war. So haben Ptolemaios und das Volk von Alexandria durchaus ihren Anteil daran, dass der zur Glatze neigende General und die agile blutjunge Königin, sechs nervenaufreibende Monate zusammen hinter hastig errichteten Barrikaden eingesperrt, zu engen Verbündeten wurden. So engen, dass Kleopatra Anfang November feststellte: Sie war schwanger.

Hinter jedem großen Vermögen, so heißt es, steckt ein Verbrechen. Die Ptolemäer verfügten über sagenhaften Reichtum. Sie stammten nicht von den ägyptischen Pharaonen ab, deren Platz sie einnahmen, sondern von den rauflustigen, hartgesottenen Makedoniern, die der Welt Alexander den Großen schenkten. Ein karges Land bringt harte Männer hervor, wusste schon Herodot. Nur Monate nach Alexanders Tod hatte Ptolemaios, der wagemutigste seiner Generale, sein offizieller Vorkoster, Freund aus Kindertagen und nach manchen Berichten entfernter Verwandter, seinen Anspruch auf Ägypten angemeldet. Ptolemaios entführte den Leichnam Alexanders des Großen – eine frühe Demonstration der Begabung dieser Familie für dramatische Auftritte. Der war nach Makedonien unterwegs gewesen. Wäre er nicht viel nützlicher in Ägypten, so überlegte der junge Ptolemaios, der den Trauerzug abfing, konkret in Alexandria, der Stadt, die der große Mann selbst gegründet hatte? Also wurde er umgelenkt und in einem goldenen Sarkophag im Zentrum der Stadt zur Schau gestellt – eine Reliquie, ein Talisman, eine Rekrutierungshilfe, eine Lebensversicherung. (In Kleopatras Kindheit bestand der Sarkophag bereits aus

Alabaster oder Glas. Ihr Großonkel, der sich in Geldnöten befand, hatte für das Original eine Armee erworben. Für diesen Tausch bezahlte er mit seinem Leben.[20])

Die Legitimität der Ptolemäerdynastie hing an dem zarten Faden der Verbindung zu dieser legendärsten Figur der antiken Welt. An Alexander hatten sich alle Thronbewerber zu messen, in seinen Mantel hatte sich Pompeius gehüllt, seine Taten sollen selbst Caesar Tränen über die eigene Unzulänglichkeit in die Augen getrieben haben. Der Kult um Alexander den Großen war universell. Er spielte in den Vorstellungen der Ptolemäer eine ebenso lebendige Rolle wie in denen der Römer. Eine Alexanderfigur war in vielen ägyptischen Häusern zu finden.[21] So stark war sein Einfluss und noch so formbar die Geschichte des 1. Jahrhunderts v. Chr., dass selbst die Version durchging, Alexander stamme von einem ägyptischen Zauberer ab. Bald darauf entdeckte man auch eine Verwandtschaftsbeziehung zur königlichen Familie. Wie alle Emporkömmlinge, die etwas auf sich halten, waren die Ptolemäer sehr erfinderisch beim Umschreiben der Geschichte.* Ohne ihr makedonisches Erbe zu verleugnen, kauften sich die Gründer der Dynastie eine legitimitätsstiftende Vergangenheit, das antike Äquivalent dazu, dass man sich heute ein Familienwappen im Versandhaus bestellen kann. Richtig ist, dass Ptolemaios aus dem makedonischen Adel stammte, was synonym für großes Drama steht. Folgerichtig wurde Kleopatra in Ägypten von niemandem als Ägypterin angesehen. Sie stand in einer Reihe mit gehässigen, vorwitzigen, durchtriebenen und gelegentlich verwirrten makedonischen Königinnen, darunter Olympias aus dem vierten Jahrhundert, deren größte Leistung für die Welt ihr Sohn

* Damit standen sie nicht allein. Nach einem Bericht befragte Alexander der Große ein berühmtes Orakel nach seiner Herkunft. So stellte er die Frage, was es bedeute, wenn bekannt werde, dass seine Mutter sich mit einer Schlange gepaart habe. Er war klug genug, sein Gefolge vor dem Tempel stehen zu lassen und zuvor eine beträchtliche Summe zu hinterlegen. Daraufhin versicherte ihm das Orakel, er sei ein Sohn von Zeus.

war – Alexander der Große. Ansonsten sind von ihr nur Gräueltaten überliefert.

Während die Ptolemäer außerhalb Ägyptens an ihrer Abstammung von Alexander dem Großen festhielten, leiteten sie ihre Legitimität im Land selbst von einer fingierten Verbindung zu den Pharaonen ab. Damit rechtfertigten sie die Praxis der Ehen unter Geschwistern, die als ägyptische Sitte galt. In der makedonischen Aristokratie gibt es dagegen zahlreiche Beispiele für Geschwistermord, nicht Geschwisterehe. Die Griechen hatten auch kein Wort für »Inzest«. Die Ptolemäer trieben diese Praxis bis zum Extrem. Von den etwa fünfzehn Ehen unter Familienmitgliedern waren mindestens zehn Verbindungen von Bruder und Schwester. Zwei weitere Ptolemäer heirateten Nichten oder Cousinen. Das machte vieles einfacher: Es minimierte die Zahl der Thronanwärter und hielt lästige Seiteneinsteiger fern. Das Problem, einen geeigneten Partner in fremdem Land zu finden, entfiel. Außerdem verstärkte es den Familienkult und die auf die Spitze getriebene Ausnahmestellung der Ptolemäer. War die Heirat unter Familienmitgliedern wegen der Umstände attraktiv, so wurde sie durch den Hinweis auf göttliche Herkunft – ein weiteres Stück der erfundenen Ahnentafel – akzeptabel gemacht. Sowohl ägyptische als auch griechische Götter hatten Geschwister geheiratet. Dagegen könnte eingewandt werden, dass Zeus und Hera nicht gerade ein ideales Vorbild für diese Art Verbindung abgaben.

Wenn diese Praxis auch nicht zu körperlichen Defekten führte, so brachte sie doch einen unansehnlichen Familienstammbaum hervor. Wenn Kleopatras Eltern Geschwister gewesen sind, was wahrscheinlich ist, dann besaß sie nur ein einziges Großelternpaar. Die wiederum waren füreinander zugleich Onkel und Nichte. Wenn eine Nichte aber ihren Onkel heiratete wie Kleopatras Großmutter, dann war ihr Vater zugleich ihr Schwager. So hatte Inzucht, die eigentlich die Familie stabilisieren sollte, eine paradoxe Wirkung. Die Erbfolge wurde für die Ptolemäer zur permanenten Krise, die sie mit Gift und Dolch weiter verschärften. Die Verwandtenehe hielt Reichtum und Macht zusammen, gab der Rivalität zwischen Geschwistern aber auch eine neue Bedeutung. Die ist umso bemerkenswerter unter Verwandten, die ihren Titeln gern wohlklingende Beinamen hinzufügten. (Offiziell waren Kleopatra und der Bruder, vor dem sie flüchtete, um ihr Leben zu retten, *Theoi Neoi Philadelphoi*, oder »Neue Geschwisterliebende Götter«.) Dabei fand man kaum ein Familienmitglied, das nicht schon einen oder zwei Verwandte hatte umbringen lassen, Kleopatra VII. eingeschlossen. Ptolemaios I. heiratete seine Halbschwester, die gemeinsam mit ihren Söhnen gegen ihn konspirierte, von denen er zwei umbrachte. Sie war die Erste, die noch zu Lebzeiten als Göttin verehrt wurde und über ein goldenes Zeitalter der ptolemäischen Geschichte herrschte.[22] Dies war eine unbeabsichtigte Nebenwirkung der Geschwisterheirat: Sie brachte den Prinzessinnen der Ptolemäer Vorteile. Kleopatras Vorgängerinnen, die ihren Brüdern und Ehemännern in jeder Hinsicht gleichgestellt waren, wussten um ihren Wert und setzten sich zunehmend durch. Was Namen betrifft, so taten die Ptolemäer künftigen Historikern keinen Gefallen: Alle Königinnen hießen entweder Arsinoe, Berenike oder Kleopatra. Sie sind leichter nach ihren grausigen Taten als nach ihren Namen zu identifizieren. Dabei blieb die Tradition in beider Hinsicht unwandelbar: Mehrere Arsinoes, Berenikes und Kleopatras vergifteten Ehemänner, ermordeten Brüder und tilgten jede Erwähnung ihrer Mütter, auch wenn sie all diesen Verwandten später prächtige Denkmäler setzten.

Über Generationen hinweg inszenierte diese Familie eine »Orgie von Plünderung und Mord«[23], die selbst nach den berüchtigten makedonischen Standards entsetzlich war. Sich in einem solchen Clan hervorzutun war nicht leicht. Das gelang Ptolemaios IV. in der Blütezeit des Reichs. Gegen Ende des 3. Jahrhunderts v. Chr. brachte er seinen Onkel, seinen Bruder und seine Mutter ums Leben. Höflinge nahmen ihm die Mühe ab, auch seine Frau persönlich zu vergiften, nachdem die ihm einen Erben geschenkt hatte. Wieder und wieder schickten Mütter Truppen gegen ihre Söhne ins Feld. Schwestern führten Krieg gegen Brüder. Kleopatras Urgroßmutter zettelte einen Bürgerkrieg gegen ihre Eltern und einen zweiten gegen ihre Kinder an. Das wurde vor allem für jene zum Problem, die Denkmale zu beschriften hatten. Sie mussten mit nahezu gleichzeitigen Thronbesteigungen und Ermordungen oder auch mit unüberschaubaren Daten zurechtkommen. Denn der Kalender wurde mit jedem Antritt eines neuen Regimes, bei dem der Herrscher in der Regel auch seinen Titel änderte, neu begonnen. Das Hieroglyphenschneiden kam zum Erliegen, wenn sich die Erbfolgestreitigkeiten von selbst erledigten. In früheren Jahren hatte die Mutter Berenices II. sich deren ausländischen Ehemann ausgeliehen, wofür Berenice die Ermordung des Bigamisten veranlasste. (Sie selbst erlitt das gleiche Schicksal.) Unter den Frauen ragte auch Kleopatras Urgroßtante, Kleopatra III., die Königin des 2. Jahrhunderts v. Chr., heraus. Sie war die Ehefrau und Nichte von Ptolemaios VIII. in einer Person. Er vergewaltigte sie bereits als junges Mädchen, als er mit ihrer Mutter verheiratet war. Zwischen den Eheleuten gab es Streit, woraufhin Ptolemaios beider vierzehnjährigen Sohn tötete, in Stücke hackte und eine Kiste mit den Körperteilen am Vorabend ihres Geburtstags vor das Palasttor stellen ließ. Sie rächte sich dadurch, dass sie diese öffentlich zur Schau stellte. Die Bewohner von Alexandria rasten vor Zorn. Am erstaunlichsten aber ist, was danach passierte. Zehn Jahre später versöhnte sich das Paar. Acht Jahre lang regierte Ptolemaios VIII. nun mit zwei Königinnen, Mutter und Tochter, die einander permanent bekämpften.*

Mit der Zeit erschien das Gemetzel unter Verwandten gleichsam wie vorbestimmt. Kleopatras Onkel tötete seine Frau und damit seine Stiefmutter (bzw. Halbschwester). Dummerweise tat er dies, ohne zu erkennen, dass sie die Beliebtere von beiden war. Nach ganzen achtzehn Tagen auf dem Thron wurde er von einem Mob gelyncht. Diese Tat setzte nach über zweihundert Jahren Blut-

* Aus dem übervollen Stammbaum geht hervor, dass Ptolemaios VIII. in dreifacher Hinsicht Kleopatras Urgroßvater und im doppelten Sinn ihr Ururgroßvater war.

rausch der legitimen Ptolemäerdynastie im Jahr 80 v. Chr. ein Ende. Da das Römische Reich machtvoll am Horizont heraufdämmerte, musste rasch ein Nachfolger gefunden werden. Zu diesem Zweck wurde Kleopatras Vater, Ptolemaios XII., aus Syrien geholt, wohin man ihn dreiundzwanzig Jahre zuvor aus Sicherheitsgründen verbannt hatte. Es ist unklar, ob man ihn auf das Herrscheramt vorbereitet hatte, auf jeden Fall war er nun die einzige lebende Option. Um seine göttliche Stellung und die Verbindung zu Alexander dem Großen zu unterstreichen, legte er sich den Titel »Der neue Dionysos« zu. Die Alexandriner, die ungeachtet der gänzlich gefälschten Stammbäume viel Wert auf Legitimität legten, gaben ihm zwei Namen. Sie nannten Kleopatras Vater entweder den »Bastard« oder »Auletes, den Flötenspieler« nach einem der Oboe ähnlichen Instrument, das er gern spielte.[24] Dafür zeigte er ebensolche Neigung wie für die Staatskunst. Dumm nur, dass seine musikalischen Vorlieben von zweitklassigen Prostituierten geteilt wurden. Musikwettbewerbe, die er sehr liebte, hinderten ihn nicht daran, das aus der Familiengeschichte bekannte Blutbad fortzusetzen. Allerdings muss man sagen, dass ihm die Umstände kaum eine andere Wahl ließen. (Seine eigene Mutter brauchte er nicht umzubringen, denn sie war nicht von königlichem Geblüt. Sie entstammte wahrscheinlich einem makedonischen Höflingsclan.) Allerdings sollte Auletes noch größere Probleme bekommen als störende Verwandte.

Die junge Frau, die da zusammen mit Julius Caesar im belagerten Palast von Alexandria saß, war also weder Ägypterin, historische Nachfahrin eines Pharaos, noch direkt mit Alexander dem Großen verwandt oder in vollem Sinn eine Ptolemäerin. So weit festzustellen ist, entstammte sie zweifelsfrei der makedonischen Aristokratie. Ihr Name wie ihr Erbe waren gänzlich makedonisch. Kleopatra bedeutet auf Griechisch »Ruhm ihres Vaterlandes«.* Sie

* In der Familie Alexanders des Großen gab es zwei Kleopatras – die letzte Ehefrau seines Vaters und Alexanders zwei Jahre jüngere Schwester. Beide wurden von Angehörigen umgebracht.

war auch nicht Kleopatra VII., als die sie in die Geschichte eingehen sollte. In den vergewaltigten Annalen ihrer Familie hatte man wohl irgendwann die Übersicht verloren.

Angesichts der merkwürdigen und schrecklichen Geschichte der Ptolemäer sollte man zwei Dinge nicht verkennen: Wenn die Berenikes und Arsinoes so grausam waren wie ihre Ehemänner und Brüder, dann vor allem deswegen, weil sie enorme Macht besaßen. (Traditionell nahmen sie in der Herrschaftspyramide die zweite Stelle nach ihren Ehemännern und Brüdern ein, was Kleopatra ignorierte.) Auch ohne eine eigene regierende Mutter konnte Kleopatra auf zahlreiche weibliche Vorgängerinnen zurückblicken, die Tempel gebaut, Flotten aufgestellt, Feldzüge geführt und zusammen mit ihren Ehepartnern über Ägypten geherrscht hatten. Sie konnte wohl auf mehr starke Frauen in Herrscherrollen verweisen als jede andere Königin in der Geschichte. Ob man das auf eine generelle Erschöpfung des männlichen Teils der Familie zurückführen kann, wie manche behaupten, ist unklar. Es gab genügend Gründe, dass auch die Frauen hätten erschöpft sein müssen. Aber was Visionen, Ambitionen und Geist betrifft, so waren die herausragenden Persönlichkeiten der Generationen, die Kleopatra unmittelbar vorausgingen, durchweg weiblichen Geschlechts.

Zudem wuchs Kleopatra in einem Land auf, wo man der Frau eine einzigartige Rolle zuwies. Lange vor ihr und Jahrhunderte vor dem Machtantritt der Ptolemäer genossen in Ägypten die Frauen das Recht, über ihre Heirat selbst zu bestimmen. Mit der Zeit hatten ihre Freiheiten immer mehr zugenommen und ein Niveau erreicht, das in der Welt der Antike als beispiellos galt. Sie erbten zu gleichen Teilen und verfügten über eigenes Vermögen. Verheiratete Frauen waren nicht der Kontrolle ihrer Ehemänner unterworfen. Sie besaßen das Recht auf Scheidung und Unterhalt. Solange die Mitgift einer geschiedenen Ehefrau nicht zurückgegeben war, hatte sie das Recht, in einem Haus ihrer Wahl zu wohnen.[25] Ihr Vermögen gehörte stets ihr, es konnte von einem nichtsnutzigen Ehemann nicht verschleudert werden. Handelte ein Mann gegen die Interessen von Frau und Kindern, dann hatten die das Recht auf ihrer Seite. Die Römer staunten darüber, dass weibliche Säuglinge in Ägypten nicht dem Tod überlassen wurden. Ein Römer war nur verpflichtet, eine erstgeborene Tochter großzuziehen. Ägyptische Frauen heirateten später als ihre Geschlechtsgenossinnen in den Nachbarländern, nur etwa die Hälfte in Kleopatras Alter. Frauen verliehen Geld und betrieben Lastkähne. Sie wirkten als Priesterinnen in ägyptischen Tempeln. Sie durften einen Rechtsstreit führen und Flötenspieler engagieren. Als Ehefrauen, Witwen oder Geschiedene besaßen sie Weingärten, Winzereien, Papyrusfelder, Schiffe, Parfümwerkstätten, Mühlen, Sklaven, Häuser und Kamele. Etwa ein Drittel des ptolemäischen Ägyptens wurde wohl von Frauen kontrolliert.[26]

Alle diese Praktiken stellten die natürliche Ordnung der Dinge derart auf den Kopf, dass sie jeden Ausländer in höchstem Maß erstaunten. Zugleich schienen sie zu einem Land zu passen, dessen gewaltiger lebenspendender Fluss rückwärts floss – von Süden nach Norden, wodurch Oberägypten im Süden und Unterägypten im Norden lag. Gegen alle Gesetze der Natur führte der Nil auch Hochwasser im Sommer und Niedrigwasser im Winter. Die Ägypter ernteten ihre Felder im April ab und säten im November aus. Selbst die Methode war umgekehrt: Sie streuten erst das Saatgut aus und pflügten danach, um dieses mit loser Erde zu bedecken. Das erschien durchaus sinnvoll in einem so anomalen Königreich, wo man den Teig mit den Füßen knetete und von rechts nach links schrieb. In einem Bericht, den Kleopatra sicher kannte, teilte Herodot verwundert mit, dass in Ägypten die Frauen zum Markt gingen, während die Männer zu Hause saßen und ihre Webstühle hüteten. Viele Belege sprechen von ihrem starken Sinn für Humor. Kleopatra galt als geistreich und witzig. Und man kann sicher sein, dass sie eine weitere Feststellung des Herodot kannte, dass nämlich Ägypten ein Land sei, wo »die Frauen im Stehen urinieren, während es die Männer im Sitzen tun«[27].

In anderer Hinsicht hatte Herodot vollkommen recht. »Es gibt kein Land, das so viele Wunder besitzt oder eine so große Zahl von Werken, die jeder Beschreibung spotten«, staunte er. Lange vor den Ptolemäern übte Ägypten Faszination auf die Welt aus. Es besaß eine uralte Zivilisation, jede Menge Naturphänomene, Monumente von immensem Umfang, dazu zwei der sieben Weltwunder der Antike. (Zu Kleopatras Zeit mag es noch mehr Grund zum Staunen gegeben haben, und auch die Pyramiden waren fast zehn Meter höher.) In den Pausen zwischen den Blutbädern, vor allem im 3. Jahrhundert und bevor die Dynastie im späten 2. Jahrhundert wegen ihrer eigenen Verderbtheit ins Wanken geriet, hatten die Ptolemäer den Plan Alexanders des Großen wahr gemacht und im Nildelta eine Stadt der Wunder errichtet, so kultiviert und hochentwickelt, wie ihre Gründer ungeschliffen gewesen waren. Alexandria blendete den Ankömmling schon von Weitem – eine verschwenderische Pracht von schimmerndem Marmor, überragt von dem riesigen Leuchtturm. Seine berühmte Skyline wurde auf Lampen, in Mosaiken und auf Kacheln dargestellt. Die Architektur der Stadt kündete von ihrem geschwätzigen Ethos, das auf einer geradezu rauschhaften Mischung der Kulturen beruhte. In diesem größten Hafen des Mittelmeers wurden ionische Säulen von Papyruswedeln gekrönt. Übergroße Sphinxe und Falken säumten die Wege zu griechischen Tempeln. Krokodilgötter in römischer Kleidung schmückten dorische Gräber. »Erbaut am schönsten Ort der Welt«[28], wachte Alexandria über ein Land von märchenhaftem Reichtum und fantastischen Kreaturen, dem Lieblingsrätsel der römischen Welt. Für einen Mann wie Julius Caesar, der bei all seinen Reisen Ägypten nie zuvor betreten hatte, können nur wenige der Wunder so groß gewesen sein wie die geistesgegenwärtige junge Frau, die dem Hanf- oder Ledersack eines Reisenden entstieg.

Kleopatra wurde im Jahr 69 v. Chr. als zweite von drei Töchtern geboren. Nach ihr folgten zwei Brüder, mit denen sie jeweils kurzzeitig verheiratet war. Für eine geborene Ptolemäerin gab es niemals eine besonders sichere Zeit, aber das erste Jahrhundert v. Chr. ist wohl eines der blutigsten gewesen. Alle fünf Geschwister starben eines gewaltsamen Todes. Unter ihnen sticht Kleopatra dadurch hervor, dass nur sie die Umstände ihres Ablebens selbst bestimmte. Das war keine geringe Leistung und für römische Verhältnisse ein Unterschied von beträchtlichem Gewicht. Dass sie bei Caesars Eintreffen überhaupt noch am Leben war, beweist ihren starken Charakter. Seit über einem Jahr hatte sie aktiv konspiriert, monatelang mit all ihrer Kraft und in den letzten Wochen des Sommers nahezu rund um die Uhr. Ebenso bedeutsam ist die Tatsache, dass sie ihre Geschwister um Jahrzehnte überlebte. Keiner der Brüder erreichte das Erwachsenenalter.

Von Kleopatras Mutter fehlt jede Spur. Sie verschwand bereits in Kleopatras früher Kindheit von der Bildfläche und starb, als diese zwölf Jahre alt war. Es ist unklar, ob ihre Tochter mehr von ihr wusste als wir in der heutigen Zeit. Sie scheint eine der wenigen Frauen der Ptolemäer gewesen zu sein, die sich dem Melodram der Familie entzog.* Kleopatra VI. Tryphaina war auf jeden Fall mehrere Jahrzehnte jünger als Auletes, ihr Bruder oder Halbbruder.[29] Beide hatten geheiratet, kurz nachdem Auletes den Thron bestiegen hatte. Dass seine Tante sein Recht auf die Thronfolge bestritt[30] und dafür selbst nach Rom reiste, hat angesichts der Familiendynamik nicht viel zu besagen. Es spricht jedoch für ihren politischen Instinkt. Viele sind der Meinung, dass Auletes sich mehr für die Künste als für seine Pflichten als Staatsmann interessierte. Obwohl er mit einer Unterbrechung zweiundzwanzig Jahre lang herrschte, sollte er als der Pharao in die Geschichte eingehen, der musizierte, während Ägypten zusammenbrach.

Ist schon aus Caesars jungen Jahren kaum etwas überliefert, so existieren aus Kleopatras Mädchenzeit überhaupt keine Belege. Auch wenn das Haus ihrer Kindheit heute nicht sechs Meter unter

* Es ist auch unklar, ob sie überhaupt Kleopatras Mutter war. Wäre diese jedoch ein illegitimes Kind gewesen, hätten sich ihre Verleumder dieses Detail wohl kaum entgehen lassen.

Wasser läge und das Klima von Alexandria für antike Papyri günstiger wäre, würden wir wohl kaum mehr Informationen finden. Die Kindheit spielte in der Antike, wo Schicksal und Ahnentafel prägenden Einfluss hatten, keine große Rolle. Die Akteure von damals treten in der Regel als fertige Persönlichkeiten auf. Wir können als sicher annehmen, dass Kleopatra im Palast von Alexandria geboren wurde, dass eine Amme sie stillte, dass eine Bedienstete ihr die erste Nahrung vorkaute und in ihr zahnloses Mündchen steckte, dass nichts über ihre kindlichen Lippen kam, was nicht zuerst wegen Vergiftungsgefahr vorgekostet wurde, dass ihre Spielgefährten eine Horde hochgeborener Kinder, sogenannte »Pflegegeschwister« waren, dazu bestimmt, einmal das königliche Gefolge zu bilden. Selbst wenn sie durch die Kolonnaden des Palastes tollte, an dessen Springbrunnen und Fischteichen vorüberlief, sich in seinen üppig wuchernden Hainen und Tiergehegen erging – die frühen Ptolemäer hatten sich Giraffen, Nashörner, Bären und sogar eine vierzehn Meter lange Pythonschlange gehalten[31] –, wurde sie stets von einem dienstbaren Geist begleitet. Von früher Jugend an wusste sie sich unter Politikern, Botschaftern, Gelehrten oder in purpurne Gewänder gehüllten Höflingen sicher zu bewegen. Sie spielte mit tönernen Puppen und Puppenhäusern, die mit winzigen Möbeln und Geschirr eingerichtet waren, mit Würfeln, Schaukelpferd und zahmen Mäusen. Wir werden aber nie erfahren, was sie mit ihren Puppen tat, ob sie wie Indira Gandhi mit ihnen Aufstände und Schlachten inszenierte.

Zusammen mit ihrer älteren Schwester wurde Kleopatra für den Thron erzogen. Ein Ptolemäer plante für alle Eventualitäten. Regelmäßig fuhr sie den Nil hinauf bis zum Palast der Familie am Hafen von Memphis, um dort an traditionellen ägyptischen Kulthandlungen, sorgfältig inszenierten und reich ausgestatteten Prozessionen von Familienangehörigen, ihren Beratern und Bediensteten teilzunehmen. Die heilige Stadt Memphis, dreihundertzwanzig Kilometer stromaufwärts, wurde von einer Priesterkaste verwaltet, deren einträglichstes Geschäft, wie es hieß, der Tod war.[32] Unter ihrem Zentrum befanden sich weitläufige Tierkatakomben, ein Magnet für die Pilger, die dorthin kamen, um an Souvenirständen ausgestopfte Falken und präparierte Krokodile zu erwerben, die sie zu Hause als Kultobjekte verehrten. Bei solchen Gelegenheiten trug Kleopatra zeremonielle Gewänder, allerdings noch nicht die traditionelle ägyptische Krone aus Federn, einer Sonnenscheibe und Rinderhörnern. Von Kindesbeinen an genoss sie auch die beste Bildung, die es in der hellenistischen Welt gab. Sie wurde vermittelt von den begabtesten Gelehrten im unbestritten größten Zentrum des Wissens der damaligen Welt: Die Bibliothek von Alexandria und das angeschlossene Museum standen faktisch auf ihrem Hinterhof. Die angesehensten Gelehrten waren ihre Lehrer, die bekanntesten Forscher ihre Ärzte. Sie brauchte nicht weit zu gehen, wenn sie ein Rezept, eine Eloge, ein mechanisches Spielzeug oder eine Landkarte haben wollte.[33]

Ihre Bildung mag die ihres Vaters, der im Nordosten von Kleinasien aufgewachsen war, durchaus übertroffen haben. Aber es war wohl in jeder Hinsicht eine traditionell griechische Bildung, ähnlich der Caesars, dessen Lehrer in Alexandria studiert hatte. Sie umfasste vor allem die Literatur. Buchstaben waren in der griechischen Welt wichtig, da sie zugleich als Zahlen und Musiknoten dienten. Kleopatra lernte lesen, indem sie zunächst das griechische Alphabet sang, dann Buchstaben nachzog, die ihr Lehrer in ein schmales Holztäfelchen geritzt hatte. War die Schülerin erfolgreich, dann übte sie sie in fortlaufenden horizontalen Zeilen, später in Kolonnen, zuweilen in umgekehrter Reihenfolge, schließlich in Paaren von einem Ende des Alphabets zum anderen, in Großbuchstaben oder in Kursivschrift. Als Kleopatra zu Silben überging, waren das abstruse, nicht aussprechbare Häufungen, je absonderlicher, desto besser. Die Zeilen mit Knittelversen, die dann folgten, waren ähnlich geheimnisvoll. Offenbar stand dahinter der Gedanke, dass ein Schüler, dem es gelang, sie zu entziffern, das auch bei anderen Wörtern schaffte. Als Nächstes kamen Maximen und Verse an die Reihe, die auf Fabeln und Mythen beruhten. Ein Schüler konnte aufgefordert werden, eine Fabel des Aesop mit eigenen

Worten nachzuerzählen, zunächst in der einfachsten Form und dann in hochtrabenden Formulierungen. Anspruchsvollere Nachahmungen folgten später. Kleopatra konnte aufgefordert werden, wie Achilles kurz vor seinem Tod zu schreiben oder ein Stück des Euripides umzuformulieren. Solche Lektionen waren nicht leicht und sollten es auch nicht sein. Lernen war eine ernste Angelegenheit, die endlosen Drill, zahllose Regeln und viele Stunden Arbeit einschloss. Wochenenden kannte man damals nicht. Es wurde an allen Tagen studiert außer an Feiertagen, die es in Alexandria zum Glück regelmäßig gab. Zweimal im Monat standen wegen Apollo alle Räder still. Die Disziplin war hart. »Die Ohren eines Jugendlichen sind auf seinem Rücken; er hört zu, wenn er geschlagen wird«, heißt es in einem frühen Papyrus. In diesen Spruch brachte der Dramatiker Menander Ursache und Wirkung: »Wer nicht verprügelt wird, kann nicht erzogen werden.«[34] Generationen von Schulkindern schrieben mit ihren Elfenbeingriffeln diesen Satz eifrig in das rote Wachs auf ihren Holztafeln.

Bevor Kleopatra zu Sätzen überging und lesen lernte, begann bereits ihre Liebesaffäre mit Homer. »Homer war kein Mensch, sondern ein Gott«, lautete eine der frühen Lehren der Schreibkunst. Dazu kamen die ersten Gesänge der *Ilias*. Kein Text durchdrang Kleopatras Welt tiefgründiger. In einem Zeitalter, das in die Geschichte vernarrt und auf Ruhm ausgerichtet war, galt Homers Werk als die Bibel des Tages. Er war der »Literaturfürst«[35]. Die 15 693 Zeilen der *Ilias* stellten den moralischen, politischen, historischen und religiösen Hintergrund jenes Zeitalters, seine großen Taten und Leitprinzipien, seinen geistigen Atlas und moralischen Kompass dar. Der gebildete Mensch zitierte ihn, umschrieb ihn, spielte auf ihn an. Man kann durchaus sagen, dass Kinder wie Kleopatra »bei ihrer Bildung mit Homer gesäugt und in seine Verse gewickelt wurden«, wie es ein Beinahezeitgenosse formulierte.[36] Alexander der Große soll stets mit einem Homer unter seinem Kissen geschlafen haben, und jeder gebildete Grieche, Kleopatra eingeschlossen, konnte einen Teil der *Ilias* und der *Odyssee* auswendig zitieren. Erstere war in Kleopatras Ägypten populärer – es scheint die passendere Erzählung für ihre turbulente Zeit gewesen zu sein. Aber schon sehr früh wusste sie aus der Literatur, was sie als Einundzwanzigjährige empirisch erfuhr: Es gab Tage, da musste man in den Krieg ziehen, und Tage, da musste man einfach nach Hause gehen.

Auf der untersten Ebene begann die Belehrung mit Listen von Göttern, Helden und Flüssen. Kompliziertere Aufgaben folgten: Welches Lied hatten die Sirenen gesungen? War Penelope tugendhaft gewesen? Wer war Hectors Mutter? Die verwickelten Genealogien der Götter dürften einer ptolemäischen Prinzessin wenig Schwierigkeiten bereitet haben, da sie gegenüber der eigenen das reine Kinderspiel waren und sich mit ihr überschnitten. Für Kleopatra war die Grenze zwischen Menschen und Göttern fließend. (Auch bei Alexander, dem anderen herausragenden Helden ihrer Zeit des Lernens, überschnitt sich der Lehrstoff mit der eigenen Geschichte. Dessen Lebenslauf wie auch alle Taten ihrer ptolemäischen Vorfahren kannte Kleopatra sicher bestens.) Die frühen Fragen waren formelhaft, das Gehirn grundsätzlich sehr aufnahmefähig. Auswendiglernen war wichtig. Welche Götter helfen wem? Welchen Weg hat Odysseus genommen? Mit derartigen Dingen wurde Kleopatras Kopf vermutlich vollgestopft, denn das stellte zu ihrer Zeit Bildung dar. Daran kam man kaum vorbei. Zum königlichen Gefolge gehörten Philosophen, Rhetoriker und Mathematiker. Sie waren Lehrer und Bedienstete, geistige Begleiter und vertraute Berater zugleich.

Zwar setzte Homer die Maßstäbe, aber auf ihn folgte ein ganzer Katalog von Literatur. Die turbulenten Dramen des Menander waren zunächst sicher eine Lieblingslektüre, auch wenn der Komödienschreiber später weniger gelesen wurde. Kleopatra kannte die Fabeln des Aesop, wie sie auch Herodot und Thukydides gekannt haben muss. Sie las mehr Lyrik als Prosa, mag jedoch auch Texte studiert haben, die wir heute als die Ekklesiasten oder als das 1. Buch der Makkabäer kennen. Unter den Stückeschreibern war Euripides der unumstrittene Favorit, weil er mit seiner Bühne voller unkonventioneller Frauen, die zuverlässig den geistigen Mittelpunkt der Stücke bildeten, glänzend in jene Zeit passte. Verschiedene Szenen kannte Kleopatra bestimmt auswendig. Aischylos und Sophokles, Hesiod, Pindar und Sappho waren ihr und der Schar hochgeborener Mädchen um sie herum bekannt. Für sie wie für Caesar war alles Nichtgriechische kaum von Belang. Wahrscheinlich hat sie selbst die Geschichte Ägyptens nach drei griechischen Texten kennengelernt. Begleitet wurden die literarischen Studien von ein wenig Arithmetik, Geometrie, Musik, Astrologie und Astronomie, wobei die letzten beiden sich kaum voneinander unterschieden. Kleopatra kannte den Unterschied zwischen einem Stern und einem Sternbild, und sie war sicher in der Lage, eine Leier zu schlagen. Aber all das waren Nebensachen. Selbst Euklid konnte die Frage eines Studenten, was genau der Sinn der Geometrie sei, nicht beantworten.

Kleopatra bewältigte keinen der genannten Texte allein. Sie las laut, oder Lehrer und Bedienstete lasen ihr vor. Stilles Lesen in der Öffentlichkeit oder privat war damals weniger verbreitet. (Eine zwanzig Blatt lange Papyrusrolle war unhandlich und fragil zugleich. Für das Lesen brauchte man fast immer zwei Hände: Man hielt die Rolle in der rechten und rollte den gerade benutzten Teil mit der linken auf.) Entweder ein Grammatiker oder dessen Gehilfe entschlüsselte mit ihr die ersten Sätze – ein mühseliges Unterfangen in einer Sprache, die ohne Lücken zwischen den Wörtern, ohne Interpunktion oder Absätze aufgeschrieben wurde. Das Ablesen eines Textes galt aus gutem Grund als eine Leistung, denn es musste mit Verve und Ausdruckskraft, sorgfältiger Artikulation und wirksamen Gesten ausgeführt werden. Mit dreizehn oder vierzehn ging Kleopatra an das Studium der Rhetorik oder des öffentlichen Redens sowie der Philosophie, der größten und mächtigsten Kunst, wie es der Lehrer ihres Bruders bei der Ankunft des Pompeius sattsam demonstriert hatte. Theodotos mag eine Zeit lang auch Kleopatras Lehrer gewesen sein. Sicher verfügte sie über einen ihr ergebenen Tutor, wahrscheinlich einen Eunuchen.

Die wahre Magie aber brachte ihr der Rhetorikmeister bei. Wenn auch weniger für Mädchen gedacht, so war die Kultur der Kleopatrazeit eine der großen Reden, der ausgefeilten Formulierung, der hohen Kunst der Überzeugung und Widerlegung. Man deklamierte mit einem festen Wortschatz und einem Vorrat an Gesten irgendwo in der Mitte zwischen den Gesetzen der Rezitation und des parlamentarischen Prozederes. Kleopatra lernte, ihre Gedanken präzise zu ordnen, kunstvoll auszudrücken und anmutig darzubieten. Der Inhalt rangierte wohl hinter der Form, »denn«, so schrieb Cicero, »wenn Vernunft der Ruhm des Mannes ist, dann ist Eloquenz das Licht der Vernunft«[37]. Mit sorgfältig modulierter Stimme meisterte sie die Lobrede, den Tadel und den Vergleich. Sie lernte es, mit prägnanten, starken Worten, einem Reichtum von Anekdoten und Anspielungen die verschiedensten diffizilen Themen zu behandeln: Warum wird Cupido als geflügelter Junge mit einem Bogen dargestellt? Ist Land- oder Stadtleben vorzuziehen? Wird die Welt von der Vorsehung regiert? Was würdest du sagen, wärst du als Medea drauf und dran, deine eigenen Kinder niederzumetzeln? Die Fragen waren immer die gleichen, die Antworten konnten allerdings verschieden ausfallen. Einige Fragen, zum Beispiel »Ist es gerecht, deine Mutter umzubringen, wenn sie deinen Vater ermordet hat?«, wurden in Kleopatras Familie möglicherweise anders behandelt als in den übrigen. Und obwohl es sich um Übungsgespräche handelte, schlich sich die Geschichte auch hier rasch ein. Bald sollten die Schüler darüber diskutieren, ob Caesar Theodotos, den Autor des Spruchs »Tote Männer beißen nicht«, hätte bestrafen müssen. War die Ermordung des Pompeius für Caesar wirklich ein Geschenk?[38] Wie verhielt es sich mit der Frage der Ehre? Hätte Caesar den Berater des Ptolemaios töten müssen, um Pompeius zu rächen, oder hätte er damit angedeutet, dass Pompeius den Tod nicht verdiente?* Wäre ein Krieg gegen Ägypten zu jener Zeit klug gewesen?

* Theodotos konnte fliehen, wurde aber aufgegriffen. Als man im Unterricht über ihn zu debattieren begann, war er bereits gekreuzigt.

Derartige Streitgespräche liefen nach einer eigenen exakten Choreografie ab. Kleopatra lernte, wo sie zu atmen, eine Pause einzulegen, zu gestikulieren, das Tempo zu beschleunigen, ihre Stimme zu senken oder zu heben hatte. Dabei musste sie aufrecht stehen und durfte nicht Däumchen drehen. Vorausgesetzt, das Rohmaterial war geeignet, dann konnte diese Art von Erziehung eine lebhafte, überzeugende Rednerin hervorbringen und ihr Gelegenheit bieten, ihren Scharfsinn und klugen Witz sowohl bei gesellschaftlichen Anlässen als auch vor Gericht zu demonstrieren. »Die Kunst der Rede«, so hieß es später, »hängt von großen Anstrengungen, kontinuierlichem Studium, Übungen verschiedenster Art, langer Erfahrung, tiefer Weisheit und einem unfehlbaren Sinn für Strategie ab.« (An anderer Stelle hieß es, dass diese strapaziöse Ausbildung sich sowohl für das Gericht, die Bühne als auch für die Anfälle eines Mondsüchtigen eigne.[39])

Kleopatra hatte ihre Ausbildung nahezu abgeschlossen, als ihr Vater im Jahr 51 einer tödlichen Krankheit zum Opfer fiel. In einer feierlichen Zeremonie vor dem Hohepriester Ägyptens bestiegen sie und ihr Bruder wahrscheinlich im späten Frühjahr des Jahres den Thron. Wenn die Zeremonie nach der Tradition abgehalten wurde, dann zelebrierte man sie in Memphis, Ägyptens spiritueller Hauptstadt, wo ein von Sphinxen gesäumter Weg durch Sanddünen zum Haupttempel mit seinen Panthern und Löwen aus Kalkstein, seinen griechischen und ägyptischen Kapellen, seinen leuchtenden Farben und prächtigen Bannern führte. In Wolken von Weihrauch setzte ein Priester in langem Leinengewand und einem Leopardenfell über der Schulter Kleopatra die Schlangenkronen von Unter- und Oberägypten aufs Haupt. Ihren Eid leistete sie auf Ägyptisch in diesem Heiligtum. Erst dann wurde das Diadem angebracht. Die neue Königin war achtzehn Jahre alt, Ptolemaios XIII. acht Jahre jünger. Sie lebte in einer Epoche der Frühreifen. Alexander der Große war mit sechzehn bereits General und mit zwanzig Herr der Welt gewesen. Zu Kleopatra sollte es später heißen: »Manche Frauen sind mit siebzig jünger als die meisten mit siebzehn.«[40]

Wie sie abschnitt, ist für jedermann sichtbar. Sie lebte in einer Zeit der oralen Kultur. Und Kleopatra konnte reden. Selbst ihre Verleumder gaben ihr für Beredsamkeit hohe Noten. Ihre »strahlenden Augen«[41] werden nie erwähnt, ohne zugleich ihrer Eloquenz und ihrem Charisma Tribut zu zollen. Sie war wie geschaffen dafür, mit einer nuancenreichen, samtenen Stimme Aufmerksamkeit zu erregen, ihre Zuhörerschaft zu bewerten und sich auf sie einzustellen. In dieser Hinsicht hatte sie gegenüber Caesar Vorteile. Alexandria gehörte zur griechischen Welt, lag aber in Afrika. Zugleich befand es sich in Ägypten, war aber kein Teil davon. Man pendelte zwischen beiden wie heute zwischen Manhattan und Amerika, nur dass man damals die Sprache zu wechseln hatte. Kleopatra war von Anfang an daran gewöhnt, vor zweifachem Publikum aufzutreten. Ihre Familie herrschte über ein Land, das mit seinem Alter selbst die antike Welt in Erstaunen versetzte. Seine Sprache war die älteste damals bekannte. Sie war formal und sperrig, ihre Schrift besonders schwierig. (Man verwendete das Demotische, eine schon leicht vereinfachte Kursivschrift. Die Hieroglyphen wurden lediglich bei zeremoniellen Gelegenheiten benutzt. Auch der des Lesens und Schreibens Kundige konnte sie nur teilweise entziffern. Es ist unwahrscheinlich, dass Kleopatra in der Lage war, sie ohne Schwierigkeiten zu lesen.[42]) Ägyptisch erforderte ein wesentlich mühseligeres Studium als Griechisch, das zu Kleopatras Zeit die Sprache der Geschäftswelt und der Bürokratie war. Für Ägyptisch Sprechende war es leicht zu erlernen. Sie taten dies in der Regel auch, während sich kaum jemand in der entgegengesetzten Richtung bewegte. Kleopatra jedoch nahm die Mühe auf sich, Ägyptisch zu lernen. Damit soll sie die erste und einzige Vertreterin der Ptolemäer gewesen sein, die der Sprache der sieben Millionen Menschen mächtig war, die sie regierte.[43]

Das zahlte sich aus. Wo frühere Ptolemäer ihre Armeen über Dolmetscher befehligt hatten, konnte Kleopatra direkt kommunizieren. Für jemanden, der Söldner unter Syrern, Persern oder Thrakern anwarb, war das ein wichtiger Vorteil, ebenso für eine

Person mit imperialen Ambitionen. Von Nutzen war es auch in Alexandria, dieser brodelnden, ethnisch gemischten kosmopolitischen Stadt, die Immigranten aus dem ganzen Mittelmeerraum anzog. Ein Vertrag konnte dort sieben verschiedene Nationalitäten einschließen.[44] Es war nichts Ungewöhnliches, einen buddhistischen Mönch durch die Straßen dieser Stadt wandeln zu sehen, die zugleich die größte jüdische Bevölkerung außerhalb Judäas beherbergte. Sie mag damals etwa ein Viertel der Bevölkerung Alexandrias gestellt haben. Ägypten und Indien betrieben einen einträglichen Handel mit Luxusgütern: Glänzende Seide, Gewürze, Elfenbein und Elefanten wurden über das Rote Meer und über Karawanenstraßen befördert. Es gab also zahlreiche Gründe, weshalb Kleopatra sich in den Sprachen der Küstenregion besonders gut auskennen musste. Plutarch berichtet, sie habe neun Sprachen beherrscht, darunter Hebräisch und Troglodytisch, eine Sprache äthiopischer Höhlenbewohner, die, wenn man Herodot glauben will, »der keines anderen Volkes gleicht; sie hört sich an wie die Rufe von Fledermäusen«[45]. Kleopatras Sprechweise war da wohl wesentlich angenehmer. »Es ist ein Vergnügen, allein dem Klang ihrer Stimme zu lauschen«, schreibt Plutarch, »mit der sie wie bei einem Instrument mit vielen Saiten von einer Sprache zur anderen wechselt, so dass es nur wenige Nationen der Barbaren gibt, denen sie über einen Dolmetscher antworten muss; mit den meisten spricht sie direkt.«[46]

Über Kleopatras Latein, die Sprache von Rom, die in Alexandria wenig verwendet wurde, schweigt Plutarch sich aus. Sie und Caesar, beide bemerkenswerte Redner, kommunizierten sicher miteinander in einem sehr ähnlichen Griechisch.[47] Doch die linguistische Teilung sagte viel über die Bindungen aus, in die Kleopatra jetzt geriet, ebenso über ihr Erbe und ihre Zukunft. Eine Generation zuvor hatte ein braver Römer Griechisch gemieden, so gut es ging, mancher täuschte gar Unkenntnis vor. »Je besser einer Griechisch lernt, ein umso größerer Gauner wird er.«[48] Griechisch war die Sprache der hohen Kunst und niedrigen Moral, die Mundart von Sexhandbüchern[49], eine Sprache »mit eigenen Fingern«[50]. Die Griechen behandeln alles Niedrige, »darunter einiges, das ich im Unterricht lieber nicht erklären will«[51].* Caesars Generation, die ihre Bildung in Griechenland oder von Griechisch sprechenden Lehrern erhielt, bewegte sich gleichermaßen gewandt in beiden Sprachen, wobei Griechisch als die reichere, nuanciertere, geschmeidigere, schönere und höflichere galt, die immer das richtige Wort parat hatte. Als Kleopatra geboren wurde, beherrschte ein gebildeter Römer Latein und Griechisch. Einen flüchtigen Augenblick lang schien es, als ob ein Griechisch sprechender Osten und Westen möglich sei. Zwei Jahrzehnte später hatte Kleopatra mit Römern zu verhandeln, denen ihre Sprache unangenehm war. Ihre letzte Szene sollte sie auf Lateinisch spielen, das sie natürlich mit Akzent sprach.

Kleopatras Vater Auletes, ein Ästhet und Förderer der Künste, in dessen Herrschaftszeit Alexandria den Beginn einer geistigen Wiedererweckung erlebte, achtete darauf, dass seine Tochter eine erstklassige Bildung erhielt. Kleopatra führte die Tradition weiter und bestellte für ihre eigene Tochter einen hervorragenden Lehrer. Damit stand sie nicht allein. Zwar waren Mädchen nicht generell umfassend gebildet, besuchten jedoch Schulen, nahmen an Dichterwettbewerben teil, wurden Gelehrte. Eine beträchtliche Zahl hochgeborener Töchter, nicht nur solche, die für den Thron vorbereitet wurden, kamen im 1. Jahrhundert v. Chr. in ihren Studien recht weit, wenn auch nicht unbedingt in der Rhetorik. Pompeius' Tochter hatte einen hervorragenden Lehrer und rezitierte

* Ähnlich erging es dem Französischen auf amerikanischem Boden. Im kolonialen Amerika galt die Sprache der ausschweifenden Alten Welt als eine Ansteckungsgefahr. Wo Franzosen auftauchten, dort waren Sittenlosigkeit und Leichtsinn nicht weit. Im 19. Jahrhundert war Französisch der unentbehrliche Träger der Hochkultur, es galt als ausdrucksvoller, reicher im Wortschatz, als äußerst überlegen in Nuancen und Geschmeidigkeit. Bewunderung konnte jedoch auch leicht in Missgunst umschlagen, die sich schließlich durchsetzte. Ein ereignisreiches Jahrhundert später galt Französisch als altmodisch, umständlich, weitgehend irrelevant und affektiert.

für ihren Vater Homer. Nach Ciceros maßgeblicher Meinung war seine Tochter »hoch gebildet«[52]. Brutus' Mutter kannte sich mit den lateinischen und griechischen Dichtern bestens aus. Alexandria konnte mit einem beträchtlichen Anteil an Mathematikerinnen, Ärztinnen, Malerinnen und Dichterinnen aufwarten. Das heißt nicht, dass diese Frauen nicht misstrauisch beäugt wurden. Eine gebildete Frau war stets eine gefährliche Frau. Aber in Ägypten löste sie weniger Unbehagen aus als in anderen Ländern.*[53] Cornelia, die schöne Frau des Pompeius, die nur wenige Meter entfernt stand, als ihm bei Pelusium der Kopf abgeschlagen wurde, worüber sie entsetzt aufschrie, hatte eine ähnliche Erziehung genossen wie Kleopatra. Sie war »sehr gebildet, spielte gut auf der Laute, verstand etwas von Geometrie und war es gewohnt, Vorträgen in Philosophie mit Gewinn zu lauschen. All das, ohne in irgendeiner Weise weniger liebenswürdig oder anmaßend zu werden, wie es zuweilen bei jungen Frauen vorkommt, die solche Studien betreiben«[54]. Eine widerwillige Bewunderung, aber eine Bewunderung trotz allem. Über die Frau eines römischen Konsuls hieß es in jenem Herbst, kurz nachdem Kleopatra vor Caesar aufgetaucht war, bei all ihren gefährlichen Begabungen sei sie »eine Frau nicht von niederen Bestrebungen, sie kann Verse schreiben, Witze erzählen und eine bescheidene, zärtliche oder schamlose Sprache führen; kurzum, sie besitzt in hohem Maße Geist und Charme«[55].

Kleopatra musste Caesar also in mehrerer Hinsicht sehr vertraut erscheinen. Sie war sowohl die Verbindung zu Alexander dem Großen als auch das erlesene Produkt einer hoch entwickelten Zivilisation und die Erbin einer überwältigenden geistigen Tradition. In Alexandria hatte man sich schon mit Astronomie befasst, als Rom fast noch ein Dorf war. Nun wurde das Alexandria wieder-

* Die hellenistische Version des Heimchens am Herd war der abfällige römische Spruch: »Sie liebte ihren Ehemann, gebar ihm zwei Söhne, hütete das Haus und verarbeitete Wolle.«

geboren, das Kleopatras Vorfahren errichtet hatten. Ungeachtet der Jahre der Unzivilisiertheit und niederen makedonischen Kultur schufen die Ptolemäer hier das größte intellektuelle Zentrum ihrer Zeit, das dort fortfuhr, wo Athen geendet hatte. Als Ptolemaios I. die Bibliothek gründete, war sein Ziel, alle damals existierenden Texte zu sammeln, wobei er beachtliche Ergebnisse erzielte. Sein Drang nach Literatur war so groß, dass er alle Schriftstücke beschlagnahmt haben soll, die in der Stadt auftauchten. Gelegentlich wurden Kopien zurückerstattet. (Für die Lieferung von Schriftgut setzte er Belohnungen aus. Dadurch gelangten auch zweifelhafte Texte in die Sammlung.) Aus antiken Quellen geht hervor, dass diese große Bibliothek 500 000 Schriftrollen umfasst haben soll. Das scheint eine maßlose Übertreibung zu sein. Die Zahl 100 000 dürfte der Wahrheit näher kommen. Auf jeden Fall stellte die Sammlung alle früheren Bibliotheken in den Schatten und umfasste jeden in griechischer Sprache geschriebenen Band.[56] An keinem anderen Ort waren diese Texte so gut zugänglich, alphabetisch und thematisch geordnet sowie hervorragend – in einzelnen Regalfächern – aufbewahrt.

Sie liefen auch nicht Gefahr, Staub anzusetzen. Der Bibliothek, die sich in der Nähe oder sogar innerhalb des Palastgeländes befand, war das Museum angeschlossen, eine vom Staat subventionierte Forschungseinrichtung. In der hellenistischen Welt wurden Lehrer generell gering geschätzt. »Er ist entweder tot oder irgendwo Lehrer«, lautete ein gängiger Ausdruck.[57] Ein Lehrer verdiente nur wenig mehr als ein ungelernter Arbeiter. In Alexandria dagegen standen die Wissenschaften in hohem Ansehen. Das betraf auch die Gelehrten der Stadt, die vom Staat gehegt, in luxuriösen Quartieren kostenlos untergebracht und in einer großen städtischen Speisehalle verpflegt wurden. (So war es zumindest bis etwa hundert Jahre vor Kleopatra gewesen. Dann kam ihr Urgroßvater zu dem Schluss, er habe genug von dieser politisch aufmüpfigen Klasse. Er lichtete deren Reihen, und die besten und hellsten Köpfe verstreuten sich über die ganze antike Welt.) Aber Jahrhunderte vor und nach Kleopatra war das eindrucksvollste, was ein Arzt von sich sagen konnte, er sei in Alexandria ausgebildet. Jedermann hoffte, von dort einen Lehrer für seine Kinder zu bekommen.

Die Bibliothek war der Stolz der zivilisierten Welt, eine Legende, solange sie existierte. Zu Kleopatras Zeit hatte sie den Zenit bereits überschritten. Von echter Forschung war sie in eine Manie des Klassifizierens und Erfassens von Literatur verfallen, die uns die sieben Weltwunder bescherte. (Ein bibliografisches Meisterwerk erfasste »herausragende Persönlichkeiten in allen Wissenszweigen«. Es enthielt deren Schriften, alphabetisch und thematisch aufgelistet. Das Werk bestand am Ende aus hundertzwanzig Bänden.) Die Bibliothek zog auch weiterhin die hellsten Köpfe des Mittelmeerraums an. Ihr Schutzpatron war Aristoteles, dessen Schule und Bibliothek ihr als Vorbild galt und der nicht zufällig der Lehrer von Alexander dem Großen und Ptolemaios I., dessen Freund aus Kindertagen, gewesen war. In Alexandria wurde der Erdumfang zum ersten Mal gemessen, die Sonne zum Zentrum des Sonnensystems erklärt, die Funktionsweise des Gehirns und des Pulses erhellt, wurden die Grundlagen für Anatomie und Physiologie gelegt und die endgültigen Ausgaben der Werke Homers produziert. In Alexandria kodifizierte Euklid die Geometrie. Wenn man sagen wollte, dass die gesamte Weisheit der antiken Welt an einem Ort zusammengebracht worden sei, dann war das Alexandria. Kleopatra konnte aus alledem direkten Nutzen ziehen. Sie wusste, dass der Mond die Gezeiten beeinflusst und dass die Erde eine Kugel ist. Sie hatte Kenntnis von der Existenz des Äquators, vom Wert der Zahl Pi, vom Breitengrad der Stadt Marseille, von der Wirkungsweise der linearen Perspektive, vom Nutzen eines Blitzableiters. Sie wusste, dass man per Schiff von Spanien nach Indien gelangen konnte, eine Reise, die erst fünfzehnhundert Jahre später wieder unternommen werden sollte. Sie selbst hätte sie gern in umgekehrter Richtung angetreten.

Für einen Mann wie Caesar, der für seine Zeit hoch kultiviert war und Alexander den Großen tief verehrte, der für sich in Anspruch nahm, von Venus abzustammen, führten alle mythischen, historischen und intellektuellen Wege nach Alexandria. Wie Kleopatra hatte er eine erstklassige Bildung genossen und war von unersättlicher Wissbegier. Er kannte seine Dichter. Er war ein Leser, der alles verschlang. Zwar heißt es von den Römern, dass sie keinen Sinn für persönlichen Luxus hatten, aber Caesar war auch hier wie in so vielen anderen Dingen eine Ausnahme. Selbst auf seinen Feldzügen sammelte er unentwegt Mosaiken, Marmor und Edelsteine. Dass er auf den Britischen Inseln einmarschierte, wird seiner Vorliebe für Süßwasserperlen zugeschrieben.[58] Mit seinem Sinn für Überfluss und vornehme Abstammung hatte er bereits zahlreiche Höfe des Ostens besucht, was ihm ein Leben lang vorgehalten werden sollte. Wenige Vorwürfe brachten ihn so aus der Fassung wie die Anklage, er habe seinen Aufenthalt im heutigen Norden der Türkei verlängert, weil er mit dem König von Bithynien eine Affäre hatte. Caesar war selbst von erlauchter Herkunft, war ein begabter Redner und schneidiger Offizier, aber all das verblasste angesichts einer Frau, die, wie erfindungsreich auch immer, von Alexander dem Großen abstammte, die in Ägypten nicht nur eine Königin, sondern auch eine Göttin war. Caesar wäre in seinen letzten Lebensjahren fast zum Gott erklärt worden. Kleopatra aber war eine Göttin von Geburt.

Und wie sah sie aus? Während die Römer, die Kleopatras Geschichte bewahrt haben, uns ihrer Schamlosigkeit, ihrer weiblichen Listen, ihrer skrupellosen Ambitionen und sexuellen Verworfenheit versichern, schwärmen nur wenige von ihrer Schönheit. Das liegt nicht daran, dass ihnen die passenden Worte fehlen. Außergewöhnliche Frauen werden in der Geschichte verewigt. Ein Beispiel war die Frau des Herodes. Ein weiteres die Mutter Alexanders des Großen. Die Königin der Sechsten Dynastie, die die dritte Pyramide hatte errichten lassen, war, wie Kleopatra sicher wusste, »mutiger als alle Männer ihrer Zeit, schöner als alle Frauen, mit heller Haut und roten Wangen«[59]. Arsinoe II., die dreimal verheiratete Intrigantin aus dem 3. Jahrhundert, war atemberaubend. Schönheit hatte die Welt auch früher erschüttert. Da brauchte man allein an Helena zu denken. Aber nur ein lateinischer Dichter nahm dieses Beispiel auf, vor allem, um Kleopatras schlechtes Verhalten herauszustellen.[60] Plutarch schreibt eindeutig, ihre Schönheit »war an sich nicht so bemerkenswert, dass man sie mit niemandem vergleichen und sie nicht anschauen konnte, ohne betroffen zu sein«. Eher war es »der Kontakt mit ihrer Anwesenheit, wenn man mit ihr lebte, dann war sie unwiderstehlich«. Ihre Persönlichkeit und wie sie sich gab, so beharrt er, seien nicht anders als »berückend« gewesen.[61] Die Zeit hat Kleopatra nicht welken lassen, im Gegenteil, sie hat ihren Liebreiz noch verstärkt. Gutes Aussehen wurde ihr erst viel später zugestanden. Im 3. Jahrhundert n. Chr. wurde sie als »eindrucksvolle«, aparte Erscheinung beschrieben.[62] Im Mittelalter galt sie dann als »ausschließlich wegen ihrer Schönheit berühmt«[63].

Da bisher kein in Stein gehauenes Porträt Kleopatras als authentisch anerkannt worden ist, bleibt André Malraux' Bonmot zumindest teilweise zutreffend: »Kleopatra war eine Königin ohne Gesicht und Nofretete ein Gesicht ohne Königin.«[64] Trotzdem können einige Dinge festgehalten werden: Es sollte überraschen, wäre sie nicht klein und schlank gewesen, obwohl die Männer in ihrer Familie zu Korpulenz, wenn nicht gar regelrechter Fettleibigkeit neigten. Selbst wenn man berücksichtigt, dass damit die Botschaft einer Herrscherin vermittelt werden sollte und die Gravur von geringer Qualität ist, stützt das vorliegende Porträt auf Münzen Plutarchs Behauptung, sie sei keineswegs eine klassische Schönheit zu nennen gewesen. Sie hatte eine kleinere Version der Hakennase ihres Vaters (wofür das Griechische natürlich ein besonderes Wort bereithält), volle Lippen, ein spitzes, vorspringendes Kinn und hochgeschwungene Augenbrauen. Ihre Augen waren groß und lagen tief. Zwar gab es blonde und hellhäutige Ptolemäer, doch Kleopatra VII. scheint nicht dazugehört zu haben. Wäre sie blond gewesen, hätte die Welt wohl kaum weiter über »diese ägyptische Frau« gelästert. Ihren weiblichen Verwandten wird häufig eine »honigfarbene Haut« zugeschrieben, was man ungeachtet der ungenauen

Informationen, die zu ihrer Mutter und ihrer Großmutter väterlicherseits existieren, auch auf sie beziehen kann. In der Familie gab es persisches Blut, aber selbst eine ägyptische Geliebte war unter den Ptolemäern eine Seltenheit. Kleopatra hatte keinen dunklen Teint.

Sicherlich tat ihr Gesicht ihrem gefürchteten Charme, ihrem lockeren Humor oder ihrer Überzeugungskraft keinen Abbruch. Was die äußere Erscheinung betraf, da war Caesar eigen. Aber er hatte auch anderes zu bedenken. Seit Langem war klar, dass man das Herz des Pompeius durch Schmeichelei, das des Caesar aber durch Bestechung erobern konnte. Er lebte großzügig und über seine Verhältnisse. Eine Perle für die Geliebte kostete so viel, wie zwölfhundert Berufssoldaten in einem Jahr an Sold erhielten. Nach mehr als einem Jahrzehnt Krieg hatte er eine Armee auszuzahlen. Kleopatras Vater hinterließ riesige Schulden, die Caesar bei seinem Eintreffen einzutreiben versprach. Die Hälfte wollte er erlassen, aber es blieb immer noch die astronomische Summe von etwa dreitausend Talenten übrig. Wenn Caesar extravagante Ausgaben und einen extravaganten Geschmack hatte, dann verfügte Ägypten, das wusste er, über die entsprechenden Schätze. Die hinreißende junge Frau, die da vor ihm stand, ihre Worte so gut zu setzen wusste, so herzlich lachte, aus einer uralten, vollkommenen Kultur stammte und sich in einem Überfluss bewegte, dass es jeden seiner Landsleute in Unruhe versetzen musste, die noch dazu eine ganze Armee so geschickt ausmanövriert hatte, war einer der beiden reichsten Menschen der Welt.

Als der zweite in den Palast zurückkehrte, erblickte er zu seinem Entsetzen seine Schwester an Caesars Seite. Er stürmte wieder hinaus und ließ auf der Straße seiner Wut freien Lauf.

III

KLEOPATRA VERZAUBERT DEN ALTEN MANN[1]

»Eine Frau, die großzügig mit ihrem Geld umgeht, ist zu loben, nicht aber, wenn sie großzügig mit ihrer Person umgeht.«[2]

QUINTILIAN

DAS ERSTE JAHRHUNDERT v. Chr. hatte wenig Eigenes aufzuweisen – es zeichnete sich vor allem dadurch aus, dass bekannte Themen wieder aufgewärmt wurden. So geschah es auch, als ein Wirbelwind von einem Mädchen auf einen gewandten und viel älteren Mann von Welt traf: Die Verführerin konnte nur sie gewesen sein. Vorkommnisse dieser Art hatten auch zuvor Anlass für Klatsch gegeben, und so sollte es mehrere tausend Jahre bleiben. Tatsächlich aber ist unklar, wer wen verführt hat und wie schnell Caesar und Kleopatra einander in die Arme sanken. Auf beiden Seiten ging es um viel. Plutarch stellt den unbeugsamen General angesichts der betörenden Einundzwanzigjährigen als hilflos dar. Er lässt sich im Handumdrehen von ihrer List »einfangen«, von ihrem Charme »überwältigen«[3]. Apollodoros kam, Caesar sah, und Kleopatra siegte – ein Ablauf, der nicht unbedingt zu ihren Gunsten spricht. Auch Cassius Dio, dessen Bericht sich durchaus von dem Plutarchs gute hundert Jahre zuvor herleiten lässt, schreibt Kleopatra die Fähigkeit zu, sich einen doppelt so alten Mann zu unterwerfen.

Sein Caesar wird sofort mit Haut und Haaren ihr Sklave. Doch Cassius Dio deutet wenigstens darauf hin, das auch der Römer seinen Anteil an der Sache hatte. Denn bekannt war seine Schwäche für das andere Geschlecht, die »solche Ausmaße annahm, dass er sich mit sehr vielen anderen Frauen einließ, im Grunde mit allen, die ihm über den Weg liefen«[4]. Damit gesteht er Caesar zumindest eine gewisse Rolle zu und lässt ihn nicht schutzlos in die Fänge einer raffinierten, entwaffnenden Sirene geraten. Cassius Dio bietet auch einen komplizierteren Ablauf an. Im Palast hat Kleopatra Zeit, sich herzurichten. Sie tritt »in der majestätischsten und zugleich mitleiderregendsten Verkleidung« auf. Das wirkt etwas dick aufgetragen. Um seinen Caesar ist es geschehen, »als er sie erblickt und wenige Worte sprechen hört«, die Kleopatra natürlich mit Bedacht gewählt hat. Dabei war sie dem römischen General nie zuvor begegnet und hatte keine Ahnung, was sie erwartete. Sie wusste nur, dass es auf jeden Fall besser war, von Julius Caesar und nicht von ihrem eigenen Bruder gefangen genommen zu werden.*

Alle Berichte sind sich jedoch darin einig, dass Kleopatra mit Leichtigkeit eine Art Verständigung mit Caesar erreichte, der bald darauf »als Fürsprecher für die Frau« auftrat, »deren Richter er zuvor hatte sein wollen«[5]. Die Verführung mag längere Zeit erfordert haben, zumindest mehr als die eine Nacht, von der die Legende berichtet. Wir haben auch keinen Beweis dafür, dass es sofort zu sexuellem Kontakt kam. Beim Licht des Tages – nicht unbedingt am Morgen nach ihrer ungewöhnlichen, aufsehenerregenden Ankunft – empfahl Caesar eine Versöhnung zwischen Kleopatra und Ptolemaios »unter der Bedingung, dass sie als seine Partnerin im Königreich regieren sollte«[6]. Das war alles andere, als das, was die Berater ihres Bruders erwarteten. Aber sie hatten die Oberhand. Sie gingen davon aus, mit Caesar am Strand von Pelusium

* Keiner der beiden Berichte wurde nach direkten Erinnerungen aufgeschrieben. Nur eine einzige Version, eine simple Schilderung aus dem 6. Jahrhundert n. Chr. enthält die schockierende Aussage, Caesar könnte Kleopatra verführt haben.

einen Pakt geschlossen zu haben.[7] Mit Kleopatras unerklärlichem Auftauchen im Palast hatten sie nicht gerechnet.

Der junge Ptolemaios war möglicherweise noch mehr überrascht, sie zu sehen, als Caesar. In seiner Wut darüber, dass sie ihn überlistet hatte, verhielt er sich so, dass jeder sehen konnte, wie dringend er eine Gefährtin brauchte: Er brach in Tränen aus. Voller Zorn stürzte er durchs Tor mitten unter die wartende Menge. Vor den Augen seiner Untertanen riss er sich das weiße Band vom Kopf, warf es zu Boden und heulte, seine Schwester habe ihn betrogen. Caesars Männer ergriffen ihn und brachten ihn in den Palast zurück, wo er unter Hausarrest gestellt wurde. Längere Zeit war nötig, um den Aufruhr in den Straßen unter Kontrolle zu bringen, den der Eunuch Potheinos, der bereits die Aktion zur Absetzung Kleopatras angeführt hatte, in den folgenden Wochen schürte. Mit ihrer ruhmreichen Karriere wäre es hier bereits aus gewesen, hätte sie nicht Caesars Gunst gewonnen. Aber auch er, zur See und zu Lande angegriffen, hätte hier sein Ende finden können. Er glaubte eine Familienfehde zu regeln und begriff nicht, dass er, dem nur noch zwei angeschlagene, erschöpfte Legionen zur Verfügung standen, einen regelrechten Aufstand verursacht hatte.[8] Kleopatra scheint ihn auch nicht darüber aufgeklärt zu haben, wie gering ihr Rückhalt in der Bevölkerung von Alexandria war.

Der besorgte Caesar ließ sich einen Auftritt vor dem Volk organisieren. Von einem sicheren Ort, einem Balkon in einem Obergeschoss oder einem Fenster des Palastes, »versprach er zu tun, was es wünschte«[9]. Hier kam ihm sein großes Redetalent zustatten. Kleopatra mag ihn beraten haben, wie er die Alexandriner besänftigen könne, aber er brauchte keine Belehrung, um eine klare, überzeugende Ansprache zu halten, die er mit energischen Gesten begleitete. Auf diesem Gebiet war er ein anerkanntes Genie mit feinem Gespür und prägnantem Stil, unübertroffen in der »Fähigkeit, seine Hörer zu entflammen und in die Richtung zu lenken, die der Fall erfordert«[10]. Von seiner Besorgnis ließ er nichts spüren, hob stattdessen die Verhandlungen mit Ptolemaios hervor und versicherte, ihm persönlich sei »besonders daran gelegen, als Freund und Vermittler zu wirken«[11]. Damit schien er Erfolg zu haben. Ptolemaios ließ sich auf eine Versöhnung ein. Das war kein großes Zugeständnis, denn er wusste, dass seine Berater den Kampf ohnehin fortsetzen würden. Insgeheim waren sie gerade dabei, die ptolemäische Armee nach Alexandria zu beordern.

Nun berief Caesar eine offizielle Versammlung ein, zu der beide Geschwister ihn begleiteten. Mit hoher, näselnder Stimme verlas er das Testament des Auletes. Der Vater, so hob er hervor, habe Kleopatra und ihren Bruder klar angewiesen, unter dem Schutz Roms zusammenzuleben und gemeinsam zu regieren. Damit legte Caesar das Königreich in ihre Hände. Beim nächsten Schritt ist Kleopatras Einfluss nicht mehr zu verkennen. Um seinen guten Willen zu zeigen (oder, wie es Cassius Dio darstellt, die empörte Menge zu besänftigen), ging Caesar noch weiter. Er übergab die Insel Zypern den zwei anderen Geschwistern Kleopatras, der siebzehnjährigen Arsinoe und dem zwölfjährigen Ptolemaios XIV. Die Geste hatte Gewicht. Zypern, das Kronjuwel der Ptolemäer, kontrollierte die ägyptische Küste. Es lieferte den ägyptischen Königen Holz und brachte ihnen das Quasimonopol bei Kupfer ein. Außerdem war Zypern ein wunder Punkt in der ptolemäischen Geschichte. Bis vor zehn Jahren hatte Kleopatras Onkel die Insel regiert. Da forderte Rom eine riesige Summe von ihm. Statt zu zahlen, vergiftete er sich. Daraufhin wurde sein Vermögen konfisziert, nach Rom gebracht und dort öffentlich zur Schau gestellt. Sein älterer Bruder, Kleopatras Vater in Alexandria, sah dem Ganzen untätig zu. Für diese feige Haltung wurde er von seinen aufgebrachten Untertanen aus dem Land gejagt. Damals war Kleopatra elf Jahre alt. Die Demütigung und auch den Aufstand dürfte sie wohl kaum vergessen haben.

Caesar gelang es zwar, das Volk zu beruhigen, aber nicht, die Feindseligkeiten zu entschärfen, vor allem, was Potheinos betraf. Der ehemalige Lehrer verlor keine Zeit, Achillas' Männer aufzuwiegeln. Der Vorschlag des Römers sei ein Täuschungsmanöver, versicherte er ihnen. Sähen sie dahinter nicht Kleopatras langen, wohlgeformten Arm? Darin klingt eine Art perverses Bekenntnis mit, denn Potheinos, der Kleopatra gut, vielleicht sogar sehr gut kannte, wenn er denn ihr Lehrer war, fürchtete die junge Frau ebenso sehr wie den erfahrenen Römer. Er schwor, Caesar habe »das Königreich nur so demonstrativ beiden Kindern übergeben, um das Volk zu beruhigen«[12]. Sobald er dazu in der Lage sei, werde er es Kleopatra allein anvertrauen. Und er wies auf eine zweite Gefahr hin, die darauf hindeute, mit welcher Entschlossenheit Kleopatra handle und wie sehr es Ptolemaios daran fehle. Was, wenn es diesem raffinierten Weib, da es mit seinem Bruder im Palast zusammen sei, gelinge, diesen zu verführen? Gegen ein Königspaar werde sich das Volk nicht auflehnen, auch wenn es von einem unpopulären Römer sanktioniert sei. Dann wäre alles verloren, beharrte Potheinos. Er ersann einen Plan, den er wohl zu vielen Mitverschworenen offenbarte. Auf dem Bankett zur Feier der Versöhnung machte Caesars Barbier – mit gutem Grund dienten im ptolemäischen Ägypten Barbierstuben als Postämter – eine alarmierende Entdeckung. Dieser »stets geschäftige Kerl, der zuhören konnte«, erfuhr, neugierig, wie er war, dass Potheinos und Achillas planten, Caesar zu vergiften. Dabei sollte Kleopatra gleich mit umgebracht werden. Caesar überraschte das nicht. Er schlief stets sporadisch und zu ungewohnter Stunde, um sich vor Mordanschlägen zu schützen. Auch Kleopatra muss die Nächte als gefährlich empfunden haben, wie aufmerksam ihre Wachen auch sein mochten.

Caesar wies einen Mann an, den Eunuchen zu beseitigen, was auch geschah. Achillas seinerseits konzentrierte sich mehr darauf, was sich nach Plutarchs untertriebener Einschätzung zu einem »ärgerlichen, peinlichen Krieg« entwickelte.[13] Caesar verfügte über viertausend Mann, die in keiner Weise frisch oder von ihrer Unbesiegbarkeit überzeugt waren. Achillas' Streitkräfte waren fünfmal so stark und im Anmarsch auf Alexandria. Was ihm Kleopatra auch geraten haben mag, Caesar unterschätzte die Arglist der Ptolemäer beträchtlich. Im Namen des jungen Königs setzte Caesar zwei Boten mit einem Friedensangebot in Marsch. Beide waren Männer von hohem Stand und reicher Erfahrung. Beide hatten sich unter Kleopatras Vater Verdienste erworben, und Caesar mag ihnen zuvor in Rom begegnet sein. Achillas, den Caesar für »einen Mann von bemerkenswerter Unverfrorenheit« hielt[14], sah diesen Schritt als ein Zeichen von Schwäche, was er tatsächlich auch war. Er ließ die beiden Abgesandten töten, bevor sie ihre Botschaft übermitteln konnten.

Die ägyptischen Truppen, die in Alexandria einmarschierten, versuchten unter Führung des Achillas zunächst in Caesars Residenz einzudringen. Hektisch befestigten die Römer den Palast im Schutz der Dunkelheit mit Gräben und einer drei Meter hohen Mauer. Caesar konnte man zwar einer Blockade unterwerfen, aber nicht dazu zwingen, sich gegen seinen Willen einem Kampf zu stellen. Er wusste, dass Achillas in allen Teilen des Landes Hilfstruppen rekrutierte. Die Bewohner von Alexandria errichteten überall in der Stadt Munitionswerkstätten. Die Reichen rüsteten ihre erwachsenen Sklaven aus und bezahlten sie, um gegen die Römer zu kämpfen. Scharmützel waren an der Tagesordnung. Die größte Sorge bereitete Caesar die Versorgung mit Wasser, das sehr knapp war, und Lebensmitteln, die völlig fehlten. Daran hatte ihn Potheinos bereits erinnert, als er verschimmeltes Getreide liefern ließ. Aber der erfolgreiche General war stets auch ein begabter Logistiker gewesen. Caesar sah es als entscheidend an, sich nicht vom Mareotissee mit seinem zweiten Hafen südlich der Stadt abschneiden zu lassen. Dieser strahlend blaue Süßwassersee verband Alexandria über Kanäle mit dem ägyptischen Inland. Er war ebenso reich und wichtig wie die beiden Häfen an der Mittelmeerküste. Caesar machte sich auch über die psychologische Seite seiner Lage Gedanken. Mit allen Mitteln umwarb er den jungen König, denn ihm war klar geworden, »dass der königliche Name im Volke hohes Ansehen genießt«[15]. Alle, die es hören wollten, erinnerte er immer wieder daran, dass dies kein Krieg des Ptolemaios, sondern seiner verbrecherischen Berater sei. Aber solche Erklärungen stießen auf taube Ohren.

Während Caesar sich um Nachschublinien und Befestigungen kümmerte, braute sich innerhalb des Palastes, wo die Atmosphäre vor allem zwischen den streitenden Geschwistern nach wie vor gespannt war, eine neue Verschwörung zusammen. Auch Arsinoe hatte einen gerissenen Lehrer. Der Eunuch arrangierte nun ihre Flucht. Dieser Coup bedeutet entweder, dass Kleopatra nicht wachsam genug war (was unter den gegebenen Umständen unwahrscheinlich ist), dass ihr Bruder und das eigene Überleben sie voll beschäftigten oder dass sie ein raffiniertes Doppelspiel trieb. Man kann sicher nicht davon ausgehen, dass sie ihre siebzehnjährige Schwester unterschätzte. Arsinoe brannte vor Ehrgeiz.[16] Selbstzufrieden konnte man sie wahrlich nicht nennen. Zu Kleopatra hatte sie kein großes Vertrauen, was sie allerdings in den letzten Wochen nicht erkennen ließ.*[17] Außerhalb des Palastes äußerte sie sich deutlicher. Sie bezeichnete sich als Ptolemäerin, die nicht einem Ausländer hörig sei. Genau das wollten die Alexandriner hören. Sie erklärten sie zu ihrer Königin – jede der Schwestern bekam ihre Chance – und scharten sich begeistert um sie. Arsinoe stellte sich an Achillas' Seite beim Oberbefehl über dessen Armee. Kleopatra im Palast musste sich wieder einmal davon überzeugen, dass man besser einem Römer als einem Mitglied der eigenen Familie vertraute. Im Jahr 48 v. Chr. war das keine neue Erkenntnis. »Ein treuer Freund«, mahnt uns Euripides, »wiegt eintausend Verwandte auf.«[18]

Im Jahr von Kleopatras Geburt bot Mithridates der Große, der König von Pontos, seinem Nachbarn, dem König der Parther**, ein

* Über Arsinoes Motive wissen wir nichts. Das hat jedoch selbst den besten modernen Historiker des Alexandrinischen Krieges nicht davon abgehalten zu spekulieren: Hätte sie angesichts der meisterhaften Verführung Caesars durch ihre ältere Schwester keine Eifersucht empfunden, so behauptet er, »dann wäre sie keine Frau gewesen«.

** Das Partherreich lag im heutigen Nordosten Irans. Das Königreich Pontos erstreckte sich von der Südküste des Schwarzen Meers bis in die heutige Türkei hinein.

Bündnis an. Jahrzehntelang hatte Mithridates Rom beschimpft und ihm Ultimaten erklärt, weil es nach seiner Meinung systematisch die ganze Welt verschlang.[19] Jetzt rolle diese Plage auf sie zu, warnte er, und »kein menschliches oder göttliches Gesetz hindert sie daran, Verbündete und Freunde, ob nah oder fern, ob schwach oder stark, zu erobern, zu vernichten und jede Regierung, die ihnen nicht zu Diensten ist, besonders Monarchien, als ihre Feinde zu betrachten«. Sollte man sich deshalb nicht zusammentun? Mithridates war nicht gewillt, der Verzögerungstaktik von Kleopatras Vater zu folgen. Auletes sei bestrebt, »Kampfhandlungen durch Geldzahlungen einen Tag um den anderen hinauszuzögern«, spottete er.[20] Der ägyptische König mochte sich für schlau halten, schob aber das Unvermeidliche nur vor sich her. Die Römer strichen sein Geld ein, boten ihm aber keine Garantien. Sie hatten keinen Respekt für Könige. Sie verrieten sogar ihre Freunde. Sie würden die Menschheit zerstören oder selbst untergehen. In den folgenden zwei Jahrzehnten begannen sie tatsächlich, große Teile des riesigen Ptolemäischen Reichs zu zerschlagen, was Kleopatra gespannt verfolgt haben muss. Kyrene, Kreta, Syrien und Zypern waren lange verloren. Das Königreich, das sie erben würde, war kaum größer als zwei Jahrhunderte zuvor, da Ptolemaios I. den Thron erobert hatte. Ägypten hatte seinen »Gürtel von Klientelstaaten« verloren.[21] Es war nun auf allen Seiten von römischem Land umgeben.

Mithridates ging zu Recht davon aus, dass Ägypten seine noch vorhandene Selbstständigkeit mehr den Eifersüchteleien in Rom als Auletes' Gold verdankte. Paradoxerweise verhinderte der Reichtum des Landes dessen Annexion. Das hatte Julius Caesar in Rom zum ersten Mal ausgesprochen, als Kleopatra gerade sieben Jahre alt war. Rivalisierende Interessen bremsten die Debatte. Keine Fraktion wollte zulassen, dass eine andere dieses Königreich mit den märchenhaften Schätzen unter Kontrolle bekam, was eine ideale Ausgangsbasis bot, um die Republik zu stürzen. Für die Römer war Kleopatras Land ein ständiges Ärgernis. Ein Historiker unserer Zeit nannte es »einen Verlust, wenn man es vernichtete, ein

Risiko, wenn man es annektierte, und ein Problem, wenn man es regierte«[22].

Auletes hatte sich von Anfang an auf einen entwürdigenden Tanz mit Rom eingelassen. Die damit verbundenen Demütigungen überschatteten die Kindheit seiner Tochter. Überall im Mittelmeerraum blickten die Machthaber nach Rom, um sich von dort ihre Herrschaftsansprüche absichern zu lassen. Es war ein Hafen für Könige in Not. Hundert Jahre zuvor war Ptolemaios VI. in Lumpen dort angekommen und hatte sich auf einem Dachboden einquartiert. Wenig später ging sein jüngerer Bruder, Kleopatras Urgroßvater, jener, der seinen Sohn in Stücke gehackt hatte, auf die gleiche Reise. Er wies Narben vor, die ihm Ptolemaios VI. angeblich beigebracht hatte, und flehte den Senat um Gnade an. Die Römer waren dieser endlosen Prozession von Bittstellern, ob nun beleidigt oder nicht, überdrüssig. Sie nahmen deren Petitionen entgegen und entschieden nur selten darüber. Einmal ging der Senat sogar so weit, die Anhörung derartiger Klagen zu verbieten. Für Rom gab es keinen Grund, eine durchgängige Außenpolitik zu verfolgen. Was das verwirrende Problem Ägypten betraf, so waren einige der Meinung, dass man es am besten dafür benutzen solle, um arme römische Bauern dort anzusiedeln.[23]

Problematischer war die geniale Strategie, die ein anderer Großonkel Kleopatras in neuerer Zeit erdacht hatte, um sich vor einer Verschwörung seines Bruders zu schützen. Für den Fall seines Todes wollte Ptolemaios X. sein Königreich per Testament Rom vermachen. Dieses Dokument hing wie ein Damoklesschwert über Auletes, ebenso seine eigene fehlende Legitimität und seine Unbeliebtheit bei den Griechen von Alexandria. Da sein Verbleib auf dem Thron unsicher war, hatte er kaum eine Wahl, als auf der anderen Seite des Mittelmeers Unterstützung zu suchen. Das kostete ihn Respekt in den Augen der Römer, denen er zu unterwürfig erschien, aber auch bei seinen Untertanen, die es gar nicht mochten, wenn ein Souverän sich Ausländern vor die Füße warf. Auletes indessen hielt sich an eine Weisheit, die schon der Vater Alexanders des Großen vertreten hatte: Jede Festung kann gestürmt werden, wenn ein Weg für einen Esel mit einem Sack voll Gold auf dem Rücken dorthin führt. Damit geriet Kleopatras Vater in einen Teufelskreis. Das Gold des Esels veranlasste ihn, seinen Untertanen noch mehr Steuern abzupressen, womit er die Menschen gegen sich aufbrachte, deren Akzeptanz er mit solcher Mühe in Rom zu erkaufen hoffte.

Auletes wusste nur zu genau, was Caesar im Jahr 48 erst lernen musste: Das Volk von Alexandria war eine Kraft für sich. Das Beste, was man ihm bescheinigen konnte, war sein scharfer Witz. Diese Leute waren schlagfertig und von beißendem Humor. Sie lachten gern. Sie waren wild auf Dramen, wie die vierhundert Theater der Stadt bezeugten. Aber sie setzten auch ihre Ellbogen ein. Aus dem Spaß an der Unterhaltung resultierte ihr Hang zu Intrige und ihre Neigung zu Aufmüpfigkeit. Für einen Besucher war das Leben in Alexandria »ein einziges permanentes Fest, aber kein freundliches und sanftmütiges, sondern ein wildes, gewalttätiges Fest, eines von Tänzern, Musikanten und Mördern«[24]. Kleopatras Untertanen hatten keinerlei Skrupel, sich vor den Toren des Palastes zusammenzurotten und ihre Forderungen herauszuschreien. Um eine Explosion auszulösen, brauchte es nicht viel. Zweihundert Jahre lang hatte das Volk von Alexandria Ptolemäer bedenkenlos gewaltsam abgesetzt, aus dem Land vertrieben oder ermordet. Es hatte Kleopatras Urgroßmutter gezwungen, gemeinsam mit dem einen Sohn zu regieren, während sie es mit dem anderen tun wollte. Es hatte Kleopatras Großonkel vertrieben. Es zerrte Ptolemaios XI. aus dem Palast und riss ihn in Stücke, nachdem er seine Frau getötet hatte. Aus römischer Sicht war die ägyptische Armee nicht viel besser. Caesar notierte darüber im Palast: »Diese Leute forderten, dass Freunde des Königs getötet werden, plünderten das Vermögen der Reichen, belagerten die Residenz des Königs, um höhere Bezahlung zu erzwingen, stürzten die einen vom Thron und setzten andere ein.«[25] Von dieser Art waren die Truppen, deren Gebrüll Caesar und Kleopatra jenseits der Palastmauern hören konnten.

Sie wusste, dass die Männer ihr nicht besonders wohlgesonnen waren. Und ihre Haltung zu den Römern war ebenso klar. Als Kleopatra neun oder zehn Jahre alt war, tötete ein zu Gast weilender römischer Beamter aus Versehen eine Katze, ein Tier, das den Ägyptern als heilig gilt.*[26] Ein wütender Mob versammelte sich, den ein Abgesandter Auletes' zu beruhigen suchte. Zwar sei das für einen Ägypter ein Verbrechen, aber müsse man nicht bei einem Ausländer eine Ausnahme machen? Es gelang ihm nicht, den Besucher vor der blutrünstigen Menge zu retten.

Auletes hinterließ seiner Tochter einen heiklen Balanceakt: Wenn man einer Anhängerschaft gefallen wollte, dann missfiel man der anderen. Wenn man Rom nicht entgegenkam, konnte das zum Einmarsch führen. Widersetzte man sich Rom nicht, waren Unruhen die Folge. (Auletes scheint von niemandem besonders gemocht worden zu sein außer von Kleopatra, die sein Andenken stets in Ehren hielt, obwohl das im Land politische Folgen für sie hatte.) Die Gefahren waren mannigfaltig. Man konnte von Rom abgesetzt werden, wie es Kleopatras Onkel, dem König von Zypern, geschehen war. Man konnte von der eigenen Familie beseitigt – erstochen, vergiftet, vertrieben oder in Stücke gerissen – werden. Auch das unzufriedene, aufmüpfige Volk konnte einen stürzen. (Zu diesen Möglichkeiten gab es Varianten. Ein Ptolemäer konnte von seinem Volk gehasst, aber von den Höflingen vergöttert werden. Er konnte vom Volk geliebt und von seiner Familie verraten werden. Es war auch möglich, dass die Griechen von Alexandria ihn verachteten, die eingeborenen Ägypter ihn aber liebten, wie es bei Kleopatra der Fall war.) Auletes buhlte zwanzig Jahre lang um die Gunst Roms, nur um festzustellen, das er sich besser um

* Die Römer hielten die Anbetung von Tieren in Ägypten für unsagbar primitiv und pervers. Ein Christ aus dem 2. Jahrhundert sah das anders. Im Vergleich zu den griechischen Göttern kamen die ägyptischen bei ihm gut weg. »Es mögen unvernünftige Tiere sein«, räumte Clemens von Alexandria ein, »aber weder sind sie Ehebrecher noch Wüstlinge, und keines sucht nach Vergnügungen, die wider seine Natur sind.«

sein eigenes Volk hätte bemühen sollen. Als er sich entschloss, in Zypern nicht einzugreifen, belagerten ihn seine Untertanen und forderten, er möge sich entweder Rom widersetzen oder seinen Bruder dort auslösen. Auletes geriet in Panik. Sollte das nicht ein abschreckendes Beispiel für Ägypten sein? Er floh nach Rom, wo er die nächsten drei Jahre über seine Wiedereinsetzung verhandelte. Diesem Vorgang verdankte Kleopatra Caesars Besuch. Zwar war Auletes in Rom bei Weitem nicht allen willkommen, aber nur wenige – darunter Caesar und Pompeius – konnten der Bestechung durch einen Griechen widerstehen. Viele liehen Auletes bereitwillig die Summen, die er für seine Manöver benötigte, und er nahm sie gerne an. Denn je zahlreicher seine Gläubiger waren, desto mehr unterstützten seine Rückkehr auf den Thron.

Fast das gesamte Jahr 57 war es in Rom eine delikate Frage, wie man mit den Appellen des abgesetzten Königs umgehen solle. Der große Redner Cicero hatte hinter den Kulissen alle Hände voll zu tun, um Freunde in die heikle Materie einzuführen, die »von gewissen Individuen nicht ohne Duldung des Königs selbst und seiner Berater verwirrt wurde«[27]. Für eine gewisse Zeit steckte die Sache in einer Sackgasse. Auletes mag als ein Verschwender und gar eine Marionette in die Geschichte eingegangen sein, aber in Rom tat er sich zur Entrüstung seiner Gastgeber durch Zähigkeit und kluge Verhandlungsführung hervor. Er ließ im Forum und im Senat Flugblätter verteilen. Er verschenkte Sänften an seine Anhänger. Die Lage wurde kompliziert durch Rivalitäten unter den Politikern, die sich nach dem süßen Lohn für Unterstützung drängten: Für sie war Auletes' Wiedereinsetzung der Weg zu schnellem Reichtum. Im Januar 56 klagte Cicero, die Sache habe »höchst ärgerliche Bedeutung erlangt«. Im Senat habe sie Gebrüll, Rangeleien und Spucken ausgelöst. Damit wurde die Angelegenheit nur immer delikater. Um Pompeius und andere abzuhalten, Auletes zu Hilfe zu eilen, bemühte man ein religiöses Orakel. Es warnte, der ägyptische König dürfe nicht von einer römischen Armee wiedereingesetzt werden, weil die Götter dies ausdrücklich verboten hätten. Der Senat akzeptierte diesen Vorwand, stöhnte Cicero, »nicht aus religiösen Gründen, sondern aus bösem Willen und wegen des Geruchs, welcher der Freigebigkeit des Königs anhaftete«[28].

Auletes' römisches Abenteuer lehrte die heranwachsende Kleopatra noch etwas Wichtiges. Kaum hatte Auletes das Land verlassen, da riss das älteste seiner Kinder, Berenike IV., den Thron an sich. Auletes war so unbeliebt, dass das Volk von Alexandria ihn mit Vergnügen gegen ein noch nicht zwanzigjähriges Mädchen eintauschte. Berenike hatte zwar die Unterstützung der einheimischen Bevölkerung, musste aber das Problem des Partners lösen, ein Dilemma, vor dem später auch Kleopatra stand, die es aber auf andere Weise bewältigte. Berenike brauchte einen heiratsfähigen Mitregenten. Das war ein schwieriges Problem, denn geeignete, hochgeborene makedonische Griechen waren rar. (Aus unerfindlichem Grund hatte man entschieden, dass Berenike ihre jüngeren Brüder, die als Könige geeignet waren, übergehen sollte.) Da traf das Volk an ihrer Stelle die Entscheidung und zitierte einen seleukidischen Prinzen herbei. Berenike fand ihn abstoßend. Wenige Tage nach ihrer Verbindung wurde er erdrosselt. Der nächste Anwärter war ein ambitionierter pontischer Priester, der die beiden einzigen Qualifikationen aufwies, auf die es ankam: Er war Rom feindlich gesinnt, und er konnte als Aristokrat gelten. Im Frühjahr 56 als Mitregent eingesetzt, erging es ihm besser. Inzwischen hatten die Alexandriner eine Delegation von hundert Abgesandten nach Rom geschickt, um gegen Auletes' Grausamkeiten zu protestieren und seine Rückkehr zu verhindern. Er vergiftete ihren Anführer und ließ die übrigen umbringen, bestechen oder aus der Stadt vertreiben, bevor sie ihre Sache vorbringen konnten. Auf das Massaker, an dem Pompeius mitgewirkt haben soll, folgte praktischerweise keine Untersuchung, was ebenfalls auf Auletes' Freigebigkeit zurückzuführen war.

Schließlich brachten römische Legionen Auletes im Jahr 55 nach Ägypten zurück. Keiner der Beteiligten war über diesen dubiosen Auftrag erfreut. Denn der bedeutete, durch die glühend heiße

Wüste marschieren und sich danach durch die Lagunen von Pelusium mit Schwemmsand und stinkendem Schlamm kämpfen zu müssen. Aulus Gabinius, Gouverneur von Syrien und Pompeius' Protegé, übernahm widerwillig die Führung – entweder aus verständlichem Grund (er fürchtete eine Regierung unter Berenikes neuem Ehemann), für ein Schmiergeld, das etwa einem Jahreseinkommen in Ägypten entsprach, oder auf Drängen des heißspornigen jungen Kommandeurs seiner Kavallerie, der Auletes verehrte. Das war der zottelhaarige Marcus Antonius, der sich einen großen Namen machen sollte und von dem noch die Rede sein wird. Er kämpfte heldenhaft. Außerdem drängte er Auletes, seiner treulosen Armee an der ägyptischen Grenze zu verzeihen. Aber »in seiner Wut« zog der es wie ein blutiger Anfänger vor, die Männer hinrichten zu lassen.[29] Gabinius seinerseits beachtete das Orakel peinlich genau. Er arrangierte die Sache so, dass Auletes der kämpfenden Truppe mit gewissem Abstand folgte, so dass nicht behauptet werden konnte, er sei durch eine Armee wiedereingesetzt worden. Trotzdem brachten ihn die ersten römischen Legionen, die in Alexandria einmarschierten, in den Palast zurück.

Wie sich das Wiedersehen mit seiner Familie gestaltete, ist nur teilweise bekannt. Auletes ließ Berenike hinrichten. Auch bei Hofe übte er Vergeltung, lichtete die Reihen der Höflinge und beschlagnahmte deren Vermögen. Er wechselte hohe Beamte aus und organisierte die Armee um, die sich gegen ihn erhoben hatte. Zugleich wurden die Truppen, die Gabinius zurückließ, mit Ländereien und Pensionen bedacht. Sie schworen nun Ägypten die Treue. Wieder kam der Esel mit dem Sack ins Spiel: Es war einträglicher, einem ptolemäischen König als einem römischen General zu dienen. Caesar sollte später feststellen, diese Soldaten hätten sich »an das disziplinlose Leben in Alexandria gewöhnt, den guten Namen und das ordentliche Verhalten von Römern vergessen«[30]. Das geschah in erstaunlich kurzer Zeit. Pompeius hatte in seinen letzten Augenblicken unter seinen Mördern einen römischen Veteranen erkannt.

Auletes' Wiedersehen mit seiner zweiten Tochter war mutmaßlich von anderer Art. Da ihre Schwester zu weit gegangen war, galt nun die dreizehnjährige Kleopatra als die nächste Thronanwärterin. Neben ihrer Ausbildung in Rezitation, Rhetorik und Philosophie hatte sie auch sonst beträchtlich hinzugelernt. Ihre politische Erziehung konnte im Jahr 56 als abgeschlossen gelten. Davon sollte sie zehn Jahre später stark profitieren. Pharaonin zu sein war gut, aber eine Freundin und Verbündete Roms zu sein war besser. Das Problem bestand nicht darin, wie man sich dieser Macht widersetzen konnte wie Mithridates, der seine Karriere darauf aufgebaut hatte, die Römer zu reizen, ihnen zu trotzen und sie zu massakrieren, sondern wie man sie am besten manipulierte. Zum Glück war römische Politik eine äußerst personenbezogene Angelegenheit, da die Senatoren sehr widerstreitende Pläne verfolgten. Wenn man es klug anstellte, war es gar nicht so schwer, die Hauptakteure gegeneinander auszuspielen. Zu ihrer frühen Bildung im prunkvollen Auftritt kamen bei Kleopatra nun erstklassige Erfahrungen im Intrigieren hinzu. Sie war im Palast anwesend, als sich die ägyptischen Truppen gegen die Rückkehr ihres Vaters wappneten. Im Jahr 48 agierte sie nach einem früheren Drehbuch des Auletes und zum zweiten Mal aus einem belagerten Palast heraus. Ihr Bündnis mit Caesar war eine direkte Fortsetzung der Allianz ihres Vaters mit Pompeius. Der größte Unterschied bestand darin, dass sie binnen Tagen vollbrachte, wofür ihr Vater über zwei Jahrzehnte gebraucht hatte.

Fünf Jahre nach seiner Rückkehr starb Auletes eines natürlichen Todes. Er war Mitte sechzig und hatte genügend Zeit gehabt, seine Nachfolge zu regeln. Es ist möglich, dass seine älteste überlebende Tochter Kleopatra, die in seinen letzten Lebensmonaten bereits als seine Mitregentin fungiert hatte, im Unterschied zu so vielen ihrer Vorfahren, darunter auch Auletes selbst, systematisch für den Thron aufgebaut wurde.[31] Allerdings wich auch Auletes von der Tradition ab und überließ die Herrschaft zwei Geschwistern. Das konnte mehreres bedeuten: Entweder hatte Kleopatra bereits in sehr jungen Jahren so außergewöhnliche Fähigkeiten an den Tag gelegt, dass Auletes glaubte, einen späteren Machtkampf abwenden zu können, indem er beide als Thronerben einsetzte, oder er hielt Kleopatra und Ptolemaios XIII. für unzertrennlich, was man kaum vermuten kann.[32] Am wahrscheinlichsten ist, dass Vater und Tochter einander besonders nahestanden. Sie brachte größtmögliche Anerkennung für ihn zum Ausdruck, verlängerte ihren Titel durch das Wort »vaterliebend« und änderte daran auch nichts, als sie den Partner wechselte. Eine ihrer ersten Maßnahmen war die Durchführung der Trauerfeierlichkeiten für ihren Vater, eine ausgedehnte Zeremonie mit Massen von Weihrauch, Salben und Opfern, mit ohrenbetäubendem Klagegeschrei. Als Achtzehnjährige übernahm sie mit Tatkraft und Energie das Amt der Königin.

Sogleich bot sich ihr die Gelegenheit, der Weisheit ihres Vaters zu folgen, der bei seiner Rückkehr nach Ägypten demonstrativ in kleinen Dörfern und an Kultstätten zu den einheimischen Göttern gebetet hatte. Damit sicherte sie sich die Zuneigung der ägyptischen Bevölkerung. Sie verehrten ihren Pharao so tief, wie die widerspenstigen Bewohner von Alexandria ihn verachteten. Ein weiser Ptolemäer weihte den ägyptischen Göttern Tempel und bekannte sich zu ihrem Kult. Kleopatra brauchte die Unterstützung und das Menschenpotenzial der einheimischen Bevölkerung. Lange vor ihrer Krönung war der heilige Stier Buchis gestorben. Als einer von mehreren heiligen Stieren war er eng mit den Göttern der Sonne und des Krieges verbunden. Sein Kult blühte in der Gegend von Theben in Oberägypten. Das angebetete Tier wurde in Begleitung seines Gefolges auf einer besonderen Barke befördert und bei großen offiziellen Gelegenheiten mit Gold und Lapislazuli geschmückt präsentiert. Im Freien trug es ein Netz über dem Kopf, damit die Fliegen es nicht behelligten. Der Stier wurde etwa zwanzig Jahre alt und danach durch einen sorgfältig ausgewählten Nachfolger ersetzt, der einen weißen Körper und einen schwarzen Kopf, die typischen Merkmale eines heiligen Tiers, aufwies. Nur wenige Wochen nach Auletes' Tod ergriff Kleopatra die Gelegenheit, sich der Unterstützung einer wichtigen Anhängerschaft zu versichern.

In vollem zeremoniellem Ornat soll sie mit der königlichen Flotte in einer prächtigen Prozession die mehr als neunhundert Kilometer flussaufwärts nach Theben gesegelt sein. Alle Priester Ägyptens strömten zu diesem höchst bedeutungsvollen Ereignis zusammen. Die Zeremonie fand bei Vollmond statt. Bei einem riesigen Andrang von Pilgern begleitete »die Königin, die Herrscherin beider Länder, die vaterliebende Göttin« den neuen Stier zu seinem Standort am Westufer des Nils. Das war eine ungewöhnliche, sehr wirkungsvolle Demonstration für die Ägypter. In dem geweihten Tempel leitete Kleopatra drei Tage später, umgeben von Beamten und Priestern in weißen Roben, die Inauguration des heiligen Stiers. Damit hatte sie die Bewohner dieser Gegend auf ihrer Seite. Auf ihrer Flucht im Jahr 49 sollte sie hier Aufnahme finden.

In den frühen Jahren ihrer Herrschaft beteiligte sie sich mehrfach an Kulthandlungen der Einheimischen. Sie unterstützte das Begräbnis des wichtigsten der heiligen Stiere, jenes von Memphis.[33] Sie leistete Beiträge zu den hohen Ausgaben dieses Kults und verteilte großzügig Wein, Bohnen, Brot und Öl unter seinen Priestern. Es steht außer Frage, dass das Gepränge, vor allem der ungewöhnliche Auftritt einer Ptolemäerin, Wirkung zeigte. Als Kleopatra im Jahr 51 auf dem von Sphinxen gesäumten Königsweg zu dem reich bemalten Tempel schritt, war sie »für alle sichtbar«. Eine erhalten gebliebene Zeile von Hieroglyphen beschreibt die Gelegenheit in zeremonieller Sprache mit eindeutig politischem Ziel als »dauerhafte Pracht«[34]. Schon im ersten Jahr von Kleopatras Herrschaft finden sich Hinweise auf ihre Ambitionen. In offiziellen Dokumenten fehlt der Name ihres Bruders, der vor ihrem hätte stehen müssen. Auch auf den Münzen erscheint allein ihr Porträt. Die Münzprägung galt damals als eine Art der Sprache. Es ist die einzige, in der sie mit eigener Stimme, nicht über römische Interpreten, zu uns spricht. So stellte sie sich auch gegenüber ihren Untertanen dar.

Weniger Bereitschaft zeigte sie, aus Berenikes Schicksal zu lernen. Potheinos, Achillas und Theodotos taten sich schwer mit diesem eigensinnigen Emporkömmling, dieser Frau, die unbedingt allein herrschen wollte. Zu ihrem furchteinflößenden Verbündeten wurde der Nil, der der neuen Königin seine Gunst verweigerte. Das Wohlergehen des Landes hing fast völlig vom Umfang des Hochwassers ab. Dürre gefährdete die Lebensmittelversorgung und die gesellschaftliche Ordnung. Das Hochwasser des Jahres 51 war dürftig, und das im folgenden Sommer nicht viel besser. Die Priester klagten, die allgemeine Knappheit hindere sie daran, ihre Rituale zu vollziehen. Hungernde Menschen aus Kleinstädten und Dörfern strömten nach Alexandria. Räuber und Diebe durchstreiften das Land. Die Preise schossen in die Höhe, die Not war allumfassend. Als im Oktober 50 klar wurde, dass drastische Maßnahmen ergriffen werden mussten, war Kleopatras Bruder wieder im Spiel. Am Ende des Monats erließ das königliche Paar gemeinsam eine Notverordnung. Weizen und Trockengemüse wurden von den Landgebieten nach Norden umgeleitet. Hungrige Bewohner Alexandrias waren gefährlicher als hungrige Bauern, daher mussten sie im Interesse aller besänftigt werden. Der Erlass wurde auf die damals übliche Weise durchgesetzt: Auf Zuwiderhandlung stand die Todesstrafe. Man rief zur Denunziation auf, Informanten wurden reich belohnt. (Ein freier Mann bekam dafür ein Drittel des Eigentums des Schuldigen, ein Sklave ein Sechstel, dazu die Freiheit.) Zugleich boten Ptolemaios XIII. und Kleopatra Anreize für jene, die auf dem Land blieben und weiter den Boden bestellten. Innerhalb des Palastes muss ebenfalls Druck ausgeübt worden sein: Entweder entschlossen sich die beiden Geschwister, für das Wohl des Landes zusammenzuarbeiten, oder Ptolemaios ließ die Menschen auf dem Land hungern, um die Anhängerschaft seiner Schwester zu schwächen und die eigene zu stärken. Am Ende gaben beide die Notverordnung gemeinsam heraus. Kleopatras Name stand dort an zweiter Stelle.

Obwohl sich Kleopatra bereits auf schwankendem Grund bewegte, ging sie im Lauf des nächsten Jahres zweimal in die Falle, in die bereits ihr Vater getappt war. Ende Juni 50 trafen zwei Söhne des römischen Gouverneurs von Syrien in Alexandria ein, um die Truppen, die Auletes wiedereingesetzt hatten, zur Rückkehr aufzufordern. Sie wurden an anderer Stelle gebraucht. Die Soldaten hatten aber kein Interesse daran, Ägypten zu verlassen, denn Auletes hatte sie für ihre Dienste großzügig belohnt, und viele hatten vor Ort Familien gegründet. Sie widersetzten sich der Aufforderung und töteten die Söhne des Gouverneurs. Diese Tat hätte Kleopatra selbst ahnden können, stattdessen wollte sie sich die Gunst Roms durch eine theatralische Geste erkaufen. Sie ließ die Mörder in Ketten nach Syrien bringen. Dabei hätte sie wissen müssen, dass dieser Schritt sie die Unterstützung der eigenen Armee kostete. Aber sie versuchte weiter, ein Loch zu stopfen, indem sie ein neues aufriss. Rom bat in Alexandria ebenso häufig um militärische Unterstützung wie Alexandria in Rom um das Eingreifen in Erbfolgestreitigkeiten. Nicht auf alle diese Ersuchen wurde eingegangen, doch Auletes hatte sich die Gunst des Pompeius erstmalig dadurch gesichert, dass er ihm Truppen schickte. Im Jahr 49 richtete Pompeius' Sohn an Kleopatra die Bitte, seinem Vater beim Feldzug gegen Caesar Unterstützung zu gewähren. Diese bot treu und brav Getreide, Soldaten und eine Flotte an, obwohl die eigene Landwirtschaft selbst große Not litt. Allem Anschein nach wurde dieser Schritt zu Kleopatras Zypern. Binnen Monaten war ihr Name von allen Dokumenten getilgt. Sie musste um ihr Leben rennen und fand sich schließlich mit einer Söldnertruppe in einem Lager in der syrischen Wüste wieder.

Kurz nach Kleopatras Rückkehr im Oktober 48 zog Caesar aus einer Villa auf königlichem Grund in den eigentlichen Palast um. Jede Generation von Ptolemäern hatte diesen riesigen, nach Anlage und Material überwältigenden Komplex weiter ausgebaut. Das Wort »Pharao« bedeutet im Altägyptischen »der größte Haushalt«. Daran hielten sich die Ptolemäer. Der Palast umfasste weit über hundert Gästezimmer. Caesar blickte auf ein riesiges Gelände mit Springbrunnen, Statuen und Gästehäusern. Ein überdachter Gang führte vom Palast zum Theater, das etwas erhöht stand. Keine hellenistische Monarchie legte mehr Wert auf Prachtentfaltung als die Ptolemäer, die sich als Importeure von persischen Teppichen, Elfenbein und Gold, Schildpatt und Leopardenfellen hervortaten. Jede Fläche, die geschmückt werden konnte, war mit Gold, Granatsteinen und Topasen bedeckt, mit Malereien und glänzenden Mosaiken dekoriert. Die Kassettendecken strotzten von Achat und Lapislazuli, die Türen aus Zedernholz waren mit Perlmutt belegt, die Tore vergoldet oder versilbert. Korinthische Kapitelle wurden mit Elfenbein und Gold verziert. Was die Verwendung kostbarer Materialien betraf, so kannte Kleopatras Palast zu ihrer Zeit nicht seinesgleichen.

Für die Bedingungen der Belagerung waren Kleopatra und Caesar also komfortabel untergebracht. Das extravagante Tafelgeschirr und die elegante Einrichtung ihres Zufluchtsorts konnten jedoch nicht darüber hinwegtäuschen, dass Kleopatra, die in der Stadt im Grunde genommen allein dastand, darauf aus war, dass ein Römer sich in die Angelegenheiten Ägyptens einmischte. Die Unruhe und die Handgreiflichkeiten in den Straßen, Spott und Hohn, die von draußen hereindrangen, sowie die Steine, die in den Palast geflogen kamen, machten die Lage unmissverständlich klar. Die heftigsten Kämpfe tobten um den Hafen, den die Alexandriner zu blockieren suchten. Zuvor hatten sie bereits mehrere römische Frachtschiffe in Brand gesteckt. Die Flotte, die Kleopatra Pompeius ausgeliehen hatte, war inzwischen zurückgekehrt. Beide Seiten rangen um die Kontrolle über diese fünfzig Quadriremen und Quinqueremen, große Schiffe, auf denen jeweils vier beziehungsweise fünf Ruderer hintereinander saßen. Caesar konnte nicht zulassen, dass die Schiffe in die Hand des Gegners fielen, wenn er auf Versorgungslieferungen oder Verstärkung hoffen wollte, um die er in jede Richtung geschickt hatte. Aber er konnte sie auch nicht mit frischen Männern bestücken. Er war an Truppen unterlegen und auch geografisch im Nachteil. In seiner Verzweiflung ließ er die vor Anker liegenden Kriegsschiffe in Brand setzen. Wie Kleopatra reagiert hat, als die Flammen Taue und Decks erfassten, ist schwer zu sagen. Die dicken, nach Harz stinkenden Rauchwolken zogen über ihre Gärten hinweg. Die Flammen loderten bis tief in die Nacht und erleuchteten den Palast. Dieses Feuer, das auf die Werft übergriff, kann auch einen Teil der Bibliothek von Alexandria verschlungen haben.[35] Die heftigen Kämpfe vor Ausbruch des Großfeuers können ihr ebenfalls nicht entgangen sein. Die ganze Stadt war auf den Beinen. »Und es gab keine Seele in Alexandria, ob Römer oder Stadtbewohner, ausgenommen jene, die an Befestigungsarbeiten oder Kämpfen beteiligt waren, die nicht auf die höchsten Gebäude stiegen, von jedem günstigen Aussichtspunkt diesem Schauspiel zusahen und von den unsterblichen Göttern mit Gebeten und Schwüren den Sieg für ihre Seite erflehten.«[36] Unter Geschrei und Tumult erklommen Caesars Männer Pharos und eroberten den großen Leuchtturm. Caesar gestattete ihnen, ein wenig zu plündern, und beließ dann eine Besatzung auf der Felseninsel.

Kurz nach Kleopatras Eintreffen verfasste Caesar die letzten Seiten des Bandes, den wir heute als *Bellum Civile* (Der Bürgerkrieg) kennen. Eigentlich wollte er jene Ereignisse näher an der Echtzeit schildern. Man vermutet, dass er aus literarischen oder politischen Gründen bei der Flucht Arsinoes und der Tötung des Potheinos stehen blieb.[37] Offenbar fiel es Caesar nicht leicht, in einem Palast des Ostens über die Vorgänge in einer Republik des Westens zu schreiben. Außerdem hatte er an dem Punkt in seinem Bericht kurzzeitig die Oberhand. Es ist aber auch möglich, dass Caesar einfach keine Zeit zum Schreiben hatte. Zwar war er dafür berühmt, dass er es fertigbrachte, an seinem Platz im Stadion Briefe zu diktieren, auf der Rückkehr aus Gallien einen lateinischen Text oder unterwegs nach Spanien ein langes Gedicht zu verfassen. Aber die Ermordung des Eunuchen Potheinos hatte die Opposition zu neuem Leben erweckt. Ihr schlossen sich die Frauen und Kinder der Stadt an. Sie brauchten keine Schutzwände aus Weidengeflecht und keine Rammböcke, ihnen genügten Schleudern und Steine. Zahllose selbst gemachte Geschosse hagelten auf die Palastmauern nieder. Da sich Alexandria immer mehr mit kampfbesessenen Verstärkungskräften, Belagerungshütten und Katapulten verschiedener Größe füllte, dauerten die Kämpfe Tag und Nacht an. Durch die Stadt, die immer mehr einem Heerlager glich, zogen sich zwölf Meter breite Steinwälle.

Vom Palast aus konnte Caesar beobachten, was Alexandria groß gemacht hatte und weshalb es jetzt so schwer zu regieren war – der grenzenlose Einfallsreichtum seiner Bevölkerung. Starr vor Staunen und nicht ohne Groll, denn sie glaubten die Erfindungsgabe für sich gepachtet zu haben, mussten Caesars Männer zusehen, wie die Alexandriner zehngeschossige fahrbare Angriffstürme bauten. Sie wurden von Zugtieren über die schnurgeraden, gepflasterten Straßen der Stadt befördert. Vor allem zwei Dinge verblüfften die Römer. Zum einen ging in Alexandria alles viel schneller, und zum anderen beherrschten seine Bewohner das Nachahmen hervorragend. Mehrfach stellten sie dabei Caesar in den Schatten. So berichtet ein römischer General später: »Sie setzten das, was sie bei uns sahen, mit solchem Geschick um, dass es den Anschein hatte, unsere Truppen hätten bei ihnen abgeschaut.«[38] Auf beiden Seiten stand der Nationalstolz auf dem Spiel. Als Caesar die Alexandriner, ein Volk von Fahrensleuten, in einer Seeschlacht geschlagen hatte, waren sie schockiert. Sofort begannen sie mit dem Bau einer neuen Flotte. In der geheimen königlichen Werft lagen einige alte Schiffe, die nicht mehr seetüchtig waren. Die Alexandriner rissen Kolonnaden und Schuldächer ab, und wie durch Zauberhand wurden aus Dachsparren Ruder. Binnen Tagen waren zweiundzwanzig Quadriremen und fünf Quinqueremen mit den nötigen Besatzungen kampfbereit. Dazu kamen einige kleinere Schiffe. Quasi über Nacht hatten die Ägypter so eine Flotte gezaubert, die jene Caesars um das Doppelte übertraf.*[39]

* Dieser Eifer ging jedoch wieder verloren, wie die Römer später feststellen sollten. So schrieb Cassius Dio nach Jahrhunderten, die Alexandriner seien »bereit, überall tapfer zu tun und zu sagen, was sie wollen, nur für den Krieg und seine Schrecken sind sie nicht zu gebrauchen«.

Wiederholt ereiferten sich die Römer über das Talent der Alexandriner für List und Tücke, was in einem bewaffneten Konflikt eher wie ein Lob für den Gegner klingt. Wie um dies zu demonstrieren, wies Ganymedes, Arsinoes ehemaliger Lehrer und jetzt neuer königlicher Oberbefehlshaber, seine Männer an, tiefe Brunnen zu graben. Sie ließen die unterirdischen Wasserleitungen der Stadt leer laufen und pumpten Meerwasser hinein. Bald darauf war das Wasser im Palast trübe und ungenießbar. (Ganymedes mag gewusst haben oder auch nicht, dass Caesar zuvor mit diesem Trick Pompeius in Rage versetzt hatte.) Die Römer gerieten in Panik. War es nicht vielleicht doch ratsamer, sich sofort zurückzuziehen? Caesar beruhigte seine Männer. Süßwasser konnte nicht weit sein, denn in der Nähe von Meeresküsten gab es gewöhnlich Adern. Eine fand sich direkt hinter den Mauern des Palastes. An Rückzug war ohnehin nicht zu denken. Auf dem Weg zu ihren Schiffen wären die Legionäre von den Alexandrinern niedergemetzelt worden. Caesar befahl, die ganze Nacht hindurch nach Wasser zu graben. Er sollte recht behalten. Bald stießen seine Männer auf eine Süßwasserader. Das änderte aber nichts daran, dass die Alexandriner in der Tat sehr erfindungsreich waren und ihnen Ressourcen im Überfluss zur Verfügung standen. Dazu kam als stärkstes Motiv: Es ging um ihre Unabhängigkeit. In denkbar schlechter Erinnerung war ihnen Gabinius geblieben, der römische General, der Auletes wieder auf den Thron gesetzt hatte. Wenn es ihnen jetzt nicht gelang, Caesar zu vertreiben, dann würde Ägypten zu einer römischen Provinz werden. Caesar konnte nur an seine Männer appellieren, mit gleicher Überzeugung zu kämpfen.

Dabei sah er sich absolut in die Defensive gedrängt. Vielleicht ist das ein Grund dafür, dass der Bericht über den Alexandrinischen Krieg, der seinen Namen trägt, in Wirklichkeit von einem hohen Offizier auf der Grundlage von Nachkriegsgesprächen verfasst wurde. Caesar kontrollierte den Palast und den Leuchtturm im Osten. Achillas, der Befehlshaber des Ptolemaios, dominierte jedoch die ganze übrige Stadt und war somit Herr über alle günstigen Positionen. Seine Männer legten permanent Hinterhalte für die Nachschublieferungen der Römer. Caesar hatte jedoch das Glück, neben dem Einfallsreichtum der Alexandriner auch fest mit ihren inneren Konflikten rechnen zu können. Arsinoes Lehrer stritt mit Achillas, dem er Verrat vorwarf. Verschwörungen und Komplotte wechselten einander ab. Das freute die Armee, die von beiden Seiten immer großzügiger geschmiert wurde. Schließlich überzeugte Arsinoe ihren Lehrer, den gefürchteten Achillas zu ermorden. Kleopatra wusste genau, wie ihre Schwester Berenike in Abwesenheit ihres Vaters vorgegangen war. Sie selbst hatte einen schweren Fehler begangen, als sie Arsinoes Flucht nicht verhinderte.

Jedoch Arsinoe und Ganymedes waren im Volk nicht beliebt. Das zeigten die Bewohner Alexandrias deutlich, als römische Verstärkung im Anmarsch war und Caesar trotz erzwungenen Schwimmens im Hafen und einem verheerenden Verlust an Männern zum ersten Mal den Eindruck hatte, dass das Kriegsglück sich zu seinen Gunsten wendete. Mitte Januar, kurz nach Kleopatras zweiundzwanzigstem Geburtstag, erschien eine Abordnung im Palast. Sie bat um die Freilassung des jungen Ptolemaios. Zuvor hatte das Volk vergeblich versucht, seinen König zu befreien. Nun erklärten die Abgesandten, mit dessen Schwester Arsinoe seien sie fertig. Sie sehnten sich nach Frieden. Sie brauchten Ptolemaios, »um, wie sie behaupteten, sich mit ihm über die Bedingungen für einen Waffenstillstand zu beraten«[40]. Ptolemaios hatte sich, während er im Palast unter Bewachung stand, gut geführt. Generell machte er nicht den Eindruck eines starken Führers. Eher war er ein launischer Typ. In seiner Freilassung sah Caesar durchaus Vorteile. Sollten die Alexandriner sich ergeben, musste er diesen nutzlosen König ohnehin irgendwie loswerden. Zusammen mit seiner Schwester konnte er jedenfalls nicht mehr regieren. Und wenn er fort wäre, hätte er selbst auch einen besseren Grund, die Alexandriner Kleopatra anzuvertrauen. Sollte aber Ptolemaios den Kampf fortsetzen – ob Caesar so dachte oder es ihm später zugeschrieben wurde, ist unklar –, dann würden die Römer einen ehrenhafteren

Krieg »gegen einen König und nicht gegen eine Bande von Flüchtlingen und entlaufenen Sklaven« zu führen haben.

Caesar führte mit Kleopatras dreizehnjährigem Bruder ein ernstes Gespräch. Er drängte ihn, »an sein altehrwürdiges Königreich zu denken, Mitleid mit seinem ruhmreichen Vaterland zu haben, das durch Feuer und Zerstörung ruiniert sei, das Volk zur Besinnung zu bringen und zu retten sowie dem Volk Roms und ihm selbst, Caesar, zu vertrauen, dessen Glauben an ihn stark genug sei, um ihn zu den bewaffneten Feinden zu schicken«.

Damit entließ Caesar den jungen Mann.[41] Ptolemaios machte jedoch keine Anstalten zu gehen. Im Gegenteil, er brach in Tränen aus. Er flehte Caesar an, ihn nicht fortzuschicken. Seine Freundschaft bedeute ihm mehr als der Thron. Diese Anhänglichkeit rührte Caesar, der dem jungen Mann – ebenfalls mit feuchten Augen – versicherte, sie würden sich bald wiedersehen. Damit brach der junge Ptolemaios auf und stürzte sich mit neuem Eifer in den Krieg, womit er bestätigte, dass »seine Tränen im Gespräch mit Caesar offensichtlich Freudentränen gewesen waren«[42]. Über diese Wendung der Dinge freuten sich allein Caesars Männer, weil sie hofften, ihr Befehlshaber werde endlich von seiner nachsichtigen Art geheilt werden. Kleopatra, die sich in der dramatischen Kunst auskannte und vielleicht sogar hinter den Kulissen die Fäden gezogen hatte, überraschte die Komödie nicht. Es ist auch vorstellbar, dass Caesar Ptolemaios freigab, um in den Reihen der Rebellen weitere Zwietracht zu säen. Wenn das zutrifft (was eine sehr wohlwollende Einschätzung wäre), dann hatte Kleopatra sicher ihren Anteil daran.

Zum Glück für Caesar und Kleopatra war eine Verstärkungsarmee auf dem Weg nach Alexandria. Die größte Hilfe kam von einem hochrangigen Beamten aus Judäa, der mit dreitausend gut bewaffneten Juden eintraf. Ptolemaios setzte sich in Marsch, um diese Streitmacht zu zerschlagen, während Caesar fast zur selben Zeit auszog, um sich mit ihr zu vereinigen. Dabei hielt ihn die Kavallerie der Ägypter eine Zeit lang auf. Schließlich stießen alle drei in heftigen Kämpfen westlich des Nils etwa auf halbem Weg zwischen Alexandria und dem heutigen Kairo aufeinander. Die Verluste auf allen Seiten waren schwer. Caesar konnte jedoch durch die Erstürmung des höchsten Punkts des ägyptischen Lagers mit einem Überraschungsangriff im Morgengrauen einen raschen Sieg erringen. Entsetzt stürzten sich viele Ägypter von den Resten ihrer Festungsmauern in die umliegenden Gräben hinab. Einige überlebten. Ptolemaios offenbar nicht. Ihm weinte niemand eine Träne nach, nicht einmal seine eigenen Berater. Da seine Leiche nicht gefunden wurde, war Caesar peinlich darauf bedacht, die goldene Rüstung des Königs, die man erbeutet hatte, öffentlich auszustellen. Die magische, belebende Kraft des Nils war bekannt. Immerhin hatte er bereits Königinnen in Säcken und Babys in Körben zutage gefördert. Caesar wollte nicht, dass er auch noch einen wiederauferstandenen König hervorzauberte. Allerdings konnten auch die sorgfältigsten Vorkehrungen nicht verhindern, dass später doch ein falscher Ptolemaiosbewerber auftauchte.

Mit seiner Kavallerie eilte Caesar nach Alexandria zurück. Dort wurde er nun auf die Art willkommen geheißen, wie er es Monate zuvor erwartet hatte: »Die gesamte Bevölkerung der Stadt legte die Waffen nieder, verließ die Verteidigungsstellungen, hüllte sich in Gewänder, in denen Bittsteller die Verzeihung ihrer Herren erflehen, führte alle heiligen Gegenstände mit sich, mit deren religiöser Verehrung sie ihre übellaunigen oder erzürnten Monarchen zu besänftigen pflegte. Mit alledem traten die Menschen Caesar entgegen, als er sich näherte, und unterwarfen sich ihm.«[43]

Er nahm die Kapitulation gnädig entgegen und sprach der Bevölkerung Trost zu. Kleopatra war überglücklich, denn Caesars Niederlage wäre auch die ihre gewesen. Sicher wurde sie rechtzeitig benachrichtigt, aber auf jeden Fall hätte sie das Freudengeschrei gehört, als Caesar hoch zu Ross in der Stadt eintraf. Im Palast empfingen ihn seine Legionen mit stürmischem Jubel. Man schrieb den 27. März. Die Erleichterung muss riesig gewesen sein. Caesars Männer hatten ihm seit über zehn Jahren gedient. Als sie in Alexandria eintrafen, glaubten sie den Bürgerkrieg beendet. Mit diesen letzten für sie wenig verständlichen Kämpfen hatten sie keineswegs gerechnet. Dabei standen sie nicht allein. In Rom hatte man seit Dezember nichts von Caesar gehört. Warum blieb er in Ägypten, während es zu Hause drunter und drüber ging? Was auch immer die Ursache für die Verspätung war, sein Schweigen wirkte beunruhigend. Allmählich musste der Eindruck entstehen, Ägypten nehme Caesar für sich in Beschlag, wie es mit Pompeius geschehen war. Wie einige argumentierten, traf dies – allerdings auf andere Weise – letzten Endes auch zu.

Was hielt ihn in Ägypten? Es gibt keine überzeugende politische Erklärung für dieses Intermezzo, dieses unlogische Abenteuer im Leben eines überaus logisch handelnden Mannes. Es bleibt ein Rätsel, dass der größte Heerführer nach Alexander, der bei jeder anderen Gelegenheit als »ein Wunder an Aktivität und Weitblick« gegolten hatte[44], in Afrika aus der Fassung gebracht und überrumpelt worden sein soll. Im besten Fall kann über den Alexandrinischen Krieg gesagt werden, dass Caesar eine Lage genial meisterte, in die er sich tollkühn gestürzt hatte.[45] Als Erklärung berief er sich auf die Nordwinde, »die gegen jeden wehen, der Alexandria per Schiff verlassen will«[46]. Das taten sie wirklich, aber einen Satz vorher räumt Caesar ein, Abgesandte um Verstärkung nach Asien geschickt zu haben, die letzten Endes entscheidend sein sollte. Diese aber hatten ebenfalls aus Alexandria auslaufen müssen. Wochen später blies der Wind dann stark zu seinen Gunsten. Caesar hatte sich nicht ergeben. Selbst mit einer erschöpften, demoralisierten Armee war er der Gefahr nicht aus dem Weg gegangen. Auletes' hohe Schulden, die ein Grund für die Landung, wenn nicht gar für den Verbleib gewesen sein können, erwähnt er nicht. Wie so oft läuft die Sache auf Liebe oder Geld hinaus. Gegen Ersteres kann man nur schwer argumentieren.

Zunächst ist da Caesars vielsagendes Schweigen. Wir blenden so einiges aus unserer Erinnerung aus, und auch Caesar (ebenso sein Ghostwriter) ließ zahlreiche Dinge weg, vor allem solche, die seine Person betrafen. Caesar schrieb über sich selbst mit einer strikten, fast klinischen Distanz und in der dritten Person. Sein Stil ist so nüchtern und leidenschaftslos, dass er unweigerlich als wahrhaft erscheinen muss. Das kann er durchaus sein, allerdings überschreitet der Verfasser in seinem Bericht weder den Rubikon, noch setzt er die Bibliothek von Alexandria in Brand. Letzterer Vorwurf mag übertrieben sein. Die Gebäude der Schiffswerft können auch von selbst Feuer gefangen haben, wobei nur einige Getreidespeicher und eine geringe Zahl von Texten zerstört worden wären.*[47] In ähnlicher Weise ist Caesars *Bürgerkrieg* eine der wenigen Schriften, in der man einen dramatischen Auftritt Kleopatras vergeblich sucht. Ihren Charme ersetzen dort die jahreszeitlichen Winde. Für einen verheirateten Mann, den man bereits für seinen Aufenthalt an einem Hof des Ostens an den Pranger gestellt hatte, für ein Militärgenie, das an der Seite einer Königin, wenn nicht sogar ihretwegen einen großen Fehler begangen hatte, schien es nicht ratsam, sich darüber auszulassen. In der Fortsetzung von Caesars Bericht taucht Kleopatra exakt ein einziges Mal auf. Bei Kriegsende übergibt er ihr den ägyptischen Thron, weil sie »loyal zu ihm stand und innerhalb seiner Linien blieb«[48]. Kleopatra geht nur aus einem Grund in Caesars Geschichte ein: Sie war gut und gehorsam.

Da lag natürlich der Verdacht nahe, dass dort mehr gewesen war als ungünstige Winde und gehorsame Frauen. Cicero in Rom verlor keine Zeit und verbreitete abfällige Bemerkungen. Unmittelbar nach Caesars Tod wandte sich Marcus Antonius – ein merkwürdiger Überbringer einer solchen Botschaft – dagegen, dass Caesar »aus Wollust« in Alexandria verweilt habe.[49] Hundert Jahre später

* Dabei ist interessant, dass der General, der Caesars Bericht fortsetzt, so viel Wert darauf legt hervorzuheben – bereits auf Seite 1 und ohne jeden Kontext –, dass die Stadt gegen Feuer gesichert gewesen sei. Seine Behauptung widerspricht anderen frühen Quellen, die angeben, dass das Feuer von den Schiffen auf die Werft und von dort auf die große Bibliothek übergegriffen habe. Der General erwähnt nicht die meisterhaft ausgerüsteten Dächer und Balken oder die Holzbarrikaden, von denen Caesar schreibt. Dem Leser bleiben eine überflüssige Rechtfertigung und ein nicht vorhandenes Vergehen.

plädierte Plutarch dafür, das anders zu sehen: »Was den Krieg in Ägypten betrifft, so sagen einige, er sei gefährlich, unehrenhaft und keinesfalls notwendig gewesen, sondern ausschließlich auf seine Leidenschaft für Kleopatra zurückzuführen.«[50] (Das unangenehme Orakel aus Auletes' Tagen, das die Wiedereinsetzung eines ägyptischen Monarchen durch eine römische Armee verbot, hatte man offenbar rasch wieder vergessen.) Nun könnte man argumentieren, dass Caesar gar keine besondere Zuneigung für Kleopatra hegte, sondern die beiden lediglich in einem rätselhaften Krieg auf derselben Seite standen. Dann wäre es aber einleuchtender zu sagen, sie habe keine Zuneigung für ihn empfunden. Sie trug nichts zu dem Unternehmen bei. Für Caesar wäre es günstig gewesen, sie zu stürzen, und sei es nur, um eine zeitweilige Waffenruhe zu erreichen. Am Ende des Krieges hätte er das Recht gehabt, Ägypten zu annektieren. Kleopatra musste also sehr, sehr überzeugend gewesen sein. Potheinos hatte sich geweigert, Ägyptens Schulden zurückzuzahlen. Kleopatra eindeutig nicht. Man kann sich des Eindrucks nicht erwehren, dass Caesar in gewissem Maß unter ihrem Einfluss stand. Für Cassius Dio war das offensichtlich: Caesar übergab Ägypten an Kleopatra, »wofür er sich in den Konflikt gestürzt hatte«. Er räumt eine gewisse Verwirrung ein. Bei Kriegsende hievte Caesar Kleopatra zusammen mit ihrem verbliebenen Bruder auf den Thron, um den Zorn Roms darüber zu besänftigen, er selbst schlafe mit ihr. Für Cassius Dio war dies »ein reiner Vorwand, den sie akzeptierte, während sie in Wirklichkeit allein regierte und ihre Zeit in Caesars Gesellschaft verbrachte«[51]. Die beiden waren unzertrennlich. Plutarch sah es ähnlich, drückte es aber dezenter aus. Wenn man zwischen den Zeilen liest, dann war Caesar aus seiner Sicht eindeutig jede Nacht mit militärischen Dingen befasst und in Kleopatras Bett.[52] Bleibt die weniger bedeutsame Frage des Abreisedatums. Der Alexandrinische Krieg endete am 27. März. Caesar blieb bei Kleopatra bis Mitte Juni.

Nun gab es Grund zum Feiern. Immerhin waren sie fast sechs Monate lang hinter einem Wall von Barrikaden eingesperrt gewesen. Und wie jeder Besucher des hellenistischen Ägyptens mit großen Augen, prall gefülltem Bauch und schwerem Gepäck festhielt: Die Ptolemäer wussten, wie man Gäste bewirtete.[53] Wenn man davon absieht, dass dies ein Dichter schrieb, der Caesar verteufelte und Kleopatra noch weniger mochte, liegen keine Berichte über tatsächliche Nachkriegsgelage vor. Wir wissen, wie Festlichkeiten der Ptolemäer abliefen. Von Selbstbeschränkung hielten die Alexandriner nichts, und im Frühjahr des Jahres 47 sah Kleopatra auch keinen Grund dafür. Sie hatte den höchsten Preis gewonnen, denn »wenn es um Caesars Gunst ging, gab es nichts, was sie nicht getan hätte«[54]. Er hatte mehr riskiert als je ein Römer für einen ägyptischen Souverän. Ptolemaios XIII., Potheinos und Achillas waren tot. Theodotos befand sich im Exil, und Arsinoe in römischem Gewahrsam. Caesar hatte jeden einzelnen von Kleopatras Rivalen um den Thron aus dem Weg geräumt. Sie herrschte absolut und sicherer als vier Jahre zuvor, unumstrittener als jeder Ptolemäer seit mehreren Generationen. Sie war stolz auf ihre Gastfreundschaft und sich dessen bewusst, dass auch ihre Gäste das zu schätzen wussten. Caesar hatte einst seinen Bäcker in Ketten legen lassen, weil dieser ihm minderwertiges Brot vorgesetzt hatte. Er trug sein Teil zu den unzähligen Festlichkeiten bei. Die Königin von Ägypten wollte ihn aus politischen Gründen beeindrucken und erfreuen. Wenn man das persönliche Verhältnis außer Acht ließ, blieb da immer noch eine starke Mischung aus Stolz, Erleichterung und Dankbarkeit. Und sie besaß alle Möglichkeiten, ihn zu beeindrucken. Der Alexandrinische Krieg gab Kleopatra alles, was sie sich wünschte. Und er kostete sie wenig.

Selbst im Exil hatte sich ein Schwarm von Bediensteten um Kleopatras Wohlbefinden gesorgt. Im Frühjahr 47 wuchs dieser zu einer riesigen Schar an. Zurückgeholt oder neu eingestellt wurden Vorkoster, Schreiber, Lampenanzünder, Harfenspieler, Masseure, Pagen, Türsteher, Notare, Silber- und Ölbewahrer sowie Perlensticker. Sie hatte auch einen neuen Gemahl an ihrer Seite. Da das Volk ein Herrscherpaar vorzog, möglicherweise aber auch, um Caesars Spuren zu verwischen, bestieg der zwölfjährige Ptolemaios XIV. den Thron. Die Hochzeit fand bald nach der Kapitulation Alexandrias statt. Wie die Feier vonstatten ging, wissen wir nicht. Aus Kleopatras Sicht wurde damit eine bedeutungslose Person durch eine andere ersetzt. Ptolemaios XIV. übernahm den Titel seines toten Bruders. Auch sein Konterfei erschien nicht neben dem der Schwester auf den Münzen. Sollte er eigene Meinungen oder Ambitionen gehabt haben, dann behielt er sie klugerweise bis auf Weiteres für sich. Selbstverständlich verfügte er über keinerlei Mitsprache bei der Verwaltung, die seine Schwester und Gemahlin nun wiedererrichtete. Ob Caesar tatsächlich daran dachte, Ägypten zu annektieren, oder nicht, er hatte klar erkannt, dass Kleopatra in vielerlei Hinsicht ihrem Land ähnlich war: eine Schande, wenn man sie vernichtete, ein Risiko, wenn man sie eroberte, und ein Problem, wenn man über sie gebieten wollte. Einige Höflinge waren ihr treu geblieben. In Kleopatras Gefolge gab es mehrere Berater ihres Vaters. Jene, die von ihr abgefallen waren, taten alles, um sich auf die neue Lage einzustellen. Das trifft anscheinend auch auf die griechische Aristokratie zu, die zu Kleopatras ärgsten Gegnern gehört hatte.

Trotzdem hatte sie bei Hofe ein ernstes Handicap, das Caesar wohl hätte beachten müssen. Dazu schrieb ein späterer Gebieter Roms: »Der Herrscher hat einen besonderen Nachteil, was seine Freunde betrifft, denn er kann sich zwar vor seinen Feinden schützen, indem er seine Freunde gegen sie in Stellung bringt, aber er verfügt über keinen entsprechenden Verbündeten, der ihn vor diesen Freunden schützen könnte.«[55] Zum großen Teil wusste Kleopatra, wer ihre Gegner waren. Was ihre Höflinge betraf, so schien die Lage undurchsichtiger. Immerhin war sie monatelang mit einem Römer zusammengesperrt gewesen. Sie hatte gegen ein Volk gekämpft, das keinen Römer in seinem Land haben wollte und ihren Vater wegen dessen Verhältnis zu Rom abgesetzt hatte.

Jetzt herrschten andere Regeln. Ein gewisses Maß an Unrat fand sich bei Hofe immer. Der Krieg war ein guter Grund, ihn zu beseitigen. Jene, die sich Kleopatra entgegengestellt hatten, zahlten einen hohen Preis. Offenbar auch solche, über die derartige Gerüchte in Umlauf waren. Sie wechselte hohe Beamte aus und ließ andere beseitigen. Ihre Vermögen wurden eingezogen. Es wurde vergiftet und erstochen, ähnlich wie bei Auletes' Wiedereinsetzung. Allein die Armee forderte viel Blutzoll. Der Übergang verlief bei Weitem nicht glatt.

Auch in Palast und Hafen galt es aufzuräumen. Gräben waren zu füllen, Hindernisse zu beseitigen, Trümmer abzutragen, bauliche Schäden zu reparieren. Alexandria wurde wieder zur »ersten Stadt der zivilisierten Welt, in Ausdehnung und Eleganz, Reichtum und Luxus allen anderen weit voraus«, wie ein zeitgenössischer Reisender es formulierte.[56] Besucher konnten sich nicht entscheiden, ob Alexandrias Größe oder Schönheit sie mehr beeindruckte. Dann schockierte sie das turbulente Treiben. »Wenn ich auf die Stadt schaute, zweifelte ich, ob eine Menschenrasse sie je füllen könnte. Wenn ich auf die Einwohner schaute, fragte ich mich, ob eine Stadt je groß genug sein könnte, um sie alle zu fassen. Die Bilanz schien mir ziemlich ausgeglichen«, äußerte ein Sohn der Stadt im Überschwang.[57] Alexandria war übersät mit einer enormen Zahl von Skulpturen, die meisten aus rosa oder rotem Granit und violettem Porphyr, alle in leuchtenden Farben. Wer Athen kannte, dem kam diese ägyptische Stadt bekannt vor, vor allem weil überall ausgezeichnete ptolemäische Kopien griechischer Kunstwerke standen. Dies war weder der erste noch der letzte Ort auf der Welt, wo eine Macht im Niedergang sich immer gewaltigere Symbole setzte. Je mehr der Einfluss der Ptolemäer zurückging, desto größer und wuchtiger wurden die Statuen. Zwölf Meter hohe Figuren von Kleopatra II. und III. aus Rosengranit hießen an der Hafeneinfahrt von Alexandria die Besucher willkommen. Mindestens eine kolossale Sphinx mit Falkenkopf ragte über der Palastmauer auf. Glänzende Sphinxe von neun Metern Länge bewachten die Tempel der Stadt.

Die dreißig Meter breite Hauptstraße von Alexandria verschlug Besuchern die Sprache. Solche Dimensionen fand man sonst nirgendwo in der antiken Welt. Um sie von einem Ende zum anderen zu erkunden, brauchte man einen ganzen Tag. Gesäumt von fein gemeißelten Säulen, seidenen Sonnensegeln und reich bemalten Fassaden, konnte die Kanopische Straße von acht Kampfwagen nebeneinander befahren werden. Auch die wichtigsten Seitenstraßen der Stadt waren sechs Meter breit, mit Steinen gepflastert, mit Kanalisation versehen und nachts streckenweise beleuchtet. Ausgehend von der zentralen Kreuzung, die vom Palast zu Fuß in zehn Minuten zu erreichen war, rahmten strahlend weiße Kalksteinkolonnaden die Straße, so weit das Auge reichte. Der größte Teil der ägyptischen Bevölkerung, darunter viele Leinweber, lebte im westlichen Teil der Stadt im Umkreis der hundert Stufen, die zum Serapeum, dem Tempel aus dem 3. Jahrhundert, der über der Stadt thronte und auch die zweite Bibliothek beherbergte, hinaufführten. Dieser rechteckige Tempel, größtenteils mit Blattgold, Silber und Bronze geschmückt, stand auf einem künstlichen Berg, umgeben von Parks und Portiken. Er ist einer von nur drei Monumenten aus Kleopatras Zeit, die wir heute noch genau lokalisieren können. Das jüdische Viertel der Stadt lag im Nordosten in der Nähe des Palastes. Die eleganten dreigeschossigen Häuser im Zentrum wurden von Griechen bewohnt. Auch die Gewerbe beeinflussten die Stadtplanung: Ein Stadtviertel war der Herstellung von Parfüm und den entsprechenden Alabastertöpfchen, ein anderer den Glasmanufakturen vorbehalten.

Die Ost-West-Ausdehnung Alexandrias betrug etwa sechs Kilometer. Dies war ein Wunderland von Bädern, Theatern, Gymnasien, Höfen, Tempeln, Schreinen und Synagogen. Eine Kalksteinmauer, die in regelmäßigen Abständen von Türmen gekrönt war, umgab sie. An beiden Enden der Kanopischen Straße hatten die Prostituierten ihr Revier. Tagsüber dröhnte Hufgetrappel, war das Geschrei der Brei- und Kichererbsenverkäufer, der Straßenkünstler, Wahrsager und Geldverleiher zu hören. Von Gewürzständen stiegen exotische Gerüche auf, die die salzige Meeresbrise über die ganze Stadt trug. Langbeinige weiße und schwarze Ibisse sammelten sich an jeder Straßenkreuzung und suchten nach Essbarem. Bis zum Abend, wenn die zinnoberrote Sonne jäh im Wasser des Hafens versank, blieb Alexandria ein Gewimmel von Rot und Gelb, ein Kaleidoskop von Musik, Chaos und Farben. Insgesamt war dies eine sich ständig verändernde Stadt von extremer Sinnenfreude und geballter Intelligenz, das Paris der antiken Welt – überlegen in ihrer Lebensart, prachtvoll in ihrem Luxus, ein Ort, um ein Vermögen auszugeben, Gedichte zu schreiben, eine Romanze zu beginnen (oder zu vergessen), seine Gesundheit wiederherzustellen, sich neu zu erfinden oder sich nach der Eroberung weiter Teile von Italien, Spanien und Griechenland im Verlauf eines herkulischen Jahrzehnts umzugruppieren.

Mit all seiner hinreißenden Schönheit und den verlockenden Unterhaltungsmöglichkeiten war Alexandria keine Stadt, in der man gleichgültig bleiben konnte. Dazu ein Besucher: »Für einen Fremden ist es nicht leicht, den Lärm einer so riesigen Menge auszuhalten oder sich diesen Zehntausenden zu stellen, es sei denn, er greift zur Laute und singt ein Lied.«[58] Die Alexandriner wurden ihrem Ruf, ein frivoles Volk zu sein, voll gerecht. Durch das massive Portal des Palastes schoben sich nach Abschluss des Krieges Horden von neuen Mitläufern und Verbündeten Roms. Sie alle versammelten sich in der mit Elfenbein getäfelten Eingangshalle. Der Palastkomplex mit seinen zahlreichen Bankettsälen konnte eine riesige Menschenmenge fassen. Der größte Saal war mit zahlreichen Liegesofas ausgestattet, die – aus Bronze geformt, mit Elfenbein und Glas ausgelegt – Kunstwerke von eigenem Wert darstellten. Ägypten importierte zwar Silber, kontrollierte aber seit Langem die größte Goldreserve der antiken Welt. Selbst die Balken der größten Halle mögen mit Gold belegt gewesen sein. Die Bevölkerungszahl der Stadt mag übertrieben sein, kaum jedoch ihre Pracht. Um sie zu beschreiben, reichte selbst der Wortschatz der Antike nicht aus. Viele reiche Häuser in Alexandria prunkten mit Möbeln aus libanesischer Zeder voller Intarsien aus Elfenbein und Perlmutt, mit raffinierten *trompe l'œil*, mit komplizierten, realistischen Mosaiken. Außenmauern waren mit Platten von karamellfarbenem Alabaster verkleidet. An Innenwänden schimmerten Email und Smaragde. Wo die Wände mit Fresken verziert waren, herrschten mythologische Szenen vor. Über die Qualität der Arbeiten konnte man nur staunen.

Bodenmosaiken waren besonders präzise gearbeitet – geometrisch exakt, häufig quasi dreidimensional und unglaublich realistisch, was die Darstellung der Natur betraf. Bei Banketten verschwanden sie unter dicken Teppichen von Lilien und Rosen, die es in Ägypten in Hülle und Fülle gab. »Es ist die Regel«, schwärmte ein Chronist, »dass keine Blume, ob Rose, Schneeglöckchen oder andere, je zu blühen aufhört.«[59] Wenn der Fußboden damit reich bestreut war, glaubte man, über eine Wiese auf dem Land zu schreiten, nach dem Mahl allerdings übersät von Muschelschalen, Krebsscheren und Pfirsichkernen. Nicht selten wurden für ein Bankett dreihundert Kränze von Rosen oder ebenso viele aus Blüten geflochtene Girlanden bestellt. (Rosen waren wichtig, denn man glaubte, dass man bei ihrem Duft nicht betrunken werde.) Parfüms und Salben waren Alexandrias Spezialität. Bedienstete sprühten nach Zimt, Kardamom und Balsam duftende Wässerchen über die Gäste, während Musiker spielten und Geschichtenerzähler auftraten. Düfte stiegen nicht nur von der Tafel, sondern auch von Schmuck, Duftlampen und Schuhsohlen auf und vermischten sich mit dem allgegenwärtigen schweren Geruch von Öl. Überall waren auch die Arbeiten anderer hervorragender Handwerker der Stadt zu sehen: Auf den Tafeln glänzten silberne Schalen und Krüge sowie Hunderte von Kandelabern. Geblasenes Glas war eine hellenistische Erfindung, die Alexandria mit gewohntem Geschick weiterentwickelt hatte. Seine Meister vergoldeten die bereits kunstvolle Lilie und durchzogen Glas mit Goldfäden. Die Tafeln bogen sich unter mehrfarbigen Glasgefäßen, Silberplatten, aus Elfenbein geflochtenen Brotkörben und mit Edelsteinen besetzten Trinkbechern. Das Essen wurde auf goldenen Tellern serviert. Bei einem Fest der Ptolemäer soll allein das Geschirr dreihundert Tonnen gewogen haben.[60] Dabei konnte Kleopatra Anpassungsvermögen und Konkurrenzgeist beweisen. Als der Luxus von Alexandria auf die römische Welt übergriff, gab Kleopatra ihrem pompösen Tafelgerät einen neuen Namen. Die aufwendig gestalteten Gedecke aus Gold und Silber nannte sie nun ihr »Alltagsgeschirr«[61].

Ein Gast empfand ein Diner im Palast eher als die Demonstration eines märchenhaften Vermögens, weniger als ein Essen. Er bestaunte »eine dick mit Gold belegte Silberplatte, die groß genug war für ein massiges gebratenes Ferkel, das auf dem Rücken lag und mit vielen Köstlichkeiten vollgestopft war – gebratenen Drosseln, Enten und Grasmücken in großer Zahl, dazu Eidotter, Austern und Jakobsmuscheln«[62]. Gänse waren in diesen verschwenderischen Menüs etwas ganz Gewöhnliches, dazu Pfauen, Austern, Seeigel, Stör und Rotbarbe – die Delikatessen des Mittelmeers. (Löffel waren selten, Gabeln unbekannt. Man aß mit den Fingern.) Süße Weine, die besten aus Syrien und Ionien, waren mit Honig oder Granatapfel gewürzt. In welchen Gewändern Kleopatra solchen Festlichkeiten vorsaß, ist nicht überliefert, aber wir wissen, dass sie viele Perlen trug, die Diamanten jener Zeit.[63] Sie schlang sich lange Perlenketten um den Hals und ließ sich Perlen ins Haar flechten. Auch ihre Tuniken wurden damit bestickt. Die waren knöchellang und farbenprächtig, aus feiner chinesischer Seide oder hauchdünnem Leinen gearbeitet und traditionell mit einem Gürtel, einer Spange oder einem Band zusammengehalten. Über der Tunika wurde häufig ein durchsichtiger Mantel getragen, der die leuchtenden Farben des Kleides durchschimmern ließ. An den Füßen hatte Kleopatra edelsteinbesetzte Sandalen mit gemusterten Sohlen. Die Ptolemäer, die als die großzügigsten Gastgeber der Geschichte galten, entließen ihre Gäste schwer beladen mit Geschenken. Es war keine Seltenheit, dass ein Gast mit einem Gedeck aus massivem Silber, einem Sklaven, einer Gazelle, einem goldenen Sofa und einem Pferd in silbernem Geschirr von dannen zog.

Die Ptolemäer waren wegen ihrer Exzesse bekannt, und Kleopatra war fest entschlossen, die Dynastie in diesem Sinn weiterzuführen. Dazu passten die »endlosen Gelage bis zum Morgengrauen«, die Sueton später beschreiben sollte.[64]

Die Feierlichkeiten zum Ende des Krieges schlossen ganz sicher eine Siegesparade ein, die vermutlich über die Kanopische Straße führte. Kleopatra musste ihr Volk einen, ihre politische Herrschaft bekräftigen und ihren Machtanspruch gegenüber den Kritikern zementieren. Alexandria war seit Langem eine Stadt von Paraden und Gepränge, bei denen der Reichtum der Ptolemäer selbst noch die Sensationsgier ihrer Untertanen übertraf. Mehrere Jahrhunderte zuvor waren bei einer Dionysosprozession erstmals sechs Meter lange Umzugswagen auf den Straßen der Stadt zu sehen gewesen, die nur von hundertachtzig Mann bewegt werden konnten.[65] Purpurfarbene Satyrn und goldbekränzte Nymphen folgten zusammen mit allegorischen Darstellungen von Königen, Göttern, Städten und Jahreszeiten. Alexandria, das auch als Zentrum mechanischer Wunderwerke galt, rühmte sich automatischer Türen und hydraulischer Aufzüge, verdeckter Laufbänder und mit Münzen funktionierender Apparate. Mit unsichtbaren Drähten, Absaugrohren, Flaschenzügen und Magneten produzierten die Ptolemäer wahre Magie: Feuer flammten auf und erloschen wieder, die Augen von Statuen leuchteten, Trompetenstöße erschallten wie von selbst. Für die erwähnte Prozession übertrafen die geschickten Metallarbeiter der Stadt sich selbst: Eine fünf Meter hohe Statue, in eine gelbe Tunika gehüllt, schwebte durch die Stadt. Sie richtete sich zu voller Größe auf, goss Opfermilch aus und setzte sich dann wieder wie durch Zauberhand, was die Menge vor Staunen erschaudern ließ. Überall waren Anerkennung, Bewunderung und Flötenmusik zu hören. Schwaden von Weihrauch senkten sich auf die Menge herab, die weitere Wunder erwartete: goldene Fackelträger, Truhen voller Weihrauch und Myrrhe, vergoldete Palmen, Weinreben, Brustpanzerschilde, Statuen, Becken und mit Gold geschmückte Ochsen. Auf einem Festwagen zerstampften sechzig

Satyrn Weintrauben und sangen, von Flötenspielern begleitet, dazu. Aus riesigen Lederschläuchen ergoss sich gewürzter Wein in die Straßen. Die Luft war erfüllt vom Duft des Weihrauchs und des Weins – eine berauschende Mischung. Diener ließen Tauben über dem Zug aufsteigen, von deren Füßen Bänder flatterten. Eine Tierschau war obligatorisch für die Würdenträger, die nach Alexandria gereist waren und kilometerweit um die Stadt ihre Zelte aufgeschlagen hatten. Bei der Prozession im 3. Jahrhundert waren Gruppen geschmückter Esel, Elefanten in goldbestickten Schuhen, Herden von Oryxantilopen, Leoparden, Pfauen, riesige Löwen, ein äthiopisches Nashorn, Strauße, ein Albinobär und 2400 Hunde zu bewundern gewesen. Kamele schleppten Ladungen von Safran und Zimt. Ihnen folgten 200 Stiere mit vergoldeten Hörnern. Dann kamen Leierspieler und schließlich 57 000 Mann Infanterie und 23 000 Mann Kavallerie in voller Ausrüstung. So viele Truppen standen Kleopatra nicht zur Verfügung, aber auch sie wollte eine extravagante Vorführung bieten. Es kam darauf an, sich unter den Monarchen als »die einfallsreichste Beschafferin von Reichtum, die großzügigste Verschwenderin und die Hervorragendste in allen Dingen« darzustellen.[66] Überfluss, Macht und Legitimität waren nicht voneinander zu trennen. Vor allem nach den Erschütterungen der vergangenen Jahrzehnte war es entscheidend, dass sie ihre Machtstellung bekräftigte.

Zu diesem Zweck mag auch Caesar in Alexandria geblieben sein. Ein stabiles Ägypten war für seine Pläne ebenso wichtig wie für die Kleopatras. Ägypten galt als nahezu der einzige Staat im Mittelmeerraum, der mehr Getreide produzierte, als er selbst verbrauchte. Kleopatra konnte ganz allein Rom versorgen. Auch das Umgekehrte traf zu: Sie konnte die Stadt aushungern, wenn sie wollte. Aus diesem Grunde war Caesar nicht geneigt, einen Landsmann in Alexandria zu installieren. Die beste Lösung war ein verlässlicher Nichtrömer. Man kann davon ausgehen, dass Caesar Kleopatra vertraute, wie er Potheinos nie hätte vertrauen können. Und er wusste, dass sie fähig war, das Land zu regieren. Streng genommen war ihr Ägypten vom Jahr 47 an ein Protektorat mit intimem Touch. Ein derartiges Arrangement stellte durchaus nichts Ungewöhnliches dar in einem Jahrhundert, in dem Politik stark von Personen bestimmt wurde. Im hellenistischen Zeitalter wurden Bündnisse regelmäßig durch Ehegelübde untermauert. In Rom waren Geldheiraten an der Tagesordnung – zur Entrüstung von Puristen, die gegen diese Sorte billiger Zweckdiplomatie wetterten. Je ehrgeiziger der Politiker, desto häufiger seine Eheschließungen. Pompeius heiratete fünfmal und stets aus politischen Gründen. Auch Caesars stürmische Karriere war eng mit jeder seiner vier Frauen verbunden. Trotz eines Altersunterschieds, der mit dem zwischen Caesar und Kleopatra vergleichbar war, hatte Pompeius Caesars Tochter geheiratet, die dieser ihm quasi als Dankschreiben schickte.* Das Verhältnis zwischen den beiden Männern verschlechterte sich erst, als die Frau, die sie miteinander verband, aus dem Leben schied – eine Geschichte, die sich kurz darauf wiederholen sollte, allerdings mit wesentlich ernsteren Auswirkungen.

Die Beziehung zwischen Caesar und Kleopatra war nicht nur wegen des nationalen Unterschieds ungewöhnlich, sondern auch deswegen, weil Kleopatra sie aus freiem Willen einging. Kein männlicher Verwandter befahl sie ihr. Für einen Römer war das höchst verwirrend. Hätte ihr Vater sie zu seinen Lebzeiten mit Caesar verheiratet (was aus mehreren Gründen nicht möglich gewesen wäre), dann hätte man sie ganz anders betrachtet.[67] Was jene irritierte, die ihre Geschichte schrieben, war ihr unabhängiges Denken und ihr Unternehmungsgeist. Der Dichter Lucan drückt sich in dieser Hinsicht klar aus. »Kleopatra ist es gelungen, den

* Das Geschenk war willkommen, aber das Timing alles andere als günstig. Iulia sollte in wenigen Tagen Quintus Servilius Caepio heiraten. Der war indigniert. An ihrer Stelle bot Pompeius Caepio seine eigene Tochter an, die allerdings auch bereits mit einem anderen Mann verlobt war. In Rom wurden Frauen in den meisten Fällen wie Pferde gehandelt, was bei den Ptolemäern, die sonst in Familienangelegenheiten außerordentlich kreativ waren, nur selten vorkam.

alten Mann mit Zauberei zu erobern«, lässt er Potheinos in einer sehr weiten Auslegung des freien Willens ausrufen.[68] Sie, die bereits Ägypten besitzt, lässt er in seinem Bericht »huren, um Rom zu gewinnen«. Auch hier gibt es lehrreiche Parallelen. Später wurde eine solche Geschichte über eine frühe indische Monarchin, Königin Kleophis, verbreitet. Sie »ergab sich Alexander dem Großen zunächst, erkaufte sich aber ihren Thron, indem sie mit ihm schlief. Sie erreichte also durch sexuelle Gefälligkeit, was sie mit Waffengewalt nicht gewinnen konnte«[69]. Für dieses unwürdige Verhalten taufte sie zumindest ein römischer Historiker »königliche Hure«. Die Darstellung mutet zweifelhaft an – eine weitere Gruselgeschichte der Römer über den verworfenen Osten. Sie ist vielleicht sogar auf Kleopatra zugeschnitten. Wie dem auch sei, sie sagt uns etwas über sie. Kleopatra mochte so suspekt gewesen sein wie Königin Kleophis, aber was die Römer am meisten beeindruckte und wofür sie ihr ungewollt Tribut zollten, war ihre frappierende, geradezu magische Wirkung.

Dass sich zwischen Kleopatra und Caesar eine ungezwungene Beziehung, wenn nicht gar eine große Leidenschaft entwickelte, kann nicht überraschen. Ihr Selbstbewusstsein und sein Draufgängertum mögen dies bewirkt haben, aber ihre Persönlichkeiten passten ebenso gut zusammen wie ihre politischen Ziele. Sie waren beide kongeniale, charismatische, redegewandte Menschen. Auch einzeln hätten sie als gefährlich verführerisch in die Geschichte eingehen können. Besonders Kleopatra wusste zu gefallen. Während man bisher nur vier Arten von Schmeichelei zu kennen glaubte, so geiferte Plutarch, der stets vor ihrem vergifteten Reiz auf der Hut war, »kannte sie tausend«[70]. Ihre Wendigkeit fand mehr Anerkennung als die Caesars, die sich weniger in seiner Sprache als in seinen unzähligen Affären ausdrückte. Caesar war ein meisterhafter Verführer, der es besonders auf hochgeborene verheiratete Frauen abgesehen hatte. Kleopatra und Caesar besaßen beide die intellektuelle Wissbegier, die ein Markenzeichen ihres Zeitalters war, dazu eine Unbeschwertheit und einen Humor, die sie von ihren Standesgenossen unterschieden, sofern man von solchen überhaupt sprechen kann. Macht ist eine ungesellige, einsame Angelegenheit, schrieb Plutarch.[71] Von jenen, die Caesar und Kleopatra umgaben, konnte man in der Regel Schmeichelei oder Verschwörung erwarten. Beide wussten, wie Caesar es ausdrückte, dass Erfolg seinen Preis hat, dass »alles, was Menschen über ihre Zeitgenossen erhebt, Wetteifer und Neid hervorruft«[72]. Ihre gesellschaftliche Isolation war von besonderer Art.

Beide hatten bei ihrem Streben nach Macht kühn Grenzen überschritten und alles auf eine Karte gesetzt. Beide waren gleichermaßen befähigt für Arbeit wie für Spiel und trennten beides kaum voneinander. Caesar beantwortete Briefe und Petitionen, während er Spiele verfolgte. Kleopatra trieb Spiele aus Staatsräson. Keiner von beiden scheute den dramatischen Auftritt. Beide waren als Schauspieler Naturtalente, sich ihrer Fähigkeiten sicher und ihrer Überlegenheit bewusst. Von Kleopatra, die andere gern überraschte, die große Geste liebte und sich nie billig verkaufte, wurde viel erwartet. Caesar hielt eine Menge von Stil und bewunderte Talent in jeglicher Form. In Alexandria befand er sich in ständiger Begleitung einer gewandten Gesprächspartnerin, Sprachenkennerin und Unterhändlerin, die auch seine ungewöhnliche Begabung dafür teilte, neue Bekannte wie alte Vertraute zu behandeln. Caesar hatte ausreichend Grund für höchste Aufmerksamkeit. Kleopatra erteilte ihm zur rechten Zeit Verhaltenslehren. Ein Jahr zuvor zum Diktator erklärt, machte Caesar seine erste Erfahrung mit absoluter Macht. Und Kleopatra bewältigte Dinge wie noch nie eine Frau seiner Bekanntschaft. Er hätte lange suchen müssen, um in ganz Rom eine Frau zu finden, die eine Armee aufgebaut, eine Flotte verliehen hatte und eine Währung kontrollierte. Sosehr ihre Persönlichkeit auch strahlte, war Kleopatra gleich Caesar eine besonnene, klarsichtige Pragmatikerin. Was man allerdings bei ihm als Strategie bewertete, sollte man ihr als Manipulation ankreiden. Beide gingen aus Kriegen hervor, die nicht auf Streitfragen, sondern ausschließlich auf Personen zurückzuführen waren. Sie hatten mit einer ähnlichen Anhängerschaft ähnliche Schwierigkeiten erfahren. Caesar war nicht der Liebling der römischen Aristokratie. Kleopatra wurde von den Griechen Alexandrias nicht gemocht. Ihre Macht bezogen sie vom einfachen Volk. Der Ehrgeizige glänzt besonders in Gesellschaft von Ehrgeizigen. Caesar und Kleopatra kamen zusammen wie zwei Erben legendärer Vermögen, übergroße Persönlichkeiten, die sich ihrer Gaben bewusst und gewohnt waren, von sich selbst im Plural zu denken und in der dritten Person zu schreiben.

Lucan stellt sich vor, dass Caesar auf einem von Kleopatras Banketten den Hohepriester Ägyptens befragt. Caesar ist an zahlreichen Themen interessiert, ein Mann von grenzenlosem Wissensdurst. Sein Forschergeist war ebenso ausgeprägt wie sein Ehrgeiz. Ägyptens Überlieferung und Kultur begeisterten ihn. In Alexandria sprach er mit Wissenschaftlern und Philosophen. Er hat nur eine Bitte. »Nichts möchte ich lieber wissen«, fleht er, »als den Ursprung des Flusses, der seit so langer Zeit unbekannt ist.«[73] Wenn der Priester ihm die Quelle des Nils verrate, dann werde er künftig dem Krieg entsagen. Seine Leidenschaft war verständlich. Wenige Rätsel der antiken Welt waren so fesselnd – vergleichbar in unserer Zeit höchstens mit der Frage, ob es Leben auf dem Mars gibt. Lucan erwähnte hundertzehn Jahre später als erster Caesars und Kleopatras Fahrt auf dem Fluss. Er war kein Bewunderer beider, ein Dichter, der aus gutem Grund »der Vater der Regenbogenpresse« genannt wird.[74] Aber er benutzte historische Quellen, die für uns heute verloren sind. Die Fahrt der beiden auf dem Nil wird er wohl kaum erfunden haben. Und es gibt auch keinen Grund, sich diese Reise nach dem Ende des Krieges weniger luxuriös und rauschend vorzustellen als jene fünf Jahre später, der Shakespeare schließlich zu Unsterblichkeit verhalf. Eher ist anzunehmen, dass die römischen Historiker es vorzogen, an die zweite Reise zu erinnern, um die erste vergessen zu machen. Schließlich erwähnten sie nicht einmal, dass Caesar nach Beendigung des Krieges noch in Ägypten verweilte.*[75] Hätten sie nicht so dichtgehalten, dann wäre Shakespeares Drama über Kleopatra möglicherweise anders ausgefallen.

Für eine Fahrt auf dem Nil gab es zahlreiche Vorbilder. Damit empfing man traditionell einen ausländischen Würdenträger, dem man das Wunder Ägypten vorführen wollte. Zwei Generationen zuvor bestand ein hoher Beamter ausdrücklich darauf, dass ein römischer Senator, der Ägypten bereiste, »mit höchster Pracht und Herrlichkeit empfangen«, mit Geschenken überhäuft, mit den besten Führern ausgestattet, mit dem Gebäck und gebratenem Fleisch bewirtet werden sollte, das nur die heiligen Krokodile erhielten.[76] Die endlosen Getreidefelder Ägyptens waren so beeindruckend, dass es den Römern in den Fingern juckte. Von brennendem Wissensdurst abgesehen, gab es für solche Kreuzfahrten gewichtige Gründe. Ein neuer Monarch unternahm zum Auftakt seiner Herrschaft eine zeremonielle Reise nach Süden. Für Kleopatra war dies eine Fahrt zur Besichtigung ihres persönlichen Besitzes. Jeder in Ägypten arbeitete für sie. Nahezu sämtliche Ressourcen des Landes – seine Felder, sein Wild, seine Bäume, der Nil samt den Krokodilen – gehörten ihr. Aus ihrer Sicht war die Fahrt nicht so sehr eine Vergnügungsreise oder eine wissenschaftliche Expedition, sondern ihre Pflicht als Oberhaupt des Staates. Damit demonstrierte sie ihrem Volk die militärische Macht Roms und Rom den Reichtum Ägyptens.[77] Das Volk Ägyptens hatte sie gegen ihren Bruder mit allem Nötigen versorgt, als sie schutzlos war. Mit Caesar an ihrer Seite kehrte sie als praktisch unbesiegbar zu ihrem Volk zurück.

Von Alexandria nach Süden zu reisen bedeutete, die griechischsprachige Welt zu verlassen und in die Ägyptisch sprechende einzutauchen, aus einem Land des Weins in ein Land des Biers zu kommen. Dies war die Kultur, der sich die Alexandriner überle-

* Ein moderner Historiker geht so weit zu vermuten, dass sie diesen Aufenthalt absichtlich vertuschten.

gen fühlten, wo Pharaonen verehrt wurden und Priester herrschten. Hier stellte niemand Kleopatras Göttlichkeit infrage. Auch ohne den Prunk von Alexandria, ohne Achat und roten Granit trat die monumentale Vergangenheit eindrucksvoll hervor, löste die Landschaft Entzücken aus. Ein späterer Reisender schrieb an gleicher Stelle: »Ich sättige mich an Farben, wie ein Esel sich voll Hafer frisst.«[78] Kleopatra führte Caesar die längste und spektakulärste Oase der Welt vor, das samtene Grün der Flussufer, den harten, schwarzen Boden des Kanals, das Land der purpurroten Sonnenuntergänge und der amethystfarbenen Morgendämmerung. Die obligatorischen Haltepunkte werden sie nicht versäumt haben – die Pyramiden, die über den Palmen aufragten und in der flirrenden Luft verschwanden, die Heiligtümer und Tempel von Memphis, wo der Hohepriester von Ägypten zur Stelle war, um sie zu empfangen, die über und unter der Erde gelegenen dreitausend Kammern des Labyrinths aus Granit und Kalkstein, den Schrein der Krokodilgötter am Ufer eines Sees, wo die Tiere abgerichtet waren, ihre Mäuler auf Kommando aufzureißen. Caesar mag ebenso beeindruckt gewesen sein von dem System der Schleusen und Dämme zur Landgewinnung, den Memnonkolossen, die sich mit einer Höhe von über zwanzig Metern strahlend weiß vom blassen Orange des Sandes abhoben und kilometerweit zu sehen waren. Weiter oben am Berghang dahinter lagen tief in den Felsen die Gräber des Tals der Könige. Weiter südlich folgte der schöne Isistempel auf der Insel mitten in den Stromschnellen von Philae, den Kleopatras Vater hatte schmücken und ausbauen lassen.*

Noch spektakulärer war die Unterbringung, die ebenfalls den Hang zum Kolossalen demonstrierte. Damit sollte der Gast sowohl beeindruckt als auch unterhalten werden. Kleopatra und Caesar legten sicher vom Mareotissee südlich der Stadt ab, wo die Vergnügungsflotte ankerte. Der dortige Hafen konnte einhundert Me-

* Die Sphinx konnten Caesar und Kleopatra höchstwahrscheinlich nicht sehen, da sie damals wie seit fast tausend Jahren noch unter dem Sand begraben war.

ter lange königliche Binnenschiffe aufnehmen.[79] Der Bug eines solchen Schiffs bestand aus Elfenbein, kunstreiche Säulengänge säumten das Deck; die Säulen waren von Schnitzwerk bedeckte Zypressenstämme. Sechs Meter hohe vergoldete Statuen schmückten Bug und Heck. Wichtige Schiffsteile waren aus polierter Bronze, die Holzaufbauten mit Elfenbein und Gold belegt. Alles strahlte in leuchtenden Farben, so auch zahllose Bildhauerarbeiten aus der königlichen Sammlung, mit denen die in zwei Etagen angeordneten Wohn- und Aufenthaltsräume dekoriert waren. Ein Speisesaal besaß eine Kassettendecke, ein weiterer war mit ägyptischen Säulen verziert, die Akanthusblätter und Lotosblüten in Schwarz und Weiß krönten. Ein purpurfarbenes Sonnensegel, das auf gebogenen Balken lag, schützte ein Drittel des Fahrzeugs. Es war nicht ungewöhnlich, dass ein königliches Schiff einen Raum für Leibesübungen, eine Bibliothek, Schreine für Dionysos und Aphrodite, einen Garten, eine Grotte, Vortragsräume, eine Wendeltreppe, eine kupferne Badewanne, Ställe und ein Aquarium aufwies.

Das Ganze war gewiss keine bescheidene Prozession. Ein mittlerer Beamter pflegte mit einer Begleitung von zehn Personen auf Reisen zu gehen, denn ohne seine Sekretäre und Buchhalter, seinen Bäcker, seine Badediener, seinen Arzt, seinen Silberbewahrer und seinen Waffenmeister war er nicht handlungsfähig. Kleopatra und Caesar reisten umgeben von einem Schwarm römischer Soldaten und ägyptischer Höflinge nach Süden. Die Bewirtung während ihrer Aufenthalte oblag dem Volk und war eine gewaltige Aufgabe, besonders wenn, wie Appian behauptet, die Herrscher mit einer Flotte von vierhundert Schiffen unterwegs waren. Sicherlich folgte dem Schiff der Königin ein Schwarm kleinerer Barken auf einem Fluss voller Lastkähne, die Steine oder Wein beförderten, voller Handelsgaleeren und Polizeiboote. Das Volk hatte die Pflicht, seine Monarchin zu verköstigen und zu verwöhnen, sie mit Geschenken zu überhäufen, ihr Gefolge zu unterhalten und den Transport zu bewerkstelligen. Daraus ergaben sich Unterbringungs-, Sicherheits- und Verpflegungsprobleme vielfältiger Art. Manche Beamte rieten ihren Untergebenen gar, Vorräte beiseitezuschaffen, um sie vor königlicher Requirierung zu bewahren.[80] Angesichts der Forderungen war das durchaus verständlich. So verlangte ein unbedeutender Beamter 372 Ferkel und 200 Schafe. Bauern arbeiteten Tag und Nacht, um die nötigen Vorräte anzulegen, Bier zu brauen, Heu zu lagern, Gästehäuser auszustatten und Esel zu beschaffen. Das hatten sie mitten in der Erntezeit zu bewältigen. Zwei Jahre später sollte Cicero mit größeren Ressourcen und unter weniger komplizierten Bedingungen sich glücklich schätzen, Caesar wieder Lebewohl zu sagen, als er den General und dessen Gefolge auf seinem Landsitz empfing. Er war erleichtert, Caesar nicht um einen zweiten Besuch bitten zu müssen, wenn er wieder einmal in der Nähe war. »Einmal ist genug«, seufzte er, weil er sich weniger als Gastgeber, denn als Quartiermeister gefühlt hatte.[81]

Kleopatra und Caesar segelten bei günstigem Wind in ihrem »schwimmenden Palast« den Nil hinauf.[82] Am Ufer waren die Dattelpalmen voller Früchte, ihre Wedel bereits leicht verwelkt. Jenseits des Flusses erstreckte sich ein Meer goldener Getreidefelder, Bananen schimmerten gelb unter Blättern hervor. Aprikosen, Weintrauben, Feigen und Maulbeeren waren fast reif. Es war Pfirsichzeit. Über ihren Köpfen paarten sich die Tauben. Alles an dieser Landschaft, die an Caesar und Kleopatra vorüberzog, verstärkte den Mythos von Ägyptens Überfluss und den magischen Kräften des Stroms. Der Nil galt in der ganzen antiken Welt als ein Fluss, in dem Gold strömte und der Außerordentliches zu leisten in der Lage war. Es hieß, sein Wasser koche schon bei der halben Siedetemperatur. Flusstiere sollten dort zu ungeahnter Größe heranwachsen. Ptolemaios II. hatte seiner Tochter Gefäße mit Nilwasser geschickt, um ihre Fruchtbarkeit zu fördern, als sie in die syrische Königsfamilie einheiratete. (Damals war sie bereits dreißig Jahre alt. Es funktionierte.) Ägyptischen Frauen sagte man nach, ihre Kinder nach kürzerer Schwangerschaft zu gebären. Sie sollten auch mehr Zwillinge und häufig sogar Vierlinge zur Welt bringen. Ziegen, die anderswo in der Regel zwei Junge hatten, warfen in Ägypten angeblich vier, Tauben brüteten zwölf Junge statt zehn aus. Man glaubte, der männliche Schädel der Ägypter sei stärker, weswegen Glatzen (mit dem restlichen Haar verdeckte kahle Stellen wie bei Caesar) dort seltener waren. Dem Nil sagte man nach, aus sich heraus Leben hervorzubringen. Sicher bekamen Kleopatra und Caesar keine der legendären Flusskreaturen zu Gesicht, die halb Maus und halb Schlamm sein sollten. Wahrscheinlich begegneten ihnen auch keine Schlangen, auf deren Rücken Gras spross, oder Menschen, die unter Schildkrötenpanzern, so groß wie Boote, lebten.[83] Was sie unter dem Gewirr von Papyrussträuchern und Lotospflanzen sicher sahen, waren Reiher und Störche, Flusspferde und sechs Meter lange Krokodile oder eine Menge Fische aller Art, in Rom eine Seltenheit. Die Historiker der Antike mögen in grundsätzlichen Details geirrt haben, aber Ägyptens Fruchtbarkeit beschrieben sie durchaus akkurat. Kleopatras Heimat war das fruchtbarste landwirtschaftliche Gebiet im ganzen Mittelmeerraum, wo die Felder sich ganz von allein zu bepflanzen und zu bewässern schienen.

Das erzählte man sich seit undenklicher Zeit – ein Ausdruck, der in Ägypten von besonderem Klang war. Denn bereits in Kleopatras Tagen besaß das Land eine alte Geschichte, wurde einer Welt voller Legenden und Aberglauben gedacht. An ihrer Seite konnte Caesar Architektur aus achtundzwanzig Jahrhunderten bewundern. Damals schon hatten Besucher die Gräber im Tal der Könige ausgeraubt und Graffiti hinterlassen.*[84] Im Frühjahr 47 lag bereits eines der sieben Weltwunder in Trümmern. Kleopatras Land empfing schon Besucher, da ahnte die übrige Welt noch nicht einmal, dass es einen kultivierten Lebensstil gab. Zugleich schienen die Jahrhunderte einander näher zu sein als heute. Zwischen Alexander dem Großen und Kleopatra lag eine Zeitspanne wie zwischen 1776 und unserem Jahrhundert, und doch war Alexander noch sehr lebendig und präsent.[85] Während Kleopatra 1120 Jahre von der Blütezeit

* Das häufigste Graffito lautete: »Ich sah und war fassungslos.«

der Geschichte ihres Landes trennten, war der Fall von Troja noch ein ständiger Bezugspunkt. Die Vergangenheit war zum Greifen nahe, ihr wurde eine fast religiöse Ehrfurcht entgegengebracht. Das war besonders in Ägypten der Fall, das eine Leidenschaft für Geschichte hatte und bereits auf zwei Jahrtausende schriftlicher Aufzeichnungen zurückblicken konnte. In dieser Zeit hatte sich das isolierte, kaum zugängliche Land wenig verändert, seine Kunst nahezu gar nicht. Daher sahen Kleopatras Untertanen die Zeit als eine Spule endloser Wiederholungen an. Die Ereignisse der letzten Jahre verstärkten diese Vorstellung noch. Ptolemäische Berater hatten frühere Kinderkönige überzeugt, ihre direkten Angehörigen umzubringen. Frühere Königinnen waren aus Ägypten geflohen, um Armeen aufzustellen. Vieles, was von den einmarschierenden Römern im Jahr 47 gesagt werden konnte, traf auch auf Kleopatras makedonische Vorfahren dreihundert Jahre zuvor zu – eine Parallele, die ihr durchaus bewusst war.

Mit weißem Leinen und einem Diadem angetan, nahm Kleopatra während der ganzen Reise an religiösen Ritualen teil, die Tausende Jahre alt waren. Sie stellte sich von Kopf bis Fuß als lebende Gottheit dar. Wir wissen nicht, wie ihr Volk seine Ehrerbietung ausdrückte, aber wahrscheinlich verbeugte es sich in ihrer Gegenwart und hob die Hand zu einer Art Gruß. Für jene, die an den Flussufern und auf den Dämmen standen, um sie zu sehen, waren Caesar und Kleopatra kein Liebespaar, sondern eine Art magischer Erscheinung aus einer anderen Welt, der Besuch zweier lebender Gottheiten auf Erden. Sie machten etwas her: der blonde, breitschultrige Römer, ein Bild von Kraft und Stärke, in seinem langen purpurfarbenen Mantel, und die dunklere, zierliche Königin von Ägypten an seiner Seite. Gemeinsam besuchten sie heilige Stätten, die Denkmäler früherer Könige und die lokalen Paläste entlang des Flusses. Gemeinsam nahmen sie die Huldigungen von Priestern in weißen Roben und jubelnden Menschenmengen entgegen. Zusammen fuhren sie an Bauerngehöften vorüber durch eine Landschaft, übersät von Backsteintürmen mit roten Terrassendächern, üppigen Obst- und Weingärten, goldenen Getreidefeldern, Sphinxen, die halb im Sand versunken waren, Klippen oder in Felsen gehauenen Gräbern. Gemeinsam erwehrten sie sich der Mücken, dem Geschenk des Flusses bei Niedrigwasser. Das Klatschen der Ruder und der Klang der Leiern kündigte sie bereits von ferne an. Hinter sich ließen sie in der schwülen Luft eine Wolke von Weihrauch zurück.

Im Vergleich zu den Wochen davor war diese Reise die reine Erholung. Die Vorstellung, es könnte eine sittenlose Vergnügungstour, ein Spaß oder ein Honeymoon gewesen sein, rührt sicher von der luxuriösen Unterbringung her. Für einen Römer brauchte es nicht mehr, um an Sittenlosigkeit zu denken. Im Lateinischen stellt man sich sofort etwas Verkommenes vor, wenn man das Wort »Luxus« hört. Es ist vom Verb »luxieren« im Sinne von »verrenken« abgeleitet, was Tausende Jahre lang mit »lasziv« assoziiert wurde. Laut Appian reiste Caesar mit Kleopatra den Nil hinauf »und vergnügte sich mit ihr auch auf andere Weise«[86]. Da ist der Vorwurf nicht weit, Kleopatra habe den römischen General zu dieser von ihr geplanten Torheit verleitet und in das exotische Herz eines exotischen Landes geschleppt, von wo er mit Gewalt losgerissen werden musste. Kleopatra – oder Ägypten – übten diese Wirkung auf arme, schutzlose Römer aus. Dieses Land war per se eine Plage und Versuchung. Für den Ablauf der Fahrt gab es sicher einen Plan, der auch eingehalten wurde. Nur sah man das später anders. Laut Berichten wollte Caesar nicht gehen und Kleopatra ihn nicht gehen lassen. »Sie hätte ihn gern noch länger in Ägypten festgehalten oder wäre sofort mit ihm zusammen nach Rom gegangen«, war Cassius Dios Meinung.[87] Caesars Männer hätten den General nur gegen seinen Willen zur Rückkehr bewegen können. Nach Suetons Version hatte Caesar im Angesicht der ägyptischen Königin derart den Kopf verloren, dass er ihr bis zur äthiopischen Grenze gefolgt wäre, hätten seine Soldaten nicht mit Meuterei gedroht. Zwischen den zerklüfteten Felsen südlich des heutigen Assuan setzten sie sich schließlich durch. Die ganze Flottille kehrte schwerfällig um.

Laut Cassius Dio wurde Caesar allmählich klar, dass ein weiteres Verweilen in Ägypten »für ihn weder ehrenvoll noch profitabel« sei.[88] Der Historiker vermeidet aber jede Erwähnung des Zwischenspiels auf dem Fluss. Caesar hatte zu jener Zeit keine lebenden Kinder. In drei Ehen war ihm auch kein Sohn geboren worden. In dieser Hinsicht bestätigte Ägypten seinen legendären Ruf. In schwellendem Gleichklang mit der Fruchtbarkeit des Landes, wo die Blumen ewig blühen und der Weizen sich selbst ernten sollte, erlebte Kleopatra in diesem Frühjahr die letzten Monate ihrer Schwangerschaft. Klar und eindeutig bestätigte sie den Mythos von der produktiven Kraft ihres großartigen Landes. Die beiden verbrachten zwischen drei und neun Wochen auf dem Fluss und kehrten an der ersten Stromschnelle des Nils um. Die Strömung brachte sie sanft wieder zurück zu ihrem Palast. Von Alexandria aus machte Caesar sich nach Armenien auf den Weg, das sich damals in Aufruhr befand. Ende Juni gebar Kleopatra ihr halbrömisches Kind, ein göttliches in zweierlei Hinsicht – als Ptolemäer und als Caesar. Endlich erschien damit etwas Neues unter der Sonne.

IV

DAS GOLDENE ZEITALTER IST NIE DAS HEUTIGE[1]

Dienerin: »Blieb ich so lang vom Haus? Mit welchem Grund?«
Andromache: »Den Frauen fallen Gründe nie so schwer!«[2]
EURIPIDES

CAESAR VERLIESS ÄGYPTEN am 10. Juni, viel später, als er sollte. Rom war seit Dezember ohne Nachricht von ihm und daher in hellem Aufruhr, was er sicher wusste. Die Kommunikation funktionierte perfekt.[3] Caesar nahm Kleopatras Schwester – eine »geschwisterliebende Göttin« dem Namen, wenn auch nicht dem Verhalten nach – als Kriegsgefangene mit sich. Das war ein persönlicher wie ein politischer Gefallen. Zu Kleopatras Schutz blieben 12 000 Legionäre, die Caesar nach Ägypten gefolgt waren, im Land. Auch dies eine persönliche und politische Geste zugleich. Unruhen in der Bevölkerung konnten beide nicht gebrauchen. Caesar fiel es offenbar schwer, sich von Kleopatra zu trennen; allerdings erscheint es nicht plausibel, dass sie angeboten haben soll, ihn in diesem Sommer nach Rom zu begleiten, wie Cassius Dio behauptet. Von einem Wiedersehen war jedoch vor der Abreise, die Caesar so lange hinausschob, wie er nur konnte, fast sicher die Rede.

Zwei Wochen später setzten bei Kleopatra die Wehen ein. Von der Geburt des Kindes wissen wir ebenso wenig wie von dem Intimverhältnis, das ihr vorausging.* Ob nun mit oder ohne Gebärstuhl, eine Anzahl Hebammen stand ganz sicher bereit.[4] Eine fing das Kind in Tüchern auf und wickelte es sicher ein. Eine zweite schnitt die Nabelschnur mit einer Obsidianklinge durch. Das Neugeborene wurde kräftig gestillt, wofür man eine königliche Amme in Dienst genommen hatte. Die Anforderungen an diese Aufgabe waren nicht anders, als es heute der Fall wäre. Die Amme musste sympathisch und sauber sein. Man erwartete von ihr, dass sie »nicht aufbrausend, geschwätzig oder nachlässig im Essen, sondern ordentlich und vernünftig« sei.[5] Im Idealfall sollte sie Griechin sein, das heißt eine gewisse Bildung besitzen. Meist engagierte man dafür die geeignete Frau eines Hofbeamten. Das war ein gut bezahlter, angesehener Posten für mehrere Jahre. Außerdem brachte sie die Erfahrungen von Generationen mit. Das Kind hatte Probleme beim Zahnen? Als probates Mittel wurde ihm eine gebratene Maus gefüttert. Es schrie viel? Mit einer Paste aus Fliegendreck und Mohn brachte man in der Regel auch den größten Schreihals zur Ruhe.

Hätte Kleopatra gewollt, dann wären bändeweise Ratschläge zu Verhütung und Abtreibung, einige überraschend wirksam, zur Hand gewesen.[6] Nichts demonstriert die Widersprüche zwischen Wissenschaft und Mythos, Aufklärung und Ignoranz, mit denen Kleopatra zu leben hatte, mehr als die Literatur über Geburtenkon-

* Wie so vieles in Kleopatras Leben – die Fahrt auf dem Nil, der Aufenthalt in Rom oder ihr guter Glaube in Actium – sind auch die Vaterschaft dieses Kindes und der Zeitpunkt der Geburt bestritten worden. Sein Erscheinen kam für sie zu günstig und zu gelegen, um wahr zu sein. Die Skeptiker berufen sich vor allem auf Caesars angebliche Unfruchtbarkeit. Trotz eines lebhaften Geschlechtslebens hatte er seit sechsunddreißig Jahren keine Nachkommen mehr gezeugt. Seit Sueton die Vaterschaftsfrage aufwarf, herrscht in der Überlieferung ein merkwürdiges Schweigen, wo man Empörung hätte erwarten müssen. Ebenso fehlen jegliche materiellen Belege. Das Schweigen kann man auch als Bestätigung lesen: Diese Geburt galt als so widerwärtig, der Beweis, dass Kleopatra Caesar hereingelegt haben könnte, so eindeutig, dass man es für klüger hielt, Stillschweigen über die Sache zu bewahren. Caesar betrachtete dies natürlich als sein Kind, wie übrigens auch Antonius und Augustus.

trolle. Auf jede wertvolle Idee kam in ihrem Zeitalter ein ebenso obskurer Aberglaube. Das damals bereits dreihundert Jahre alte Rezept des Hippokrates für die Einleitung einer Abtreibung – hüpfe auf und ab, so dass die Fersen siebenmal die Gesäßbacken berühren – ließ einige der Maßnahmen, zu denen man im 1. Jahrhundert v. Chr. griff, durchaus vernünftig erscheinen. Aber ein Spinnenei, vor Sonnenaufgang mit Hirschhaut am Körper befestigt, sollte zwölf Monate lang die Empfängnis verhüten. Das war nicht merkwürdiger (oder wirksamer), als eine Katzenleber an den linken Fuß zu binden. Man behauptet sogar, niesen beim Geschlechtsverkehr wirke Wunder. Zu Kleopatras Zeit wurde Krokodildung wegen seiner schwangerschaftsverhütenden Wirkung gerühmt, ebenso ein Gebräu aus Maultierniere und Eunuchenurin. Insgesamt war die Literatur über Abtreibungsmittel umfangreicher als die über Verhütung. Erprobte Ingredienzen einer Pille für den Morgen danach waren Salz, Mäusekot, Honig und Harz. Noch lange Zeit nach Kleopatra behauptete man, der Geruch einer gerade gelöschten Öllampe löse eine Fehlgeburt aus. Dagegen zeigten einige volkstümliche Kräutermittel aus Kleopatras Zeit durchaus Wirkung. Silberpappel, Wacholderbeeren und Riesenfenchel haben ausgewiesene verhütende Wirkung. Weitere wie Essig, Alaun und Olivenöl wurden bis vor Kurzem noch angewandt. Es existierten auch erste Pessare aus Wolle, die man mit Honig und Öl tränkte. All das brachte bessere Ergebnisse als die auf der Regel der Frauen beruhende Methode. Man glaubte nämlich, eine Frau habe ihre fruchtbarsten Tage zur Zeit der Menstruation.

Aber der zweiundzwanzigjährigen Kleopatra konnte unter den gegebenen Umständen kaum etwas günstiger in ihre politischen Pläne passen als die Mutterschaft. Und nichts hätte ihre Zukunft besser sichern können als ein Kind von Julius Caesar. Es gab ein paar Peinlichkeiten, zuallererst die Tatsache, dass beide Elternteile anderweitig verheiratet waren. (Technisch gesprochen war Kleopatra während der Schwangerschaft zur Witwe gemacht und neu verheiratet worden.) Aus ägyptischer Sicht galt Caesar aus zweierlei Gründen gar nicht als geeigneter Vater: Er war weder ein Ptolemäer noch von königlichem Geblüt. Und in Rom sah man gleich gar keinen Vorteil darin, seine Vaterschaft an die große Glocke zu hängen. Sie hätte bestenfalls Betretenheit ausgelöst. Aus Kleopatras Sicht konnte kein diplomatischer Schritt wirksamer sein als diese rein private Angelegenheit. Bisher hatte sie viel zu sehr um ihr eigenes Überleben kämpfen müssen, um sich über ihre Nachfolge Gedanken zu machen. Aber jetzt konnte sie hoffen, dass ihr das Schicksal Alexanders des Großen erspart blieb, der ohne einen Erben sterben musste. Die große Ptolemäerdynastie würde nach ihrem Tod weiterleben. Zudem war das Kind ein Junge. Die Ägypter waren gewillt, sich auch einer Pharaonin zu unterwerfen, aber wie die fehlgeschlagene Ehegeschichte Berenikes IV. gezeigt hatte, brauchte eine Frau einen Gemahl, und sei es nur wie eine Ballerina in einem Pas de deux von Balanchine einen Partner als Beiwerk, weniger als Unterstützung. Mit Kaisarion – kleiner Caesar, wie die Alexandriner Ptolemaios XV. Caesar nannten – auf dem Schoß, hatte Kleopatra keine Schwierigkeiten, als Königin zu regieren.[7] Bevor er überhaupt die ersten Worte plappern konnte, vollbrachte Kaisarion bereits eine Meisterleistung. Er machte seinen schwachen Onkel völlig irrelevant. Ob Ptolemaios XIV. das nun begriff oder nicht, seine ältere Schwester hatte damit sowohl die Kontrolle über die Symbolik als auch über die Herrschaft des Landes in die Hand bekommen.

Vor allem Kleopatras Timing war optimal. Sie scheint überhaupt Unterstützung oder großes Glück dabei gehabt zu haben, stets dann Kinder zur Welt zu bringen, wenn es ihr den größten Vorteil bot. Kaisarions Geburt fiel fast exakt mit dem sommerlichen Hochwasser des Nils zusammen, das psychologisch, symbolisch und finanziell die Jahreszeit des Überflusses einleitete.[8] Aus täglicher Erwartung wurde Jubel, als der Nil sich trübte, eine moosgrüne Farbe annahm und dann von Süden nach Norden ständig anschwoll. Korb auf Korb füllte sich mit Weintrauben, Feigen und Melonen. Honig floss reichlich. Kleopatra beging zu dieser Zeit das jährliche Fest der Isis, ein wichtiges Ereignis im ägyptischen Kalender mit bedeutenden Zeremonien. Das Ansteigen des Flusses wurde den Tränen der allmächtigen Göttin zugeschrieben. Kleopatras Untertanen brachten ihr (pflichtgemäß) zu diesem Fest Geschenke, was regelmäßig einen heftigen Wettstreit unter ihren Höflingen auslöste. Aus allen Teilen Ägyptens trafen mit Früchten und Blumen überladene Boote im Palast ein.[9] Kaisarions Geburt bekräftigte Kleopatras enge Bindung an Isis. Dabei folgte Kleopatra nur dem Beispiel ihrer berühmtesten Vorfahren, die sich bereits zweihundertfünfzig Jahre zuvor mit der altägyptischen Göttin identifiziert hatten.[10] In einem Zeitalter voller Sehnsüchte galt sie als die größte Göttin des Tages. Ihr wurden nahezu unbegrenzte Kräfte zugeschrieben: Isis hatte (das ägyptische und griechische) Alphabet erfunden, die Erde vom Himmel getrennt, Sonne und Mond auf ihre Bahn gebracht. Hart, aber auch barmherzig schuf sie Ordnung aus dem Chaos. Zart und tröstend, war sie zugleich auch Herrin über Krieg, Blitze und das Meer. Sie konnte Kranke heilen und Tote zum Leben erwecken. Sie schützte Liebende, stiftete Ehen, regelte Schwangerschaften, inspirierte Kinder zur Elternliebe, war dem Familienglück hold. Sie spendete Gnade, Rettung und Erlösung. Sie ist die umfassende Mutter Erde und zugleich – wie die meisten Mütter – auch eine Art schlaue, zu allem fähige Zauberin hinter den Kulissen.

Isis zog beide Anhängerschaften Kleopatras an, weil sie eine flexible Verschmelzung der beiden Kulturen anbot. In einem Land, wo viele Menschen einen griechischen und einen ägyptischen Namen trugen, wirkte die Göttin als Symbolfigur des Staates und als religiöse Ikone. Demeter, Athene, Hera und Aphrodite fanden sich in ihr vereint. Alexandria war von ihren Tempeln übersät, ihre Tonfigur schmückte die meisten Wohnstätten. Als starke Frau mit einer ausgeprägt sinnlichen Aura mochte man sie im Ausland weniger. Die mächtige Zauberin hatte bereits die eher kriegerische Welt von Rom, wohin Händler aus Alexandria ihren Kult mitgebracht hatten, in Verwirrung gestürzt. Caesar persönlich hatte Isispriestern verboten, Rom zu betreten. Bereits im Jahr 80 v. Chr. stand auf dem Kapitolhügel von Rom ein Isistempel. Er wurde zerstört und wieder aufgebaut, was sich zu Kleopatras Lebenszeit noch mehrfach wiederholen sollte. Isis' Beliebtheit war so groß, dass im Jahr 50 kein Handwerker die Axt heben wollte, als die Anordnung erging, ihre Tempel einzureißen. Ein Konsul sah sich gezwungen, seine Toga abzulegen und die ersten Schläge selbst zu führen.[11]

Es ist schwer zu sagen, was zuerst kam – ob Isis für die hohe Stellung der Frauen in Ägypten verantwortlich ist oder ob die Königinnen der Ptolemäer die Rolle der Göttin stärkten.*[12] Isis führte die Gleichstellung der Geschlechter ein. Nach einigen Berichten verleiht Isis den Frauen die gleiche Stärke wie den Männern. Auf jeden Fall war sie ein Segen für Kleopatra. Zur Feier von Kaisarions Geburt befahl die junge Mutter Münzen zu prägen, auf denen er als Horus, Isis' Sohn, dargestellt ist. (Die Symbolik wurde praktischerweise beiden Kulturen gerecht. Es konnte ebenso gut Aphrodite mit Eros sein.) Die weitere Entwicklung sollte Kleopatras Identifikation mit Isis nur noch verstärken. Sie nahm deren Rolle umfassender und buchstäblicher an als alle früheren Ptolemäer. Bei Zeremonien schlüpfte sie in das Gewand der Göttin. Sie erschien dann in einem bodenlangen, aus irisierenden Streifen fein geflochtenen und am Saum mit Fransen besetzten Leinenmantel, der von der rechten Hüfte bis zur linken Schulter fest anlag und zwischen den Brüsten verknotet wurde. Darunter trug sie den Chiton, das bequeme griechische Unterkleid. Korkenzieherlocken umspielten ihren Nacken. Auf dem Kopf trug sie ein Diadem oder bei religiösen Anlässen die traditionelle Pharaokrone aus Federn, einer Sonnenscheibe und Rinderhörnern.[13] Siebenundvierzig Jahre später

* In bekannter, aber nicht korrekter Weise machte ein Historiker aus Kleopatras Zeit Isis für die auf dem Kopf stehende gesellschaftliche Hierarchie Ägyptens verantwortlich. Mit Bezug auf deren große Weisheit, so behauptet Diodor, hätten die Ägypter festgelegt, dass »die Königin größere Macht haben und Ehre genießen soll als der König, dass im privaten Leben die Frau die Befehlsgewalt über den Mann ausüben soll und die Männer im Ehevertrag zustimmen, ihren Frauen in allen Dingen gehorsam zu sein«.

sollte die wandelbare Isis ihren Platz einer ganz anderen Muttergestalt abtreten, die sich ihrer Symbolik vollständig bemächtigt hatte.

Die Mutterschaft stärkte nicht nur Kleopatras Autorität – zu ihrer Zeit war die ägyptische Königin mehr Mutter Erde als Femme fatale –, sondern festigte auch ihre Verbindung zu den ägyptischen Priestern, denen sie bedeutende Privilegien gewährte. Damit setzte sie das Werk ihres Vaters fort. Sogar im Ausland hatte er sich als erfolgreicher Erbauer von Tempeln Verdienste erworben und sein Verhältnis zum ägyptischen Klerus gepflegt. Der war entscheidend, um Ordnung unter der einheimischen Bevölkerung zu halten, und daher eng in die Maßnahmen des Staates eingebunden. Da die Tempel im Zentrum sowohl des religiösen als auch des wirtschaftlichen Lebens standen, kam es zu einer gegenseitigen Durchdringung der griechischen Bürokratie mit der ägyptischen Hierarchie. Der Finanzminister war zugleich für die Versorgung der heiligen Tiere mit Nahrung verantwortlich. Der mit den Einnahmen für besondere Gelegenheiten befasste Priester konnte auch als Schiffhändler tätig werden. Männer mit gewichtigen Titeln im Tempel von Memphis hatten solche ebenso in der Welt des Handels inne und nahmen privilegierte Stellungen an Kleopatras Hof ein. Es bildete sich ein symbiotisches Verhältnis heraus: Die Pharaonin als Göttin auf Erden brauchten die Priester im theologischen Sinne ebenso, wie Kleopatra die Priester im wirtschaftlichen und politischen Bereich benötigte. Priester fungierten als Anwälte und Notare, die Tempel als Verarbeitungsorte, kulturelle Einrichtungen und Zentren des Wirtschaftslebens. Man ging in einen Tempel, um einen Vertrag zu schließen, einen Arzt aufzusuchen oder sich einen Sack Getreide zu leihen. Ein Tempel konnte in seinen Mauern Zuflucht bieten.[14] Dieses Recht verlieh Kleopatra im Jahr 46 an einen Isisschrein und gegen Ende ihrer Herrschaftszeit an eine Synagoge im südlichen Teil des Deltas.[15] (Das kann ihr Teil einer Abmachung gewesen sein. Die Juden der Region waren gute Soldaten, und Kleopatra brauchte damals eine Armee.) Grundsätzlich konnte niemand, der in einem Tempel Asyl gefunden hatte, vertrieben oder verschleppt werden. Dorthin zog man sich zurück, wenn man die Frechheit besessen hatte, einen Streik zu organisieren. Die Tempel verliehen Geld, gelegentlich sogar an die Ptolemäer.

Die Priester hatten auch die Aufgabe, den Nil genauestens zu beobachten, mit dem Ägyptens Schicksal aufs Engste verbunden war.[16] Der Fluss konnte märchenhafte Reichtümer bescheren oder beträchtliche Zerstörungen anrichten. Ein Hochwasser um acht Meter über Normal löste Verzweiflung aus. Bei sieben Metern gab es Jubelgeschrei. Bei sechs Metern blieb der blaugraue Schlamm an den Ufern haften und breitete sich nicht über das Land aus, was auf Probleme hindeutete. So war es im Jahr zuvor gewesen, als der Nil genauso aus den Fugen geraten zu sein schien wie die Zeit. Bei ihrer geheimen Rückkehr nach Alexandria hatte Kleopatra feststellen müssen, dass das Hochwasser von 48 ein Desaster war. Am Ende maß es nur noch etwas über zwei Meter, der niedrigste Wert seit Aufzeichnung der Wasserstände. (Die Dürre brachte die ägyptische Wirtschaft zum Stillstand, was einer der Gründe war, weshalb in jenem Herbst so leicht Rekruten gegen die Römer zu mobilisieren waren.) Der Fluss diktierte sowohl intime Familienbeziehungen als auch die nationale Politik. Ein Sohn unterzeichnete eine Abmachung mit seiner Mutter: Er hatte sie so lange mit bestimmten Mengen von Weizen, Öl und Salz zu beliefern, bis der Fluss unter einen bestimmten Wasserstand fiel, wonach sie ihm den Haushalt zu führen hatte. Viele Tempel besaßen Messsäulen, die die Priester unter strenger Geheimhaltung äußerst gewissenhaft ablasen. Die Ergebnisse verglichen sie täglich mit jenen der Vorjahre. Das war die Grundlage, auf der Kleopatras Beamte die Ernte schätzten und die Steuern berechneten. Bei dieser Mess- und Vergleichswut ist es kein Wunder, dass die Geometrie in Ägypten einen so hohen Stand erreichte.

Die Fixierung auf frühere Leistungen traf auch auf die Geschichte zu, obwohl es in dieser Disziplin weniger exakt zuging. Die Ernährung des Volkes genoss höchste Priorität, worauf Kleopatra stolz war. Sie stellte sich aus gutem Grund als Herrin des Überflusses dar, denn sie schützte ihre Untertanen vor Hunger. Angesichts der Strenge des Systems konnten diese kaum Reserven anlegen. Zu Krisenzeiten blieb Kleopatra daher nichts anderes übrig, als Verteilung aus den Lagerhäusern der Krone anzuordnen. »In meiner Regierungszeit gab es keine Hungersnot« – wenn ein Monarch diesen Satz in seinen oder ihren Tempel schreiben konnte, dann brachte ihm das Beliebtheit und Dankbarkeit ein.[17] Propaganda diente jedoch schon in der Antike demselben Zweck wie in unserer Zeit. Zwischen dieser positiven Behauptung und der Ernährungsrealität bestand oft kaum ein Zusammenhang, wenn sie nicht sogar völlig divergierten.

Mitte des Jahres 47 hatte sich Kleopatra aller gegen sie konspirierenden Hofbeamten und ihr feindlich gesinnten Familienmitglieder entledigt. Die Unruhen in der Bevölkerung waren auf ein Minimum zurückgegangen. Trotzdem hatte sie alle Hände voll zu tun. »Jeder, der die ermüdende Arbeit kennt, die von Königen verlangt wird, wenn sie alle Briefe lesen oder schreiben sollen, wird sich nicht die Mühe machen, eine Krone auch nur vom Boden aufzuheben«, hatte ein früherer hellenistischer Monarch gestöhnt.[18] Dabei wusste er noch nichts von der üppigen ptolemäischen Bürokratie, dem natürlichen Ergebnis einer auf ihre Verwaltung stolzen, an Papyrus reichen Kultur mit einer geplanten, zentralisierten Wirtschaft und einer unerklärlichen Leidenschaft für Berichte und Erhebungen. Der griechische Historiker Diodor beschrieb den Tagesablauf einer anderen Herrscherin des ersten Jahrhunderts, der im Grunde auch auf Kleopatra zutreffen konnte. Nach dem Wecken ging sie Bündel von Nachrichten aus allen Bereichen durch. Ihre Berater informierten sie über Staatsgeschäfte. Sie korrespondierte mit Hohepriestern und anderen Souveränen. Wenn es ihnen gut ging, wenn ihre öffentlichen und privaten Angelegenheiten sich befriedigend entwickelten, dann – so lautete die offizielle Grußformel – gehe es auch ihr gut.[19] Sie fällte Entscheidungen. Sie diktierte verschiedenen Schreibern Denkschriften und zeichnete andere mit einem einzigen folgenreichen Wort im Sinn von »durchführen« ab. Erst dann wurde sie gebadet und angekleidet, parfümiert und zurechtgemacht, wonach sie den Göttern Rauchopfer darbrachte. Zu einer festgesetzten Stunde am Nachmittag empfing sie Besucher in Staats-, Tempel- und Justizangelegenheiten. Solche Audienzen konnten lähmend sein; ein früherer Ptolemäer war dabei eingeschlafen.[20] Kleopatras Pflichten kamen denen der Göttin Isis sehr nahe: Sie übte nicht nur Justiz aus, befehligte Armee und Flotte, lenkte die Wirtschaft, verhandelte mit ausländischen Mächten und stand den Tempeln vor, sondern legte auch die Preise für Rohstoffe fest, überwachte Aussaatpläne, die Verteilung von Saatgut, den Zustand der Kanäle Ägyptens und die Lebensmittelversorgung. Sie war Richterin, Hohepriesterin, Königin und Göttin in einer Person. Und im Tagesgeschäft war sie viel häufiger auch die Verwaltungschefin des Landes. Sie leitete die säkulare und religiöse Bürokratie. Sie lenkte den ägyptischen Handel. Die Vielfalt der Staatsgeschäfte füllte den größten Teil ihres Tages aus.[21] Und wie jener müde hellenistische Monarch bekannt hatte, verschlang absolute Macht den Menschen mit Haut und Haaren.

Kleopatra unterstand eine riesige, alteingesessene Bürokratie. Auf der lokalen Ebene wirkten regionale Beamte und Unterbeamte, Dorfälteste, Schreiber, Steuereintreiber und Polizisten. Auf der nationalen Ebene überwachten ein Chefminister für Finanzen und einer für Inneres, ihre *Dioiketes*, mit einer großen Schar Untergebener das Funktionieren des Staates. In ihrer unmittelbaren Umgebung beschäftigte Kleopatra persönliche Sekretäre, Memorandenschreiber, einen engen Kreis von Beratern, Außenminister und Philosophen. Diese privilegierten Ämter mit wohlklingenden Titeln waren mit Griechen oder Griechisch sprechenden Ägyptern besetzt. Wer besonders mächtig war, gehörte dem Orden der Ersten Freunde oder dem Orden der Nachfolger an. Einige Berater waren Kleopatra seit ihrer Kindheit bekannt und vertraut. Sie hatte sie von ihrem Vater übernommen. Mit mehreren, zum Beispiel den

Dioiketes, stand sie in ständigem Kontakt. Das offizielle Tagebuch ihres Sekretärs ging sie jeden Tag durch.

Die Verwaltung war ein schwerfälliger, kompliziert aufgebauter Apparat. Er gründete sich auf zwei Voraussetzungen: Kleopatras Rolle war es, dem Volk Steuern aufzuerlegen, und die des Volkes, ihre Kassen zu füllen. Zu diesem Zweck hatten ihre Vorgänger auf jeder Ebene jedes Gewerbes Kontrollen eingebaut. Ein dichteres Netz von Regierungsbürokratie war nirgendwo zu finden. (Caesar hätte sich darüber sehr gewundert, denn Rom war zu jener Zeit frei von Bürokratie.) Kleopatras Ernten waren die reichsten im ganzen Mittelmeerraum. Damit ernährte sie ihr Volk, und daraus bezog sie ihre Macht. Daher wurden sie von ihren Beamten auch in jeder Hinsicht überwacht. Die verteilten das Saatgut. Der entsprechende Ertrag musste dann zur Erntezeit abgeliefert werden. Der Bauer schwor einen königlichen Eid darauf, was er mit dem Saatgut anfing. Sein Boot wurde nur gefüllt, nachdem er gelobt hatte, seine Ware »unverfälscht und ohne Verspätung« zu liefern.[22] Als Folge jahrzehntelanger Unruhen fuhren die Schiffe mit versiegelter Ladung und von bewaffneten Wachen begleitet. Ein großer Lastkahn der Ptolemäerzeit fasste dreihundert Tonnen Getreide. Mindestens zwei derartige Schiffe trafen täglich mit Weizen, Gerste oder Linsen allein für die Versorgung von Alexandria ein.

Der gleichen pedantischen Aufsicht wurden alle Wirtschaftsbereiche unterstellt. Das System der Ptolemäer ist mit Sowjetrussland verglichen worden; Ägypten verfügte über eine der am strengsten kontrollierten Wirtschaften in der Geschichte. Gleichgültig, wer das Land bearbeitete, ob ein ägyptischer Bauer, ein griechischer Siedler oder ein Tempelpriester – es gehörte fast immer der Krone. Daher bestimmten und überwachten Kleopatras Beamte dessen Nutzung. Nur mit Genehmigung der Regierung durfte man einen Baum fällen, Schweine züchten oder aus einem Gerstenfeld einen Olivenhain machen. Alles war genauestens auf die Erfordernisse des Berichte schreibenden und die Erträge überwachenden Bürokraten, nicht auf die Bedürfnisse des Bauern oder der angebauten

Kultur ausgerichtet. Man wurde bestraft, wenn man Palmen ohne Genehmigung pflanzte, wie es einer übermäßig unternehmungslustigen Frau erging. Ein Imker konnte seine Bienenstöcke nicht einfach aus einem Verwaltungsbezirk in einen anderen versetzen, weil das die Behörden irritierte. Während der Erntezeit durfte niemand das Dorf verlassen. Auch das Vieh nicht. Alles Land wurde überwacht, der gesamte Viehbestand war erfasst, was stets bei Hochwasser geschah, da er dann nicht versteckt werden konnte. Die Webstühle wurden kontrolliert, um sicherzugehen, dass keiner ungenutzt herumstand und die Fadenzahl stimmte. Eine Privatperson durfte keine Ölpresse oder ähnliche Gerätschaften besitzen. Beamte verbrachten einen beträchtlichen Teil ihrer Zeit damit, illegale Ölmühlen zu schließen. (Von dieser Regel waren nur die Tempel für zwei Monate im Jahr ausgenommen. Danach wurden auch ihre Ölmühlen stillgelegt.) Der Brauer durfte nur mit einer staatlichen Genehmigung arbeiten und erhielt seine Gerste, wenn er versprach, daraus Bier herzustellen. Wenn er sein Produkt verkauft hatte, übergab er seinen Gewinn der Krone, die davon die Kosten für den Rohstoff und die Pacht abzog. Damit sicherte sich Kleopatra sowohl einen Markt für ihre Gerste als auch einen Gewinn von den Einnahmen des Brauers. Ihre Beamten führten über alle Einkünfte sorgfältig Buch. Sie kontrollierten, dass Maulbeerbäume, Weiden und Akazien zur rechten Zeit gepflanzt, dass jeder Kanal in Ordnung gehalten wurde. Dabei hielt man sie regelmäßig dazu an, in ganz Ägypten die beruhigende Botschaft zu verbreiten, dass »niemand tun darf, was er will, aber alles zum Besten geregelt ist«[23].

In dieser Kompliziertheit ohnegleichen war das System äußerst wirksam und für Kleopatra höchst lukrativ. Auf die wichtigsten Waren Ägyptens – Weizen, Glas, Papyrus, Leinen, Öle und Salben – besaß die Krone das Monopol. Davon profitierte Kleopatra doppelt. Der Verkauf von Öl an den Staat wurde mit einer Steuer von fast fünfzig Prozent belegt. Kleopatra verkaufte das Öl dann mit Gewinn, der in manchen Fällen bis zu dreihundert Prozent betrug. Kleopatras Untertanen zahlten eine Salzsteuer, eine Deichsteuer und eine Weidesteuer. Wenn ein Objekt einen Namen trug, dann wurde es auch besteuert. Die Besitzer von privaten Badehäusern hatten ein Drittel ihrer Einkünfte an den Staat abzuführen. Berufsfischer lieferten fünfundzwanzig Prozent ihres Fangs, Winzer sechzehn Prozent ihrer Ernte ab. Kleopatra betrieb mehrere eigene Woll- und Textilfabriken, in denen Sklavinnen arbeiteten. Die Königin in ihrer Allwissenheit muss ihrem Volk gottgleich erschienen sein. Ein Ptolemäer »war jeden Tag darüber informiert, wie hoch das Vermögen aller seiner Untertanen war und womit sich die meisten von ihnen beschäftigten«[24].

Dieses System forderte Missbrauch geradezu heraus. Im ptolemäischen Steuerwesen war eine riesige Hierarchie von Menschen tätig – von den *Dioiketes* über die Verwalter, Unterverwalter und Schatzmeister bis hin zu Sekretären und Buchhaltern. Jeder stand bereit, Konflikte zu schlichten und dabei auch an sich selbst zu denken. Gelegenheiten für Verfehlungen gab es ohne Zahl. Ihre Spuren haben die Pracht von Alexandria überlebt, eine Pracht, die der Apparat der Ptolemäer erst möglich machte. Am Ende riefen Kleopatras Beamte ebenso viel Unmut hervor, wie sie erfolgreich agierten. Da sie selbst oft auch Bauern oder Handwerker waren, gingen private und öffentliche Geschäftsinteressen leicht ineinander über. Jene der Produzenten und der Krone stimmten nicht überein. Und jene der Regierung und ihrer Steuereintreiber klafften weit auseinander, auch wenn Letztere jederzeit bereit waren, auf ein Kissen, einen Topf Honig oder einen Badeanzug aus Ziegenleder eine Abgabe aufzuschlagen. Die Beamten der verschiedenen Ebenen stritten miteinander. Und im Gewirr der sich überlappenden, nutzlosen Bürokratie wurden persönliche Gelegenheiten selten ungenutzt gelassen. Die Historikerin der Ptolemäerzeit Dorothy Thompson hat darauf hingewiesen, dass Kleopatras Familie viel Zeit darauf verwandte, den guten Beamten zu definieren. Er sollte aufmerksam, ehrlich und ein Muster an gutem Willen sein. Er sollte sich von zweifelhafter Gesellschaft fernhalten. Er hatte alle Klagen zu untersuchen, sich vor Erpressung zu hüten, auf seinen Inspektionsreisen »die Leute aufzumuntern und die Stimmung zu heben«[25]. Dieser Beamtentyp war weitgehend eine Fiktion. »Wir können daraus schließen, dass es unserem guten Beamten nahezu unmöglich war, nicht schlecht zu sein«, versichert Thompson nach Untersuchung des Materials.[26] Die Versuchung war zu groß, die Bezahlung niedrig oder nicht existent, das System zu starr.[*27]

Die Liste der Übergriffe war beeindruckend. Königliche Beamte eigneten sich Land an, beschlagnahmten Häuser, unterschlugen Geld, konfiszierten Schiffe, nahmen willkürliche Verhaftungen vor, erhoben illegale Steuern. Sie ersannen ausgeklügelte Erpressungssysteme. Damit plünderten sie Griechen und Ägypter, Tempelbedienstete und Bauern gleichermaßen aus.[28] Kleopatra stellte sich regelmäßig zwischen ihr Volk und ihre übereifrigen Beamten. Selbst solche auf höchsten Posten wurden von der Königin gemaßregelt. Einmal beklagte sich der oberste Salber der heiligen Stiere, der ebenfalls belästigt worden war. Im Frühjahr 41 erschien eine Abordnung von Bauern vor Kleopatra, um gegen Doppelbesteuerung zu protestieren. Sie hob diese für die Zukunft auf. In der Flut von Papyri – Berichten, Petitionen, Instruktionen und Anweisungen – fanden sich häufig Proteste und darauf folgende Verweise. Besonders in den ersten Jahren von Kleopatras Herrschaft ging eine große Zahl von Beschwerden ein. Insubordination, mangelnde Kompetenz und Unaufrichtigkeit gab es auch im Palast in ihrer unmittelbaren Umgebung unter Türwächtern, Jägern, Stallmeistern, Mundschenken, Schneiderinnen und Kammerfrauen.

Auch Klagen, die sie nicht persönlich erreichten, appellierten

* Die einzige Ausnahme soll die Polizei gewesen sein. Zwar mit Griechen auf den höheren und Ägyptern auf den niederen Ebenen besetzt, war sie eine egalitäre, ungewöhnlich effiziente und zugängliche Kraft, die zuweilen auch Beamte zurechtwies. Sie nahm das Recht ernst. Sie arbeitete mehr oder weniger selbstständig und bewahrte die Ptolemäer fürsorglich davor, sich mit »gestohlenen Eseln und Überfällen auf Großmütter« befassen zu müssen.

an ihren guten Willen, ihre Weisheit und ihren Gerechtigkeitssinn. Wie Isis wurde sie als die gütige Beschützerin ihrer Untertanen in ihrer irdischen und göttlichen Rolle gesehen. Ägypter riefen sie laut an, wenn sie Demütigungen erleiden mussten und Abhilfe erflehten.[29] Obwohl sie zahlreiche Repräsentanten besaß, so zum Beispiel einen Beamten, der die Petitionen durchsah, konnte einen Klageführenden nichts daran hindern, zu Kleopatra persönlich vorzudringen. Das taten diese in hellen Scharen. Bevor sie zur Inspektion oder zur Teilnahme an religiösen Festen durchs Land reiste, erließ die weise Königin eine Generalamnestie. Wenn sie das nicht tat, wurde sie überall von Tausenden Beschwerdeführern belagert. Verbreitet war die Praxis, im Zweifelsfall eine Petition zu schreiben (oder vom Dorfschreiber abfassen zu lassen). Kleopatra wurde mit Vergehen und Melodramen jeglicher Art konfrontiert. Köche liefen davon. Arbeiter organisierten Streiks, verweigerten Zölle, handelten mit unterschlagenen Waren. Wachmänner wurden nicht entlohnt. Prostituierte bespuckten Freier. Frauen attackierten die schwangeren Gattinnen ihrer Exehemänner. Regierungsbeamte stahlen Schweine und ließen Taubenhäuser abtransportieren. Banden überfielen Steuereintreiber. Kredite wurden nicht zurückgezahlt. Es gab Grabräuber, Bewässerungsprobleme, nachlässige Schäfer, manipulierte Rechnungen und falsche Verhaftungen. Gäste in Badeanstalten beleidigten regelmäßig die Besitzer und stahlen Kleidung. Ein gebrechlicher Vater klagte über seine nachlässige Tochter.[30] Ein Linsenverkäufer mit Genehmigung und ehrlicher Steuerzahler beschwerte sich darüber, dass Kürbisbrater ihm den Markt wegnähmen: Sie »kommen am Morgen an, lassen sich neben mir und meinen Linsen nieder, bieten ihre Kürbisse feil und nehmen mir die Chance, Linsen zu verkaufen«[31]. Ihm gelang es, bei den Behörden eine zusätzliche Verkaufszeit zu erwirken, damit er seine Pacht bezahlen konnte. Steuerstreitigkeiten nahmen derart zu, dass vor Jahrhunderten bereits Ptolemaios II. es Anwälten verboten hatte, Mandanten in solchen Fällen zu vertreten.[32] Mussten Tempeldiener, die die heiligen Katzen betreuten und daher von körperlicher Arbeit befreit waren, wirklich bei der Ernte helfen? Dagegen reichten sie eine Petition ein.

Regelmäßig begegnete Kleopatra ein anderes Ärgernis. Wenn eine Frau ihren Nachttopf wie zufällig über einem Passanten entleerte, in dem nachfolgenden Streit dessen Mantel zerriss und ihm ins Gesicht spie, dann waren meist ethnische Unterschiede im Spiel. Das traf auch zu, wenn ein Bademeister einen Gast mit einem Krug heißen Wassers begoss und, so klagte der, »mir den Bauch und den linken Oberschenkel bis zum Knie verbrüht hat, dass mein Leben in Gefahr war«[33]. In einem Land, in dem die Verwaltung vorwiegend von Griechen gestellt wurde und die Arbeiter meist Ägypter waren, musste Feindseligkeit unter der Oberfläche schwelen. (Die spuckende Frau und der Bademeister waren Ägypter, ihre Opfer Griechen. Insgesamt lebten knapp 500 000 Griechen im Land, die Mehrheit in Alexandria.) Bei der starken Vermischung und Alexandrias Kosmopolitismus hatte man, wenn man einen Alexandriner ansprach, stets einen Äthiopier oder einen Skythen, einen Libyer oder einen Kilikier vor sich. Zwei Kulturen bestanden nach wie vor nebeneinander. Nirgends zeigte sich das so deutlich wie im Rechtssystem. Ein auf Griechisch abgefasster Vertrag unterlag dem griechischen Recht, einer in ägyptischer Sprache dem ägyptischen. Daher genoss eine Ägypterin Rechte, die eine Griechin nicht besaß, denn Letztere unterstand stets ihrem Beschützer. Vorschriften wurden nach unterschiedlichen Maßstäben angewandt. Ein Ägypter, der von Alexandria ohne Genehmigung auszureisen versuchte, wurde mit dem Einzug eines Drittels seines Vermögens bestraft. Ein Grieche hatte dafür nur eine geringe Strafe zu zahlen. In gewisser Weise blieben die beiden Kulturen voneinander getrennt. Auch bestimmte Gewohnheiten verweigerten sich der Verpflanzung, wie Kleopatra und Caesar feststellen mussten. Ein griechischer Kohl verlor aus unerklärlichen Gründen jeden Geschmack, wenn er auf ägyptischem Boden wuchs.

Zudem war die Wirtschaft, die Auletes seiner Tochter hinterlassen hatte, ruiniert. »Als wir die Republik von unseren Vorgängern erbten, wirkte sie wie ein schönes Gemälde, dessen Farben mit dem Alter verblasst waren«, hatte Cicero einige Jahre zuvor gestöhnt.[34] Das traf umso mehr auf Kleopatras Ägypten zu, das seine besten Tage hinter sich hatte. Auletes verdankte seine Unbeliebtheit größtenteils den drückenden Steuern, die er seinem Volk auferlegte, um den Römern die Rechnung bezahlen zu können. Kleopatra zahlte, stand aber vor leeren Kassen. (Als die Nachricht vom Tod ihres Vaters Rom erreichte, wurde dort als Erstes gefragt: Wer wird Ägypten jetzt regieren? Von wem bekommen wir unser Geld?) In einem Bericht heißt es, dass Auletes auch das gesamte Familienvermögen durchgebracht hatte.[35] Was sollte Kleopatra tun? Sie ging entschlossen vor und wertete erst einmal die Währung um ein Drittel ab. Sie gab keine neuen Goldmünzen aus und senkte auch den Preis des Silbers, wie es ihr Vater kurz vor seinem Tod getan hatte.[36] Ihre Regierungsjahre waren größtenteils eine Bronzezeit. Sie führte die breite Verwendung dieses Metalls wieder ein, die eine Reihe von Jahren brachgelegen hatte. Und sie griff zu einer großen Neuerung: Kleopatra gab in Ägypten Münzen verschiedenen Wertes aus. Zum ersten Mal wurde der Wert auf der Münze eingeprägt. Unabhängig vom Gewicht der Geldstücke musste dieser Wert akzeptiert werden, was ihr großen Nutzen brachte.

Von diesem Punkt an gehen die Urteile über Kleopatras finanzielle Lage auseinander. Als sie später aus Rom um Unterstützung gebeten wurde, griff sie nicht tief in die Staatskasse, was manche als Beweis dafür sehen, dass ihre Finanzen angespannt waren. Sie aber hatte einen triftigen Grund, wenig Entgegenkommen zu zeigen, denn sie wollte nicht als Marionette Roms erscheinen. Es heißt, Auletes habe im Jahr 58 nicht das Geld gehabt, um eine Söldnerarmee aufzustellen, als Zypern ihn seinen Thron kostete. Zehn Jahre später verfügte Kleopatra über die Mittel, als sie kaum zwei Jahre an der Macht war und ihr Bruder einen Putsch gegen sie anzettelte. Sie konsolidierte die Wirtschaft und führte das Land auf einen stabilen Entwicklungsweg. Wie die Zahl ihrer späteren politischen Verehrer zeigt, besaß sie ein bedeutendes Privatvermögen.

Die Dörfer Oberägyptens prosperierten. Auch die Künste blühten auf. Unter Kleopatra schufen die Alexandriner, deren kulturelles Interesse neu erwacht war, Meisterwerke von einer Qualität und Quantität, wie man sie seit hundert Jahren nicht mehr gesehen hatte. Die prächtigen Alabasterreliefs oder das mit Gold verzierte Glas, das sie überlebt hat, deuten nicht gerade auf ein bankrottes Regime hin.

Wie reich war sie persönlich? Etwa die Hälfte dessen, was Ägypten produzierte, gelangte in ihre Schatzkammern. Ihr jährliches Bargeldeinkommen lag wahrscheinlich zwischen 12 000 und 15 000 Silbertalenten. Das war eine astronomische Summe für einen Souverän, in den Worten eines heutigen Historikers »der Gegenwert des Einkommens aller Hedgefonds-Manager vom letzten Jahr zusammengenommen«[37]. (Inflation war ein Problem während des ganzen Jahrhunderts, aber es betraf Kleopatras Silber weniger als ihre Bronzewährung.) Das prunkvollste Begräbnis kostete ein Talent, so viel wie ein König bei einem Trinkgelage im Palast verschwendete. Ein halbes Talent Strafe war für einen ägyptischen Dorfbewohner ruinös. Ein Priester – zu Kleopatras Zeit ein begehrter Posten – verdiente fünfzehn Talente im Jahr: eine fürstliche Summe. Das war die Kaution, die Ptolemaios III. hinterlegt hatte, als er die Originaltexte der Werke von Aischylos, Sophokles und Euripides von Athen »auslieh«. Die Summe war verloren, als er sich entschied, diese unschätzbaren Texte nicht zurückzugeben. Piraten verlangten ein Lösegeld von zwanzig Talenten für den jungen Julius Caesar, der jedoch protestierte, er sei mindestens fünfzig Talente wert. Wenn man zwischen einer Strafe von fünfzig Talenten und einem Gefängnisaufenthalt zu wählen hatte, dann wählte man das Gefängnis. Für zweihundert Talente konnte man einer Angebeteten zwei beeindruckende Denkmäler setzen.[38] Kleopatras Ausgaben waren hoch. Die ersten Jahre stellten wegen des ihr ungünstig gesonnenen Nils eine echte Prüfung dar. Aber selbst nach dem strengsten Urteil, dem des wohlhabendsten Bürgers von Rom, war sie sagenhaft reich. Crassus erklärte, niemand sei wirklich vermögend, wenn er sich nicht leisten könne, eine Armee zu unterhalten.*[39]

Im Bereich der Innenpolitik war Kleopatra außerordentlich erfolgreich. Sie bewältigte die Flut der Petitionen. Sie genoss die Unterstützung des Volkes. In ihrer Herrschaftszeit flauten die Unruhen in Oberägypten ab, wo die Lage bald so entspannt war wie in den letzten hundertfünfzig Jahren nicht mehr. Im Sommer 46 hatte sie allen Grund, ihr Königreich in ruhigem Fahrwasser und seine Produktivität gesichert zu sehen. Der Nil stieg beständig an. An Kammerherren ihres Vertrauens, Marineoffiziere und die Ammen ihres Sohnes gab sie nun Anweisungen besonderen Charakters aus. Die packten Handtücher, Tischgeschirr, Küchengeräte, Lampen, Bettwäsche, Decken und Kissen zusammen. Kleopatra traf Vorbereitungen, um mit dem inzwischen ein Jahr alten Kaisarion und großem Gefolge nach Rom zu reisen.[40] Dem gehörten Sekretäre, Schreiber, Kuriere, Leibwächter sowie ihr Bruder und Ehemann an. Als kluge Ptolemäerin ließ sie keinen Blutsverwandten allein im Land zurück. Ob sie diese Reise aus Gründen des Staates oder des Herzens unternahm, ob sie Caesar seinen kleinen Sohn vorstellen wollte, den er noch nicht kannte, ist unklar. Sie mag auf eine Nachricht von Caesar gewartet haben, der nun schon fast drei Jahre von Rom fort war. Seine Rückkehr aus Nordafrika, wo er verbliebene Anhänger des Pompeius glänzend geschlagen hatte, fiel nahezu mit Kleopatras Ankunft zusammen.[41] Zwei Dinge sind aber glasklar: Sie wäre nicht aus Ägypten abgereist, hätte sie das Land nicht fest unter Kontrolle gehabt. Und sie würde es nicht gewagt haben, einen Fuß nach Rom zu setzen, wäre das nicht Julius Caesars Wunsch gewesen.

* Auf einer heutigen Liste der reichsten Personen der Geschichte nimmt Kleopatra Platz 22 ein – weit nach John D. Rockefeller und Zar Nikolaus II., aber vor Napoleon und J. P. Morgan. Man taxiert den Wert ihres Vermögens auf 95,8 Milliarden Dollar oder das Dreifache von Queen Elizabeth II. Dabei ist es eigentlich unmöglich, Währungen über ganze Zeitalter hinweg exakt umzurechnen.

Kleopatra hat diese erste Überquerung des Mittelmeers gewiss nicht leichten Herzens unternommen. Eine solche Reise war, milde gesagt, riskant.[42] Bei einer ähnlichen Überfahrt sollte Herodes Schiffbruch erleiden. Der jüdisch-römische Historiker Josephus, der so gehässig über Kleopatra schrieb, musste sich einige Jahre später eine ganze Nacht lang im Mittelmeer schwimmend über Wasser halten. Es gibt Hinweise darauf, dass Kleopatra ein Schiff nicht ruhig und gelassen betrat. Sie reiste als Amtsträgerin und Privatperson mit Ärzten und Philosophen, Eunuchen, Beratern, Schneiderinnen, Köchen und dem Betreuungspersonal für Kaisarion an ihrer Seite. Sie führte üppige Geschenke mit: Nilwasser in Krügen, schimmernde Stoffe, Zimt, Teppiche, Alabastertöpfchen mit Parfüm, goldene Trinkbecher, Mosaiken und Leoparden. Sie hatte einen Ruf zu verteidigen und auch sonst allen Grund, den Reichtum Ägyptens zu demonstrieren. In jenem Herbst tauchte die erste Giraffe in Rom auf, eine Sensation. Sie könnte durchaus mit Kleopatra nach Norden gefahren sein. (Dieses unbeschreibliche Wesen, »sah in jeder Hinsicht aus wie ein Kamel«, wenn man von den Flecken, der Höhe, seinen Beinen und seinem langen Hals absah.[43]) Es ist anzunehmen, dass Kleopatra eine seetüchtige Galeere, höchstwahrscheinlich einen schlanken Rahsegler, eine etwa vierzig Meter lange Trireme, für die Überfahrt benutzte, wovon es in ihrer Flotte viele gab. Eine Galeere war ein schnelles Schiff mit einer Mannschaft von etwa hundertsiebzig Ruderern und Raum für eine kleine Gruppe von Passagieren im Heck. Ihre Begleitung und die Geschenke folgten auf weiteren Schiffen.

Wie sie die Überfahrt im Land auch dargestellt haben mag, es war keineswegs eine Vergnügungsreise. Ein hellenistischer Monarch begab sich nur ins Ausland, wenn er dafür triftige Gründe hatte.*[44] Kleopatra stahl sich nicht heimlich aus der Stadt wie ihr

* Für einen guten König war es ratsam, im Land zu bleiben. Die Armen bedauerten seine Abwesenheit, während die Reichen, die verpflichtet waren, ihn zu begleiten, sich wie im Zwangsexil vorkamen.

Vater. Ihre Flottille bot einen außergewöhnlichen Anblick, wie er sich Alexandria seit mindestens einer Generation nicht mehr geboten hatte. Von Unauffälligkeit oder Sparsamkeit keine Spur. Menschenmengen versammelten sich am Ufer, um das Schauspiel zu bestaunen und ihre Königin mit Jubel und Musik, in duftenden Wolken von Weihrauch zu verabschieden. Kleopatra auf ihrem Schiff hörte den Trubel, bis die Gesichter, die schlanken Palmen, die Felsenküste, die Statuen, das goldene Dach des Serapeums und schließlich auch der Leuchtturm außer Sichtweite waren. Es ist unwahrscheinlich, dass Kleopatra dieses Bauwerk aus Kalkstein mit den reflektierenden Spiegeln je von See aus gesehen hatte. Erst nach gut vier Stunden war die massive Statue des Poseidon an seiner Spitze völlig in dem silbrigen Dunst verschwunden.

Vor ihr lag eine Fahrt von etwa 3200 Kilometern. Unter den günstigsten Umständen bedeutete das einen guten Monat auf See. Im schlimmsten Fall konnte die Reise bis zu zehn Wochen dauern. Rom lag in nordwestlicher Richtung von Alexandria, was bedeutete, permanent gegen die meist vorherrschende Windrichtung kreuzen zu müssen. Eine Kriegsgaleere segelte zumeist nicht quer über das Mittelmeer, sondern zuerst nach Osten und Norden und erst dann nach Westen. Die Nacht verbrachte sie in der Regel in einem Hafen. Für Verpflegung war nur wenig Raum vorhanden, und die Mannschaft konnte an Bord weder schlafen noch essen. Dörfer wurden vorab über das Eintreffen einer Flotte informiert. Dann kamen die Bewohner in großer Zahl zum Hafen, brachten Wasser und Lebensmittel. Auf diese beschwerliche Weise fuhr Kleopatra die Küste des östlichen Mittelmeers hinauf und längs des Südufers von Kleinasien, nördlich an Rhodos und Kreta vorbei über das Ionische Meer. Als sie Sizilien passiert hatte, erschien die Apenninen-Halbinsel am Horizont. Kleopatras Schiffe nahmen sicher die Route entlang der Westküste über das sanfte Tyrrhenische Meer, vorbei an zerklüfteten Gestaden, auf denen neu errichtete prächtige Villen auftauchten. Im folgenden Jahrzehnt sollten diese terrassenförmig angelegten Anwesen derart zunehmen, dass sich die Redensart einbürgerte, den Fischen werde es zu eng. Jenseits von Pompeji genoss sie sicherlich den Anblick des geschäftigen Hafens von Puteoli (dem heutigen Pozzuoli), wo die großen Getreideschiffe aus Ägypten anlandeten. Im Hafen opferte sie den Göttern Weihrauch, um ihnen für die sichere Ankunft zu danken. Wenn Isis nicht in den Bug von Kleopatras Schiff geschnitzt war, dann hatte man eine Figur der Göttin der Seefahrt auf Deck aufgestellt. Über einen Steg betrat Kleopatra schließlich europäischen Boden. Von Puteoli reiste sie in einer gepolsterten Sänfte oder einem Wagen drei Tage lang über Land nach Rom. Der Weg führte über Sandwege und Schotterstraßen. Es war eine mühselige Fahrt in Staub und großer Hitze. Kleopatras Reise muss Aufsehen erregt haben. Ein römischer Beamter auf Inspektionsreise war in Kleinasien mit »zwei Kampfwagen, einer Kutsche, einer Sänfte, Pferden, zahlreichen Sklaven, dazu einem Affen auf einem Wägelchen und einer Anzahl Wildesel unterwegs«[45]. Und er war ein Unbekannter. Im Osten kamen Reisegesellschaften von zweihundert Wagen mit Gepäck und mehreren tausend Höflingen durchaus vor.

Am Rand von Rom hingen duftende Wolken von Cassis, Myrrhe und Zimt in der Luft. Bescheidene Grabstätten und gewaltige Mausoleen standen entlang der Straße aufgereiht, dazu Schreine für Merkur, den Schutzheiligen der Reisenden. Wenn sie es nicht schon vorher getan hatten, nahmen Caesars Abgesandte Kleopatra außerhalb der Mauern der Stadt in Empfang und geleiteten sie über eine Holzbrücke zu seinem großen Landgut am Westufer des Tibers. Mit ihrer Unterstützung nahm Kleopatra Quartier am Südosthang des Janiculumhügels, einer feinen Gegend, wenn auch nicht so repräsentativ wie in der Stadt, auf dem Hügel gegenüber. In Caesars Villa war sie von einer stattlichen Sammlung an Malereien und Skulpturen, einem von Kolonnaden gesäumten Hof und dem über einen Kilometer langen, üppig bepflanzten Garten umgeben. Luxuriös für römische Verhältnisse, war das alles für eine ägyptische Königin ziemlich unbedeutend. Dafür genoss sie einen schönen Blick auf die Stadt, die ihr zu Füßen lag. Durch Pinien und Zypressen schaute Kleopatra über das gelbliche Wasser des Tibers auf die Hügel und roten Ziegeldächer von Rom, einer Metropole, die damals zum größten Teil aus einem Gewirr von krummen Gassen mit dicht an dicht stehenden Häusern bestand. Erst kurze Zeit zuvor hatte Rom Alexandria hinsichtlich der Bevölkerungszahl überholt. Im Jahr 46 lebte dort etwa eine Million Menschen. Ansonsten wirkte es eher wie ein Provinznest. In Rom konnte es passieren, dass ein streunender Hund einem eine Menschenhand unter den Frühstückstisch legte oder ein Ochse in den Speiseraum stürmte.[46] Was die Entfernung betraf, so entsprach Kleopatras Reise etwa der vom Hof von Versailles ins Philadelphia des 18. Jahrhunderts. In Alexandria war die ruhmreiche Vergangenheit sehr präsent. Von der ruhmreichen Zukunft Roms konnte man aus Kleopatras Quartier nichts erkennen. Es war immer noch möglich, die Alte mit der Neuen Welt zu verwechseln.

Alles weist darauf hin, dass Kleopatra zurückhaltend auftrat, soweit sie das unter den ungewöhnlichen Umständen überhaupt konnte. »Denn sie war mit ihrem Ehemann in die Stadt gekommen und hatte sich in Caesars Haus niedergelassen, so dass auch er wegen beider in einen schlechten Ruf geriet«, rügte Cassius Dio. Dabei wusste jeder, das Caesar zusammen mit seiner Frau Calpurnia im Zentrum der Stadt nahe dem Forum residierte. Dennoch war Kleopatras Einfluss und der ihres Landes direkt und indirekt stark zu spüren. Nach seiner Rückkehr aus Ägypten hatte Caesar eine Reihe Reformen in Angriff genommen, die eindeutig auf seinem Studium der Neuerungen und der Tradition jenes Landes beruhten. Besonders fiel auf, dass er den römischen Kalender zu reformieren suchte, der im Jahr 46 den Jahreszeiten um drei Monate voraus war. Eine Zeit lang hatte ein Jahr in Rom aus 355 Tagen bestanden, wozu die Behörden in unregelmäßigen Abständen einen weiteren Monat hinzufügten, wenn es gerade in ihre Pläne passte. Dazu Plutarch: »Nur die Priester konnten das exakte Datum sagen, aber sie schoben ganz nach ihrem Gutdünken und ohne Ankündigung einen Schaltmonat ein.«[47] Das Ergebnis war ein großes

Durcheinander. Es kam vor, dass Cicero nicht wusste, in welchem Jahr er gerade lebte. Caesar führte den ägyptischen Kalender ein, der aus zwölf Monaten zu je dreißig Tagen bestand, wozu am Ende des Jahres fünf weitere Tage kamen. Er wurde später als »der einzige intelligente Kalender« gewertet, »den es in der Geschichte der Menschheit je gegeben hat«[48]. Caesar übernahm auch die Teilung von Tag und Nacht in je zwölf Stunden, die er in Alexandria kennengelernt hatte. Generell war Zeit in Rom ein verschwommenerer und flexiblerer Begriff, was zu ständigen Debatten führte.*[49] Kleopatras Astronomen und Mathematiker halfen Caesar bei seiner Reform. Das Ergebnis war eine kühne Korrektur im Jahr 46, »dem letzten Jahr des konfusen Rechnens«, das 445 Tage umfasste. Die zusätzlichen Wochen wurden zwischen November und Dezember eingeschoben.

Die ägyptische Episode hatte Caesar stark beeinflusst. In den folgenden achtzehn Monaten ging es um die Frage, in welchem Maß das geschehen war. Seine Bewunderung für Kleopatras Königreich ist klar an seinen Reformen abzulesen. Er legte den Grundstein für eine öffentliche Bibliothek, in der die Werke der griechischen und lateinischen Literatur der Allgemeinheit zugänglich gemacht werden sollten. Er beauftragte einen herausragenden Gelehrten – einen von jenen, die der Feldherr in der Schlacht nicht nur einmal, sondern zweimal verschont hatte –, eine solche Sammlung aufzubauen. Die Neigung der Alexandriner zum Rechnungswesen wirkte ansteckend: Caesar gab eine offizielle Volkszählung in Auftrag. (Dabei sollte sich herausstellen, dass seine Auseinandersetzung mit Pompeius die Stadt schwer geprüft hatte. Durch den Bürgerkrieg war die Bevölkerung von Rom stark dezimiert.) Die komplizierten Schleusen- und Deichanlagen Ägyptens hatten ihn tief beeindruckt. Caesar schlug vor, die ungesunden Sümpfe Mittelitaliens trockenzulegen, um gutes Ackerland zu gewinnen.

* Dazu bemerkte Seneca: »Es ist einfacher, dass zwei Philosophen übereinstimmen als zwei Uhren.«

Warum sollte man nicht einen Kanal von der Adria bis zum Tiber graben, um den Handel zu fördern? Caesar plante, den Hafen von Ostia auszubauen, der wenig Bedeutung besaß, weil Felsen und Untiefen die Einfahrt behinderten. Eine Mole im Stil von Alexandria sollte die Stadt für große Flotten öffnen. Caesar bot Gelehrten und Medizinern an, Bürger von Rom zu werden, »damit es für sie wünschenswert wird, in der Stadt zu leben, und sie auch andere dazu bewegen«[50]. Er regte an, einige unbedeutende Skulpturen aus dem Stadtbild zu entfernen, das sich im Vergleich zu Alexandria recht schäbig ausnahm. Wer einmal mit dem ptolemäischen Ägypten in Kontakt gekommen war, ließ sich von dessen Extravaganz anstecken. Wie Kleopatra selbst waren nicht alle Importe Caesars willkommen oder logisch. Unmittelbar nach Kleopatras Ankunft übernahm er den Kult des Dionysos, eines Griechen von noch dubioserer Herkunft und zweifelhafteren Gewohnheiten als die steinreiche ägyptische Königin. Auf fast allen Gebieten entwickelte Caesar heftige Aktivitäten und demonstrierte damit die nahezu manische Arbeitswut, die ihn seit Jahren von seinen Rivalen unterschied.

Nirgends war der Einfluss des Ostens so sehr zu spüren wie bei Caesars Siegesfeiern Ende September.[51] Ein römischer General kannte nichts Herrlicheres als aufwendige Festlichkeiten zur Erhöhung seiner selbst. Und Caesar hatte besonderen Grund, diese noch weiter zu steigern. Lange Zeit war Rom wegen endloser Kriege und seiner ausgedehnten Abwesenheit unruhig und unsicher gewesen. Was gab es da Besseres, als es mit beispiellosen elf Tagen öffentlicher Vergnügungen zu beruhigen? In solchen Zeiten wurde ein General zum Impresario. Bei der Lobpreisung seiner Eroberung von Gallien, Alexandria, Pontos, Afrika und Spanien übertraf Caesar sich selbst, wobei er bewusst oder unbewusst mit den Inszenierungen wetteiferte, die er in Alexandria erlebt hatte. Nach umfangreichen Vorbereitungen und mehreren enttäuschenden Verzögerungen begannen die Feiern am 21. September 46. Sie hielten bis in die ersten Oktobertage an. Rom füllte sich mit lärmenden Schaulustigen, von denen nur ein Teil untergebracht werden konnte. Viele schlugen ihre Zelte in Straßen und Gassen auf. In Scharen zogen sie zu den Festen, Paraden und Belustigungen. Manche wurden in dem Durcheinander zu Tode getrampelt. Tempel und Straßen wurden geschmückt, provisorische Stadien errichtet, Rennbahnen erweitert. Glanz und Gloria hatte es in Rom stets gegeben, aber noch nie zuvor hatten vierzig Elefanten, brennende Fackeln im Rüssel, einen General am Ende tagelanger Feste nach Hause geleitet, einen langen Zug von Feiernden und Musikanten im Schlepptau. Nie zuvor hatte Rom Gelage mit Delikatessen und bestem Wein für 66 000 Menschen erlebt.

Kleopatra mag am Ende des Sommers bereits in Caesars Villa gewohnt haben, als er seines Sieges in Ägypten gedachte. Trompeten verkündeten an jenem Morgen seine Ankunft. Mit einer purpurfarbenen Tunika angetan, einen Lorbeerkranz auf dem kahlen Haupt, fuhr er in einem von vier Schimmeln gezogenen Kampfwagen durch das Stadttor ein. Die Menge grüßte ihn mit donnerndem Beifall und streute Rosenblätter auf seinen Weg. Seine jubelnden Krieger begleiteten ihn in metallbesetzten Gewändern, grölten Siegeslieder oder brüllten Obszönitäten über ihre romantischen Eroberungen in der Fremde. Dabei kam Kleopatras Name als Pointe vor, was Caesar keineswegs unterband. Traditionell gehörte zu einem Siegeszug die Präsentation der Beute und der Besiegten. Vom Marsfeld im Norden, über die Via Sacra und den Circus Maximus bis hinauf zum Kapitolhügel wurden Nachbildungen von Achillas und Potheinos sowie riesige Gemälde vom Nil und ein Modell des Leuchtturms von Alexandria mitgeführt. Die Menge johlte vor Vergnügen. Die Schiffe der ägyptischen Flotte waren mit glänzendem Schildpatt belegt, ein Material, das für Rom neu war und Caesars Ruhm, was die eroberten Reichtümer betraf, mehrte. Zu jedem Siegeszug gehörten Festessen und öffentliche Veranstaltungen wie Sportwettkämpfe, Theateraufführungen, Pferderennen, Musikwettbewerbe, Tierschauen, Zirkusvorstellungen und Gladiatorenkämpfe in der ganzen Stadt. Drei Wochen lang war Rom ein

Paradies für Diebe, da sich viele Häuser während des Spektakels leerten. Auf die Feier des Siegs über Ägypten folgte eine improvisierte Schiffsschlacht, wofür eigens ein künstlicher See angelegt wurde. Daran waren über tausend Ruderer und einige der erbeuteten ägyptischen Schiffe beteiligt, die, so will uns Sueton glauben machen, Caesar dafür eigens über das Mittelmeer hatte herbeischaffen lassen.

Sicher musste Kleopatra nicht anwesend sein, als Caesar dem Volk die Reichtümer vorführte, auf die Rom nun im Ausland Zugriff hatte – eine ausgezeichnete Erklärung für sein ägyptisches Intermezzo. Die Menschen jubelten über seine Großzügigkeit, die im Grunde genommen die ihre war. Caesars Soldaten und Offiziere sahen sehr gut aus. Caesar schenkte jedem Bürger Roms vierhundert Sesterzen, das Äquivalent von über drei Monatslöhnen, dazu Weizen- und Ölspenden. Kleopatra wollte auch deswegen nicht bei dem Triumph über Ägypten anwesend sein, weil sich dann herausgestellt hätte, dass sie nicht die einzige Ptolemäerin in Rom war. Denn jeder Siegesmarsch endete mit der Vorführung zahlreicher Gefangener. (So wichtig waren sie, dass Pompeius sich bei einer derartigen früheren Gelegenheit gar Gefangene ausgeliehen hatte, die ihm gar nicht gehörten. An deren Anzahl wurde der Erfolg des Feldherrn gemessen.) Je exotischer die Gefangenen, desto besser. Bei Caesars Siegesmarsch zum Afrikafeldzug, dem letzten des Jahres 46, wurde ein fünf Jahre alter afrikanischer Prinz mitgeführt, der später, was nie jemand erwartet hätte, Kleopatras Tochter heiraten sollte.*[52] Beim Siegesmarsch zum Ägyptenfeldzug führte Caesar eine weitere Neuheit ein, die die Römer allerdings weniger begeisterte als der winzige afrikanische Prinz oder der exotische »Kameleopard«. Kleopatras minderjährige Schwester Arsinoe

* Plutarch hielt den künftigen König Juba für den »glücklichsten Gefangenen, der je gemacht wurde«, denn das Schicksal hatte ihn aus seinem »barbarischen« Land nach Rom gebracht, wo er Bildung erhielt. Aus ihm wurde ein hervorragender Historiker, der über zahlreiche Themen von der römischen Antike über Mythologie bis zum Verhalten von Elefanten schrieb.

wurde in goldenen Ketten durch die Straßen gefahren. Ihr folgten die Beute und die Gefangenen aus Ägypten. Statt die Menge zu beeindrucken, löste das Unmut aus. Arsinoes Erscheinung war zuviel für die Leute, die, so berichtet Cassius Dio, den Anblick »einer Frau, gar einer ehemaligen Königin, in Ketten« nicht gewohnt waren, denn »ein derartiges Schauspiel hatte es zumindest in Rom bisher noch nie gegeben«[53]. Ehrfurcht schlug in Mitleid um. Manche Zuschauer vergossen Tränen. Arsinoe erinnerte sie an die Menschenverluste im Krieg, die fast jede Familie erlitten hatte. Mochte Kleopatra auch kein Mitleid mit ihrer Schwester empfinden, mochte sie Caesars Sieg auch als einen über ein früheres Regime deuten, so hatte sie doch von diesem brutalen Hinweis auf Ägyptens Unterwerfung wenig Vorteile. Schließlich war sie der gleichen Demütigung nur knapp entronnen.

Nun waren glamouröse Gäste für die Römer mindestens genauso problematisch wie glamouröse Gefangene. Schwer zu sagen, welche der beiden Ptolemäerinnen ihnen größeres Unbehagen bereitete – die königliche Gefangene, die Caesar auf den Straßen erniedrigt hatte, oder die ausländische Königin, mit der er seine Villa teilte. Arsinoe wurde bald darauf verbannt und über die Ägäis zum Tempel der Artemis in Ephesos gebracht, dem strahlenden Weltwunder aus weißem Marmor. Ihre ältere Schwester verbrachte den Winter auf der weniger eleganten Seite des Tibers. Da die Schifffahrtssaison vorüber war und erst im März wieder eröffnet wurde, erhielt sie lange keine Nachricht aus Alexandria. Eine gewisse Zeit musste sie auch ohne Caesar auskommen, der Anfang November Rom unerwartet wieder verließ. Er zog nach Spanien, um dort einen letzten Feldzug gegen die Getreuen des Pompeius anzuführen. Kleopatra hatte auch früher schwierige Situationen meistern müssen – man denke nur an den Aufenthalt im westlichen Sinai –, doch bei aller Schönheit der Villa am Janiculum mit ihrem Panoramablick war diese alles andere als angenehm. Nicht überall wurde sie freundlich aufgenommen. Rom war kalt und nass. Latein bereitete Griechisch sprechenden Schwierigkeiten. Kleopatra war also sprachlich im Nachteil. Und in einer Stadt, in der Frauen nicht mehr Rechte als Säuglinge oder Hühner besaßen[54], wurden ganz andere Fähigkeiten gebraucht. Daher muss ihr das Jahr 46 aus gutem Grund wie das längste in der Geschichte vorgekommen sein, das es wegen des bearbeiteten Kalenders tatsächlich auch war.

In Rom hatte Kleopatra das Problem, mit dem jede Berühmtheit im Ausland konfrontiert ist: Sie kannte wenige Leute, aber jeder kannte sie. Ihre Anwesenheit fiel auf, was nur zum Teil an Calpurnia lag, die solche Zurücksetzungen gewohnt war. Seine dritte Frau hatte Caesar im Jahr 59 geheiratet. In den Jahren darauf wurde er ihr immer wieder untreu. In dieser Hinsicht stand er unter permanentem Verdacht. Er war mit den Frauen der meisten seiner Kollegen im Bett, in einem Fall gar mit einer sehr schönen Mutter und ihrer jungen Tochter. Dabei hatte er Geschmack genug, beide nacheinander zu verführen. Zwischen seiner Abreise aus Alexandria und der Rückkehr nach Rom hatte er sogar noch Zeit für eine Tändelei mit der Frau des Königs von Mauretanien gefunden, eine Affäre, der manche, allein einer romantischen Logik folgend, Kleopatras Besuch in Rom zugeschrieben haben. Mit einer Ehefrau zu konkurrieren war eine Sache, mit einer anderen Herrscherin des Ostens, selbst wenn sie von geringerer Bedeutung war, eine ganz andere. (Dadurch erhält die Reise eine emotionale Färbung, die weder die Zeit noch die Belege hergeben.) Problematischer war Caesars deutliche Neigung zu einer Frau, die so weit abseits von und in mancher Hinsicht auch im Gegensatz zu den Sitten Roms stand.

Während wenig an Kleopatra im Ausland Zuneigung weckte, rief alles an ihr große Neugier hervor. Das hat ihre Bewegungsfreiheit sicher stark eingeschränkt. Man kann sich kaum vorstellen, dass sie sich in dem gesitteten Rom oft sehen ließ. Wahrscheinlicher ist, dass Caesar sie in seiner Villa aufsuchte, was nicht unbemerkt blieb. Ptolemäer waren auch früher Gäste in römischen Häusern gewesen. So hatte Auletes bei Pompeius logiert. Doch hier war das Verhältnis ein anderes. Für Caesar oder Kleopatra war es so gut wie unmöglich, etwas im Geheimen zu tun. Eine verhängte Sänfte, die stämmige Syrer durch die Stadt trugen, erregte immer Aufsehen. (Auletes hatte sich stets nur von acht Männern getragen und von einer Hundertschaft Schwertträger begleitet durch die Stadt bewegt.[55] Es ist kaum anzunehmen, dass seine Tochter anders zu diesem Pomp stand. Sie ließ sich sicher von Leibwächtern, Beratern und Dienern durch Rom begleiten.) Ende 45 war ein großer Mann nie ohne seinen scharlachroten Mantel und sein Gefolge in der Öffentlichkeit zu sehen. Caesar ging in roten hohen Schuhen aus Kalbsleder aus. Zudem war Rom eine Stadt, in der selbst die Steine zu sprechen schienen. Juvenal erinnert uns daran, dass ein Römer, der an Geheimnisse glaubte, sich selber täuschte. »Auch wenn seine Sklaven schweigen, sprechen seine Pferde, sein Hund, sein Türpfosten und seine Marmorfußböden.« Man konnte Vorsichtsmaßnahmen treffen, so viel man wollte: »Was der Herr auch tut, vom zweiten Hahnenschrei bis zum Morgengrauen werden es der nächste Ladenbesitzer und bald darauf mit allen Erfindungen der Pastetenbäcker, die Chefköche und die Steinmetze wissen.«[56] Zum Glück hatte Kleopatra wenig Grund, ihre Spuren zu verwischen. Nächtliche Eskapaden in einem Sack gehörten nicht zu ihren Plänen.

Caesar unternahm zumindest einen öffentlichen Versuch, die Königin von Ägypten in das gesellschaftliche Leben von Rom einzuführen. Im September weihte er einen prächtigen Tempel in seinem Forum Venus Genetrix, der Göttin, von der er seine Abstammung herleitete und der er seine Siege zuschrieb. Sie war zugleich die Göttinmutter des Volkes von Rom. Es hieß, Caesar sei Venus »absolut ergeben« und habe seine Kollegen davon überzeugen wollen, »dass sie ihm eine Art Blüte der Jugend geschenkt« habe.[57] Diese Beteuerungen verstärkten sich in dem Maße, wie seine Wangen einfielen, sich Ringe unter den Augen bildeten und sein Haarwuchs völlig verschwand. In seinem Lieblingstempel, der im Grunde seine Geschäftsadresse bildete, ließ er neben Venus eine lebensgroße goldene Statue von Kleopatra aufstellen. Das war eine hohe Ehre, umso mehr, da Caesar noch kein Denkmal für sich selbst hatte errichten lassen. Diese Hommage hatte durchaus ihren Sinn, denn für die Römer waren Isis und Venus in ihrer Mutterrolle eng miteinander verbunden. Diese übermäßige und erstaunliche Ehrung war ein beispielloser Schritt, der weit über das hinausging, was man von Caesar erwartete hätte, wenn Kleopatra, wie Cassius Dio es darstellt, gekommen wäre, um sich offiziell in die »Reihe der Freunde und Verbündeten des römischen Volkes« aufnehmen zu lassen.[58] Diese diplomatische Formel war von großer Bedeutung – Auletes hatte sie seinerzeit mit Gold aufgewogen –, aber bisher hatte man an heiligen Orten im Herzen von Rom keine kostbaren Statuen ausländischer Monarchen aufgestellt. Das nahm sich merkwürdig aus in einer Stadt, wo man Menschenbilder traditionell nicht mit Götterfiguren vermischte.

Ob nun Kleopatra wirklich erfasste, wie regelwidrig Caesars Ehrung war, Statuen aus Gold waren ihr nicht fremd. Wahrscheinlich spürte sie in seiner Villa, wie kurios ihre Situation sich gestaltete. Schon die Lage der Stadt empfand sie als ungewohnt. Hier glitzerte vor ihren Fenstern kein türkisfarbenes Meer, ging die Sonne am Abend nicht in leuchtendem Purpur unter. Es gab auch keine großartige Architektur zu sehen. Im Vergleich zu der Farbenpracht, die Kleopatra gewohnt war, wirkte Rom eintönig. Es bestand nur aus verputztem Holz. In Alexandria war das ganze Leben von Musik erfüllt. Überall hörte man Flöten und Leiern, Rasseln und Trommeln. Die Römer akzeptierten derartige Merkwürdigkeiten nur widerwillig. Man entschuldigte sich, wenn man besonders gut zu tanzen oder die Flöte zu spielen verstand. »Niemand tanzt, solange er nüchtern ist«, erklärte Cicero, der größte Spielverderber von Rom, »es sei denn, er ist mondsüchtig.«*[59/60/61]

* Manche gingen in ihrer Abneigung noch weiter. Wenn ein Mann ein ausgezeichneter Flötenspieler war, dann folgte daraus, dass er ein wertloser Mensch sei. »Sonst wäre er nicht ein so guter Flötenspieler«, schrieb Plutarch zustimmend. Dieses Axiom ging gegen Kleopatras Vater. Trotz zahlreicher Beweise für das Gegenteil wäre er als »kein wahrer Mann, sondern ein Flötenspieler und Scharlatan« abgetan worden.

Wenn Kleopatra sich in der Stadt umsehen wollte, dann fand sie sich in einem Chaos von krummen, verstopften Straßen ohne Hauptachse und zentralen Platz, zwischen schmutzigen Schweinen, Suppenverkäufern und Werkstätten wieder, die sich bis auf die Gehwege ausdehnten. Rom, in jeder Hinsicht eine weniger gesunde Stadt als Alexandria, wirkte heruntergekommen und formlos, ein Nest aus engen, stickigen Gassen, in unablässiger Bewegung, stets im Schatten, aber unerträglich heiß im Sommer. Caesars Domizil lag zwar abseits auf einem bewaldeten Hügel, aber für Kleopatra hatte das auch seine Vorteile. Dort befand sie sich in wohltuender Entfernung von dem Gewühle und Gekreische, dem Dröhnen der Schmiede und dem Hämmern der Steinmetze, dem Rasseln der Ketten und dem Quietschen der Flaschenzüge in der Stadt unter ihr. In Rom wurde ständig gebaut, regelmäßig stürzten Häuser ein oder wurden abgerissen. Um den Lärm einzudämmen, hatte Caesar Beschränkungen für den Verkehr auf den Straßen bei Tageslicht verhängt. Das Ergebnis war vorhersehbar: »Man muss ein sehr reicher Mann sein, um in Rom Schlaf zu finden«, berichtete Juvenal. Er verfluchte das Gedränge am Abend und fürchtete um sein Leben, wenn er einen Fuß vor die Tür setzte. Von Sänftenträgern getreten oder mit Schmutz bespritzt zu werden waren die minderen Gefahren. Fußgänger stürzten regelmäßig in versteckte Gruben. Jedes Fenster barg eine potenzielle Gefahr. Wenn man bedachte, wie häufig Töpfe von Fensterbrettern fielen, dann, so warnte Juvenal, schrieb der kluge Mann sein Testament, ehe er zum Abendessen ausging.[62] So hatte Kleopatra viele Gründe, um sich dahin zu sehnen, was ein römischer Dichter ihr »oberflächlich zivilisiertes Land« nannte.[63]

Zur Zeit von Kleopatras Besuch hatte Rom die Stadtplanung, einen weiteren Import aus dem Osten, gerade erst entdeckt. Damals hätte man vergeblich nach den heute berühmten Wahrzeichen Roms gesucht. Das Kolosseum, »das letzte Wort beim Bau von Amphitheatern«, gab es noch nicht.[64] Auch nicht das Pantheon oder die Bäder des Caracalla. Das Theater des Pompeius war Roms einziges bedeutendes Gebäude. Es hatte Caesar zu seinem Forum inspiriert, das es nun in den Schatten stellte. Rom hatte immer noch provinziellen Charakter, wurde sich dessen aber zunehmend bewusst. Aus Griechenland kamen Kultur, Eleganz und Kunst. Wenn man einen Sekretär, einen Arzt, einen Tierdresseur oder einen Handwerker brauchte, dann sah man sich nach einem Griechen um. Und wenn man einen Buchladen suchte, dann wäre man am liebsten in Alexandria gewesen. Es war schwierig, in Rom ein annehmbares Exemplar irgendeiner Ware zu erhalten. Daraus entstand ein gesunder Minderwertigkeitskomplex, der sich auf zeittypische Weise manifestierte: Der Römer tat überlegen. Rom war nicht die erste Zivilisation, die eine andere angriff, an deren Stelle sie gern gewesen wäre. So wurde aus den Pyramiden, diesem Wunder an Baukunst und antiker Exaktheit, errichtet mit primitiven Werkzeugen und einer ebenso primitiven Arithmetik, »eine müßige, unsinnige Demonstration königlichen Reichtums«[65]. So schluckte ein Römer in Ägypten seinen Neid mit einer gehörigen Portion Verachtung hinunter und fühlte sich weniger beeindruckt als beleidigt. Die Extravaganz dieser Kultur erklärte er als schädlich für Körper und Geist, so wie Mark Twain Jahrhunderte später bemüht war, sich gegen den Sirenengesang Europas zur Wehr zu setzen. Wenn der Römer mit einer fortgeschrittenen Zivilisation direkt konfrontiert wurde, dann tat er sie als Barbarei oder Dekadenz ab. Er zog sich auf die harten Kanten und rechten Winkel seines Lateins zurück, selbst wenn er verächtlich schnaufend zugeben musste, dass es der geschmeidigen, weichen, vielseitigen griechischen Sprache unterlegen war.[66] Latein setzte dem Sprecher gerade und enge Grenzen. Leider gab es in dieser Sprache kein Wort für »nicht besitzen«[67], zum Glück aber auch keines für »Gegenstände mit Goldeinlagen« oder »geschliffene Gläser vom warmen Nil«[68].

Mit Caesars Feldzügen, Roms wachsender Macht und zunehmendem Reichtum begann die Herrlichkeit der griechischen Welt langsam auf die Apenninen-Halbinsel vorzudringen. Die Auswirkungen dieser Importe für Kleopatra konnten gar nicht hoch genug eingeschätzt werden. Erst kurz zuvor hatte Pompeius Ebenholz in Rom eingeführt. Myrrhe und Zimt, Ingwer und Pfeffer waren Neuheiten in dieser Stadt. Zum ersten Mal schmückten Säulen die Eingänge von Privathäusern. Ein einziges Haus in Rom hatte mit Marmor verkleidete Wände. Einige Jahre später sollte ihre Zahl bereits auf mehrere hundert ansteigen. Die Kochkunst erblühte, da Steinbutt, Storch und Pfau auf den Tisch kamen.[69] Während Kleopatras Aufenthalt entbrannten heftige Debatten darüber, was delikater schmecke – Fangschreckenkrebse oder afrikanische Schnecken. Rom war im Umbruch – es gab sowohl luxuriöse Gastmähler als auch solche, wo Leinenservietten gestohlen wurden.[70] Die lateinische Literatur steckte noch in den Kinderschuhen, die griechische dagegen sollte bald mit der vielsagenden Metapher abgetan werden, sie sei eine schöne Vase voller Giftschlangen.[71] Die Schönheit der Toga, dieses einfachen Gewandes aus Naturwolle, so unbequem wie unpraktisch, lag wie jene der lateinischen Sprache in der Beschränkung. Bei seinen Großveranstaltungen ließ Caesar seidene Sonnensegel anbringen, um den Zuschauern längs der Via Sacra bis hinauf zum Kapitolhügel Schatten zu spenden. Als Import aus Alexandria wurden diese sofort und automatisch als »Barbarenluxus« abqualifiziert.

Neben den Neureichen, die sich für den Osten begeisterten, gab es auch jene, die jede Neuerung argwöhnisch beäugten und darin das Ende der Zivilisation, den Weg ins Verderben sahen. Zu diesem Zweck führte Caesar die lange vergessenen Luxusgesetze der Stadt wieder ein, die private Ausgaben beschränken sollten. In dieser Hinsicht war er so streng, wie ein Liebhaber von Pracht und Herrlichkeit – als Erster in der Geschichte bot er seinen Gästen eine Auswahl von vier guten Weinen an – nur sein kann. Er schickte seine Beauftragten aus, um auf den Märkten Delikatessen einzuziehen oder in Privathäusern während des Essens auserlesenes Tafelgeschirr zu beschlagnahmen. Mit wenigen Ausnahmen verbot er Sänften, scharlachrote Gewänder und Perlen. Für jemanden, der Alexandria, damals die Modehauptstadt der Welt, kannte, war die Vorstellung, Caesars Rom benötige Luxusgesetze, einfach lachhaft. Einer Frau, die wusste, wann es Zeit war, ihren Tisch weniger luxuriös zu decken, konnte auch zugetraut werden, dass sie sich der Situation gemäß kleidete. Kleopatra wird also ihre Garderobe etwas schlichter gehalten haben. Eine römische Matrone trug Weiß, während die Alexandrinerin Farben liebte. Und eine Frau, die sich auf unterschiedliches Publikum einstellen konnte, vermied es wohlweislich, ein Mahl zu verschmähen, das mit den Genüssen in ihrer Heimat nicht zu vergleichen war. Über die Jahrtausende kann man beobachten, dass Luxus leichter zu denunzieren als abzuschaffen ist. Caesars Edikt war bei manchen populärer als bei anderen. Er gewann damit ein paar Pluspunkte bei Cicero, der sich in jenem Winter unter Schwierigkeiten der Pfauen, Riesenaustern und Salzwasseraale entwöhnte. (Pfauenfleisch war berüchtigt für seine Zähigkeit, aber darum ging es nicht.) Austern und Aale, so jammerte Cicero, hatten seiner Verdauung nie so zugesetzt wie Kohlrüben.

Was Kleopatra von den echten und vermeintlichen Puritanern um sich herum gehalten haben mag, wissen wir nicht. Dafür ist umso besser bekannt, was jene von ihr hielten. Mit Heirat und Frauen ging man in Rom, wo Letztere keinerlei Ansehen genossen, völlig anders um als in Ägypten.[72] (So war es für einen Mann die schlimmste Beleidigung, effeminiert genannt zu werden.) Nach römischer Vorstellung musste eine gute Frau unscheinbar sein, was Kleopatras Erziehung zutiefst widersprach. In Alexandria musste sie sich permanent selbst inszenieren. Hier war es genau umgekehrt. In Rom genoss eine Frau keinerlei politische oder juristische Rechte, ja, sie hatte nicht einmal einen eigenen Namen, sondern trug den von ihrem Vater abgeleiteten. Caesar hatte zwei Schwestern, die beide Iulia hießen. Römische Frauen schlugen in Gesellschaft die Augen nieder, waren schweigsam und zurückhaltend. Sie sprachen keine Einladung zum Essen aus. Im geistigen Leben waren sie unsichtbar. Sie wurden auch viel weniger dargestellt als in Ägypten, wo Arbeiterinnen und Pharaoninnen in Malerei und Plastik, in Grabszenen und an Tempelwänden auftauchen, wo sie

Vögeln Fallen stellen, Waren verkaufen oder den Göttern Opfer darbringen.

Auf eine ausländische Herrscherin trafen Regeln wie die Luxusgesetze nicht in Gänze zu, aber Kleopatra kann sich trotzdem nicht wohlgefühlt haben.*[73] Wie stets war harte Schufterei die beste Garantie dafür, dass eine Frau rein blieb. (Die traditionelle Formel dafür stammt von Juvenal: »Harte Arbeit, wenig Schlaf, raue und schwielige Hände« von der Hausarbeit.[74]) Als eine Ehebrecherin, die sich irgendwie in Venus' erhabene Gesellschaft gedrängt hatte, verunsicherte Kleopatra Rom in mehrfacher Hinsicht: Sie war eine Frau und Ausländerin, eine Monarchin aus dem Osten in einer Republik, die sich nach wie vor für königsfeindlich hielt; sie stand für Isis, deren Kult als suspekt und subversiv angesehen wurde, deren Tempel als berüchtigte Orte für Rendezvous galten. Kleopatra brachte die Begriffe durcheinander und spottete jeder Konvention. Selbst nach heutigen Standards verursachte sie protokollarische Probleme. Wenn sie die Geliebte eines römischen Diktators gewesen war, war sie dann auch die Geliebte der römischen Welt? Wie sie sich auch gegeben haben mag – sie scheint zu allen Zeiten sehr geschickt mit ihrem Bild und ihrer Person umgegangen zu sein –, brach sie doch alle geschriebenen Regeln. In ihrer Heimat eine Königin, galt sie außerhalb ihrer Grenzen als Kurtisane. Ja, als etwas noch Gefährlicheres: eine Kurtisane mit Vermögen. Kleopatra war nicht nur wirtschaftlich unabhängig, sondern sie war reicher als jeder Mann in Rom.

Ebendieser Reichtum, der die Triumphmärsche in Rom ermöglicht hatte, untergrub ihr moralisches Ansehen. Sich über jeman-

* Das vorherrschende Ethos findet seinen Niederschlag auch in der Literatur. In der *Ilias* sind Frauen die Krone der Schöpfung. Dort sind sie in der Regel diejenigen, die »necken, schelten, Dinge hintertreiben, widersprechen und täuschen«. In griechischen Dramen sind Frauen die Hauptpersonen. In der römischen Literatur dagegen kommen nur sehr wenige Heldinnen vor. Dort begegnet man der Ehefrau in zwei Varianten – der tyrannischen reichen und der verschwenderischen armen. Dort gibt es auch nur wenige betrogene Ehemänner – eine Hauptquelle der Komik von Aristophanes bis Molière.

des geprägtes Silber, die üppigen Teppiche oder Marmorfiguren auszulassen, bedeutete, die Person anzuklagen. Die Folgen waren schlimmer, wenn es sich dabei um das schwache Geschlecht handelte. »Es gibt nichts, was sich eine Frau nicht erlaubt, was sie für anstößig hält, wenn sie sich einen mit Smaragden besetzten Kragen um den Hals gelegt und sich große Perlen in die verlängerten Ohrläppchen gesteckt hat«, lautete die entsprechende Logik.[75] Danach trug die Länge ihrer Ohren mehr als die ihrer Nase dazu bei, Kleopatras Schicksal zu besiegeln.* Hätte sie ihren besten Schmuck in Alexandria gelassen, dann wäre sie in Rom trotzdem als Synonym für die »leichtsinnige Extravaganz« ihrer Welt hingestellt worden. Dabei hatte sie durch ihre Geburt ein Recht darauf. (Eine gute Römerin sah ihren Schmuck in ihren Kindern.) Nach römischen Standards waren selbst Kleopatras Eunuchen reich.[76] Das hieß, jedes unverzeihliche Übel in der lasterhaften Familie der Ptolemäer schrieb man ihr zu. Lange bevor sie zur legendären Hexe wurde, die rücksichtslos und leichtfertig Männer vernichtete, war sie suspekt als extravagante Herrscherin aus dem Osten, die rücksichtslos und leichtfertig Reichtum verschleuderte. Wenn moralische Verworfenheit mit Schalentieren begann und bei purpurnen oder scharlachroten Gewändern endete, dann fand sie ihren pompösen Höhepunkt in Perlen, die auf der Liste der Extravaganzen in Rom ganz oben standen. Sueton benutzte sie, um Caesar eine Schwäche für Luxus nachzuweisen. Die Geschichte von dem Freigeist, der eine Perle opferte, um seinen Standpunkt klarzumachen, wurde vielfach erzählt, war lange vor 46 in die Literatur eingegangen und sollte dort noch lange bleiben, um Menschen anzuklagen. Sie schien aber auf eine unverfrorene ägyptische Königin regelrecht zugeschnitten zu sein. (Anzeichen für freie Erfindung und Konstruktion von Zusammenhängen sind vorhanden. So wird bereits wenige Jahre später berichtet, Kleo-

* Dazu Blaise Pascal im 17. Jahrhundert: »Hätte Kleopatra nicht so eine lange Nase gehabt, sie würde den Lauf der Weltgeschichte verändert haben.«

patra habe »die zwei größten Perlen der Geschichte« getragen.[77] Plinius schätzte ihren Wert auf je 420 Talente. Das bedeutet, an jedem ihrer Ohren hätte der Preis einer Villa am Mittelmeer gehangen. (Dies war die Summe, die sie für das Begräbnis des heiligen Stiers von Memphis aufgewandt hatte.) Wer sonst konnte so frivol, so schamlos und so verrückt auf einen Mann sein, eine solche Perle aus dem Ohrläppchen zu nehmen, in Essig aufzulösen und das Ganze hinunterzuschlucken, nur um den Mann mit Zauberei und Exzess zu umgarnen?*[78] Das ist die Geschichte, die später über Kleopatra in Umlauf gesetzt wurde.

Von Zauberei oder Exzess war im Winter 46 sicher nicht allzu viel zu spüren. Kleopatra besuchte bestimmt einige prominente Adressen, insgesamt aber hat es eher den Eindruck, dass sie die meiste Zeit allein in Gesellschaft ihrer Berater und ihres Gefolges in Caesars Villa verbrachte. Einige der Höflinge kannten sich in Rom aus, denn sie hatten dort bereits für die Wiedereinsetzung ihres Vaters gearbeitet. Kleopatra bewegte sich in diesen Monaten im Lateinischen. Wie ihre Beherrschung dieser Sprache auch gewesen sein mag, sie entdeckte, dass man bestimmte Begriffe nicht übersetzen konnte. Selbst der Humor war anders – schwerfällig und beißend in Rom, ironisch und voller Anspielungen dagegen in

* Viele haben über diese Geschichte gestaunt, aber nur ein Mann hat Perlen von Tiffany geopfert, um sie im Labor zu untersuchen. Löst sich eine Perle in Essig tatsächlich auf? Ja, wenn auch sehr langsam, berichtete B. L. Ullman, der das Gebräu schließlich erhitzen musste, um sein Experiment im Jahr 1956 voranzutreiben: »Als ich eine Perle in Essig kochte und dabei einen Kriminalroman las, war nach 33 Minuten der Essig eingekocht. Ich habe noch seinen Geruch in der Nase. Die Perle war immer noch vorhanden, schien mir aber ein wenig angegriffen zu sein.« Bessere Ergebnisse erzielte er mit stärkerem Essig, die besten mit einem Pulver aus zerstampften Perlen, das sich nach drei Stunden und zwanzig Minuten genau beobachteten Kochens auflöste. Zu solchen Aktionen hat Kleopatra Wissenschaftler getrieben. Auf die Frage, warum Kleopatra (oder eine andere Person) eine solche Demonstration überhaupt inszeniert haben soll – wäre es nicht dramatischer gewesen, die Perle einfach zu verschlucken? –, erinnert uns Ullman daran, dass Perlen im Wesentlichen aus Kalziumkarbonat bestehen, dem Natron der antiken Welt. Dies ist ein wirksames, wenn auch teures säurebindendes Mittel.

Alexandria. Die nüchternen Römer nahmen sich selber sehr ernst. Die Respektlosigkeit und Ausgelassenheit der Alexandriner dagegen wirkte in Rom ziemlich deplatziert.

Als der Frühling kam und das Meer wieder befahrbar war, mag Kleopatra die Heimreise angetreten haben, um später in diesem Jahr noch einmal nach Rom zurückzukehren. Zwei aufeinanderfolgende Besuche sind wahrscheinlicher als ein einziger ausgedehnter Aufenthalt. Eine Abwesenheit von achtzehn Monaten hätte sie kaum rechtfertigen können, wie sicher sie sich ihrer Herrschaft in Ägypten auch sein konnte. Es war ein zermürbendes Reisen, wobei die Rückfahrt als weniger strapaziös galt. Angenommen, sie fuhr im Jahr 45 nach Alexandria zurück, dann stach sie wahrscheinlich Ende März oder Anfang April in See. Zu dieser Zeit waren die Nordoststürme vorüber und die Gewitter vor der ägyptischen Küste ebenfalls. Den Winterstürmen zu trotzen wagte man nicht. Auch im Frühjahr stach man nur mit Beklommenheit in See, wenn »die Blätter an der Spitze des Feigenbaums so groß sind wie die Fußabdrücke einer Krähe«[79]. Wenn Kleopatra in der Tat im Frühjahr 45 nach Hause segelte, dann war sie im Herbst wieder in Rom zurück. Nur ein Zwischenaufenthalt in Alexandria gibt Suetons Bericht einen Sinn, nach welchem Caesar Kleopatra in Rom verabschiedete. Eine zweite Gelegenheit dafür sollte er nicht mehr haben.

Laut Sueton, der über hundertfünfzig Jahre später umfangreiche Quellen zur Verfügung hatte, geschah die Abreise so widerwillig wie die Umkehr während der Nilkreuzfahrt. Der römische Befehlshaber »ließ sie nicht ziehen, bevor er sie nicht mit hohen Ehren und reichen Geschenken überhäuft hatte«. Er erkannte Kaisarion als seinen Sohn an und »gestattete ihr, dem Kind seinen Namen zu geben«[80]. Er hatte keinen Grund, dabei Zweifel zu hegen. Zumindest im Jahr 45 konnte es für Caesars Pläne nur günstig sein, einen Erben im Osten und ein lebendes Bindeglied zu Alexander dem Großen zu besitzen. Außerdem räumte er nur ein, was ohnehin offensichtlich war. Wenn nicht schon vorher, so war der zweijährige Kaisarion bald darauf nach Gesichtszügen und Verhaltensweisen seinem Vater sehr ähnlich. Die Anerkennung dürfte der entscheidende Grund für das Zusammentreffen gewesen sein. Sie war jede Reise über das Mittelmeer wert. Ein Historiker hat es festgestellt, und viele weitere haben es unter ähnlichen Umständen davor und danach wiederholt: Das Kind »war ihre Trumpfkarte, wenn sie Caesar auf ein früheres Einverständnis oder Versprechen festlegen wollte«[81]. Was für ein Versprechen das gewesen sein könnte, wissen wir nicht, wenn wir von der formalen Anerkennung als Freundin Roms absehen, die Kleopatras Vater die erstaunliche Summe von 6000 Talenten gekostet hatte.

Womit könnten der oder die ausgedehnten Aufenthalte in Rom noch begründet werden? Es stand zu viel auf dem Spiel, als dass man Gefühlen gegenüber der Politik den Vorzug geben könnte. Caesar hatte Kleopatra schon einmal gerufen. Seine Motive in diesen achtzehn Monaten gehören zu den am meisten untersuchten und am wenigsten verstandenen in der Geschichte. Es scheint plausibel, dass beide eine Art gemeinsamer Zukunft planten, was viele zuungunsten Caesars annahmen. Am Ende ihres Lebens hatte Kleopatra ein Bündel leidenschaftlicher, bewundernder Briefe Caesars in der Hand, von denen zumindest einige zwischen 48 und 46 geschrieben worden sein müssen.[82] Sie enthalten die historische Version von der schönen Vase voller Giftschlangen. Es ist möglich, dass Kleopatra glaubte, ihren Fall persönlich bei Caesars Kollegen vertreten zu müssen, um zu bestätigen, dass Ägypten unter ihrer Herrschaft ein Freund und Verbündeter Roms bleibe.[83] Der Senat stellte alles andere als ein einmütiges Gremium dar, war von persönlichen Ambitionen durchsetzt und Caesar keineswegs einhellig gewogen. Kleopatra hatte genaue Kenntnis von den einzelnen Fraktionen. Ihre Unterstützungsbasis im Ausland zu verbreitern bedeutete, ihren Thron im Land zu sichern. (Ciceros Sicht auf das offizielle Rom war weniger schmeichelhaft: »Eine ordinärere Versammlung hat nie in einer heruntergekommenen Konzerthalle getagt«, zeterte er über eine Zusammenkunft seiner Kollegen.)[84]

Kleopatras zweiter Besuch wäre mit Caesars Rückkehr aus Spanien im Herbst 45 zusammengefallen, da er sich einer Reorganisation des Ostens zuwenden wollte.[85] Aus diesen Gesprächen durfte sie sich nicht ausklammern lassen, und sei es nur wegen Zypern, das formal ihrem Bruder gehörte und dazu tendierte, sich ihrer Herrschaft zu widersetzen. Sollte Kleopatra weitergehende Pläne gehabt haben, so sind sie für uns heute verloren. Sicher war es leicht, ihr spektakuläre intrigante Motive zu unterstellen. Rom war durchtriebene Ptolemäer gewohnt. Überliefert sind indessen die Kosten von Kleopatras Begegnung mit Caesar. Sie waren ruinös. Mochte sie ihre Tage auch so ruhig wie Homers Penelope verbracht haben, verschwendete sie doch mehr als die Unglück bringende Helena von Troja. Dies sollte ihr unlogisches Abenteuer werden.

V

DER MENSCH IST SEINER NATUR NACH EIN POLITISCHES WESEN[1]

»Wär doch der Frau'n Geschlecht
gar nie geschaffen worden – als allein für mich!«[2]

EURIPIDES

»ICH WEISS NICHT, wie ein Mann von Vernunft gegenwärtig glücklich sein kann«, grollte Cicero, kurz bevor Kleopatra zum ersten Mal den Fuß auf römischen Boden setzte.[3] Nach zehn schrecklichen Kriegsjahren war die Stimmung in Rom gedrückt, was auf Cicero, dessen prominentesten Bürger, der seinem Unmut am deutlichsten Ausdruck verlieh, besonders zutraf. Seit Monaten war die Stadt in einem Zustand von »allgemeiner Unruhe und Chaos«[4]. Kleopatra kann das nicht entgangen sein. Gewiss war sie über die Lage im Detail informiert. Sie und ihre Höflinge hatten Kontakt zu hohen Gesellschaftskreisen. Sie durfte sich keine Einzelheit der politischen Landschaft entgehen lassen. Zukunftsangst ging in der Stadt um. Caesars Reformen waren vielversprechend, aber wie und wann würde er die Republik wieder einigen können? In den Kriegsjahren hatte man sie völlig auf den Kopf gestellt, die Verfassung mit Füßen getreten, Ernennungen willkürlich und rechtswidrig vorgenommen. Caesar tat einiges, um die traditionellen Rechte und Regularien wiederherzustellen. Gleichzeitig wuchs seine Macht. Er nahm die meisten Wahlen selbst in die Hand und entschied die meisten Gerichtsfälle. Er verbrachte viel Zeit damit, Streitigkeiten zu schlichten, die eigenen Anhänger zu belohnen und das Vermögen seiner Gegner zu versteigern. Der Senat wirkte immer bedeutungsloser. Einige murrten, sie lebten in einer Monarchie, die sich nur dürftig als Republik tarne. Die Zukunft halte drei Möglichkeiten bereit, prophezeite der verzweifelte Cicero: »Endlose bewaffnete Auseinandersetzungen, Wiederbelebung nach einem Friedensschluss oder vollständige Vernichtung.«[5]

Als Caesar in diesem Herbst aus Spanien zurückkehrte, hatte er die noch verbliebenen Pompeiusanhänger eliminiert. Damit sei der Bürgerkrieg endgültig vorbei, verkündete er. Es folgte sein längster ununterbrochener Aufenthalt in Rom seit vierzehn Jahren. Ob umsichtig genug oder nicht, jedenfalls setzten er und Kleopatra ihr Verhältnis fort. Vielen – wie auch uns – mögen die Gründe für ihre Anwesenheit in Rom undurchsichtig geblieben sein. Mit Unbeliebtheit hatte sie ihre Erfahrungen. Vielleicht kam sie ihr jetzt sogar zupass. Sie lebte an einem kaum wünschenswerten Ort, vollzog eine prekäre Gratwanderung zwischen Erhabenheit und Geringschätzung. Zugleich ist unvorstellbar, dass sie nicht lebhafte Neugier oder gar unverhüllte Bewunderung auslöste. Wahrscheinlich verteilte sie in der Tradition ihres Vaters großzügig Geschenke. Er hatte üppige Schmiergelder ausgestreut und sich stark verschuldet – beides gute Gründe, Kontakt zu seiner Tochter zu suchen. Sie hatte einen scharfen Verstand, was Römer sehr zu beeindrucken vermochte.

Die Mode nahm von ihrer Anwesenheit zunächst keine Notiz. Nur einmal erregte Kleopatra kurz Aufmerksamkeit mit einer ausgefallenen Frisur: Sie ließ sich das Haar im afrikanischen Cornrow-Stil flechten und am Hinterkopf zu einem Dutt zusammenbinden.[6] Zudem war Rom eine gegliederte, vom sozialen Status geprägte Gesellschaft. Wichtig waren Rang, Bildung und Geld. Kleopatra gehörte der Elite an und konnte sich in der Gesellschaft bewegen. Was die Konversation betraf, so war ein hochrangiges Diner in Rom kaum anders als eines in Alexandria. Als einfühlsamer und kluger Gast dürfte sich Kleopatra für den politischen Klatsch und die intelligente, lockere Plauderei beim Wein, die man in Rom schätzte, durchaus erwärmt haben. Wie es ein gelehrter Zeitgenosse definierte, war der ideale Gesprächspartner »weder geschwätzig noch stumm«[7]. Am späten Nachmittag konnte er stundenlang locker über eine Vielzahl politischer, wissenschaftlicher und künstlerischer Themen plaudern, die auf die ewigen Fragen hinausliefen: Was war zuerst da – das Ei oder die Henne? Warum verbessert sich mit dem Alter die Weitsichtigkeit? Warum essen Juden kein Schweinefleisch?[8] Da Kleopatra Caesars Gunst genoss, konnte sie nicht ohne Freunde sein. (Caesar selbst nahm keine Notiz davon, dass man sich über Kleopatras Anwesenheit das Maul zerriss. »Das berührte ihn überhaupt nicht«, versichert uns Cassius Dio.[9]) In Caesars Villa sah sich Kleopatra von angesehenen Intellektuellen und erfahrenen Diplomaten umgeben. Sie besaß Kultur, Großzügigkeit und Charisma. Damit mag sie einen günstigen Eindruck hinterlassen haben. Uns liegt jedoch nur die Aussage eines einzigen Zeugen vor, des redegewandtesten und zugleich scharfzüngigsten Römers, bei dem man, wie es hieß, immer mit »lautem Gebell« rechnen konnte. »Ich verabscheue die Königin«, verkündete Cicero.[10] Geschichte wird von eloquenten Leuten gemacht.

Zur Zeit von Kleopatras Besuch war der große Redner bereits sechzig Jahre alt, ein ergrautes Monument von einem Mann, mit den ebenmäßigen Zügen und ausgeprägten Wangenknochen immer noch stattlich. In einem Anfall von Schreibwut arbeitete Cicero zu der Zeit, als sich Kleopatra in Rom aufhielt, an einer ganzen Reihe philosophischer Werke. Im Jahr zuvor hatte er sich nach dreißig Ehejahren von seiner Frau scheiden lassen, um ein reiches minderjähriges Mündel zu heiraten. Für diesen Tausch führte er Gründe an, die denen für Kleopatras Reise nach Rom nicht so unähnlich waren: »Ich kannte keine Sicherheit, fand keine Ruhe vor Intrigen; und das wegen der Bosheit jener, denen mein Wohlergehen hätte am kostbarsten sein müssen.« Aus seiner Sicht lag die Lösung auf der Hand: »Daher hielt ich es für ratsam, mich durch die Treue neuer Verbindungen gegen den Verrat alter abzusichern.«[11] Mit anderen Worten, Cicero, der Selfmademan aus einer Provinzfamilie, der es mit glänzenden geistigen Gaben zu hoher Stellung gebracht hatte, die er durch ständigen politischen Aktionismus verteidigte, hatte um des Geldes willen geheiratet.

Weder kann überraschen, dass Cicero Kleopatra von sich aus aufsuchte, noch dass er sie rasch und brutal an den Pranger stellte, und das auf Jahrhunderte hinaus. Grundsätzlich gab es für den großen Cicero zwei Reaktionen: lobhudeln oder tadeln. Beide konnte er durchaus auf ein und dieselbe Person anwenden. Es fiel ihm nicht schwer, einen Mann an einem Tag schlechtzumachen und ihm am nächsten ewige Treue zu schwören. Er war ein bedeutender Autor, was heißt sehr auf sich bezogen, mit einem übergroßen Ego ausgestattet und höchst empfindlich, was wirkliche oder eingebildete Kränkungen betraf. Der römische John Adams hatte sein Leben lang stets auch die Nachwelt im Blick. Selbstverständlich ging er davon aus, dass wir ihn in zweitausend Jahren lesen würden. Er war ein Wichtigtuer und ein Meister der Redekunst. Cicero musste immer genau wissen, welche Ländereien jeder bedeutende Mann in Rom besaß, wo er wohnte und in welcher Gesellschaft er sich bewegte. Nach dreißig Jahren im Zentrum der Politik weigerte er sich, in den Hintergrund zu treten. Macht und Ruhm zogen ihn unwiderstehlich an. Kein Prominenter entging seinen Klauen, vor allem keiner mit Geist, mit einem glamourösen internationalen Ruf, mit den Ressourcen, um eine Armee aufzustellen, und der Gewohnheit, nach römischen Begriffen ein großes Haus zu führen. Kohlrüben mochte Cicero auf keiner Ebene. Er war ein bekennender Liebhaber von Luxus.

Dann kam es zu dem Missverständnis, das Kleopatras Schicksal in Rom besiegelt zu haben scheint. Sie versprach Cicero entweder ein Buch oder ein Manuskript, möglicherweise aus ihrer Bibliothek in Alexandria. Aus welchen Gründen auch immer – sie hielt das Versprechen nicht. Damit demonstrierte sie, dass sie keine Rücksicht auf seine Gefühle nahm. Diese wurden weiter strapaziert, als ein Abgesandter von ihr in Ciceros Haus auftauchte. Der fragte jedoch nicht nach Cicero, sondern nach dessen hoch gebildetem besten Freund. Hier ist etwas unklar – zweitausend Jahre später haben wir auch das Schweigen des großen Redners zu analysieren –, aber hinter dem, was Cicero totschweigt oder nur dunkel andeutet, tritt eher ein verlegener als ein beleidigter Mann hervor. Plötzlich fühlte er sich in der Defensive, entweder bekümmert darüber, dass er Kleopatra um einen Gefallen gebeten oder dass er sich überhaupt mit ihr abgegeben hatte. Es hat den Anschein, dass er ihrem Charme etwas zu sehr erlag. Jenem Freund gegenüber gab er sich alle Mühe klarzustellen, dass sein Umgang mit der Königin »von literarischer Art gewesen (sei), nicht unschicklich für meine Stellung, so, dass ich darüber vor einer öffentlichen Versammlung berichten könnte«[12]. Nichts Ungehöriges würde darüber bekannt werden, da konnte ihn Kleopatras Abgesandter beruhigen. Und doch war Ciceros Würde angekratzt. Das löste bei ihm glühenden Hass aus. Mit dieser Ägypterin wollte er nichts mehr zu tun haben. Was hatten sie und ihr Abgesandter sich denn gedacht? Kaum jemand dürfte für ein vergessenes Buch einen solchen Preis gezahlt haben. Wegen dieses Versehens zog sich Kleopatra Ciceros ewige Feindschaft zu. Hier ist allerdings festzustellen, dass er sich in seine höchste Entrüstung erst steigerte, als sie bereits aus Rom abgereist war, wohin sie wohl kaum zurückkehren würde. Und trotz seiner Abneigung hatte er mit der ägyptischen Königin eindeutig Umgang gepflegt – in Gesellschaft oder gar in Caesars Villa, was für sich selbst spricht.

Wenn wir das bibliografische Problem einmal beiseitelassen, gibt es ausreichend Gründe, weshalb Cicero Kleopatra nicht sympathisch fand. Als unverbesserlicher Anhänger des Pompeius konnte er Caesar nicht ausstehen, der Cicero herablassend behandelte und dessen geistige Größe viel zu wenig würdigte. Cicero hatte auch für Kleopatras Vater nur ein hartes Urteil übrig gehabt. Er kannte Auletes und betrachtete ihn als dürftigen Ersatz für einen König. Die »Majestät aus Alexandria« hielt er »nicht für königlich, weder nach Herkunft noch Geist«[13]. Als eingefleischter Republikaner hatte Cicero schon viel mehr Zeit auf Ägypten verwandt, als er eigentlich wollte. Dieses Land umwehte für ihn immer ein Hauch von Ehrlosigkeit.[14] In Kleopatras Jugend hoffte er, zum Botschafter beim Hof ihres Vaters ernannt zu werden, wurde dann aber von Bedenken geplagt, wie die Geschichte und das anständige Rom dies aufnehmen würden. Zudem hatte Cicero schlechte Erfahrungen mit Frauen gemacht. Lange klagte er darüber, dass seine erste Frau zu viel Interesse für öffentliche Angelegenheiten und zu wenig für ihren Haushalt zeige. Als er sich dieser klugen, willensstarken Gattin endlich entledigt hatte, war ihm die Lust auf eine weitere derartige vergangen. Im Gegensatz dazu war er seiner Tochter geradezu leidenschaftlich zugetan. Er ließ ihr eine erstklassige Bildung angedeihen. Dann starb sie unerwartet im Februar 45 im Kindbett, noch keine dreißig Jahre alt. Cicero war monatelang von der Trauer wie gelähmt. Er litt geradezu körperliche Schmerzen. Er bekam Weinkrämpfe, aus denen Freunde ihn vorsichtig zu lösen suchten.* Der Verlust brachte ihm eine andere hoch gebildete und besonnene junge Frau aus der Generation seiner Tochter, die ihre Zukunft noch vor sich hatte, auch nicht näher. Als diese, seine neue minderjährige Ehefrau, sich angesichts seines Verlustes nicht ausreichend mitfühlend zeigte, trennte sich Cicero wenige Monate nach der Heirat wieder von ihr.

»Die Arroganz der Königin, als sie in dem Anwesen jenseits des Tibers wohnte, bringt mein Blut noch im Nachhinein in Wallung«, schäumte Cicero Mitte 44.[15] In dieser Hinsicht hatte er seine Meisterin gefunden. Er bekannte »eine gewisse törichte Eitelkeit, zu der ich etwas neige«[16]. Plutarch äußerte sich später zu diesem Thema deutlicher.[17] So brillant er war und so häufig er zitiert wurde, neigte Cicero zu einem Selbstlob, dass es einem übel werden konnte.

* Er blieb jedoch unbeeindruckt, umso mehr, als der Kummer in ihm eine fieberhafte Arbeitswut auslöste. Den »glücklichen Seelen«, die ihm seinen Kummer nicht gönnen wollten, hielt er entgegen, sie sollten wenigstens die Hälfte der Seiten lesen, die er in seiner Not geschrieben hatte.

Seine Werke spickte er mit schamloser Eigenwerbung. Auch Cassius Dio nimmt, was Cicero betrifft, kein Blatt vor den Mund: »Er war der größte Wichtigtuer weit und breit.«[18] Die Eitelkeit betraf vor allem seine Bibliothek, der lebenslang wohl seine größte Liebe gehörte. Man kann sich kaum etwas denken, das ihm größeres Vergnügen bereitete, es sei denn die Umgehung der Luxusgesetze. Cicero hielt sich gern für reich. Sein ganzer Stolz galt seinen Büchern. Er brauchte keinen weiteren Grund, um Kleopatra nicht zu mögen: Intelligente Frauen, die bessere Bibliotheken besaßen als er, waren ihm doppelt zuwider.

Cicero warf Kleopatra Unverschämtheit vor. Das war offenbar sein Lieblingswort. Caesar war unverschämt. Pompeius war unverschämt gewesen. Caesars Vertrauter Marcus Antonius, für den Cicero noch viel schlimmere Worte bereithielt, war unverschämt. Die Alexandriner waren unverschämt. Der Sieg im Bürgerkrieg war eine Unverschämtheit. Cicero war es gewohnt, in jeder Gesellschaft das große Wort zu führen. Es ärgerte ihn, dass Kleopatra seinen sarkastischen Humor teilte. Und musste sie sich wirklich so hoheitsvoll geben? Er spürte in ihr die Königin von Kopf bis Fuß. Das beleidigte seine republikanischen Gefühle, umso mehr, als er selbst nicht aus der Oberschicht stammte. Hier kann man ihm nicht widersprechen. Er war nicht der Einzige, der Kleopatras anmaßende Art bemerkte. Strategie fiel ihr leichter als Diplomatie. Sie mag zuweilen taktlos gewesen sein: Größenwahn lag in der Familie. Wie sie später einmal bekannte, fand sie nichts dabei, ihre Umgebung daran zu erinnern, dass sie viele Jahre lang ganz allein ein riesiges Königreich regiert hatte.[19] Geringschätzung ist im Ausland weit verbreitet. Kleopatra hatte allen Grund, davon überzeugt zu sein, dass sie aus einer überlegenen Welt kam. Niemand in Rom hatte eine Ahnentafel aufzuweisen, die ihrer gleichkam. Es ärgerte Cicero, dass sie sich dessen sehr bewusst zu sein schien.[20]

Inzwischen verdüsterte sich die politische Situation um die stolze Königin und den tieftraurigen Philosophen. Caesar war mit militärischen Dingen beschäftigt und kümmerte sich wenig um die lange vernachlässigten Probleme, auf die andere ihn hinwiesen. Die Liste dringender Aufgaben war beängstigend. Er musste die Gerichte in Ordnung bringen, die Ausgaben kürzen, die Glaubwürdigkeit des Staates wiederherstellen, die Arbeitsmoral heben, neue Bürger begrüßen, die öffentlichen Sitten verbessern, Freiheit über Ruhm stellen, kurz gesagt, »die berühmteste und mächtigste aller Städte retten, die schon am Rande des Ruins stand«[21]. Zusammen mit allen anderen suchte auch Cicero Caesars Motive zu ergründen, was im Jahr 45 bereits eine undankbare Aufgabe war und es bis heute geblieben ist. Am Ende jenes Jahres wurde Caesar derartig mit Ehren überhäuft, dass man ihn schon fast wie einen hellenistischen Monarchen zum Gott erhob. In den folgenden Monaten wurden Statuen von ihm in Tempeln aufgestellt. Eine Elfenbeinvariante führte man wie eine Götterfigur bei Aufmärschen mit. Seine Macht nahm peinliche Ausmaße an. (Alle diese Verstöße sollte Cicero später mit großem Eifer auflisten. Einstweilen war er stolz darauf, dass er den großen General besuchen durfte.) Es gab viel Murren über Caesars Verhalten. Während Kleopatras Aufenthalt trat er als der Mann auf, der dreihundertzwei Schlachten gewonnen, die Gallier nicht weniger als dreißigmal geschlagen hatte, der »keine Furcht kannte und aus jedem Feldzug als Sieger hervorging«[22]. Andererseits hielt er nichts von Kompromissen. Er ignorierte die Tradition. Er trat zu sehr als Militärbefehlshaber und zu wenig als Politiker in Erscheinung. Das fachte die Glut der Unzufriedenheit regelmäßig wieder an, wozu Cicero und eine Reihe anderer ehemaliger Pompeiusanhänger eifrig beitrugen.

Im Februar 44 wurde Caesar zum Diktator auf Lebenszeit ernannt. Weitere Privilegien regneten auf ihn herab. Er schritt nun in prächtigen Gewändern einher und saß auf einem mit Elfenbein und Gold geschmückten Sessel, der einem Thron verdächtig ähnlich sah. Zum ersten Mal für einen lebenden Römer schmückte sein Konterfei römische Münzen. Zugleich kam Missgunst auf, obwohl der Senat selbst »ihn ermutigte und hochjubelte, nur um ihm dies anschließend wieder vorzuwerfen und verleumderische

Berichte zu verbreiten, wie freudig er all das akzeptierte und sich dabei immer hochmütiger gebärdete«[23]. Caesar machte vielleicht einen Fehler, als er alle diese Ehrungen annahm. Er steckte aber auch in einer gewissen Klemme: Sie zurückzuweisen hätte verletzend wirken können. Schwer zu sagen, was die entscheidende Triebkraft war – das übergroße Ego oder die übertriebenen Ehrungen, die Caesar am Ende unter sich begraben sollten. Die Sache wurde dadurch kompliziert, dass Caesar in diesem Winter bereits einen weiteren, höchst ehrgeizigen Feldzug plante, für den er sich erneut aus Rom entfernen wollte. Er hatte sich die Eroberung von Parthien in den Kopf gesetzt, das an Roms Ostgrenze lag und sich dessen Hegemonie seit Langem widersetzte. Über diese Aussicht sollte Kleopatra später stöhnen, wenn sie es nicht schon zu dieser Zeit tat. Von angegriffener Gesundheit und fatalistischen Gedanken geplagt, hatte Caesar trotz allem vor, Rom den Weg nach Indien zu bahnen. Er war nun fünfundfünfzig Jahre alt und versteifte sich auf eine Mission, die mindestens drei Jahre erfordern würde. Es war ein Ziel, das Alexander der Große beinahe erreicht hätte. Cicero hatte seine Zweifel, ob Caesar, sollte er sich auf den Weg machen, jemals lebend zurückkehren werde.

Im Frühjahr 44 setzte er sechzehn Legionen und eine beträchtliche Zahl Kavallerie als Vorausabteilung in Richtung Parthien in Marsch. Seinen eigenen Aufbruch kündigte er für den 18. März an. Er traf Vorkehrungen für die Zeit seiner Abwesenheit. Das tat vermutlich auch Kleopatra und begann zu packen. Die Stadt aber wurde von Befürchtungen und Zweifeln geplagt. Wann sollten die innenpolitischen Probleme gelöst werden? Wie würde Rom ohne Caesar überleben? Die Sorge war berechtigt, wenn man die zweifelhafte Leistung bedachte, die Marcus Antonius während Caesars Aufenthalt in Ägypten gezeigt hatte. Als dessen Stellvertreter war er unzuverlässig und wenig effizient gewesen. Und er hatte sich den Ruf von Lasterhaftigkeit erworben. Für jene, die sich vor allem darum sorgten, wann Caesar die Republik wiederherstellen werde, erwies sich ein Orakel während des Winters als besonders unerwünscht. Diese Prophezeiung soll gelautet haben, Parthien könne nur ein König erobern. Man munkelte, Caesar werde in Kürze gekrönt werden. Das mag kaum mehr als ein Gerücht gewesen sein, denn Orakel wurden missachtet, wenn ihr Spruch unpassend ausfiel, aber es sagt etwas über die heikle Frage aus, weshalb sich Kleopatra vor allem in Caesars Villa aufhielt. Der mag monarchische Ambitionen gehegt haben. Oder auch nicht. Natürlich vernachlässigte er den Kontakt zu Rom, kümmerte sich weniger um innere Angelegenheiten, als klug gewesen wäre, gab sich autokratisch, wo er hätte besorgt sein müssen. Wenn man darauf Wert legt, selbst nicht als König gesehen zu werden, dann ist man schlecht beraten, wenn man seine Zeit mit einer Königin verbringt.

Bis 44 v. Chr. waren die Iden des März die Zeit der Frühjahrsvergnügungen, eine Gelegenheit für Trinkgelage wie so viele andere im römischen Kalender. Die Iden, da man die antike Göttin von Anfang und Ende feierte, waren eine Art derbes, feuchtfröhliches Neujahrsfest. Horden von Zechern hielten an den Ufern des Tibers bis spät in die Nacht Picknicks ab, wo sie bei Vollmond in provisorischen Hütten kampierten. Dieser Feiern sollte man sich neun Monate später noch häufig erinnern. Im Jahr 44 brach der 15. März bei bewölktem Himmel an. Am späten Vormittag begab sich Caesar in einer Sänfte zum Senat, um dort die letzten Festlegungen für seine Abwesenheit zu treffen. Der junge, angesehene Publius Cornelius Dolabella hoffte an seiner Statt zum Konsul ernannt zu werden, ebenso Marcus Antonius, Dolabellas Rivale um Caesars Gunst. An diesem Tag trat der Senat in einem der großen Säle in der Nähe des Pompeiustheaters zusammen. Als Caesar gegen elf Uhr eintrat, einen Lorbeerkranz auf dem Haupt, erhoben sich alle Anwesenden. Er ließ sich in seinem neuen goldenen Sessel nieder. Rasch war er von Kollegen umringt, darunter viele treue Freunde. Einer übergab eine Petition, wonach aufdringliche Handküsse folgten. Caesar schickte sich an, die Bitte abzuschlagen, worauf der Initiator ihn mitten im Satz unterbrach, Caesars Toga packte und sie grob von seiner Schulter riss. Das war das vereinbarte Zeichen. Die Gruppe umringte ihn, und Dolche wurden gezückt. Caesar wich dem ersten Stich aus, der ihn nur streifte, konnte sich aber der auf ihn herabhagelnden Stöße, die nun folgten, nicht mehr erwehren. Jeder der Verschwörer hatte sich verpflichtet, sich an dem Angriff zu beteiligen. So stachen sie alle wild auf Caesars Gesicht, Brust und Beine ein, wobei sie gelegentlich sogar einander trafen. Caesar versuchte sich ihnen zu entwinden, drehte seinen sehnigen Hals »von einem zum anderen und stieß dabei zornige Schreie aus wie ein wildes Tier«[24]. Schließlich ließ er ein langes Stöhnen hören, sein Gesicht fiel – wie das des Pompeius am Strand von Ägypten – in die Falten seines Gewandes, woraufhin er zu Boden sank.

Während die Angreifer zu den Türen des Saals stürzten, lag Caesar da, zu einem durchnässten purpurroten Klumpen zusammengesunken, von dreiundzwanzig Stichen getroffen, seine Kleider »blutgetränkt und zerfetzt«[25]. Die Mörder, Togen und Senatorenschuhe blutbefleckt, flohen in alle Richtungen mit dem Ruf, sie hätten einen König und Tyrannen getötet. Überall lösten sie Schrecken und Verwirrung aus. In dem Durcheinander glaubten einige, der ganze Senat sei an der Tat beteiligt gewesen. Eine Menge, die soeben noch gespannt einem festtäglichen Gladiatorenkampf beigewohnt hatte, strömte auf die Straße. Es hieß, Gladiatoren machten Senatoren nieder. Andere glaubten, eine Armee stehe bereit, um die Stadt zu plündern. »Lauft! Verriegelt die Türen! Verriegelt die Türen!«, wurde geschrien. Überall knallten Fensterläden zu, und die Römer verschwanden in Häusern und Werkstätten und schlossen sich ein.[26] Auf den Tumult folgte lähmende Stille: Im Moment »war die Stadt voller Leute, die rannten und schrien«, und im nächsten »wirkte sie wie vom Feind besetzt«[27]. In dem Versammlungssaal lag Caesars Leiche mehrere Stunden lang blutdurchtränkt, ohne dass sich jemand um ihn kümmerte. Niemand wagte ihn anzurühren. Erst spätnachmittags brachten ihn drei Sklavenjungen fort, begleitet von hysterischem Weinen und Klagen, das aus Türen und von Hausdächern erklang.

Außer Calpurnia, der Caesars verstümmelter Leichnam gebracht wurde, traf die Nachricht wahrscheinlich niemanden so tief wie Kleopatra. Abgesehen davon, wie sie Caesars Tod persönlich aufnahm, war er für sie ein verheerender politischer Schlag. Sie hatte ihren Schutzherrn verloren. Ihre Lage war jetzt, milde gesagt, unsicher und die Angst groß. Würden auch seine Freunde und Angehörigen umgebracht werden? Marcus Antonius, der Caesar dem Rang nach folgte, muss das zumindest angenommen haben. Als Diener verkleidet tauchte er unter. Als er wieder zum Vorschein kam, trug er einen Brustharnisch unter seiner Tunika. Jene, die Caesar attackiert hatten, wechselten die Kleider und verschwanden samt ihren Anhängern. (Cicero billigte den Mord zwar, hatte dabei selbst aber keine Rolle gespielt. Auch er suchte das Weite.) Da Caesars Abreise bevorstand, mag Kleopatra ohnehin geplant haben, Rom Mitte März zu verlassen. Diesen Ausgang aber hatte sie keinesfalls erwartet. Seit Jahren, lange vor ihrem Besuch, hatte man von Verschwörungen gegen Caesar gemunkelt. Wenn man nach Vorzeichen sucht, dann scheinen sie nur im Nachhinein eindeutig zu sein. Damals hätten sie zu ganz verschiedenen Entwicklungen führen können. Aber die Geschichte des Altertums ist voller eingetroffener Voraussagen. Nur wurden unfehlbare Anzeichen dem Ereignis erst später zugeordnet, und das von Männern, die den Mord an Caesar für so gerechtfertigt wie vorbestimmt hielten.

In gleicher Weise häuften sich später auch die Erklärungen, welche die Geschichte nachträglich als erfüllte Prophezeiung darstellte. Darin bekam nun auch Kleopatra eine Rolle bei dem Mord zugewiesen. Ihr Aufenthalt in Rom erforderte eine Begründung, die prompt geliefert wurde. Sie löste gewisse Rätsel, ordnete die widersprüchlichen Motive und störenden Einzelheiten von Caesars Geschichte. Da war für unbedarfte Gemüter zunächst das vertrackte Problem von Caesars Verweilen in Alexandria. Ob nun Kleopatras Einfluss oder ihren Ambitionen geschuldet, es musste etwas dahinterstecken. Und was bedeutete ihre vergoldete Figur im Forum an der Seite der Venus? Geschwätzige Zungen und vergiftete Federn gab es nach dem 15. März zur Genüge, als eine Bilanz gezogen wurde, die immer deutlicher zeigte, dass Caesars Mörder keinen Plan für die Zukunft besaßen und Rom einen schrecklichen Verlust erlitten hatte. Es ist bedeutsam, dass der Mann, der als Erster Kleopatra hätte anklagen müssen, dies nicht tat. Auf Ciceros langer Liste von Caesars Fehltritten und Verstößen ist sie nirgendwo zu finden. In einer Rede an das trauernde Rom erinnerte Cicero an die Zerstörungen, die Helena von Troja auslöste, sprach dabei aber von Marcus Antonius, nicht von Kleopatra.[28]

Caesar hatte in den Monaten zuvor einen maßlosen Hang zu extravaganten, beispiellosen Ehrungen an den Tag gelegt. Immer wieder hatte er sich provokatorisch mit einem Diadem zur Schau gestellt, dem Stirnreif, von dem die Finger ließ, wer ein guter Römer sein wollte. Ob Caesar dies aus eigenem Antrieb tat oder es ihm eingeredet wurde, ist unklar. Es hat den Anschein, dass jene, die ihm als Erste solche Ehren antrugen, sie auch als Erste verurteilten. Mit jedem Tribut schienen Caesars Kollegen ihm eine Art Hinterhalt zu legen, »weil sie wünschten, dass man ihn beneidete und hasste, damit er um so schneller verschwinde«[29]. Caesar war der Größte. Daher scheint es zumindest im Rückblick logisch, dass er in seinem Land ein Gott sein wollte, so wie es Kleopatra in ihrem war. Bald wurde getuschelt, ein Gesetz sei in Vorbereitung, »das es ihm erlaubt, mit so vielen Frauen Verkehr zu haben, wie er wünscht«. (Das klärte Sueton mit dem Hinweis auf, Caesar solle gestattet werden, viele Frauen zu heiraten »für den Zweck, Kinder zu zeugen«[30].) Er werde nicht nur mehrere Frauen haben, sondern auch seine ausländischen Geliebten heiraten dürfen. Das war nach dem Gesetz bislang nicht möglich, denn dieses erkannte nur Eheschließungen zwischen Römern und Römerinnen an. Es hieß auch, Caesar beabsichtige, die Hauptstadt des Reiches nach Alexandria zu verlegen. Dabei wolle er »die Ressourcen des Staates mitnehmen, Italien durch Steuern ausbluten und die Verantwortung für die Stadt seinen Freunden überlassen«[31]. Diese Version erklärte nicht nur Kleopatras Rolle, sondern auch den verdeckten

Vorwurf der architektonischen Ambitionen ihres Geliebten, dessen Manie, Rom völlig neu zu gestalten. Die beiden Caesars – vor Ägypten und nach Spanien – waren völlig unterschiedliche Menschen, was keiner verstand. Da bot sich Kleopatra als klare Trennlinie geradezu an. Ihr konnte man seinen Drang nach Macht und Titeln in den letzten fünf Lebensmonaten, die königliche Pracht und das Streben nach Göttlichkeit, die Kronen und das merkwürdige autokratische Gehabe zuschreiben. In unserer Zeit spielt sie sogar eine Rolle in der Verschwörung um die Diademe. Sie habe Caesar die Ideen vom Absolutismus in den Kopf gesetzt, weil sie Kaiserin von Rom werden wollte. Sie übte den entscheidenden, verderblichen Einfluss auf den Führer Roms aus, sie gebar in Ägypten einen neuen Caesar, um sich selbst als die eigentliche Gründerin des Römischen Reichs darstellen zu können.[32]

Sicherlich hatte Kleopatra ihren Anteil an Caesars Sturz. Aber weder imperiale Pläne von seiner oder ihrer Seite noch Verrat oder eine blinde, schicksalhafte Leidenschaft sind zu belegen. Welche Rolle sie wirklich spielte, darüber lässt sich streiten. Bei all ihrer Überzeugungskraft hat sie sich wohl kaum in spürbarer Weise in die römische Innenpolitik eingemischt. Fassten sie und Caesar eine gemeinsame Monarchie ins Auge? Das ist möglich, aber durch nichts belegt. Manchmal ist eine Geschäftsreise eben nur eine Geschäftsreise. Sueton wusste um das Los der ungeschminkten historischen Darstellung, die gern »verbessert« wird von »einfältigen Tröpfen, welche versuchen werden, einen Bericht mit dem Lockenstab zu bearbeiten«[33]. Der vielseitig gebildete Nikolaos von Damaskus, Lehrer von Kleopatras Kindern, war der Erste, der mit dem Finger auf Kleopatra zeigte. Ein Jahrhundert später folgte ihm Lucan bereitwillig nach und fasste ihr doppeltes Vergehen gegen Caesar in einem einzigen zusammen: »Sie weckte seine Gier.« Diese Behauptung hörte sich doch wesentlich interessanter an als die nackte Tatsache, dass Caesar aus den verschiedensten Gründen viele Feinde besaß, von denen nur sehr wenige etwas mit ägyptischen Königinnen oder der römischen Verfassung zu tun hatten. Selbst die Reform des Kalenders hatte ihm Gegner beschert, da er damit unabsichtlich die Ernennungen in bestimmte Machtpositionen beschnitten hatte. Jene, die Caesar zu Dank verpflichtet waren, verübelten ihm diese Schuld. Andere grämten sich über die Verluste, die sie in seinen Kriegen erlitten hatten. Manche hofften einfach, das System umzustürzen. »Und so«, räumte ein Zeitgenosse ein, »taten sich alle möglichen Leute gegen ihn zusammen: große und kleine, Freund und Feind, Militärs und Politiker, von denen jeder seinen eigenen Grund vorbrachte und wegen seiner Klage auch ein offenes Ohr für die Vorwürfe der anderen hatte«[34].

Am 17. März wurde Caesars Testament eröffnet und im Haus des Marcus Antonius laut verlesen. Es war die große Villa, die einst Pompeius gehört hatte und wohin Marcus Antonius nun zurückgekehrt war. Obwohl Kleopatra sich Mitte September, als Caesar das Dokument verfasste, in Rom befand, kam sie darin nicht vor. Wenn sie darüber Enttäuschung empfand, stand sie damit nicht allein: Es bestätigte keines der ruchlosen Motive, die man Caesar zuschrieb. Eher klang es wie ein einziger langer Vorwurf an seine Mörder. Die Villa mit Grundstück, wo Kleopatra gewohnt hatte, vermachte er dem Volk von Rom. Jedem erwachsenen Römer hinterließ er 75 Drachmen. Nach dem gültigen Recht durfte er einem Ausländer kein Geld vermachen. Das tat er auch nicht. Offenbar war er wohl doch nicht so unsensibel, wie es in den letzten Monaten den Anschein hatte. Das Testament enthielt weder eine Festlegung für Kaisarion noch dessen Anerkennung. Zum Erstaunen aller war auch für Marcus Antonius nichts bestimmt, der ganz offenkundig etwas anderes erwartet hatte. Stattdessen ernannte Caesar den achtzehnjährigen Großneffen Gaius Octavian zu seinem Erben. Er adoptierte den jungen Mann offiziell, vererbte ihm drei Viertel seines Vermögens und, was noch wertvoller war, seinen Namen. Marcus Antonius wurde zu Octavians Beschützer ernannt, dazu mehrere von Caesars engen Gefolgsleuten, die auch unter seinen Mördern gewesen waren.

Manche glaubten, nach den Iden werde Rom wieder zur Tagesordnung übergehen. Sie hatten aber nicht mit dem Hang des Marcus Antonius zum großen Auftritt gerechnet. Drei Tage später kam es zu Unruhen in der Stadt, weil man auf Caesars Begräbnis zur Hetzjagd auf seine Mörder aufgerufen hatte. Über Caesars Leichnam, der mit klaffenden Wunden auf eine Elfenbeinbahre gebettet war, hielt Antonius eine aufwühlende Rede. Zum Zeichen seiner Trauer hatte er sich nicht rasiert. Auf dem Podest für die Sprecher des Senats stehend, hatte er die Ärmel seines Gewands aufgekrempelt, um beide Hände freizuhaben. »Mit stolzer, unheilverkündender Miene« hielt Antonius eine Lobrede auf Caesar und zählte dessen Siege auf. Er verteidigte Caesar gegen den Vorwurf, er habe aus Wollust in Ägypten verweilt. Mit einer Stimme, die er effektvoll »von schmetternd bis klagend« variierte[35], bediente sich der Redner einer brisanten Mischung aus Mitleid und Empörung. Er, der nie eine effektvolle Geste gescheut hatte, präsentierte nun Caesars grauen, blutbefleckten Kopf. Dann riss er zu allem Überfluss dem Verstorbenen auch noch die zerfetzten, blutverkrusteten Kleider vom Leib, spießte sie auf einen Speer und schwenkte sie hin und her. Die Menge raste vor Wut und legte spontan Feuer in dem Saal, wo man Caesar ermordet hatte. Der ging in Flammen auf. Es folgte eine wilde Orgie des Mordens und Brandschatzens, während der, wie Cicero es darstellte, »fast die ganze Stadt niedergebrannt und noch einmal viele Menschen hingeschlachtet wurden«[36]. Damit war Rom für Kleopatra wie für jedermann höchst unsicher geworden. Alle Eigenschaften, die die Römer sonst den Alexandrinern, jenen fanatischen, unbeherrschten, blutrünstigen Barbaren, zuschrieben, tobten sich hier aus.[37] Auf dem Marktplatz wurde ein Mann, den man fälschlicherweise für einen der Mörder hielt, förmlich in Stücke gerissen.

In einer Hinsicht hatte Kleopatra Glück. Caesars Mörder hatten mehrfach gezögert, »denn bei all ihrem Hass fürchteten sie ihn und schoben die Sache immer wieder auf«[38]. Hätten sie nach ihrem ursprünglichen Plan gehandelt, dann wäre sie vielleicht gezwungen gewesen, in dem aufgewühlten Rom zu bleiben. Sie erlebte noch das wilde Gewitter, das auf das Begräbnis folgte, und sah den Kometen, der jeden Abend dieser Woche am Himmel erschien. Von ihrer Villa aus blickte sie über die Stadt, die sonst nachts stockdunkel gewesen war. Jetzt brannten auf den Plätzen bis zum Morgengrauen Lagerfeuer, um die Ordnung aufrechtzuerhalten. Dann reiste sie ab. Ihr Gepäck wurde auf Wagen geladen, über die gewundene Straße den Janiculumhügel hinab zum Fluss, dann über Berg und Tal zur Küste gebracht. Die Schifffahrtssaison war gerade eröffnet worden. Sicherlich mithilfe von Caesars Anhängern zog sie eilig davon. Einen Monat nach den Iden war sie fort, scharf beobachtet von Cicero. In Rom war ihr Schicksal in aller Munde. Erst Mitte Mai legte sich das Gerede. Cicero wartete ein paar Wochen ab – inzwischen war Kleopatra gewiss in Alexandria zurück und die Küste absolut leer –, um seiner Verachtung Luft zu machen. »Ich verabscheue die Königin«, donnerte er wütend. Er vermied es, sie beim Namen zu nennen, was er bei Feinden und Exfrauen stets tat. Offenbar wurmte ihn immer noch, dass er Kleopatra um einen Gefallen gebeten, sich dabei selbst kompromittiert oder lächerlich gemacht hatte. Wie die Dinge nun einmal gelaufen waren, passte es besser in sein Konzept als je zuvor, sie zu diffamieren. Selbst Kleopatras Repräsentanten bekamen seinen Zorn zu spüren. Ihnen warf er ganz allgemein »Schurkerei« und Unverschämtheit vor. Wie hatte er sich von diesen Leuten so grob behandeln lassen können? »Sie müssen gedacht haben, ich hätte keine Ehre im Leib oder sei gar verrückt«, wütete er.[39]

Für Kleopatra muss diese Abreise besonders belastend gewesen sein. Durch die Identifikation mit Venus und Isis hatte sie gepunktet. Im März war sie wieder schwanger, was man offenbar bereits sehen konnte, denn es war kein Geheimnis mehr. Cicero hatte allen Grund, sie scharf zu beobachten. Eine schwangere Kleopatra konnte in einer heiklen Situation Roms Zukunft komplizieren. Anders als Kaisarion war dieses zweite Kind auf römischem Boden gezeugt worden. Ganz Rom wusste, dass es von Caesar stammte. Wenn nun Kleopatra erneut einen Jungen gebar und sich entschloss, ihr Recht einzufordern? Cicero mag sich darüber Gedanken gemacht haben, sie könne die Nachfolge durcheinanderbringen. Dafür besaß sie jetzt ideale Voraussetzungen. Am Ende erwartete sie allerdings eine Enttäuschung, denn sie verlor das Kind – entweder auf der Flucht oder kurz danach. Cicero in Rom ließ einen langen Seufzer der Erleichterung hören.

In anderer Hinsicht wurde Kleopatra reich belohnt. Alle Parteien kamen überein, dass keine von Caesars »Entscheidungen, Privilegien und Geschenken« zurückgenommen werden sollte.[40] Damit war Zypern sicher. Kleopatra blieb eine Freundin und Verbündete Roms. Die Stadt selbst ging »einer Orgie von Plünderungen, Brandstiftungen und Massakern« entgegen. Auch ein Wiederaufflammen des Bürgerkriegs war nicht ausgeschlossen.[41] Nach den Iden gab es reichlich Möglichkeiten für Diffamierung und Selbstrechtfertigung. Viele beglückwünschten sich auch selbst. Könige zu stürzen war eine römische Tradition. Die Verschwörer glaubten, genau der seien sie an jenem grauen Frühlingsmorgen gefolgt. Sogar neutrale Kräfte trugen fleißig zu den Feindseligkeiten bei. Dazu Cassius Dio: »Sehr weite Kreise sind darauf erpicht, all jene, die Macht besitzen, im Streit miteinander zu sehen. Sie ergötzen sich an deren Feindseligkeiten und verschwören sich gegen sie.«[42]

Kleopatra, die seit Kindertagen mit der Furcht lebte, Rom könnte ihr Land zerschlagen, beobachtete, wie dieses stattdessen daranging, sich selbst zu zerstören. Es taumelte durch ein ödes, feuchtkaltes, düsteres Jahr, in dem die Sonne gar nicht mehr scheinen wollte, »beim Aufgang nie wie sonst strahlte und nur eine schwache, matte Wärme aussandte«[43]. (Der Grund dafür könnte der Ausbruch des Ätna auf Sizilien gewesen sein. Rom aber zog eine näherliegende politische Erklärung vor – schon damals waren die Lockenstäbe am Werk.) So konnte Kleopatra sich glücklich schätzen, diesem Chaos über das weite Meer zu entfliehen. Wahrscheinlich stach sie von Puteoli aus in See, segelte die italienische Küste entlang, durchfuhr die graue, unwirtliche Straße von Messina und erreichte im April das offene Meer. Sie hatte den Wind im Rücken.

Die Reise nach Süden war wenig anstrengend, ein tüchtiger Kapitän konnte sie in knapp zwei Wochen bewältigen. Binnen Tagen hatte Kleopatra die düstere, frostige Luft Europas hinter sich gelassen und wurde von den warmen Winden Ägyptens umweht. Sie kehrte ins sonnige Alexandria zurück, wo öffentliche Auftritte und private Audienzen, Rituale und Zeremonien auf sie warteten. Nie wieder sollte sie ihren Fuß nach Rom setzen. Auch ihre Stadt wollte sie nicht mehr aus den Augen lassen. Sie hatte ihr Spiel umsichtig und richtig gespielt, wesentlich wirksamer als jeder Ptolemäer vor ihr. Aber am Ende stand sie wieder ganz am Anfang, von den Ereignissen überholt, von der vollständigen Revision der Spielregeln ins Abseits gedrängt. Ein naher Zeitgenosse meinte dazu: »Wer kann das Staunen über die Wechselfälle des Schicksals, die rätselhafte Unbeständigkeit des Loses der Menschen in die rechten Worte fassen?«[44] Da war Kleopatra sechsundzwanzig Jahre alt.

In einem Leben der kaum belegten, aber emotional überfrachteten Szenen fiel die Rückkehr nach Alexandria im Jahr 44 unter den Tisch, obwohl sie am opernfähigsten war. Kein Librettist hat sie entdeckt, vielleicht weil davon kein Text vorhanden ist. Die Geschichte einer Frau, die für ihre meisterliche Manipulation Roms hätte gefeiert werden müssen, blieb im Wesentlichen den Historikern dieser Stadt vorbehalten. Ohne dass ein Römer beteiligt ist, existiert sie praktisch nicht. Keiner war dabei, als sie in jenem Frühjahr den roten Dächern Alexandrias entgegensegelte, den Leuchtturm und die kolossalen Statuen früherer Kleopatras umrundete, die Steinmolen passierte und in ihren ruhigen, hervorragend angelegten Hafen einlief. Wenn ein ausländischer Herrscher sich näherte, fuhr ihm die ägyptische Flotte entgegen.[45] Sicher tat sie es auch diesmal mit all ihren Schiffen. Wie Kleopatra diese Reise in ihrem Land auch begründet und welche Ziele sie tatsächlich damit verfolgt haben mag, ein so trostloses Ende kann sie wohl kaum erwartet haben. Unterwegs waren ihr ein paar Wochen beschieden, um sich mit dem Geschehenen abzufinden und nach vorn zu schauen. Ob sie persönlich trauerte oder nicht, sie hatte allen Grund zur Sorge. Niemand trat jetzt in Rom mehr für sie ein. Und sie selbst hatte in riskanter Weise in das blutige Geschäft eingegriffen, das die Politik dieser Stadt darstellte. Kaisarion als Caesars einziger Sohn war ihre Trumpfkarte. Zugleich war er eine potenzielle Belastung. Auf jeden Fall schwebte sie nun in größerer Gefahr als im Jahr 48, als sie zum ersten Mal zwischen zwei ehrgeizige Ausländer geraten war, die auf Leben und Tod miteinander rangen.

Ob Kleopatra irritierende Selbstzweifel kannte, darüber verweigert die Geschichte jede Aussage. Was Plutarch indessen als ihre übergroße Selbstsicherheit beschreibt, ist in der Überlieferung von ihr geblieben, dazu ihre enorme Überzeugungskraft. Bei späterer Gelegenheit sollte sie eine völlig misslungene Mission als hervorragend geglückt darstellen. Daher mag man nicht glauben, dass sie nach einem Weihrauchopfer an Deck in Alexandria ihr Schiff anders als eine triumphierende Herrscherin verließ, die sicher zu ihren jubelnden Untertanen zurückkehrte.*[46] Sie hatte das rustikale Rom hinter sich gelassen, war den Meereswogen, war all den Turbulenzen in der Ferne entgangen und in ein Land zurückgekehrt, das sie als lebende Göttin, in jeder Hinsicht der Venus gleich, anerkannte, in eine Stadt, in der die Monarchie die gebührende Wertschätzung genoss, in der eine Königin mit erhobenem Haupt einherschreiten konnte, ohne arrogant gescholten zu werden; in der sich niemand über goldene Sessel das Maul zerriss oder sich beim Anblick eines Diadems schüttelte. Kurz gesagt, sie war zurück in der Zivilisation. Das zeigte sich besonders deutlich im ägyptischen Sommer, der Zeit der Feste. Auch dabei stellte Kleopatras Königreich die Ordnung Roms auf den Kopf. Da die Felder unter Wasser standen, widmete sich Ägypten dem Singen, Tanzen und Feiern. »Zu Hause ist es doch am besten«, lautete ein griechisches Sprich-

* Für derartiges Verhalten hatte sie viele Vorbilder. Alexander der Große gab ein rauschendes Fest, um seine Eroberung Indiens zu feiern. Das überraschte die geschundenen, halb verhungerten Männer sicher sehr, die keinerlei Eroberung gemacht, sondern den Feldzug nur mit Mühe überlebt hatten.

wort, und so muss es auch Kleopatra empfunden haben, als sie aus einem Land zurückkehrte, das die Welt ganz anders definierte. »Alexandria«, hatte Cicero Jahre zuvor gelästert, »ist der Hort allen Betrugs und aller Falschheit.«[47]

Es ist nicht bekannt, wer Ägypten regierte, während Kleopatra außer Landes weilte. Normalerweise hätte sie damit ihren Finanzminister betraut. Wer immer es gewesen sein mag, er machte seine Sache ausgezeichnet. Sie kehrte in ein Königreich zurück, das in Frieden und Wohlstand lebte. Das war keine geringe Leistung bei Abwesenheit der Königin. Von Protesten gegen die Steuereintreibung oder Revolten, die die Rückkehr ihres Vaters begleiteten, war keine Rede. Die Tempel florierten. Kleopatra schlüpfte problemlos wieder in ihre alte Rolle. Beunruhigende Nachrichten kamen nur aus dem Ausland. Kleopatras jüngere Schwester Arsinoe schmiedete im Exil Pläne, um den Thron an sich zu reißen. In Fortsetzung ihres Coups vier Jahre zuvor fand sie in Ephesos genügend Unterstützung, um sich selbst zur Königin von Ägypten ausrufen zu lassen. Diese Aktion zeugt von ihrer Hartnäckigkeit und der Unsicherheit von Kleopatras Position außerhalb ihres Landes. Der Artemistempel war voller unbezahlbarer Schätze. Arsinoe muss sowohl Unterstützer in Rom als auch einen Komplizen aus der Familie oder einen entsprechenden Hochstapler gehabt haben. Um diese Zeit tauchte ein weiterer Thronbewerber auf, der behauptete, Ptolemaios XIII. zu sein, der nach seinem Ertrinken im Nil drei Jahre zuvor wundersam wiederauferstanden war. Natürlich hassten die beiden Schwestern einander. Arsinoe kann so weit gegangen sein, Kleopatras Gouverneur in Zypern zu bestechen, dessen Treue zweifelhaft war. Von Zypern nach Ephesos war es eine kurze Fahrt, und der dortige Gouverneur war traditionell ein hochrangiger Beamter. Die Lage wurde noch dadurch kompliziert, dass Kleopatra einen weiteren Bruder an ihrer Seite hatte, den entbehrlichen und potenziell ebenfalls ungetreuen Ptolemaios XIV. »Eine Spruchweisheit verlacht Menschen, die zweimal über denselben Stein stolpern«, hatte Cicero verlauten lassen.[48] Von Kleopatra, die erneut von zwei Seiten unter Druck stand, war derartiges Ungeschick nicht zu erwarten. Irgendwann im Sommer arrangierte sie, dass Ptolemaios XIV. beseitigt wurde, angeblich durch Gift.*[49]

Ob der Fünfzehnjährige nun mit seiner verbannten Schwester unter einer Decke steckte oder nicht, er wurde eindeutig nicht gebraucht, ein wandelnder Affront gegen Kleopatras Herrschaft. Seine Ermordung gestattete es ihr, Kaisarion zum Mitregenten auszurufen, was sie in diesem Sommer auch tat. Irgendwann nach dem Juli, dem neu nach Gajus Julius Caesar benannten Monat, der im Jahr 44 zum ersten Mal im Kalender auftauchte, worüber Cicero heftig mit den Zähnen knirschte, wurde Kaisarion zum Pharao ernannt. Mit seiner Thronbesteigung begann die dritte Koregentschaft Kleopatras. Dies war eine sehr originelle, ja geradezu ideale Lösung. Kaisarion erhielt den Titel »König Ptolemaios, zugleich Caesar, vaterliebender, mutterliebender Gott«. Damit hatte Kleopatra ihren obligatorischen männlichen Partner. Ein Römer, noch dazu ein zweifacher Gott, saß nun auf dem ägyptischen Thron. Und als Dreijähriger würde er sich wohl kaum in die Angelegenheiten seiner Mutter einmischen.

Dies war nicht nur ein brillantes strategisches Manöver – Kleopatra hüllte Ägypten symbolisch in Caesars Mantel, weshalb sie einen heftigen Wettstreit heraufziehen sah –, sondern darüber hinaus auch ein geschickter ikonografischer Schritt. War Caesar aus Alexandria königlicher zurückgekehrt als zuvor, dann war Kleopatra nach Rom noch göttlicher geworden. Mit all ihrer Energie widmete sie sich nun ihren Obliegenheiten als Isis, wobei sie ihre Mutterrolle voll auskostete – ein neues Element, das sie zusätzlich erhöhte. Bei festlichen Anlässen erschien sie im strahlenden Gewand der Isis.[50] Die jüngsten Ereignisse trugen ihren Teil dazu bei. Caesars Ermordung mag Kleopatras jahrelange minu-

* Das kam bei Notwendigkeit in den besten Familien vor, versichert uns Plutarch. Die Monarchie sei »eine höchst ungesellige Sache«. Die Regeln für die Beseitigung von Mitanwärtern auf den Thron seien so unveränderlich wie die der Geometrie, meinte er.

tiöse Planung durchkreuzt haben, erwies sich aber als Vorteil für die Bildersprache. Nach der Legende fallen die Feinde des Osiris, Isis' Partner auf der Erde und höchste männliche Gottheit, über ihn her und zerreißen ihn. Osiris lässt einen jungen männlichen Erben und eine treue, kluge Gattin zurück. Isis setzt in ihrer Trauer die Stücke des Gatten zusammen, um seine Auferstehung zu erreichen. Die Iden des März stützten diese Geschichte hervorragend. Kleopatra ging aus dem Verlust als große Gemahlin einer gemeuchelten Gottheit gestärkt hervor. Da passte es hervorragend, dass Caesar in den ersten Tagen des Jahres 42 bei einer feierlichen religiösen Zeremonie in Rom zum Gott erklärt wurde.

In der Öffentlichkeit spielte Kleopatra die Rolle der Isis als Quelle von Weisheit, von materieller und geistiger Nahrung voll aus. Sie pries Kaisarions Präsenz, die Dreieinigkeit der Familie und die geistige Wiedergeburt.*[51] Sie startete ein ehrgeiziges Bauprogramm, für das sie den Mythos weidlich ausbeutete. Kaisarion ist in einem Relief an den Mauern des Tempels von Dendera verewigt, einem Großprojekt, das Kleopatra von ihrem Vater geerbt hatte.[52] Möglicherweise aus Anlass der Thronbesteigung des Sohnes ließ sie ihn in Stein hauen, wie er, mit den Kronen von Ober- und Unterägypten angetan, vor ihr steht und den Göttern Isis, Horus und Osiris Weihrauch opfert. Es war eine wirksame Verschmelzung der Themen. Sie begleitet ihn als Pharaonin und Mutter. In einer Darstellung schüttelt sie eine Rassel der Isis und trägt die traditionelle Doppelkrone der Göttin. Ihr Name steht in den Schriftzügen stets als erster, offenbar hat sie die Reliefs auch geweiht. Damit vollen-

* Florence Nightingale begeisterte sich für die Parallelen in den Geschichten von Osiris und Christus. An einem Sonntagmorgen saß sie fasziniert in einem Isistempel in Oberägypten, den Kleopatras Vater üppig ausgeschmückt hatte. Nur wenige Orte waren ihr so heilig erschienen: »Ich kann euch meine Gefühle in Philae gar nicht beschreiben«, teilte sie ihrer Familie im Jahr 1850 mit. »Die Mythen von Osiris ähneln so sehr denen unseres Erlösers, dass es mir schien, als wäre ich an einem Ort, wo Er gelebt hat, als käme ich nach Jerusalem. Als ich bei Mondschein im Tempelhof einen Schatten erblickte, dachte ich bei mir: Vielleicht werde ich ihn sehen. Jetzt ist er hier.«

dete sie ein Werk, das ihr Vater in Edfu in Oberägypten begonnen hatte. Vielleicht setzte sie dort auch die Handwerker ein, die bereits in Dendera gearbeitet hatten. Bei Koptos weiter nördlich errichtete sie einen Schiffsschrein. Hinter dem Haupttempel von Hermonthis bei Luxor ließ sie ein kleines Heiligtum für die Geburt der göttlichen Kinder errichten. Dort steht Kaisarion in einem engen Zusammenhang mit Horus, der – vielleicht nicht zufällig – den Tod seines Vaters rächte. Möglicherweise begann Kleopatra in dieser Zeit bereits oberhalb des Hafens von Alexandria einen massiven Bau für Caesar zu errichten, der später als das Caesareum bekannt wurde.[53] Es sollte am Ende einen eigenen Bezirk mit Portiken, Bibliotheken, Kammern, Hainen, Toren, Promenaden und Höfen, geschmückt mit bester Kunst, darstellen. Ihr größtes Projekt war ein Isistempel in Alexandria, von dem heute jede Spur fehlt.

Auch in anderen Bereichen brachte sie die Stadt weiter voran. Unter Kleopatra erfuhr Alexandria eine starke geistige Wiederbelebung.[54] Sie sammelte eine Schar Denker um sich und ließ so eine griechische Intelligenzija in der Stadt wiedererstehen, die weitere Gelehrte anzog. Zu ihren Vertrauten gehörte Philostratos, ein Redner, der für seine faszinierenden, improvisierten Ansprachen gefeiert wurde. Er kann auch ihr persönlicher Lehrer gewesen sein. Die einzige autochthone Philosophenschule wurde unter Kleopatra gegründet. Ainesidemos von Knossos, ein Skeptiker, befasste sich mit dem relativen Charakter der menschlichen Erkenntnis und der Unmöglichkeit von Wissen. Forschungsarbeiten in Grammatik und Geschichte lebten wieder auf, obwohl dabei nur wenige der erstaunlich originellen Sprünge früherer Jahrhunderte bei der Entwicklung der Theorie erreicht wurden. Die einzigen Ausnahmen waren Medizin und Pharmakologie. Ärzte hatte man seit Langem an den ptolemäischen Hof gebunden, wo sie einflussreiche, sozial gesinnte Staatsmänner waren. Unter Kleopatras Herrschaft schrieben die Besten auf ihrem Gebiet als Wissenschaftler und Praktiker umfangreiche medizinische Arbeiten, unter anderem über Augen- und Lungenerkrankungen. Besonders in der Chirurgie erreichten sie große Fortschritte und entwickelten einen ganzen Komplex spezialisierter Methoden. Andere Arbeiten waren eher abgeleitet und eintönig, mehr der Klassifizierung als der Kreativität gewidmet. Dazu kamen die ersten in Alexandria groß gewordenen Wissenschaftler. Didymos, Sohn eines Salzfischhändlers und vier Jahre jünger als Kleopatra, tat sich an ihrem Hof mit seinem lebendigen Geist und seiner wunderbaren Denkkraft hervor. Er konnte scharfsinnig über Homer, Demosthenes, Geschichte, Dramatik, Poesie und Wortschatz sprechen. In den von ihm verfassten Bänden feuerte er sogar einige satirische Breitseiten auf Cicero ab. Es ist ein Wunder, dass er Zeit für seine Herrscherin aufbrachte, denn der unglaublich produktive Mann verfasste über 3500 Traktate und Kommentare. Das mag erklären, weshalb er zuweilen nicht mehr wusste, was er früher geschrieben hatte, und häufig beschuldigt wurde, er widerspreche sich selbst.[55] Das waren die Männer, mit denen Kleopatra dinierte, mit denen sie in engem Kontakt stand und Staatsgeschäfte besprach. Der Hausdenker wirkte »geistig anregend, als Beichtvater und Gewissen«[56]. Er war Lehrer und Diener zugleich.

Insgesamt sind die frühen vierziger Jahre die Zeit, da Kleopatra bewies, dass sie weit mehr war als nur die Summe ihrer angeblichen Verführungen. Sie tat die ersten Schritte zur Wiederherstellung des Ruhms der Ptolemäer. Dabei trat sie in die Fußstapfen ihres Vaters, allerdings mit sichtbareren Ergebnissen. Sie unterstützte und förderte geistige Unternehmungen, wie sie es ihrem Erbe schuldete. Hellenistische Herrscher waren per definitionem Beschützer der Kultur und selbst Gelehrte gewesen. Unter Kleopatras Vorfahren hatte es nicht nur zahlreiche Mörder, sondern auch einen Historiker, einen Zoologen und einen Stückeschreiber gegeben. Ptolemaios I. verfasste eine viel bewunderte Arbeit über Alexander den Großen. Im Rückblick werden wir immer wieder genötigt, Kleopatras Ruf danach zu beurteilen, was ihr fälschlich zugeschrieben wurde. Dabei hat sie sich kaum gewürdigte Verdienste um eine sehr vielfältige Literatur erworben, was etwas über ihr Profil aussagt. Im Ausland als dekadent verschrien, war sie im eigenen Land eine produktive Intellektuelle. Verschiedentlich wurde sie als Autorität in Zauberei und Medizin zitiert, die noch längere Zeit kaum voneinander zu trennen waren, für Haarkunst, für Kosmetik, für Maße und Gewichte. Dies waren Bereiche, die Kleopatra durchaus erkundet haben mag, zumindest bei ihren Gastmählern. Was die Medizin betraf, so stellte sie die Schutzherrin des Hathortempels dar, der der Frauengesundheit gewidmet war. Über das Baden in Eselsmilch dürfte sie dagegen ebenso wenig geschrieben haben, wie sie das Aspirin erfunden hat.

Eine merkwürdige Kur gegen Kahlköpfigkeit wird ebenfalls Kleopatra zugeschrieben: eine Paste, die zu gleichen Teilen aus gebrannten Mäusen, gebrannten Weinstrünken, gebrannten Pferdezähnen, Bärenfett, Wildmark und Rohrborke bestand. Diesen Brei sollte man mit Honig mischen und damit die kahlen Stellen einreiben, »bis es sprießt«[57]. Plutarch behauptet, Kleopatra hätte »tödliche Gifte aller Art« gemischt und sie an Gefangenen ausprobiert. »Als sie sah, dass die schnell wirkenden Gifte die Todesqualen durch Schmerzen noch verstärkten«, machte sie sich an die Untersuchung giftiger Tiere. Diese studierte sie systematisch, wobei sie täglich »mit eigenen Augen beobachtete, wie man sie aufeinanderhetzte«[58]. Der Talmud preist sie für ihre »große wissenschaftliche Neugier« und als »sehr interessiert an den Experimenten von Ärzten und Chirurgen«. Wenn man die große Bedeutung der Mediziner an ihrem Hof und die erreichten Fortschritte bedenkt, wenn man weiß, dass auch andere Könige des Ostens lebhaftes Interesse an den Naturwissenschaften zeigten, vielfach selbst Experimente durchführten, über Biologie und Botanik schrieben, dann kann das durchaus der Wahrheit entsprechen. Auf den Rest der Passage im Talmud trifft das wahrscheinlich weniger zu. Dort werden Kleopatra Experimente an weiblichen Gefangenen zugeschrieben, »um festzustellen, zu welchem Zeitpunkt aus dem Fötus der eigentliche Embryo wird«[59]. So dürfte auch die mittelalterliche *Gynaecia Cleopatrae* zweifellos apokryphen Charakter besitzen. Darin finden sich Anweisungen für ein Scheidenzäpfchen, »das ich stets benutzte und das meine Schwester Arsinoe ebenfalls ausprobierte«[60]. Auch wenn man nicht der Frage nachgeht, ob es wahrscheinlich ist, dass Kleopatra und ihre herrschsüchtige jüngere Schwester wohl jahrelang Tipps zur Schwangerschaftsverhütung ausgetauscht haben mögen, während sie sich tatsächlich gegenseitig nach dem Leben trachteten, so ist der Text schon deswegen problematisch, weil er in Latein verfasst ist. In dieser Sprache schrieb man Kleopatra gern zu, dass sie sich besonders in den okkulten Wissenschaften auskenne. Die einzige Alchemie, mit der sie sich tatsächlich befasste, lief jedoch darauf hinaus, von Ägyptens Feldern goldene Ernten einzufahren.

Ein großer Teil von Kleopatras angenommenen wissenschaftlichen Leistungen ist aus der arabischen Welt bekannt geworden, wohin die römische Propaganda nicht vordrang. Hier war sie als Philosophin, Medizinerin, Forscherin und Gelehrte bekannt. Ihr Name hatte einen starken Klang, was auch damit zusammenhing, dass man sie mit der für Heilmittel stehenden, wundertätigen Isis assoziierte. Nicht nur, dass einige der Beschuldigungen gegen sie zuzutreffen schienen, es ist auch schwer festzustellen, welche der ihr zugeschriebenen Leistungen der Realität entsprachen. Zu welchem Teil gehen sie auf Plutarchs Bericht über eine geistig interessierte Frau zurück, die in einer aufgeklärten Zeit lebte und sich in der Gesellschaft von Philosophen und Ärzten wohlfühlte? Und inwiefern sind sie den üblichen Angriffen gegen selbstbewusste, fähige Frauen geschuldet, die ihr Metier so gut beherrschten, dass man es nur mit »Zauberkünsten und Hexerei« erklären konnte?[61] Seziert oder nicht, die Leichen mussten irgendwo verscharrt sein, die Hexenkessel und Zauberbücher gewiss in der Nähe. Wie groß Kleopatras Fähigkeiten auch gewesen sein mögen, von blühenden Männerfantasien wurden sie noch stets übertroffen.

All ihre Fähigkeiten sollte sie in den Jahren nach der Rückkehr brauchen, als auf eine Katastrophe die nächste folgte. Im Frühjahr des Jahres 43 bewegte sich der Nil überhaupt nicht und stieg auch im Sommer nicht an. Ebenso uneinsichtig zeigte er sich im folgenden Jahr. Es gab Missernten wie noch nie in der Geschichte. Überall in Ägypten war das Elend groß. Auch durch diese anhaltende Krise steuerte Kleopatra ihr Königreich sicher und ohne größere Vorkommnisse. Bekannten Stolpersteinen ging sie dabei sorgfältig aus dem Weg. Die letzte Hungersnot war ein Fiasko für sie gewesen. Wahrscheinlich rief sie erneut den Notstand aus. Ihr Volk hungerte. Ihr blieb nichts anderes übrig, als die königlichen Lagerhäuser zu öffnen und unentgeltlich Weizen zu verteilen.* Die Inflation wütete. Daraufhin wertete Kleopatra ihre Währung ab. Bittsteller aus zwei Bezirken wurden bei ihr vorstellig und flehten sie um Schutz vor korrupten Steuereintreibern an. Angesichts der »allgemeinen Not« und »geleitet von dem Hass auf das Böse«, gewährte sie ihnen Freistellung von der Steuer.[62] Das wurde im Lande bekannt gemacht. Mitten in der Krise trafen Berichte von merkwürdig geschwollenen Drüsen und hässlichen schwarzen Eiterbläschen ein. Eine Epidemie wütete entweder in Ägypten oder an dessen Grenzen. Der erfolgreiche Dioskurides, ein Experte für Heilpflanzen, bekam reichlich Material, auf dessen Grundlage er eine bahnbrechende Abhandlung über die Beulenpest schrieb.

Die Krise kam besonders ungelegen, da der römische Bürgerkrieg im Jahr 43 mit aller Macht zu den Küsten Ägyptens zurückkehrte. Der Konflikt blieb nicht auf die Apenninen-Halbinsel beschränkt, eine brutale willkürliche Demonstration dessen, dass, wie Plutarch schrieb, »kein wildes Tier grausamer ist als der Mensch, wenn zu seiner Leidenschaft Macht hinzukommt«[63]. Für Kleopatra gestalteten sich die Kämpfe wie eine Art perverses Märchen: Sie wusste, dass alle Parteien bei ihr um Unterstützung nachsuchen würden. (Die große

* Die Juden der Stadt sollen ihr vorgeworfen haben, sie hätte kein Getreide verteilt. Das ist unwahrscheinlich. Gewöhnlich waren die Juden treue Anhänger der ptolemäischen Herrscherinnen. Sie dienten ihnen als Flusswächter, Polizeioffiziere, Armeekommandeure und hohe Beamte. Sie hatten für Auletes gekämpft und waren auch unter Kleopatras kleiner Anhängerschar in der Wüste im Jahr 48 zahlreich gewesen. Und sie hatten für sie während des Alexandrinischen Kriegs gefochten, an dessen Ende Caesar ihnen das Bürgerrecht verlieh.

Zahl der Forderungen beweist ihren anhaltenden Reichtum.) Ihr war auch klar, dass es für sie verheerend enden konnte, wenn sie die falsche Seite unterstützte. Während sie sich Rom gegenüber weiter verantwortlich fühlte, war ihre Schwierigkeit, dass sie nicht genau wusste, wer Rom vertrat. Und wem sie auch half, die Kosten würden ins Unermessliche steigen. Ihr war nur zu gut bekannt, was man ihrem Vater bei dessen Verhandlungen unverblümt ins Gesicht gesagt hatte: »Welche Demütigungen und Mühen er auch auf sich nehme, wen er auch besteche und wessen Gier er auch zu befriedigen suche, wenn es um die führenden Männer von Rom gehe, dann sei es nie genug, und wenn er ganz Ägypten zu Silber mache.«[64]

Am besten hätte Kleopatra überhaupt nichts tun sollen, aber diese Option erledigte sich rasch. So folgte sie am Ende ihren natürlichen Sympathien und bestimmte den Preis selbst. Dolabella war ein Günstling Caesars gewesen, sein frühreifer Flottenkommandeur und im Jahr 44 seine erste Wahl für einen Konsul. Er war zügellos und hitzköpfig, dazu stark, ein guter Redner und ein Liebling der Massen. Der junge Mann in den Zwanzigern mag Kleopatra als Caesars natürlicher politischer Nachfolger erschienen sein. Als Dolabella um Unterstützung nachsuchte, schickte Kleopatra ihm die vier Legionen, die Caesar ihr in Ägypten zurückgelassen hatte, dazu eine Flotte. Im Gegenzug nahm sie ihm das Versprechen ab, Kaisarion als König von Ägypten anzuerkennen, was für sie entscheidende Bedeutung hatte. Unglücklicherweise wurde die Flotte auf hoher See abgefangen. Kampflos lief sie zu Cassius über, Dolabellas Rivalen und einem der Anführer der Mörder Caesars. Nun drängte Cassius Kleopatra, ihm Unterstützung zu gewähren. Sie entschuldigte sich. Ihr Land sei von Hunger und Pest geplagt. Sie verfüge über keinerlei Ressourcen. Zugleich bereitete sie eine zweite Expedition für Dolabella vor. Widrige Winde hielten jedoch die Flotte im Hafen fest. Nun meuterten auch noch Untergebene. Ihr Militärbefehlshaber auf Zypern stellte Cassius gegen ihre Anordnung ägyptische Schiffe zur Verfügung. Die Folgen dieses Ungehorsams würde Kleopatra später zu tragen haben.

Das Spiel, das sie trieb, wurde immer gefährlicher. Im Juli 43 kreiste Cassius' Armee Dolabella ein und zerschlug seine Truppen. Dolabella beging Selbstmord. Als Nächstes hörte sie von Cassius' Gegnern Octavian und Marcus Antonius, wenn sie nicht vorher schon selbst Kontakt zu ihnen aufgenommen hatte. Die beiden hatten sich Ende des Jahres 43 zusammengetan, um Rache an den Mördern, besonders an Brutus und Cassius, zu nehmen. Für Octavian, Caesars Adoptivsohn und früheren Berater, stellte Kleopatra eine starke, mit umfangreichem Material beladene Flotte zusammen. Die wollte sie persönlich nach Griechenland begleiten. Inzwischen ging eine Drohung von dem Mörder Cassius ein, die sie ignorierte. Daraufhin drohte er erneut. Er hatte nur um ihre Kooperation gebeten, stattdessen hatte sie seinem Feind geholfen. Jetzt zeigte sich Kleopatra keineswegs als das gehorsame Weib, von dem Caesar einst gesprochen hatte. Voller Zorn bereitete Cassius nun einen Einmarsch in Ägypten vor. Der Zeitpunkt war günstig: Das Land war von Hunger geschwächt, Kleopatra ohne ihre römischen Legionen angreifbar. Später beharrte sie, sie habe »keine Angst vor Cassius« gehabt[65], aber sie wäre töricht gewesen, ihn nicht zu fürchten. Cassius hatte einen niederträchtigen Charakter, Grausamkeit und Habgier hielten sich bei ihm die Waage. Als »höchst aggressiver Mann« bekannt, war er eine der treibenden Kräfte der Mörderbande gewesen. Er hatte zwölf erstklassige Legionen unter seinem Befehl, dazu eine Elitetruppe von berittenen Bogenschützen.[66] In den Städten, die er bereits erobert hatte, war er ohne Gnade vorgegangen. Der erfahrene General und frühere Admiral des Pompeius hatte schon früher im Osten gekämpft, und er übte bereits die Kontrolle über Syrien aus, stand also unweit der ägyptischen Grenze.

Im letzten Augenblick retteten Kleopatra jedoch die rivalisierenden römischen Interessen. Als Cassius bereits auf dem Marsch nach Ägypten war, erreichte ihn ein dringender Ruf. Marcus Antonius und Octavian hatten die Adria überquert. Sie marschierten nach Osten, um ihn herauszufordern. Cassius zögerte. Ägypten, diese kostbare Beute, war zum Greifen nah. Brutus erinnerte ihn jedoch streng daran, dass es nicht darum gehe, seine Macht zu stärken, sondern Freiheit für sein Land zu erkämpfen.[67] Enttäuscht machte Cassius kehrt, um sich in Griechenland Brutus anzuschließen. Für Kleopatra fiel die Atempause mit anderen unglücklichen Entwicklungen zusammen. Sie war mit ihrer Flotte ausgelaufen, um sich Antonius und Octavian anzuschließen. Das Flaggschiff befehligte sie selbst. Erneut kam Sturm auf. Dabei war ein hoher Rahsegler nutzlos, lief rasch voll und konnte leicht kentern. Mit den schwer beschädigen Resten ihrer Flotte kehrte Kleopatra nach Alexandria zurück. Wie sie später erklärte, hatte der Sturm »nicht nur alles ruiniert, sondern sie wurde auch noch krank, weshalb sie später nicht noch einmal ausgelaufen sei«[68]. Manche haben ihre Aufrichtigkeit bezweifelt und vermutet, Kleopatra habe sich nicht noch einmal in Gefahr begeben wollen. (Bemerkenswert: Wenn man sie nicht dafür verurteilt, zu männlich kühn zu sein, dann wirft man ihr weibliche Schwäche vor.) Ihr Wort scheint sie trotzdem gehalten zu haben. Sie wusste, dass sie nicht jenen ihre Hilfe verweigern konnte, die den Tod ihres Geliebten rächen wollten. Ein Verbündeter des Cassius, der im Hinterhalt gelegen hatte, um Kleopatras Flotte mit sechzig Schiffen, einer Legion von Cassius' Männern und einem Vorrat an Feuerpfeilen anzugreifen, hörte von dem Desaster und stellte sich dem Rest der Ägypter vor der Küste Südgriechenlands in den Weg. Kleopatra rettete sich nur mit Mühe und kehrte krank nach Hause zurück. Für ihre sorgfältig überlegten, kostspieligen Bemühungen hatte sie niemandes Loyalität gewonnen.

Da sie den Siegern keine wirksame Unterstützung hatte angedeihen lassen, wusste Kleopatra, dass sie sich bald dafür würde verantworten müssen. Wie gerufen – wahrscheinlich Anfang 41 – erschien ein Emissär in Alexandria. Es war ein aalglatter, scharfzüngiger Unterhändler, aber auch ein Mann von wechselnden Loyalitäten. Quintus Dellius hatte im Lauf des Bürgerkriegs bereits dreimal die Seiten getauscht. Von Dolabellas Lager war er zu Cassius übergelaufen und schließlich zeitweilig bei Marcus Antonius gelandet. Er war nach Alexandria gereist, um von der so merkwürdig unkooperativen Königin von Ägypten ein paar Erklärungen einzufordern.[69] Warum hatte sie mit Cassius kollaboriert? Wie war ihre lauwarme Unterstützung der Caesaranhänger zu erklären? Auf welcher Seite stand sie wirklich? Sicher hatte man Dellius über die Wunder von Alexandria und dessen juwelengeschmückten Palast informiert. Was immer er über Kleopatra gehört haben mag, dürfte absolut unzureichend gewesen sein. Kaum »hatte er ihr Antlitz erblickt und bemerkt, wie gewandt und feinsinnig sie sprach«, da wurde ihm klar, dass er sein Vorgehen ändern musste.[70] Was Kleopatras entwaffnende Art betrifft, so sind sich alle Quellen einig. Plutarch unterlag ihrem postumen Zauber so sehr, dass er von Dellius' Eintreffen an im Grunde Marcus Antonius' Bericht folgte.

Dellius wurde rasch klar, dass es ihm nicht gelingen werde, eine reumütige, kleinlaute Königin für eine Anklage vorzuführen. Von der Frau, die er vor sich hatte, konnte man keine Erklärung erwarten. Als typischer Opportunist mag er erkannt haben, dass er etwas anderes aus der Situation machen konnte. Er selbst war für Schönheit äußerst empfänglich. Von den gemeinsamen Eskapaden mit seinem Befehlshaber kannte er dessen Geschmack. Entweder war Dellius wie Wachs in Kleopatras Händen, glaubte, dass dies auch Antonius sein werde, oder beides. Bei seiner Wankelmütigkeit und außerordentlichen Flexibilität fiel es ihm nicht schwer, eine Wende um hundertachtzig Grad zu vollziehen. Er umschmeichelte und umschwänzelte Kleopatra so heftig, dass unklar ist, für wessen Pläne er sich am Ende starkmachte. Dellius, dessen Sinn für die geschickte Inszenierung im Nachhinein gerühmt werden sollte, riet Kleopatra, ein wenig zu schauspielern. Sie sollte sich in ihre schönsten Kleider werfen. Ihre Lage war mit jener der Hera in der *Ilias* zu vergleichen[71], die ihre Haut knetet, bis sie sanft glüht, sich mit erregenden Ölen salbt, ihre glänzenden Locken flicht, sich in ambrosische Gewänder hüllt, die sie in der Taille mit Kordeln schnürt und – Goldbroschen auf der Brust und Edelsteine an den

Ohren – sich aufmacht, um Zeus zu treffen. Kleopatra sollte Dellius auf der Stelle ins Ausland folgen. Sie habe nichts zu befürchten, versicherte er ihr. Marcus Antonius sei »der sanfteste und netteste der Soldaten«.

Als Kleopatra drei Jahre zuvor unter einem trüben Aprilhimmel aus Rom geflohen war, hatte ein anderer misstrauischer Reisender ihren Weg gekreuzt. Zwar reiste Octavian als Privatperson nach Rom, aber er war »begleitet von einer bemerkenswerten Menge, die täglich weiter anschwoll wie eine Flut«[72]. Dabei schwebte er auf einer Woge des Wohlwollens. Entweder tatsächlich oder nur laut späteren Berichten wurde er mit der antiken Variante von Spezialeffekten begrüßt. Als er sich der Via Appia näherte, lichtete sich der Nebel, und »ein riesiger Glorienschein in den Farben des Regenbogens umgab die Sonne«, die sich seit Wochen nicht mehr gezeigt hatte.[73] Caesars Erbe war seinen Gefolgsleuten so unbekannt wie sie ihm. Sie schlossen sich ihm an – nicht enthusiastischer als die Veteranen von Caesars Feldzügen – in der Erwartung, der Achtzehnjährige werde »die Metzelei im Senat« rächen. In dieser Hinsicht blieb er unverbindlich, gab sich auf Empfehlung seiner Mutter »klug und geduldig«, zumindest bis er auf das Vermögen des Marcus Antonius seinen Fuß gesetzt hatte.[74] Der blasse Jüngling aus der Provinz mit den blonden Locken und den über der Nase zusammengewachsenen Brauen hatte sich bisher kaum hervorgetan und auch nur wenig Zeit in Rom verbracht. Er verfügte weder über militärische Erfahrung noch politisches Ansehen. Nun kam er daher, um das begehrteste Erbe seiner Zeit, den Namen seines Großonkels, einzufordern.

Strahlend erschien Octavian am nächsten Morgen auf dem Forum, um Caesars Adoption anzunehmen. Dann begab er sich zu Marcus Antonius in den Garten von dessen prächtigem Anwesen, wo er erst nach einer langen, demütigenden Wartezeit vorgelassen wurde. Wie er sich auch angekündigt haben mag – seine Gefolgsleute nannten ihn bereits Caesar –, war dies ein schmerzhafter Besuch. Mag Kleopatra Octavians Auftauchen in Rom als unangenehm empfunden haben, so war es für Marcus Antonius geradezu ein Affront. Ein Gespräch in gespannter Atmosphäre folgte zwischen den beiden Männern – in den Augen des vierzigjährigen Marcus Antonius zwischen einem Mann und einem Knaben –, die beide das gleiche Recht auf Caesars Erbe zu haben glaubten. Octavian war exakt und überlegt, er sollte später eine Art Kontrollfreak werden. Zweifellos hatte er diesen Auftritt vorher geprobt. (Selbst wenn er mit seiner Frau sprach, zog er es vor, seine Gedanken aufzuschreiben und laut vorzulesen.) Sicherlich trug Octavian sie im Jahr 44 mit kalter Selbstsicherheit und Klarheit vor. Warum hatte Marcus Antonius die Mörder nicht verfolgt? (Aus Gründen der öffentlichen Ordnung war allgemein eine Amnestie gefordert worden. Als sie gewährt wurde, hatte Marcus Antonius im Senat den Vorsitz inne.) Die Hauptanstifter waren nicht nur am Leben, sondern man hatte sie zur Belohnung gar zu Provinzgouverneuren und Militärbefehlshabern ernannt. Octavian ersuchte den Älteren, »sich hinter mich zu stellen und mir zu helfen, an den Mördern Rache zu nehmen«. Wenn er das nicht könne, möge er respektvoll zur Seite treten. Immerhin hätte Antonius ebenso gut Caesars politischer Erbe sein können, wenn er sich klüger verhalten hätte. Was das Erbe betraf, so möge Antonius ihm das Gold aushändigen, das Caesar für die versprochene Verteilung an die Bürger Roms hinterlassen habe. »Die Wertsachen und andere schöne Dinge« könne Antonius behalten, fügte er noch hinzu.[75] Das klang weniger nach einer Aufforderung als einer Anklage.

Marcus Antonius war mehr als doppelt so alt wie Octavian. Er genoss »alles Ansehen eines langen Dienstes bei Caesar«[76]. In den letzten beiden Jahren hatte er große, wenn auch nicht immer die geziemende Autorität genossen. Darüber hinaus hatte er das Erbe des Octavian bereits liquidiert, indem er das frühere Anwesen des Pompeius in Schutt und Asche legte, nicht bevor er die prächtigen Teppiche und Möbel großzügig an Freunde verteilt hatte. Man brauchte ihn nicht daran zu erinnern, dass er eine Adoption durch den Mann, den auch er mehr als jeden anderen verehrte, nur knapp verpasst hatte. Und er musste sich von einem mickrigen, selbstgerechten Emporkömmling keine Lehren erteilen lassen. Von dessen Auftreten war er vollends überrascht. Mit seiner vollen, rauen Stimme erinnerte er den jungen Mann daran, dass politische Führung in Rom nicht erblich sei. Dass Caesar gegen diesen Grundsatz verstieß, habe zu seiner Ermordung geführt. Er selbst habe viel auf sich genommen, um sicherzustellen, dass Caesar in Ehren bestattet werde und man ihm ein würdiges Andenken bewahre. Es sei auch nur allein ihm zu verdanken, erklärte er Octavian unwirsch, »dass du in der Tat alle Auszeichnungen Caesars besitzt – seine Familie, seinen Namen, seinen Rang und seinen Reichtum«. Marcus Antonius war Octavian keine Erklärungen schuldig. Er verdiente Dankbarkeit, nicht Vorwürfe. Bekannt für seine Unbeherrschtheit, musste er ein wenig Gift in seine Botschaft mischen, um dem Jüngelchen die Respektlosigkeit unter die Nase zu reiben: »Du bist ein junger Mann und ich wesentlich älter als du«, fügte er hinzu. Allerdings lag Octavian falsch, wenn er glaubte, Marcus Antonius neide dem Neuling die politische Macht und Stellung. »Die Herkunft von Herkules ist gut genug für mich«, schnaubte er.[77] Mit seinen breiten Schultern, dem Stiernacken, der imposanten Erscheinung, dem Lockenkopf und der Adlernase nahm man ihm das durchaus ab. Was Geld betraf, so hatte er keines. Octavians brillanter Vater hatte die Kasse fast leer zurückgelassen.

So brisant diese Begegnung war, nahm der Senat sie doch mit Erleichterung auf, denn es gab keine größere Gefahr als eine öffentliche Feindschaft zwischen den beiden Caesarianern. Marcus Antonius übte die politische Macht aus. Octavian wurde respektiert und war bald überraschend beliebt. Wohin er auch kam, überall wurde er begeistert empfangen. Man war sich einig, dass die beiden Rivalen sich nicht gegenseitig Schwierigkeiten bereiten, sondern besser ihre Kräfte vereinen sollten. Das wurde Marcus Antonius an diesem Frühlingsmorgen in seinem Garten klar. Octavian kam frisch von seiner Ausbildung. Dort hatte er natürlich gelernt, dass dem Pöbel daran lag, Zwietracht zu säen, dass er Demagogen aufbaute, um sie mit Vergnügen zu vernichten, dass man sie aufhetzte, sich gegenseitig an die Gurgel zu gehen.[78] Damit hatte er zweifellos recht. Und niemand verstand es besser, Streit zu schüren, als Cicero, von dem man immer erwarten musste, wie es ein Zeitgenosse sagte, dass er den Prominenten schlechtmache, den Mächtigen erpresse und den Angesehenen verleumde.[79] Diesem Ruf wurde er voll gerecht.

Für Cicero ging es hier um einen unheilvollen Kampf zwischen Schwäche und Gemeinheit. Tatsächlich aber gab es eine verwirrende Zahl von Optionen. Aus dem Kreis von Caesars Mördern blieben Brutus und Cassius weiterhin im Spiel. Pompeius' Sohn, ein kühner junger Mann, der Armeen um sich scharen konnte, befand sich mit dem größeren Teil der römischen Marine in Spanien. Sextus Pompeius konnte von dem immer noch strahlenden Ruf seines Vaters zehren. Auch er hatte einen Vater zu rächen und ein Erbe zurückzugewinnen. (Sein Anspruch auf Vergeltung war wohl der größte von allen. Als halbes Kind hatte er die Enthauptung seines Vaters an der Küste von Ägypten mit ansehen müssen.) Der Konsul Marcus Aemilius Lepidus, der Marcus Antonius als Caesars stellvertretender Kommandeur nachgefolgt war und mit Caesar noch am Abend vor dessen Ermordung diniert hatte, träumte ebenfalls davon, der Nachfolger zu werden. Er kontrollierte einen Teil von Caesars Armee. Weitere Legionen unterstanden anderen Konsuln. Brutus hatte unerwartet in Rekordzeit eine eigene Armee aufgestellt.* Offenbar war Octavian der Einzige ohne eigene Truppen.

Cicero, nach den Iden der einflussreichste Mann in Rom, steckte in einer ähnlichen Klemme wie Kleopatra. Auf wessen Seite sollte er sich schlagen? Er sah recht klar, dass diesmal – im fünften Bür-

* Die Sache wurde dadurch kompliziert, dass es sowohl Mörder als auch Möchtegernmörder gab, die – wie gewisse Kämpfer der französischen Résistance im 20. Jahrhundert – sich erst im Nachhinein der Bewegung anschlossen. Dazu kam, dass Lepidus und Cassius Schwager waren. Durch Heiraten waren sie auch mit Brutus verwandt.

gerkrieg seines Lebens – Neutralität nicht möglich war. Aber er kannte alle Parteien und war von keiner begeistert. Octavian kam ihm im Jahr 44 wie ein Schuljunge vor – eher ein Ärgernis als ein Mann mit Zukunft. »Ich vertraue seinem Alter nicht und weiß nicht, was er will«, nörgelte Cicero.[80] Und in der Tat konnte man sich Octavian, den bleichen Jüngling, als Oberbefehlshaber in einer Stadt, die starke, rotwangige Typen liebte, kaum vorstellen. Er bot sich selbst als Führer an und war so naiv zu glauben, dass man in Rom ein Geheimnis bewahren könne! (Es ist interessant, dass kaum jemand Octavian mit achtzehn Jahren ernst nehmen wollte, einem Alter, in dem Kleopatra bereits Ägypten regierte.)

Als Cicero im Mai 44 in Rom nicht mehr sicher zu sein glaubte, orientierte er sich auf Dolabella, wenn auch mit einer Sorgenfalte auf der Stirn. Der schneidige Befehlshaber war vier Jahre lang sein Schwiegersohn gewesen. Dolabella und Ciceros Tochter hatten sich während ihrer Schwangerschaft scheiden lassen. Danach hatte es Dolabella nicht eilig, die Mitgift zurückzuzahlen, wozu er verpflichtet war. Einst ein begeisterter Caesarianer, wandte er sich nach den Iden gegen seinen früheren Wohltäter. Er tat gar so, als wäre er an der Verschwörung beteiligt gewesen, die er öffentlich billigte. Cicero jubelte ihm lauthals zu. Am 1. Mai war sein ehemaliger Schwiegersohn wieder »mein wunderbarer Dolabella«[81]. Der untersetzte, langhaarige Dolabella lieferte eine hervorragende Rede ab. Cicero schmolz dahin. Dolabella hatte die Mörder so eloquent verteidigt, dass man Brutus glatt eine Krone hätte aufsetzen müssen! Natürlich, so Cicero, wusste Dolabella, wie sehr er ihn schätze. (Der wusste wohl eher das Gegenteil.) Dolabella zerstörte eine provisorische Säule, die man zu Caesars Andenken errichtet hatte. Er unterdrückte Demonstrationen für Caesar. Nun schätzte ihn Cicero nur noch mehr. »Keine Zuneigung ist je stärker gewesen«, schwärmte er.[82] Die Republik ruhte auf Dolabellas Schultern.

Eine Woche später war Cicero mit seinem ehemaligen Schwiegersohn fertig. »Der unverschämte Kerl!«, fauchte er und erklärte sich zu Dolabellas erbittertstem Feind.[83] Was war geschehen? Ungeachtet der vielen Komplimente hatte Dolabella seine Schulden immer noch nicht beglichen. Er erhielt eine Gnadenfrist: Cicero musste ihm erneut zu einer brillanten Tirade gegen Marcus Antonius gratulieren, die ganz nach seinem Geschmack war. Auch hier triumphierten persönliche Animositäten über politische Auffassungen. Beides Vertraute von Caesar, lagen sich Dolabella und Antonius seit Jahren in den Haaren, was auf eine Indiskretion von Antonius' damaliger Gattin zurückging. (Aus diesem Grund wurde sie über Nacht seine Exgattin.) Manchmal schien es, als gäbe es in Rom nur zehn Frauen. Und nach Ciceros Auffassung hatte Marcus Antonius mit jeder geschlafen.

Politik wurde lange als »systematische Organisation von Hass« definiert.[84] Nichts passte besser auf die Lage in Rom während der Jahre nach den Iden, da persönliche Feindschaften und nicht Themen Caesars Mörder, Caesars Erben und die letzten Pompeius-Anhänger voneinander trennten, die alle eine Armee, eigene Ziele und Ambitionen zu haben schienen. Unter der Vielzahl persönlicher Rachefeldzüge spielte sich wohl der grausamste zwischen Cicero und Marcus Antonius ab. Ihre Feindschaft reichte Jahrzehnte zurück. Antonius' Vater war gestorben, als dieser erst zehn Jahre alt war. Er hatte ihm so hohe Schulden hinterlassen, dass Antonius das Erbe ausschlug. Sein Stiefvater, ein gefeierter Redner, war auf Ciceros Weisung zum Tode verurteilt worden. Von seinem Vater hatte Marcus Antonius ein fröhliches, aber sprunghaftes Naturell geerbt, das Höhen und Tiefen kannte. Seine Mutter – nach allen Berichten eine echte Naturgewalt – hatte in ihrem verwegenen Sohn wohl einen Hang zu tüchtigen, starken Frauen geweckt. Ohne sie hätte sich Antonius wohl lange vor dem März 44 selbst zugrunde gerichtet. Auch so war sein persönliches Leben eine einzige Katastrophe. Den Ruf der Familie, stets leere Kassen zu haben, bestätigte er bereits in jugendlichem Alter. Sein Ruf als hervorragender Militär wurde nur von dem als fröhlicher Zecher noch übertroffen. Nach seinen Saufgelagen blieben Lehrer halbtot zurück.[85] Er liebte ein gutes Leben, rauschende Feste und schlechte Frauen und war hemmungslos großzügig, was ihm besonders leichtfiel, wenn das Haus, das er sorglos fortgab, nicht ihm gehörte. Was eigentlich auf einen früheren Volkstribunen gemünzt war, galt ebenso für Antonius: »Er war ein Verschwender von Geld und Keuschheit – seiner eigenen und der anderer Leute.«[86] Der schneidige Kavallerieoffizier hatte alles von Caesars Charme, aber nichts von dessen Selbstbeherrschung. Im Jahr 44 hielten ihn die Verschwörer für zu unbeständig, um ihnen gefährlich zu werden.

Nach den Iden befand sich Marcus Antonius auf der Höhe seines Ruhms. Er war der Mann der Stunde, zumindest bis Octavian auf der Bildfläche erschien. Kleopatra war noch nicht nach Alexandria zurückgekehrt, als sich bereits die ersten Spannungen zeigten. Die äußerten sich in aller Öffentlichkeit: »In der ganzen Stadt«, berichtete Appian, »stellte sich Octavian auf jeden erhöhten Punkt und brüllte, so laut er konnte, Vorwürfe gegen Antonius heraus.«[87] Der könne ihn so unwürdig behandeln, wie er wolle, ja sogar zu einem Leben in Armut verurteilen, donnerte Octavian, aber er möge doch bitte »aufhören, sein Vermögen zu plündern, bevor die Bürger ihr Erbe erhalten hätten«. Den Rest könne er behalten. Antonius blaffte empört zurück. Er griff zu Beleidigung und Obstruktion, wo er nur konnte. Der Senat tat nichts, um die beiden zurückzuhalten, sondern zog es vor, wie von Cassius Dio beschrieben und von Antonius vorausgesagt, »sie gegeneinander zu hetzen«[88]. Antonius' Anhänger drängten auf Versöhnung, die immer nötiger wurde, da die Mörder ihre Kräfte konsolidierten. Antonius entschuldigte sich. Er versprach, sein Temperament zu zügeln, vorausgesetzt, Octavian tue es ihm gleich.[89] Ein fragiler Waffenstillstand folgte dem anderen. Den zweiten brach Antonius mit einem sensationellen Angriff: Im Oktober klagte er Octavian an, der habe seine Leibwächter bestochen, damit sie ihn töteten. (Tatsächlich hatte Octavian sie nur mit Geld zum Überlaufen bewegen wollen, was ihm zur Gewohnheit werden sollte. Was Marcus Antonius' Sicherheit betraf, so bot Octavian an, persönlich an seinem Bett Wache zu stehen.) Die meisten hielten den Vorwurf für grotesk. Einige allerdings waren anderer Meinung, was Octavian rasend vor Wut machte. Das ging so weit, dass er einmal auf die geschlossene Tür von Marcus Antonius' Haus einschlug, um seinen guten Namen wiederherzustellen. Völlig außer sich, brüllte er heilige Schwüre, aber nur ein paar Diener und die hölzerne Tür hörten ihn.[90]

Cicero, den Octavian eifrig umwarb und dem er täglich schrieb, spielte auf Zeit. Das war eine delikate Sache. Sollte Octavian zur Macht gelangen, dann war es um die Mörder geschehen. Aber Octavian war einerseits gefährlich leicht zu beeindrucken und andererseits merkwürdig immun gegen die Ratschläge Älterer. Besonders schwer ertrug Cicero die blumigen Elogen des jungen Mannes auf Caesar. »Andererseits«, überlegte Cicero, »wenn er geschlagen wird, dann wird sich zeigen, wie unerträglich Antonius ist, so dass man gar nicht sagen kann, wem man den Vorzug geben soll.«[91] Antonius neigte zu Plünderungen, Octavian war blind vor Rache. Cicero wusste nicht ein noch aus, legte sich aber schließlich auf einen Standpunkt fest, den er gebetsmühlenartig wiederholte: »Der Mann, der Marcus Antonius zu Fall bringt, beendet diesen grauenhaften und gefahrvollen Krieg.«[92] Im Herbst 44 hieß für Cicero das Reich – oder was davon noch übrig war – zu verteidigen, Antonius herunterzumachen, gegen den er nun sechs Monate lang wetterte. Während dieser quälenden Zeit musste sich Kleopatra mit Antonius' und Octavians wahren Feinden auseinandersetzen. Das versuchte sie, indem sie mit Dolabella und Cassius mehr oder weniger aufrichtig kollaborierte.

Mit seinen wütenden Angriffen, die wir als die »Philippiken« kennen, suchte Cicero Caesars ehemaligen Mitstreiter zu vernichten. Antonius war, milde gesagt, »ein dreister Halunke«, streng genommen aber ein unberechenbarer, versoffener, dreckiger, schamloser, verkommener, zügelloser und plündernder Irrer. »In Wahrheit«, so versicherte Cicero, »sollten wir in ihm nicht einen Menschen, sondern ein reißendes Tier sehen.«[93] Natürlich lieferte Antonius Cicero jede Menge Munition. Er hatte Geld veruntreut. Er hatte skandalöse Affären. Er hatte sich Eigentum angeeignet. Er hatte sich selbst inszeniert, einmal sogar für eine Vergnügungsfahrt durch Rom Löwen vor einen Kampfwagen gespannt. Feiern bis zum Exzess war eines seiner Markenzeichen. Seinen tollkühnen Husarenstreichen verdankte er zu einem großen Teil seine Popularität. Seine Männer gingen für ihn durchs Feuer. Er war häufig bei Gelagen anzutreffen, wenn auch »der Geruch der Ausschweifung« nicht so sehr an Antonius hängen blieb, wie Cicero das gerne wollte. Trotzdem verbreitete er weiter mit Vergnügen Geschichten über Antonius' Entgleisungen, wobei er auch vor Übertreibung nicht zurückschreckte. Den Morgen, an dem Antonius im Senat den Mund öffnete, um zu sprechen, und stattdessen die verdorbenen Reste einer Hochzeitsfeier in seinen Schoß erbrach, sollte ihm Cicero immer wieder vorhalten. Von Stund an war Antonius das »rülpsende, kotzende Vieh«, das lieber »spuckt als spricht«[94]. Er habe nichts anderes im Sinn, als für Roms Schausteller, Spieler und Zuhälter zu sorgen. Dies war für Cicero ein unerschöpfliches Thema. Jahre zuvor hatte er bekannt: »Es ist leicht, gegen das Laster zu eifern. Das Tageslicht würde nicht ausreichen, wollte ich versuchen, alles anzuprangern, was dazu gehört: Verführung, Ehebruch, Wollust, Extravaganz – das Thema kennt keine Grenzen.«[95*/96/97] So verfuhr er mit dem Thema Antonius.

Während die Schmähungen weitergingen, tauchten zwei neue Themen auf. Octavian wurde in Ciceros Augen von »dem Jungen« über »mein junger Freund«, »dieser außerordentliche junge Bursche« zu »diesem vom Himmel geschickten jungen Mann«, auf dem

* Wirklich eloquent ist ein Mann, der beide Seiten eines Falls mit gleicher Gewandtheit vertreten kann. »Wenn du also per Zufall auf einen triffst, der den Anblick schöner Dinge verschmäht«, schrieb Cicero in derselben Rede, »der sich weder von Geruch noch Berührung oder Geschmack verführen lässt, dessen Ohren für alle süßen Klänge taub sind, dann würde ich, wie auch einige andere, den vielleicht als einen Liebling des Himmels ansehen, die meisten jedoch als ein Ziel seines Zorns.« Cicero wohnte in einem der elegantesten Anwesen des vornehmsten Viertels von Rom, für das er eine astronomische Summe bezahlt hatte. Während er sich etwas darauf zugute hielt, dass eine seiner Villen »von einer Vornehmheit ist, die sich von der Extravaganz anderer Landhäuser unterscheidet«, gab er zu, dass ein Anbau auch sehr nett wäre.

Roms Hoffnung ruhe. Was seine Tiraden gegen Antonius betraf, so gab er diesem jetzt eine Partnerin für seine Verbrechen bei. Er kratzte Belege, Gerüchte und Andeutungen krümelweise zusammen, um auch Fulvia, die drei Jahre lang mit Antonius verheiratet gewesen war, in seine wütenden Denunziationen einzubeziehen. Die habe sich daran beteiligt, Posten zu verteilen, Provinzen zu versteigern und Staatsgelder zu unterschlagen, behauptete Cicero. Er warf ihr Gier, Ehrgeiz, Grausamkeit und Tücke vor. Antonius beschuldigte er des schlimmsten Verbrechens, das man einem ehemaligen Mitstreiter Caesars vorhalten konnte: Marcus Antonius, so bellte er, »würde sich lieber vor dem unverfrorensten Weib verantworten als vor dem Senat und dem Volk von Rom«[98]. Mit dieser Offensive, die Antonius jeden Anstand absprechen sollte, ließ Cicero Octavian ein Erbe von unschätzbarem Wert zukommen. Der sollte jede einzelne Zeile davon nutzen, ohne den besten Ghostwriter der Geschichte auch nur ein einziges Mal zu würdigen.

Im November 43 blieb Octavian und Antonius nichts anderes übrig, als ihre Kräfte zu bündeln. In diesem Winter schlossen sich Brutus und Cassius in der östlichen Ägäis zusammen, nachdem Letzterer seinen Feldzug gegen Kleopatra abgeblasen hatte. Da die Mörder gut bewaffnet und finanziert waren, schluckten Antonius und Octavian die gegenseitige Verachtung hinunter und gingen ein offizielles Bündnis ein. Außerdem holten sie noch Lepidus hinzu, der eine besonders motivierte Armee kommandierte. Gegen Ende des Monats trafen alle drei auf einer kleinen Insel mitten im heutigen Bologna zusammen, »um Feindschaft gegen Freundschaft zu tauschen«[99]. Sie tasteten einander nach versteckten Messern ab und setzten sich dann in Sichtweite ihrer Armeen zum Gespräch nieder. Dort blieben sie zwei Tage lang, von morgens bis abends ins Gespräch vertieft. Das kann nicht überraschen, wenn man ihre widersprüchlichen Ziele bedenkt. Der römische Historiker Florus sagte es viel später so: »Lepidus war von dem Wunsch nach Reichtum getrieben, den er zu gewinnen hoffte, wenn die Verwirrung im Staate anhielt. Antonius wollte Rache an jenen nehmen, die ihn zu ihrem Feind erklärt hatten. Caesar [Octavian] beseelte der Gedanke, dass der Tod seines Vaters noch ungesühnt war und die Tatsache, dass Cassius und Brutus noch lebten, den Geist des Verstorbenen beleidigte.«[100] Als die zwei Tage vorüber waren, hatten die drei trotz allem eine Vereinbarung erzielt. Sie ernannten sich selbst für fünf Jahre zu Diktatoren und teilten das Reich unter sich auf. Alle drei schworen, die Vereinbarung einzuhalten, und gaben sich die Hände. Am Ufer jubelten ihre Armeen und grüßten einander. Das Abkommen, das später als das Zweite Triumvirat bekannt wurde, sollte im Januar 42 in Kraft treten. Kleopatra konnte darüber nur erleichtert sein. Gemeinsam hatten Octavian und Antonius eine Chance. Sie war nicht in der Lage, die vereinigten Kräfte von Brutus und Cassius abzuwehren, die gegenüber einer Verbündeten Caesars, die noch dazu gemeinsam mit dessen Kind regierte, keine Gnade walten lassen würden.

Die neuen Triumvirn widmeten sich auch der dringlichen Frage der Finanzen. Alles Geld lag in Asien, von wo es ungehindert in die Kassen der Mörder floss. Die Schatzkammer von Rom blieb leer. Dieser Zustand führte unausweichlich zu dem heiklen Thema der persönlichen Feinde. Die drei Verbündeten zogen sich zurück, um im engen Kreis eine Liste aufzustellen. Es fand ein beträchtlicher Kuhhandel statt, da jeder »seine zuverlässigsten Freunde für seine bittersten Feinde anbot«[101]. So opferte Antonius einen geliebten Onkel für Cicero. Lepidus sagte sich von einem Bruder los. Die Chance zu überleben stand für einen Mann besonders schlecht, wenn er vermögend war. »Immer wieder kamen neue Namen hinzu, einige aus Feindschaft, andere, weil sie als lästig empfunden wurden, Freunde von Feinden, Feinde von Freunden oder besonders reich waren«, teilt uns Appian mit.[102] Einzeln eilten die Triumvirn darauf mit ihren Männern nach Rom, wo sie einen wahren Aderlass veranstalteten. »Die ganze Stadt«, schrieb Cassius Dio, »füllte sich mit Leichen.« Man ließ sie einfach in den Straßen liegen, wo sie Opfer von Hunden und Vögeln wurden, oder warf sie in den Fluss. Einige der Verfolgten ließen sich zu ihrem Schutz in Brunnen oder schlammige Abwasserkanäle hinab. Andere versteckten sich in Schornsteinen.* [103]

Cicero, der mehrere Fluchtpläne verworfen hatte, befand sich am 7. Dezember 43 in seiner Villa auf dem Land südlich von Rom. Er hatte sich gerade zur Ruhe gelegt, als eine Krähe zum Fenster hereingeflogen kam und an seiner Bettdecke pickte. Die Diener nahmen das als Zeichen für drohende Gefahr. Sie flehten Cicero an, er möge ihnen gestatten, ihn ans Meer zu bringen. In dem dichten Gehölz am Wegesrand werde er nicht zu entdecken sein. Widerwillig stieg er in seine Sänfte, einen Band Euripides in der Hand. Minuten später schlug ein Centurio (Hundertschaftführer) die Tür seiner Villa ein. Nachdem er erfahren hatte, was er wollte, stürzte er davon, um die Sänfte abzufangen. Cicero befahl seinen erschrockenen Dienern, ihn unter Bäumen abzusetzen. Er wollte seinem Mörder ins Auge sehen. Der große Mann war zerzaust und verhärmt, »das Gesicht von Angst verzerrt«[104]. Er zog den Vorhang völlig auf und streckte seinen Hals so weit wie möglich hinaus, damit der Kopf ordentlich abgeschlagen werden konnte. Er vermutete, in den Händen eines Amateurs zu sein, was auch zutraf. Auf ziemlich ungeschickte Weise wurde Ciceros Kopf vom Rumpf getrennt. Antonius hatte befohlen, auch die Hände abzuhacken, die die Philippiken verfasst hatten, um sie dem Senat zu präsentieren. Es heißt, Fulvia, die seit Langem eigene Gründe hatte, um Cicero zu hassen, habe den Kopf zuerst bespuckt, dann den Mund geöffnet und Ciceros Zunge mit einer Haarnadel durchbohrt.[105] Am Ende waren zweitausend prominente Römer hingeschlachtet, darunter fast ein Drittel des Senats. Die Triumvirn stießen in Rom auf keinen Widerstand, da sie dreiundvierzig Legionen unter ihrem Befehl hatten. Schließlich stellten sie das

* Eine Ehefrau kam auf eine besonders schlaue Idee: Sie beförderte ihren Ehemann in einem Hanf- oder Ledersack von der Art, wie Kleopatra ihn benutzt hatte, zur Küste.

Gemetzel ein, da die Aktion sich als weniger gewinnbringend herausstellte als erwartet.

Zehn Monate später stießen die Heere von Cassius und Brutus bei Philippi in einer weiten Ebene Ostmakedoniens auf jene von Antonius und Octavian. Es folgten zwei gewaltige Schlachten mit grausigen Ergebnissen. Eine Seite wollte Rom in die Autokratie führen, die andere focht immer noch für eine Republik. Die Sache wurde dadurch kompliziert, dass es sich um sehr erfahrene, disziplinierte Truppen handelte. Jede Seite tat sich schwer, einen Gegner zu besiegen, der dieselbe Sprache sprach, die gleiche Taktik anwandte und ähnlich ausgebildet war. Die beiden Armeen von über 100 000 Mann traten zum wütenden Nahkampf an. Unter dicken Staubwolken, mit gezogenen Schwertern und bloßen Händen, beim Klirren aufeinanderprallender Schilde, unter erschöpftem Stöhnen und Todesschreien erlitten beide Seiten furchtbare Verluste. Erst im zweiten Anlauf konnten Octavian und Antonius, deren Männer kurz vor dem Verhungern standen, über die Republikaner die Oberhand gewinnen. Cassius nahm sich mit demselben Dolch, mit dem er auf Caesar eingestochen hatte, das Leben. Brutus stürzte sich in sein Schwert. Mit den Leichen gingen die Sieger unterschiedlich um. Antonius nahm seinen kostbaren Purpurmantel ab und deckte ihn sorgfältig über Brutus' Leiche. Er sollte gemeinsam mit seinem brillanten ehemaligen Mitstreiter begraben werden. Dann tauchte Octavian auf der Bildfläche auf. Er befahl, Brutus den Kopf abzuschlagen, der in Rom zur Schau gestellt werden sollte.*[106]

Philippi war auch eine Schlacht der Ideen. Man kann sagen, dass danach Freiheit und Demokratie besiegt waren und Caesars Tod gerächt war. Antonius nahm sich den Bart wieder ab, den er sich zum Zeichen der Trauer hatte wachsen lassen. Zwischen Marcus Antonius und Octavian war keine Streitfrage mehr offen. Sie würden sich eine neue ausdenken müssen, denn den Konflikt suchten

* Der Kopf ging unterwegs verloren.

beide nach wie vor. Jenseits des Mittelmeers fragte sich Kleopatra, die eigene Krisen zu bewältigen hatte, mit Recht, warum sich die Römer nicht für das klarere Modell der Monarchie entschieden, da persönliche Ambitionen sie in den letzten Jahren so viel Blut gekostet hatten. Dazu sollte Cassius Dio später äußern, Demokratie sei ein schönes Wort, »aber ihre Ergebnisse stimmen mit dem Wort nicht überein. Dagegen klingt Monarchie unangenehm, sie ist aber die praktischste Regierungsform, unter der man leben möchte. Denn es ist leichter, einen einzelnen hervorragenden Mann zu finden als viele«[107].

Im Jahr 42 teilten Antonius und Octavian den Mittelmeerraum noch einmal unter sich auf, wobei sie Lepidus beiseitedrängten. Mit unterzeichneten Abkommen in der Hand trennten sie sich. Antonius badete in seinem Ruhm und sah sich als der erste der beiden Partner. Den militärischen Sieg hatte er errungen. In Philippi erwarb er sich den Ruf der Unbesiegbarkeit, der noch auf Jahre hinaus furchteinflößend wirken sollte.[108] Er wandte sich nach Osten, um dort die Ordnung wiederherzustellen und Geld zu beschaffen. Octavian war den größten Teil des Monats krank gewesen. Man hatte ihn in einer Sänfte transportiert. Nun begab er sich nach Westen, um wieder gesund zu werden. Er sollte seine Armee demobilisieren und Land unter den Kriegsveteranen verteilen, die er erst am Ende des Feldzugs auszahlen konnte. Die Welt lag jetzt in den Händen von zwei Männern, die mit diametral entgegengesetzten Interessen und radikal unterschiedlichen Einstellungen zurechtkommen mussten – der eine unbarmherzig, berechnend und geduldig, der andere sentimental, simpel und impulsiv. Dies bedeutete nichts anderes, als dass der Bürgerkrieg noch während Kleopatras ganzer Lebenszeit toben sollte. Wäre das nicht geschehen, hätten wir wohl kaum von der letzten Königin Ägyptens gehört, die eine Rolle übernahm, welche – zum Teil dank Cicero – anscheinend schon Jahre zuvor für sie geschrieben wurde.

VI

UM DEN HAFEN ZU ERREICHEN, MUSS MAN BISWEILEN DEN KURS ÄNDERN

»Doch welchen Unterschied macht es, ob die Frauen herrschen oder die Herrscher von Frauen beherrscht werden? Das Ergebnis ist das gleiche.«[1]

ARISTOTELES

AUCH NACH DELLIUS' Besuch, auch nach diesen genauen Anweisungen spielte Kleopatra auf Zeit. Und sie hatte allen Grund dazu. Die Lage war unübersichtlich, der Einsatz immens. Nachdem sie jetzt jahrelang geschickt allen unbesonnenen römischen Flügelkämpfen und Intrigen ausgewichen war, hatte sie nicht die Absicht, doch noch einen falschen Schritt zu tun. Dellius hatte nicht nach Erklärungen verlangt, und doch war sie Erklärungen schuldig. Sie hatte sich aus dem Getümmel herausgehalten, als die Caesarianer sie brauchten. Sie hatte keine Neutralitätserklärung abgegeben. Willentlich oder nicht – sie hatte die Mörder ihres Liebhabers unterstützt. Es blieb ihr kaum etwas anderes übrig, als darüber Rechenschaft abzulegen. Als Klientelkönigin, als Freundin und Verbündete Roms blieb ihr auch kaum etwas anderes übrig, als die Kontakte zu Marcus Antonius zu pflegen und ihn zu besänftigen. Vielleicht wäre sie ihm liebend gern aus dem Weg gegangen – sie hatte durchaus eine Vorstellung davon, was er von ihr wollte –, aber Antonius kontrollierte den Osten. Ägypten fiel in seine Zuständigkeit. Zudem war er der hochgelobte Held von Philippi, wo er scheinbar überall gleichzeitig aufgetaucht war und alles so schnell bewerkstelligt hatte, dass es schon unheimlich wirkte.[2] Nachdem er mit seinen Legionen durch Kleinasien gezogen war, wurde er in Athen von jubelnden Menschenmengen empfangen, in Ephesos als Gott begrüßt. Dieser Zweiundvierzigjährige mit dem Lockenkopf, dem kantigen Kinn und den breiten Schultern strotzte noch immer nur so vor Gesundheit. Er ließ sich in Tarsos nieder, dem blühenden Verwaltungszentrum Kilikiens an der Südostküste der heutigen Türkei. Und dorthin, auf diese üppige, von hoch aufragenden Bergen gesäumte Ebene, bestellte er Kleopatra. Immer neue Aufforderungen trafen ein. Sie ignorierte sie einfach.

Hielt sie ihn absichtlich hin, oder war sie mit aufwendigen Vorbereitungen beschäftigt? Zaudern hatte man ihr nie vorwerfen können – allerdings wartete sie verschiedentlich in kritischen Situationen ab, bis sich der Staub legte. Vermutlich war dies einer jener Momente. Plutarch versichert uns, dass sie keine Angst hatte, obwohl die durchaus verständlich gewesen wäre; andere wurden wegen ihrer mangelnden Kooperationsbereitschaft abgestraft. In seinen Augen steckte eine Strategie hinter der Verzögerung. Kleopatra nahm Dellius seine beruhigenden Berichte ab, setzte aber ein noch größeres Vertrauen in ihre eigenen Kräfte, die jetzt voll entwickelt waren. Caesar »hatte sie gekannt, als sie noch ein Mädchen und in dergleichen Dingen noch unerfahren war«, meint Plutarch, »zu Antonius dagegen sollte sie gerade in dem Alter gehen, in dem Frauen die strahlendste Schönheit besitzen und ihr Verstand seinen Gipfel erreicht«[3]. (Wie ein scharfsinniger Kommentator bemerkt hat, verschob er damit »den Höhepunkt der Schönheit ermutigend weit nach hinten und den Höhepunkt intellektueller Leistungsfähigkeit deprimierend weit nach vorn«[4]. Kleopatra war noch keine dreißig.) Mit dem »größten Vertrauen in sich selbst und den Zauber ihrer Reize« machte sie sich schließlich auf den Weg, nicht weil sie endlich bereit war oder es nicht länger hinauszögern konnte, sondern im Grunde aus purer Verachtung. Sie hatte viele Briefe von Antonius und seinen Verbündeten bekommen, »aber sie kümmerte sich nicht um diese Befehle«. Schließlich segelte sie, so stellt Plutarch es dar, »wie zum Hohn« auf den Römer los.[5] Es war Spätsommer.

Ganz unabhängig davon, wie groß ihr Selbstvertrauen oder ihre Verachtung für Antonius war – Kleopatra überließ bei ihren Vorbereitungen nichts dem Zufall. Es war, als wüsste sie, dass sie nicht nur Marcus Antonius etwas vorspielte, sondern einem weitaus größeren Publikum. Sicherlich hatte sie von den raffiniert inszenierten Empfängen gehört, mit denen man Antonius anderswo erwartete. Auf seiner Reise quer durch den Kontinent hatte er immer Weihrauch und Lustbarkeiten im Gefolge gehabt. In Ephesos waren ihm die Frauen der Stadt als Bacchantinnen, die Männer als Faune und Satyrn verkleidet entgegengezogen. Seine dionysischen Lobeshymnen singend, hatten sie ihn in die Stadt geleitet, eine Stadt voller efeuumwundener Stäbe, widerhallend von Pfeifen und Flöten, Harfen und Hochrufen. Die Einladungen strömten nur so herein; ganz Asien zollte ihm Tribut und buhlte um seine Gunst. Von Dellius und anderen hatte Kleopatra sicher erfahren, dass sie sich an einer Art Lotterie mit Antonius' Aufmerksamkeit als Hauptgewinn beteiligte. Sie schien entschlossen, ein so verblüffendes Schauspiel zu bieten, dass es Plutarch zu Shakespeare'schen Höhen trieb und Shakespeare seine schönsten Verse entlockte. Und sie hatte Erfolg damit. In den Annalen unvergesslicher Einzüge – das Holzpferd in Troja, Christus in Jerusalem, Benjamin Franklin in Philadelphia, Henry IV., Charles Lindbergh, Charles de Gaulle in Paris, Howard Carter in Tutanchamuns Grab, die Beatles auf Ed Sullivans Bühne – sprengt allein Kleopatras Auftritt die Buchseiten mit seinen schillernden Farben inmitten teurer Weihrauchwolken, ein spektakulärer Angriff auf alle Sinne. Sie muss die mehr als tausend Kilometer über das Mittelmeer auf einer Kriegsgaleere zurückgelegt und dabei, wie schon zuvor, nachts an verschiedenen Punkten entlang der Levanteküste angelegt haben.[6] In der Lagune an der Kydnosmündung wechselte Kleopatra mit ihrer Entourage wahrscheinlich auf ein vor Ort angemietetes, umgestaltetes und prunkvoll geschmücktes Boot für die im Altertum wahrscheinlich gerade mal fünfzehn Kilometer lange Reise flussaufwärts. Eine voll bemannte Galeere hätte hundertsiebzig Ruderer gehabt; für ihre Zwecke hatte sie vielleicht auf einige Dutzend davon verzichtet. Eine Eskorte von Versorgungsschiffen folgte ihr. Sie reiste mit einer aufwendigen Showbühne. Bei Kleopatra gibt es in der Regel kaum Überschneidungen zwischen Leben und Legende. Tarsos ist einer der seltenen Orte, an denen sich beides völlig deckt.

Die Anwesenheit der Königin von Ägypten stellte immer einen Anlass dar, und Kleopatra sorgte dafür, dass es ein ganz besonderer wurde. In einer Welt, in der nicht jeder lesen und schreiben konnte, war die Bildsprache enorm wichtig. Sie glitt den kristallklaren Fluss entlang, durch die Ebenen, in einer Explosion von Farben, Klängen und Düften. Zauberkünste hatte sie gar nicht nötig, es reichte schon ihr Flussschiff mit dem vergoldeten Heck und den geblähten Purpursegeln. Römer reisten anders. Die silbernen Ruder glänzten weithin in der Sonne, wenn sie aus dem Wasser auf- und wieder hineintauchten. Das klatschende Geräusch gab den Takt an für das Orchester aus Flöten, Pfeifen und Leiern, das sich auf dem Deck verteilt hatte. Falls Kleopatra ihr Geschick für große Inszenierungen noch nicht bewiesen hätte – dies wäre sicher als ihr Meisterstück durchgegangen: »Sie selbst lag unter einem mit Gold verzierten Zeltdach, gekleidet wie Venus auf einem Bild, mit hübschen jungen Knaben wie gemalte Cupidos, die an beiden Seiten standen und ihr Luft zufächelten. Ihre schönsten Dienerinnen waren in ähnlicher Weise als Meeresnymphen und Grazien gekleidet, teils an den Steuerrudern, teils an den Schiffstauen. Wunderbare Düfte von zahllosen Rauchopfern verbreiteten sich an den Flussufern.« Sie übertraf selbst die homerischen Vorbilder.

Gerüchte verbreiteten sich schnell, sie eilten dem fantastischen Auftritt voraus – womit sie sicher gerechnet hatte. Schon seit dem Beginn der Reise versammelten sich die Menschen in Scharen am

Ufer des türkisfarbenen Flusses, um Kleopatras Fahrt zu begleiten. Als sie auf Tarsos zuglitt, strömte praktisch die gesamte Bevölkerung aus den Stadttoren, um sich dieses beeindruckende Schauspiel nicht entgehen zu lassen. Schließlich war Tarsos völlig menschenleer, so dass Antonius, der auf dem glühend heißen Marktplatz amtierte, plötzlich ziemlich allein auf seinem Richterstuhl saß. Ihm ließ Kleopatra die Nachricht zukommen – ein Geniestreich diplomatischen Geschicks wie auch grandioser Inszenierungskunst –, dass Venus eingetroffen sei, »um gemeinsam mit Bacchus zum Besten Asiens zu feiern«[7].

Dieser Auftritt ähnelte in nichts dem Auftauchen des Mädchens im Hanfsack, aber er zeitigte vergleichbare Ergebnisse. Es gibt keinen besseren Beleg dafür, dass Kleopatra verschiedene Sprachen beherrschte und mühelos zwischen ihnen hin und her springen konnte. Wie Plutarch anmerkt, gingen ihr Schmeicheleien besonders leicht von den Lippen. Die Zwischentöne der Schöntuerei beherrschte sie wie keine Zweite: »Indem er die gleichen Ziele, die gleichen Beschäftigungen, Interessen und den gleichen Lebensstil vortäuscht, nähert sich der Schmeichler allmählich seinem Opfer und reibt sich an ihm, um seine Färbung anzunehmen, bis er ihn zu fassen bekommt und sich fügsam an seine Eigenart gewöhnt.«[8] Sie hätte ihre Methode nicht besser wählen können, wenn sie ihr Publikum gut gekannt hätte. Vielleicht hatte sie Antonius Jahre zuvor einmal getroffen, als er mit den Soldaten, die ihren Vater wieder auf den Thron setzten, nach Alexandria gekommen war. (Sie war damals dreizehn gewesen.) Während Caesars Aufenthalt in Ägypten hatte Marcus Antonius in privaten Geschäften einen Emissär nach Alexandria geschickt. Es ging um den Kauf eines landwirtschaftlichen Betriebs von Caesar, eine Transaktion, von der Kleopatra auch gewusst haben dürfte. Sehr wahrscheinlich hatten sich ihre Wege in Rom gekreuzt, wo Antonius und sie mehr als genug gemeinsame Geschäftsinteressen hatten. Sein Ruf war ihr auf jeden Fall bekannt. Sie wusste von seiner wilden Jugend und seinem zeitweise chaotischen Leben als Erwachsener. Sie wusste, dass er das Theater, wenn nicht sogar das Melodram, schätzte. Und sie wusste, dass er nur etwa jeden zweiten Tag politisch klug agierte, dass er ebenso genial wie dumm, ebenso kühn wie leichtfertig war. Sicher bestätigt auch ihr spektakulärer Einzug, dass sie seinen Geschmack kannte. Sie zählte zu den wenigen Menschen auf der Welt, die ihm bieten konnten, wonach es ihn verlangte. Trotz aller Schwierigkeiten der vergangenen Jahre war sie immer noch der reichste Mensch im gesamten Mittelmeerraum.

Antonius reagierte auf Kleopatras Gruß mit einer Einladung zum Abendessen. Was dann geschah, offenbarte den Charakter der beiden und ebenjenes Verhalten, das Cicero jeweils an ihnen beklagt hatte. Antonius verhielt sich ein bisschen zu fügsam, Kleopatra ganz entschieden zu selbstherrlich. Es war eine Frage des Status, wer das erste Essen gab; sie bestand darauf, dass er zu ihr kam, mit allen Freunden, die er mitbringen wollte. Das war das Privileg ihres Ranges. Von Anfang an scheint sie es darauf angelegt zu haben, sich hier durchzusetzen. Sie reagierte nicht auf Vorladungen, sie sprach sie aus. »Daraufhin gehorchte Antonius sofort, in dem Wunsch, ihr seine Höflichkeit und seine Gefälligkeit zu beweisen, und ging zu ihr.«[9] Das kann Plutarch uns gerade noch berichten, bevor ihn die Szenerie so fesselt, dass ihm – selbst auf Griechisch – die Worte fehlen. Kleopatras Vorbereitungen spotteten jeder Beschreibung. Besonders begeisterte Antonius das aufwendig gestaltete Lichtermeer, das sie in den Zweigen über ihren Köpfen hatte anbringen lassen: Die Lampen warfen ein glitzerndes Spitzenmuster aus Rechtecken und Kreisen über die schwüle Sommernacht und schufen »einen spektakulären Anblick, wie man ihn kaum je so schön gesehen hatte«[10]. Die Szenerie war so faszinierend, dass Shakespeare sich einfach Plutarch anschloss, der bei seiner Beschreibung schon alle Register gezogen hatte. Irgendetwas kann da nicht stimmen, wenn der größte elisabethanische Dichter von einem nüchternen Biografen abschreibt.

An jenem oder einem der folgenden Abende ließ Kleopatra zwölf Speisesäle vorbereiten. Auf sechsunddreißig Liegen drapierte sie kostbare Stoffe, dahinter hängte sie purpurne Wandteppiche, bestickt mit schimmerndem Garn. Sie sorgte dafür, dass ihr Tisch mit goldenem Geschirr eingedeckt wurde, prächtig gearbeitet und mit Edelsteinen besetzt. Unter den gegebenen Umständen nutzte wohl auch sie die Gelegenheit und behängte sich mit Schmuck.[11] Abgesehen von den allseits beliebten Perlen waren vor allem leuchtend bunte Halbedelsteine nach ägyptischem Geschmack – Achat, Lapislazuli, Amethyst, Karneol, Granat, Malachit, Topas –, gefasst in goldene Anhänger, gewundene, raffiniert gearbeitete Armbänder, lange Ohrgehänge. Bei seiner Ankunft verschlug dieser außergewöhnliche Anblick Antonius die Sprache. Kleopatra lächelte bescheiden. Sie war etwas in Zeitnot gewesen. Das nächste Mal würde sie sich mehr Mühe geben. Dann erklärte sie, »dass all diese Gegenstände ein Geschenk für ihn seien, und lud ihn ein, am nächsten Tag mit seinen Freunden und Befehlshabern wiederzukommen und mit ihr zu speisen«[12]. Nach dem Festmahl entließ sie ihre Gäste mit allem, was sie bewundert hatten: Die Stoffe, das mit kostbaren Steinen besetzte Geschirr, sogar die Speiseliegen machte sie ihnen zum Geschenk.

Ganz nebenbei legte sie die Latte immer höher, so dass das erste Bankett bald geradezu spartanisch wirkte. Am vierten Abend versank Antonius in einem knietiefen Rosenmeer. Allein die Rechnung des Blumenhändlers lag bei einem Talent, so viel, wie sechs Ärzte in einem Jahr verdienten. In der brütenden kilikischen Hitze muss der Duft betäubend gewesen sein. Wieder verteilte Kleopatra das Mobiliar unter den Gästen; gegen Ende der Woche trugen Antonius' Männer Liegen, Anrichten und Wandteppiche nach Hause, dazu ein besonders klug gewähltes Geschenk an einem sengend heißen Sommerabend: »Sänften und Träger für die hochrangigen Besucher und Pferde mit silberbeschlagenem Zaumzeug für die vielen anderen.«[13] Um ihnen den Rückweg zu erleichtern, stellte ihnen Kleopatra jeweils einen äthiopischen Sklaven zur Seite, der ihnen mit einer Fackel heimleuchtete. Der Glanz ihres Lagers »überstieg jede Beschreibung«[14], und doch knauserten die Alten nicht mit ihren Berichten, von denen wohl nur wenige den Wundern, die es dort zu sehen gab, gerecht wurden. Dabei war Kleopatra ganz und gar nicht die Einzige. »Oft klopften Könige an [Antonius'] Türen, und die Gemahlinnen von Königen, die einander mit Geschenken und ihrer Schönheit überboten, opferten ihre Ehre, um ihm zu gefallen.«[15] Kleopatra war nur die freigebigste und erfinderischste von ihnen. Bei dieser Reise war der sechs Jahre alte Kaisarion zu Hause geblieben.

Plutarch zollte Kleopatras »unwiderstehlichem Charme« und ihrer »einnehmenden Unterhaltung«[16] Respekt, doch nur Appian versuchte, die Gespräche der ersten Treffens in Tarsos nachzuempfinden. Wie rechtfertigte Kleopatra ihr Verhalten? Sie hatte nichts getan, um Caesars Tod zu rächen. Sie hatte Dolabella geholfen, der sich als Caesarmörder aufführte und ein Verhältnis mit Antonius' erster Frau gehabt hatte. Kleopatras Mangel an Kooperation hatte Antonius überrascht. Sie gab keine halbherzigen Demutsbezeigungen ab und bot keine Entschuldigungen an, nur eine kühne Darstellung der Fakten. Stolz führte sie alles an, was sie für Antonius und Octavian getan hatte.[17] Es stimmt, sie hatte Dolabella geholfen. Sie wäre noch weiter gegangen, wenn das Wetter mitgespielt hätte; sie hatte höchstpersönlich versucht, eine Flotte und Nachschub zu liefern. Trotz wiederholter Drohungen hatte sie Cassius' Forderungen widerstanden. Sie war nicht vor dem Hinterhalt zurückgewichen, der, wie sie wusste, auf sie wartete, sondern hatte sich dem Sturm gestellt, der ihre Flotte dann vernichtete. Nur eine Krankheit hatte sie davon abgehalten, sich noch einmal auf den Weg zu machen. Und nach ihrer Genesung war Marcus Antonius schon der Held von Philippi gewesen. Sie war durch nichts aus der Fassung zu bringen, geistreich und sich – wie Antonius vielleicht schon an der Venusmaskerade hatte ablesen können – keiner Schuld bewusst.

Irgendwann sprachen die beiden auch die Geldfrage an, den wichtigsten Grund für Kleopatras verschwenderischen Auftritt. Sie versuchte so, einem Mann, der Geld brauchte, ihre Nützlichkeit vor Augen zu führen. Die römischen Schatztruhen blieben leer. Die Triumvirn hatten jedem Soldaten fünfhundert Drachmen, ein Zwölftel eines Talents, versprochen; sie hatten weit über dreißig Legionen unter Waffen. Der Nachfolger Caesars musste es – ebenso wie der Sieger von Philippi – mehr oder weniger als seine Pflicht ansehen, einen Feldzug gegen die Parther zu planen, und Antonius entzog sich dem nicht. Die Parther hatten die Caesarmörder favorisiert. Sie waren landhungrig und immer auf dem Sprung. Antonius hatte die demütigende römische Niederlage von 53 v. Chr. zu rächen – der römische General, der den letzten Vorstoß über den Tigris hinweg gewagt hatte, war nicht zurückgekehrt und sein abgeschlagener Kopf als Requisit bei der parthischen Aufführung eines Euripidesstückes gelandet; seine elf Legionen waren aufgerieben worden. Ein strahlender militärischer Sieg sollte die Vorherrschaft des Antonius auch im Innern ein für alle Mal sichern. Und wann immer ein Römer von Parthien träumte, wanderten seine Gedanken unvermeidlich zu Kleopatra, der einzigen Königin, die eine so aufwendige Operation finanzieren konnte.

Schließlich zeigte Marcus Antonius sich erkenntlich und lud Kleopatra seinerseits zu einem Festessen ein. Es überrascht uns kaum, dass er »sich alle Mühe gab, sie an Glanz und Eleganz zu übertreffen«[18]. Und ebenso wenig überrascht es uns, dass ihm weder das eine noch das andere gelang. Kleopatra wurde später nachgesagt, sie habe Antonius' Urteilsvermögen getrübt, und in einer fundamentalen Hinsicht mag das auch stimmen: Die meisten Römer wären klug genug gewesen, sich nicht mit einer Ptolemäerin auf einen Wettbewerb um das luxuriöseste Gastmahl einzulassen. Wieder erwies sich Kleopatra als wunderbar flexibel und überaus geschickt darin, nach fremden Regeln zu spielen. Als der derbe Antonius sich über die »Armseligkeit und Plumpheit«[19] seines Festes lustig machte, spielte Kleopatra mit. Sie zeigte sich ihm gegenüber respektlos, die maßgeschneiderte Gefährtin für einen Mann, der alles für einen guten Witz tat und über sich selbst genauso herzlich lachen konnte wie über andere. Kleopatra fand durchaus Gefallen an Antonius' Humor: »Als sie merkte, dass seine Spötteleien derb und grob waren und eher dem Soldaten als dem Höfling gefielen, bediente sie sich desselben Tons und passte sich sofort ohne Zögern oder Rücksicht an.«[20] Nachdem sie sich als Souveränin bewiesen und mit ihrem Reichtum geprotzt hatte, schlüpfte sie in die Rolle des Kumpels, mit dem man Pferde stehlen konnte. Wohl niemand in ihrer Entourage hatte diese besondere Kleopatra je zuvor gesehen.

Die Fähigkeit, sich augenblicklich und je nach Situation anzupassen, mühelos von einem Idiom ins andere zu wechseln, ihr unwiderstehlicher Charme – all das war schon weithin bekannt. Dazu kamen weitere für Kleopatra glückliche Umstände. Unabhängig davon, ob die beiden mehr als nur eine flüchtige Bekanntschaft verband, hatten die ägyptische Königin und Marcus Antonius jetzt sehr viel gemeinsam. Kein anderer hatte so gute Gründe, sich über Caesars Testament oder das Auftauchen seines adoptierten Erben zu ärgern. Beide hielten noch immer ein Stückchen von Caesars Mantel in Händen. Antonius hatte im Senat für Kaisarions Göttlichkeit gebürgt und selbst angefangen, mit dieser Bezeichnung zu spielen; Kleopatra war nicht die Einzige, die sich auf ein gigantisches Kostümstück eingelassen hatte. Anders als die meisten Römer hatte Antonius lebenslange Erfahrung mit machthungrigen, fähigen Frauen. Seine eigene Mutter hatte ihn aufgefordert, sie doch zu töten, als die beiden plötzlich politisch auf verschiedenen Seiten standen. Antonius fiel es nicht schwer, eine Frau bei einer politischen Zusammenkunft oder einer Finanzkonferenz, was das Treffen in Tarsos ungeachtet aller Bemühungen von Kleopatras Seite, es zu einem Kultspektakel zu machen, ganz offensichtlich war, zu unterhalten. Fulvia war reich, ebenso klug und mutig wie schön und besaß gute Kontakte. Für sie hatte Antonius seine langjährige Geliebte, die umschwärmteste Schauspielerin Roms, abserviert. Und Fulvia war keine Frau, die zu Hause blieb und Wolle spann. Sie wollte vielmehr »einen Regenten regieren und einen

Feldherrn kommandieren«[21]. Den ganzen Winter über hatte sie nicht nur Antonius' Interessen in Rom vertreten, sondern auch kräftig in öffentlichen Angelegenheiten mitgemischt, »so dass weder der Senat noch das Volk irgendetwas beschloss, das ihr nicht gefiel«[22]. Sie war von einem Senatorenhaus zum anderen gegangen, um für ihren Gatten Klinken zu putzen. Sie hatte seine Schulden bezahlt. Sie hob acht Legionen für ihn aus. Ein Jahr zuvor war sie politisch wie militärisch für ihn eingesprungen, einmal offenbar sogar in voller Rüstung.

Und auch Kleopatras Anspruch auf Göttlichkeit beunruhigte Antonius nicht. Auf dem Weg nach Tarsos war er, wie Kleopatra wusste, als der neue Dionysos gefeiert worden. Auch jener Gott war im Triumph durch Asien gezogen. Hier griff Antonius nicht nur Kleopatras Stichwort, sondern zugleich eine alte ptolemäische Rolle auf: Ihre Familie behauptete, von diesem Weingott, der einen ekstatischen Rausch schenken konnte, abzustammen. Sie waren Anhänger seines Mysterienkults. Kleopatras Vater hatte seinen vielen Titeln den des »neuen Dionysos« hinzugefügt. Ihr Bruder hatte vor Kurzem dasselbe getan. Direkt neben dem Palast in Alexandria stand ein Dionysostheater; Caesar hatte dort 48 seinen Kommandoposten eingerichtet. Marcus Antonius allerdings hatte bei dieser Gleichsetzung vielleicht dreimal überlegt, ob sie überhaupt passend war. Der Kult des Dionysos, damals der herausragende griechische Gott, war zwar unglaublich beliebt, im olympischen Pantheon jedoch galt er als Neuling und Außenseiter. Obwohl sympathisch, verschmitzt und ausgelassen, haftete ihm – mit seinen üppigen parfümierten Locken – der Ruf des verweichlichten Luxusgeschöpfs an. Er war ganz entschieden fremd und der sanfteste Gott überhaupt. Ein Vorfahr Kleopatras hatte sich auf seinen dionysischen Stammbaum berufen, um seinen Rückzug aus einer Schlacht zu rechtfertigen. Am schlimmsten aber war, dass Dionysos den Verstand der Männer benebelte und den Frauen Kraft gab. Wenn der Osten nach Philippi Octavian statt Antonius zugefallen wäre, hätte Kleopatra zweifellos auch daraus das Beste zu machen versucht, aber es wäre sehr viel schwieriger für sie geworden. Sie sprach zwar viele Sprachen, manche aber fließender als andere.

Sie hätte sich kaum eine bessere Bühne wünschen können. Tarsos war ringsum von zerklüfteten, bewaldeten Bergen umgeben, die ein üppiger Wildblumenteppich überzog. Als Bildungs- wie als Verwaltungszentrum war es – wie der dort geborene Apostel Paulus es eine Generation später ausdrückte – »eine nicht unbedeutende Stadt«[23]. Tarsos wurde für seine Philosophie- und Rednerschulen gefeiert. Es rühmte sich hübscher Springbrunnen und Bäder, einer großartigen Bibliothek. Durch die Stadt floss ein kalter, blaugrüner Fluss, so kristallklar, wie der Nil schlammig war. Als Alexander der Große drei Jahrhunderte zuvor nach Tarsos gekommen war, hatte er sich, staubig und verschwitzt, wie er war, in das eisige Wasser gestürzt. (Er wurde dann, halb bewusstlos, in sein Zelt zurückgetragen und brauchte drei Tage, um sich zu erholen.) Umgeben von fruchtbarem Ackerland, berühmt für seine Weingärten, verehrte Tarsos die Götter der Fruchtbarkeit. Es war ein Ort, an dem sich zwei Gottheiten, eine eingeführte und eine aufstrebende, zu Hause fühlen und sich vorteilhaft inszenieren konnten. Tarsos besaß einen Sinn für Spektakel; es war eine Stadt, in der man problemlos Blumen für ein Talent bekommen konnte, was bedeutete, dass ihre Bürger zwar seit Kurzem Römer waren, ihre Kultur aber durch und durch griechisch geblieben war. Mit der gleichen schwierigen Entscheidung wie Kleopatra konfrontiert, hatten die Einwohner von Tarsos Cassius und Dolabella bei ihrer Ankunft gefeiert, nur um von beiden nacheinander brutal malträtiert zu werden.[24] Cassius hatte die Stadt überrannt, gewaltige Geldsummen gefordert und die Bewohner gezwungen, Tempelschätze einzuschmelzen und Frauen und Kinder, ja sogar Greise in die Sklaverei zu verkaufen. Abgesehen von ihren gigantischen Spektakeln und ebensolchen Floristenrechnungen, nahmen die Bürger Tarsos deshalb Cassius' Feinde begeistert auf. Antonius befreite die Stadt aus ihrer elenden Lage.

Kleopatra blieb nur ein paar Wochen in Tarsos – ein längerer Aufenthalt war nicht nötig. Sie hatte sofort eine elektrisierende Wirkung auf Antonius.* Plutarch, der Erste auf der Bildfläche, erklärt ihren kilikischen Erfolg und gesteht ihr dabei eine Beförderung zu. Während sie 48 vor Caesar noch »kühn und kokett«[26] war, kommt sie 41 als gnadenlose Verführerin daher. Ihre Konversation ist betörend, ihre Gegenwart prickelnd, ihre Stimme köstlich. Sie macht kurzen Prozess mit Antonius. Auch der kaltblütigere Appian räumt eine augenblickliche Niederlage ein. »In dem Moment, in dem er sie zum ersten Mal sah, verlor Antonius ihretwegen den Verstand wie ein Jüngling, obwohl er 40 [sic] Jahre alt war«, wundert er sich.[27] Das Drama erdrückt verständlicherweise die historischen Fakten; es ist schwer, nüchtern durch ein Rosenmeer zu schreiten, die Wahrheit – vor allem die politische – von der üppigen, bunten Überfrachtung zu trennen. Wir erfahren einfach deshalb mehr über Antonius' Eroberung als über die Caesars, weil die Chronisten sich über den einen gern ausließen, sich bei dem anderen aber lieber bedeckt hielten. Antonius muss möglichst schwach wirken, also wird Kleopatra zu einer noch stärkeren Frau. Sie spielte 41 nicht nur für ein anderes Publikum, sondern hatte auch eine ganz andere Funktion zu erfüllen.

Mündeten die wechselseitigen Bedürfnisse in einer Liebesbeziehung? Sicher summierten sie sich zu einem harmonischen Verhältnis. Wie Plutarch über eine andere Liaison, die in die Annalen einging, schrieb, war es durchaus eine Liebesgeschichte, »und doch sollte sie gut zusammengehen mit dem, was besonders wichtig war«[28]. Kleopatra hatte gute Gründe, von all den Römern in all den

* Man braucht schon eine gewisse Hartherzigkeit, um zu behaupten, Antonius habe der unwiderstehlichen ägyptischen Königin widerstanden, aber es gibt auch diesen Ansatz. Nach Meinung des großen Althistorikers Ronald Syme war Kleopatra nur eine weitere Kerbe am Bettpfosten des Römers, ein weiterer Name auf einer Liste mehr oder weniger austauschbarer Klientelköniginnen. Von Verliebtheit keine Spur; Antonius »ergab sich ihr wohlwollend, ohne sich ganz auszuliefern«[25]. Und Symes Ansicht nach war Kleopatra ihm nach dem Winter 41 in Alexandria bestenfalls egal.

Städten im Reich ausgerechnet diesen hier zu umgarnen. Antonius hatte ebenso gute Gründe, das Gleiche zu tun. Wenn es Kleopatra in den Kram passte, sich in den Mann zu verlieben, dem sie Rechenschaft schuldete, oder jedenfalls im Gleichschritt mit ihm zu marschieren, war es für Antonius nicht weniger günstig, sich mit der Frau zusammenzutun, die seine militärischen Ambitionen finanzieren konnte. Seine Fixierung auf einen Sieg über die Parther stellte für sie einen echten Glücksfall dar.

Wir wissen, dass Antonius sich Monate später nach Kleopatra sehnte, obwohl man ihr ja letztendlich die ganze Verantwortung für die Affäre zuschob. Wie einer ihrer Erzfeinde behauptete, verliebte sie sich nicht in Antonius, sondern »brachte ihn dazu, dass er sich in sie verliebte«[29]. Auch in der Antike spannen die Frauen Intrigen, wo die Männer Strategien entwickelten. Es gab eine gewaltige, elementare und ewige Kluft zwischen dem Abenteurer und der Abenteurerin und eine zwischen Männlichkeit und Promiskuität: Caesar ließ Kleopatra in Alexandria zurück, um mit der Frau des Königs von Mauretanien zu schlafen. Antonius kam direkt von einer Affäre mit der Königin von Kappadokien nach Tarsos. Doch als Geliebte zweier Männer mit zügellosem sexuellem Appetit und zahllosen sexuellen Eroberungen ging ausgerechnet Kleopatra als die Fußangel, die Verlockung, die Verführerin in die Geschichte ein. Es war offenbar weniger verstörend, sich auf ihre sexuellen Fähigkeiten zu berufen, als ihre intellektuelle Gaben anzuerkennen. Ebenso ist es einfacher, ihr Zauberkraft zuzugestehen als Liebesfähigkeit. Belegen können wir beides nicht, aber Erstere bietet wenigstens eine Erklärung, denn mit Zauberei kann man das Spiel gar nicht gewinnen. Kleopatra hatte Antonius unter ihrer Fuchtel, er war bereit, ihr jeden Wunsch zu erfüllen, »nicht nur wegen seiner intimen Beziehung zu ihr«, wie Josephus meint, »sondern auch, weil er unter Drogeneinfluss stand«[30], Wer so etwas behauptet, erkennt ihre Macht an und beleidigt gleichzeitig ihre Intelligenz.

Ob sich jetzt der eine oder die andere Hals über Kopf verliebte –

es ist jedenfalls kaum zu glauben, dass Sex nicht schon gleich zu Anfang eine Rolle spielte. Antonius und Kleopatra standen im Zenit ihrer Macht, schwelgten an schwülen Sommerabenden in berauschenden Düften zu süßen Klängen unter kaleidoskopischen Lichtern an Tafeln, die unter den erlesensten Gerichten und Weinen Asiens ächzten. Und auch wenn Marcus Antonius Kleopatra wohl kaum so sklavisch liebte, wie verschiedene Chronisten uns glauben machen wollen[31], war es doch ganz sicher so, dass ihn seine sexuelle Anziehungskraft nie im Stich ließ, wohin er auch ging. Mit weit über die geschmeidigen Hüften hochgezogener Tunika hatte er sich wenigstens einmal quer durch Asien geschlafen; er kam gerade von einer Affäre mit einer anderen Klientelkönigin. Plutarch schreibt ihm »einen üblen Ruf wegen der Verführung der Ehefrauen anderer Leute« zu.[32] Und er selbst datierte den Beginn der Beziehung zu Kleopatra von jenem heißen Sommer in Tarsos an.

Die unmittelbaren Auswirkungen des Zusammentreffens waren praktischer Natur: Kleopatra blieb ein paar Wochen und schloss einen großartigen Handel ab. Als sie nach Hause segelte, hatte Antonius die Liste ihrer Forderungen in der Hand. In Anbetracht dessen, was er wahrscheinlich dafür verlangt hatte, waren sie nicht völlig abwegig. Sie zeigen, dass Kleopatra sich nicht so sicher fühlte, wie sie tat. Sie war sich nur allzu deutlich der Tatsache bewusst, dass hinter den Kulissen schon eine weitere ägyptische Königin wartete. Antonius reagierte sofort und erleichterte ihr das Leben, indem er befahl, Arsinoe mit Gewalt aus dem Artemistempel herauszuholen. Kleopatras Schwester hauchte auf den Marmorstufen des Tempels ihr Leben aus, vor den kunstvoll verzierten Elfenbeintüren, die ihrer beider Vater Jahre zuvor an der Fassade hatte anbringen lassen.[33] Sie war die Letzte der vier Geschwister. Aus dieser Richtung waren in Zukunft keine Querschüsse mehr zu befürchten. »Jetzt hatte Kleopatra alle ihre Verwandten umgebracht«, geifert ein römischer Chronist, »bis niemand von ihrem Blut mehr am Leben war.«[34] Das stimmte, aber es stimmte auch, dass Arsinoe ihrer Schwester kaum eine Wahl gelassen hatte. Caesar hatte sie nach der öffentlichen Demütigung in Rom verschont. Arsinoe hatte seitdem ständig gegen Kleopatra intrigiert.[35] (Auch Isis ist gnädig, aber gerecht, sie liefert die Bösen denen aus, gegen die sie Ränke schmieden.) Und Kleopatra war bereit, Gnade walten zu lassen. Antonius ließ den Hohepriester des Tempels vorladen, der Arsinoe zur Königin ausgerufen hatte. Die Ephesier waren außer sich und sprachen bei Kleopatra vor, um eine Begnadigung des Priesters zu erbitten. Sie setzte bei Antonius seine Freilassung durch. Der Priester stellte jetzt keine Gefahr mehr dar, denn es gab keine Ptolemäer im Exil mehr, die er hätte anerkennen können. Nicht so versöhnlich zeigte sich Antonius gegenüber dem Prätendenten, der durch Asien gezogen war und sich dabei als Ptolemaios XIII. ausgegeben hatte – der er, wie einige gemeint haben, auch tatsächlich gewesen sein könnte. (Schließlich war nach dem Ende des Alexandrinischen Krieges keine Leiche aufgetaucht.) Er wurde hingerichtet. Der abtrünnige Marinebefehlshaber auf Zypern, der Cassius gegen Kleopatras Anweisungen unterstützt hatte – er steckte womöglich mit Arsinoe unter einer Decke –, war nach Syrien geflohen und hatte dort in einem Tempel Asyl gesucht. Auch er wurde herausgeholt und getötet.

Bei solchen Entscheidungen konnte man schon an einen Mann im Liebesrausch denken. »So stumpfte sofort die Aufmerksamkeit, die Antonius bis jetzt allen Dingen entgegengebracht hatte, völlig ab, und was immer Kleopatra auch befahl, wurde getan, ohne Rücksicht auf das, was in den Augen der Menschen oder der Götter richtig war«, schreibt Appian.[36] Allerdings ließen solche Entscheidungen auch vermuten, dass Kleopatra nicht nur gefeiert, sondern auch einige handfeste Versprechungen gemacht hatte. Außerdem wich Antonius nicht völlig von der üblichen Routine ab. Als Caesar Kleopatra im Jahr 47 verlassen hatte, kümmerte auch er sich zunächst einmal um die Angelegenheiten in der Provinz, »verteilte Belohnungen an Einzelne und Städte, die sie verdienten, und hörte alte Streitigkeiten an und entschied sie«[37]. Antonius nahm Könige, die sich an ihn wandten, unter seinen Schutz und machte sie zu treuen Freunden. Er organisierte Kommandoketten und erhöhte Steuern. Der Unterschied machte sich erst beim nächsten Schritt bemerkbar. Im Spätherbst verteilte Antonius sein Heer auf verschiedene Winterquartiere. Und obwohl die Ordnung in der Provinz noch lange nicht hergestellt war, die Parther sich am Euphrat herumtrieben und begehrliche Blicke auf Syrien warfen, machte sich Antonius auf den Weg nach Süden, um sich Kleopatra in Ägypten anzuschließen.[38]

Die Achtundzwanzigjährige, die ihn in Alexandria begrüßte, mochte vielleicht gerade den Höhepunkt ihrer Schönheit erreicht haben – Frauen sind immer der Ansicht, dass dieser Moment schon Jahre zurückliegt –, jedenfalls zeigte sie ganz offensichtlich weitaus größeres Selbstvertrauen als jene Kleopatra, die Julius Caesar sieben Jahre zuvor begrüßt hatte. Sie war im Ausland gewesen und hatte ein Kind geboren. Sie herrschte unangefochten und hatte unbeschadet schwere politische und wirtschaftliche Stürme überstanden. Sie war eine lebende Göttin mit einem untadeligen Gefährten, einem, der sie von der Verpflichtung, wieder zu heiraten, entband. Sie besaß die Unterstützung ihres Volkes und vermutlich auch dessen Bewunderung; sie hatte sich stärker in das religiöse Leben der echten Ägypter eingebracht als alle ihre ptolemäischen Vorfahren. Nicht zufällig hören wir jetzt zum ersten Mal ihre Stimme, in Alexandria, wo sie ihren Patron und Partner bewirtet. Sie wirkt selbstsicher, gebieterisch, kokett.

Im Licht der späteren Ereignisse ging man davon aus, dass der Besuch von Marcus Antonius in Ägypten Kleopatras Idee und Werk gewesen sei. »Er ließ sich von ihr nach Alexandria holen«, wie Plutarch es ausdrückt.[39] Es wäre natürlich ebenso gut möglich, dass Antonius sich selbst einlud. Schließlich tat er damit, was er tun sollte: den Osten umstrukturieren und Geld beschaffen. Mit seinen parthischen Plänen kam er ohne ägyptische Finanzierung nicht weiter. Er mag den Eindruck gehabt haben, dass sich ihm hier die beste Chance eröffnete, Gelder an sich zu bringen, die eine kluge Königin versprochen, aber noch nicht ausbezahlt hatte. Asien schien ärmer zu sein, als alle gedacht hatten.

Ägypten war reich. Es gab gute Gründe, ein Klientelkönigreich zu inspizieren, zumal eines, das eine ideale Basis für einen Feldzug in den Osten bot; Antonius brauchte eine schlagkräftige Flotte – Kleopatra konnte sie ihm zur Verfügung stellen. Alternativ hätte er sich ewig damit beschäftigen können, die schwierigen Streitfälle in der Provinz zu entwirren, was weder seinen Stärken noch seinen Interessen entsprach. Das Kleinklein der Provinzverwaltung hatte sogar Cicero gelangweilt. Immer wieder trafen neue Abordnungen mit Beschwerden und Anträgen ein; unter diesen Bedingungen musste Antonius nur so darauf brennen, in eines der wenigen Mittelmeerländer zu reisen, die »er nicht selbst regierte«. Er war ein begabter Schüler gewesen und in vielerlei Hinsicht noch immer ein Schuljunge – und ein begabter, logisch denkender Stratege. Wenn Kleopatra nicht zu ihm kam, hatte er allen Grund, zu ihr zu gehen oder sich ihr zumindest einvernehmlich und diplomatisch korrekt anzunähern und ihr dabei das Gefühl zu geben, dass sie die Zügel in der Hand hielt, wie ihm das in Tarsos so elegant gelungen war. Alexandria kannte er schon, eine Stadt, die der Besucher nicht so schnell vergaß, eine Stadt, die allem Anschein nach die ganze griechische Kultur in einem großen Kraftakt in sich aufgesogen hatte. Kein klar denkender Mensch hätte sich – ungeachtet der Überschwemmungen im Januar – dagegen entschieden, den Winter im seidigen Licht dieser Stadt zu verbringen, erst recht nicht im 1. Jahrhundert v. Chr., erst recht nicht als Gast einer Ptolemäerin.

Aus Rücksicht auf Kleopatras Autorität oder um Caesars Fehler zu vermeiden, reiste Marcus Antonius ohne Militäreskorte oder Amtsinsignien nach Ägypten, »er kleidete und benahm sich wie ein normaler Bürger«[40]. Allerdings lebte er gar nicht danach. Kleopatra gab sich alle Mühe, ihm einen prunkvollen Empfang zu bereiten. Sie sorgte dafür, dass er »die sportlichen Aktivitäten und Zerstreuungen eines müßigen jungen Mannes« genoss und das Leben in Alexandria seinem Ruf gerecht wurde.[41] Es gibt Städte, in denen man ein Vermögen ausgeben, und andere, in denen man eines machen kann; nur ganz wenige große Metropolen bieten beide Möglichkeiten. Eine davon war Kleopatras Alexandria, ein Gelehrtenparadies mit einem hektischen Warenumschlag und einer Wohlfühlkultur, wo griechische Geschäftstüchtigkeit auf ägyptische Gastfreundschaft traf, eine Stadt kühler, himbeerfarbener Sonnenaufgänge und schimmernder Spätnachmittage, verschiedenster Glaubensrichtungen und Möglichkeiten. Selbst wenn man nur die Menschen ringsum beobachten wollte – hier fand man die lohnendsten Objekte.

Bei Antonius und Kleopatra folgten auf euphorische Vergnügungen verschwenderische Festlichkeiten, getreu einer Art Pakt, den die beiden geschlossen hatten und dem zufolge sie sich die »Unnachahmlich Lebenden« nannten. Plutarch erklärt: »Die Mitglieder luden einander täglich abwechselnd ein, mit einem kostspieligen Aufwand, der jedes Maß und jede Vorstellungskraft sprengte.«[42] Aus jenem Winter verfügen wir über einen genaueren Blick in Kleopatras Küche, den wir einer seltsamen Freundschaft im Dienstbotentrakt verdanken. Ein königlicher Koch verspricht, seinen Freund Philotas in Kleopatras Palast einzuschmuggeln, damit der die Vorbereitungen für eines ihrer Bankette miterleben kann; und was da abläuft, verblüfft ihn über die Maßen. Die Küche ist, wie zu erwarten, von dem Geschrei und den Flüchen erfüllt, die auf Köche, Kellner und Mundschenke herabprasseln; mitten in diesem Chaos häufen sich Berge von Lebensmitteln. Acht wilde Eber drehen sich auf Bratspießen. Ein kleines Heer von Küchenhilfen wuselt herum.[43] Der Medizinstudent Philotas staunt über die Menschenmenge, die zum Essen erwartet wird. Sein Freund kann über diese Naivität nur lachen. Ganz im Gegenteil, so erklärt er, läuft das Ganze gleichzeitig mit höchster Präzision und völlig willkürlich ab: »Es sind nicht viele Gäste, nur so etwa zwölf; aber alles, was ihnen vorgesetzt wird, muss vollkommen sein, und wenn etwas auch nur eine Minute über die Zeit ist, ist es verdorben. Und vielleicht, so sagte er, wird Antonius jetzt gleich speisen, vielleicht erst eine Weile später, vielleicht wird er nach Wein rufen oder zu reden beginnen und das aufschieben. Man muss also nicht eines, sondern viele Essen bereithalten, da man unmöglich wissen kann, wann er speist.«[44] Nachdem er diesen Schock überwunden und seine Ausbildung beendet hatte, wurde dieser staunende Philotas ein berühmter Arzt, der seine sagenhafte Geschichte einem Freund erzählte, der wiederum seinem Enkel davon berichtete, der zufällig Plutarch war.

Es steht jedenfalls fest, dass Marcus Antonius ein anstrengender und teurer Hausgast war. Als junger Mann war er mit einem Tross Musikern, Konkubinen und Schauspielern in den Krieg gezogen. Er hatte – so sagt es jedenfalls Cicero – aus Pompeius' früherem Heim einen Vergnügungspalast voller Akrobaten, Tänzerinnen, Narren und Säufer gemacht. Und sein Geschmack hatte sich nicht geändert. Kleopatra war vollauf mit ihm beschäftigt. »Es ist keine leichte Sache, Harmonie zu schaffen, wo ein Gegensatz an materiellen Interessen und beinahe schon im Charakter besteht«, hatte Cicero einige Jahre zuvor festgestellt[45] – und Kleopatra war ganz anders als Antonius. Sie arbeitete hart, um seinen Ansprüchen gerecht zu werden, obwohl sicher auch viele andere Menschen etwas von ihr wollten. Antonius besuchte die goldenen Tempel Alexandrias ebenso wie die Sportstätten der Stadt, er lauschte gelehrten Diskussionen, zeigte aber wenig Interesse an ägyptischem Wissen, an den architektonischen, künstlerischen oder wissenschaftlichen Fundamenten einer überlegenen Kultur. Sicher stattete er dem Alexandergrab einen Besuch ab – die Römer waren ganz wild auf diese Sehenswürdigkeit. Er unternahm einen Jagdausflug in die Wüste. Vielleicht begleitete Kleopatra ihn; wahrscheinlich konnte sie selbst reiten und besaß oder finanzierte Rennpferde.[46] Ansonsten gibt es keinen Hinweis darauf, dass Antonius Unterägypten verließ oder andere Sehenswürdigkeiten aufsuchte. Er war nicht Julius Caesar. Stattdessen erhob er inmitten widerhallender Kolonnaden und einer Menagerie eleganter Sphinxe, auf nach den berühmten Vorfahren seiner Geliebten benannten Straßen zwischen den dicht stehenden Kalksteinhäusern Jungenstreiche zur hohen Kunst. Kleopatra hielt sich immer zur Verfügung und steuerte »ein neues Vergnügen, einen neuen Reiz zu Antonius' ernsthaften wie fröhlichen Stunden« bei. Ihre Tage waren ausgefüllt, ihre Nächte noch mehr, obwohl ihr Gast kaum Anleitung brauchte. Er war ein alter Hase, wenn es um nächtliche Streifzüge, üppige Picknicks und getarnte Treffen ging. Er wusste, wie man eine Hochzeit sprengte. Kleopatra ließ ihn nie aus den Augen. Auch das stellte eine Art Politik dar – ihr Königreich war ihr durchaus einen Spaß wert. »Sie spielte Würfel mit ihm, trank mit ihm, jagte mit ihm und schaute zu, wenn er Waffenübungen machte«, berichtet uns Plutarch. »Und wenn er nachts an den Türen und Fenstern einfacher Leute auftauchte und seinen Spaß mit den Menschen trieb, begleitete sie ihn auf seiner Runde irrwitziger Verrücktheiten und trug dabei das Gewand einer Dienerin.«[47] Antonius verkleidete sich bei solchen Ausflügen als Diener und bezog gewöhnlich die eine oder andere Tracht Prügel, bevor er sehr zufrieden mit sich in den Palast zurückkehrte.

Seine Eskapaden schadeten ihm in Alexandria nicht, einer Stadt, die in jeder Hinsicht Antonius' Neigungen entsprach und ihm zu Füßen lag. Alexandria war fröhlich und liebte den Luxus; Antonius bestand nur aus Muskeln und Witzen. Nichts fand er schöner, als eine Frau zum Lachen zu bringen. Seit seiner Jugend, als er fern der Heimat neben militärischer Strategie auch Rhetorik studiert hatte, bewunderte er alles Griechische. Er befleißigte sich sogar des blumigen, asianischen Stils, der bei ihm eher poetisch als bombastisch klang. Ein späterer Römer tadelte die Alexandriner wegen ihrer Possen. Beim ersten Klang einer Harfe ließen sie alles stehen und liegen: »Ihr seid ewig albern und leichtfertig, und ihr seid praktisch nie um Spaß, Vergnügen und Lachen verlegen.«[48] Das war für Antonius kein Problem, der sich zwischen billigen Lustbarkeiten und Wandermusikanten wohlfühlte, auf der Straße oder der Pferderennbahn.

Und er profitierte von seiner makellosen Vergangenheit. Als junger Offizier hatte er zur Milde gemahnt, als Kleopatras Vater seine treulosen Soldaten bei seiner Rückkehr zum Tode verurteilte. Antonius war dazwischengegangen und hatte ihre Begnadigung erreicht. Er hatte, ebenfalls gegen Auletes' Wunsch, ein königliches Begräbnis für Berenikes Ehemann arrangiert. Diese Gefälligkeiten waren nicht vergessen. Die Alexandriner hießen Antonius mit offenen Armen willkommen und spielten bei seinen Maskeraden, die sie kaum täuschen konnten, bereitwillig mit. Wie ihre Königin passten sie sich seinem »derben Humor« an und gingen auf seine fröhliche Art ein. Sie erklärten, sie seien ihm zutiefst zu Dank verpflichtet, weil er sich »bei den Römern in der tragischen Maske, bei ihnen aber in der komischen Maske« zeige.[49] Antonius bändigte dieses Volk, das Caesar nur sieben Jahre zuvor mit Wurfspießen und Steinschleudern empfangen hatte – ein Zeugnis von Kleopatras unangefochtener Macht wie von Antonius' Charme. Es war sicher leichter, einen Römer sympathisch zu finden, der nicht – wie alle aus dem Westen, die zuvor und auch später nach Ägypten kamen – seine Überlegenheit zur Schau stellte. Antonius trug in der Öffentlichkeit sogar eher gerade geschnittene griechische Kleidung als eine römische Toga. Er hatte weiße Lederslipper an, wie man sie bei allen ägyptischen Priestern sah. Er wirkte ganz anders als sein in einen roten Mantel gehüllter Befehlshaber, dessen Einfluss noch immer drückend zu spüren war und Kleopatras Reiz steigerte. Wenn Caesar sich bei Kleopatra so hatte fühlen können, als wäre er Alexander dem Großen nahe – und kein Römer marschierte je ohne das Bild Alexanders vor seinem geistigen Auge nach Osten –, konnte Antonius das Gefühl bekommen, dass er auch noch mit Caesar in Verbindung stand.

Laut Appian bewegte sich Antonius ausschließlich in Begleitung Kleopatras, »der allein sein Aufenthalt in Alexandria gewidmet war«[50]. Er sieht sie als schlechten Einfluss. Antonius »war oft von Kleopatra entwaffnet, ihrem Zauber unterlegen und ließ sich hinreißen, wichtige Unternehmungen und notwendige Feldzüge hintanzustellen, nur um mit ihr an der Meeresküste herumzustreifen und zu spielen«[51]. Aber es war wohl eher andersherum. Und während sich Kleopatra ausschließlich und intensiv um ihren Gast bemühte, opferte sie doch nicht ihren Kampfgeist, ihren Sinn für Humor oder ihre Ziele. Einmal finden wir die beiden an einem alexandrinischen Nachmittag beim Entspannen auf dem Fluss oder auf dem Mareotissee in einem Fischerboot, umgeben von Bediensteten. Marcus Antonius ist frustriert. Er befehligt ganze Heere, aber jetzt bekommt er irgendwie nicht einen einzigen Fisch aus dem für seine Fruchtbarkeit berühmten ägyptischen Wasser an die Angel. Noch peinlicher ist das Ganze, weil Kleopatra neben ihm steht. Liebe hin oder her, es ist eine Qual, in ihrem Beisein so zu versagen. Antonius tut, was jeder Angler mit ein bisschen Selbstachtung tun würde: Heimlich befiehlt er seinen Dienern zu tauchen und ein paar schon vorbereitete Fische an den Angelhaken zu hängen. Einen nach dem anderen holt er seine Fänge ein, ein bisschen zu triumphierend, ein bisschen zu regelmäßig. Er ist ein impulsiver Mann, der etwas beweisen will und dabei oft über das Ziel hinausschießt. Kleopatra lässt sich nicht so leicht täuschen. Sie heuchelt Bewunderung. Ihr Liebhaber ist so unglaublich geschickt! Im Lauf des Nachmittags rühmt sie ihn vor ihren Freunden und ruft sie herbei, damit sie selbst sein Können bewundern.

Folglich macht sich am nächsten Tag eine ganze Flotte auf den Weg. Vorher gibt Kleopatra selbst ein paar heimliche Befehle. Antonius wirft seine Angel aus, und schon hat er Erfolg. Er spürt ein großes Gewicht und holt seinen Fang unter schallendem Gelächter ein: Aus dem Nil zieht er einen vom Schwarzen Meer importierten Salzhering. Kleopatra beweist mit dem Trick ihren überlegenen Witz – schließlich ist Antonius nicht der Einzige, der beeindrucken will –, erinnert ihren Geliebten aber auch ebenso geschickt und entschieden wie liebevoll an seine größere Verantwortung. Sie ist nicht zänkisch, hat Ehrgeiz und keine Schwierigkeiten, diesen Ehrgeiz auch bei anderen zu wecken. »Überlass uns doch die Angelrute, General«, mahnt Kleopatra vor versammelter Mannschaft. »Dein Fang«, ruft sie Antonius ins Gedächtnis, »sind Städte, Könige und Länder.«[52] Ein raffiniert gemixter Cocktail aus Schmeicheleien, der perfekt zu Plutarchs Beschreibung passt: »Denn ein solcher Tadel ist wie die Bisse einer lüsternen Frau; er kitzelt und reizt und erfreut, auch wenn er schmerzt.«[53]

Kleopatra behandelte Antonius wie einen Schuljungen in Ferien, und genau so wirkte er auch in Rom, um das er sich in diesen vergnüglichen Monaten nicht im Geringsten scherte. Er feierte seinen dreiundvierzigsten Geburtstag in Alexandria und machte doch vor allem durch seine Eskapaden und Launen auf sich aufmerksam; eigentlich ein Witz, wenn man bedenkt, dass er Octavian anfangs vorgeworfen hatte, er sei doch noch ein Schuljunge. (Nur wenige Anwürfe konnten einen Römer schwerer treffen. Dieser brachte Octavian dermaßen auf, dass er per Gesetz verbot, ihn als Jungen zu bezeichnen.) Nachdem es Kleopatra nicht gelungen war, Antonius zu seinen Amtspflichten zu drängen, erreichten gegen Ende des Winters Nachrichten die Stadt, die ihn aufschreckten. Aus dem Osten hörte man, dass die Parther für Ärger sorgten. Sie waren in Syrien einmarschiert und hatten dort den von Antonius gerade eingesetzten Statthalter ermordet. Aus dem Westen kamen ebenso beunruhigende Nachrichten. Fulvia war auf einen gefährlichen Zeitvertreib verfallen. Gemeinsam mit Antonius' Bruder hatte sie einen Krieg gegen Octavian vom Zaun gebrochen, auch, um ihren Ehemann von Kleopatra wegzulocken. Nach einer Niederlage war sie nach Griechenland geflohen.

Anfang April oder schon etwas früher kam Antonius plötzlich in Bewegung und führte sein Heer über Land gegen die Parther. Er gelangte nur bis Nordsyrien, wo er einen Brief von Fulvia erhielt, in dem sie ihm ihr Leid klagte. Das ließ ihm keine andere Wahl, als seine Offensive abzublasen und mit einer Flotte aus zweihundert neu gebauten Schiffen nach Griechenland zu segeln. Antonius war durchaus auf dem Laufenden, was die Aktivitäten seiner Frau betraf. Eine Delegation hatte ihn im Winter auch über die Einzelheiten in Kenntnis gesetzt. Ihn interessierte das wenig; weder wollte er seine Frau tadeln noch mit Octavian brechen. Fulvias Umtriebe hielten ihren Ehemann vielleicht genauso in Alexandria fest wie Kleopatras Zerstreuungen. Antonius kam nur langsam in Gang, was ihm später noch vorgeworfen werden sollte. Appian kommentiert die wiederholten und immer dringlicheren Kommuniqués säuerlich: »Obwohl ich danach geforscht habe, ist es mir nicht gelungen, auch nur einigermaßen sicher herauszufinden, was Antonius antwortete.«[54] Fulvia sah sich in Gefahr. Zudem hatte sie Angst um ihre Kinder, und das zu Recht. Ein Jahrhundert später war sie weithin vergessen. Es wirkte überzeugender, dem Antonius in Alexandria vorzuwerfen, er habe »so unter der Herrschaft seiner Leidenschaft und Trunksucht gestanden, dass er keinen Gedanken an seine Verbündeten wie an seine Feinde verschwendete«[55].

Das Wiedersehen in Griechenland verlief stürmisch. Antonius ging hart mit seiner Frau ins Gericht. Sie hatte das Spiel zu weit getrieben und ihre Grenzen überschritten. Plutarchs Ansicht nach stand Kleopatra tief in Fulvias Schuld, weil diese »Antonius an die Herrschaft einer Frau gewöhnt hatte; denn sie empfing ihn schon als völlig gezähmt und darauf abgerichtet, Frauen zu gehorchen«[56]. Fulvia mag ihrem Gatten beigebracht haben, einer Frau zu gehorchen, aber sie konnte ihn nicht dazu bringen, Octavian herauszufordern oder mehr zu verlangen als ein halbes Reich. Wiederholt schlug sie ihm vor, sich mit Pompeius' Sohn Sextus zusammenzutun. Gemeinsam hatten die beiden alle Möglichkeiten, Octavian auszuschalten. Doch Antonius wollte nichts davon hören. Er hatte eine Abmachung unterzeichnet. Er verletzte seine Verträge nicht. (Wochen später stieß Antonius auf hoher See auf einen Caesarmörder. Er war proskribiert worden, hatte bei Philippi gegen Antonius gekämpft und näherte sich jetzt rasch mit einer ganzen Flotte. Ein entsetzter Adjutant schlug Antonius vor abzudrehen. Doch der dachte gar nicht daran und schwor, »dass er lieber infolge eines Vertragsbruchs sterbe, als dass er als Feigling gebrandmarkt sei und lebe«. Er segelte weiter.[57]) Antonius reist ohne Abschied ab, um den Schaden bei Octavian zu reparieren. Fulvia war krank, als er ging. Viele Vorwürfe, die man gegen sie erhoben hat, mögen erfunden sein; auf unabhängig denkende Frauen einzuprügeln war eine ganz besondere Spezialität der römischen Historiker. Und Fulvia hatte mehr als genug Komplizen gehabt. Antonius' Vermittler hatte sie bestärkt, indem er wiederholt und maliziös erklärte, »wenn Italien friedlich bleibe, bleibe Antonius bei Kleopatra, doch wenn es Krieg gebe, werde er sofort zurückkommen«[58].

Mit seiner neuen Flotte segelte Antonius Richtung Adria. Während seiner Abwesenheit wurde Fulvia schwer depressiv und starb. Die Todesursache ist unklar. Appian vermutet, sie habe sich aus Bosheit das Leben genommen, »weil sie wütend auf Antonius war, der sie krank zurückgelassen hatte«[59]. Vielleicht war sie aber auch einfach nur durch das ständige Hin und Her erschöpft. In Alexandria trauerte man sicher nicht lange um sie. Antonius dagegen zeigte sich von ihrem Tod tief betroffen und gab sich selbst die Schuld daran. Er war nicht einmal zurückgekehrt, um seiner kranken Frau beizustehen. Auch in den Augen anderer war er seinen Pflichten nicht nachgekommen, und sie schrieben die Vernachlässigung wie Cassius Dio »seiner Leidenschaft für Kleopatra und deren Schamlosigkeit« zu.[60] Fulvia war hübsch gewesen, ernsthaft und treu ergeben. Sie hatte Geld mit in die Ehe gebracht, einflussreiche Freunde und einen scharfen politischen Instinkt. Sie hatte Antonius zwei Söhne geschenkt. Wenn sie tatsächlich ein Mannweib war, so war sie, worauf schon andere hingewiesen haben, »zumindest als solches bemerkenswert loyal«[61]. Antonius war an ihrer Seite aufgeblüht.

Fulvias Tod war wohl ihr friedfertigster Akt überhaupt. Er eröffnete die Chance einer Versöhnung zwischen Octavian und Antonius, »war doch jetzt ein Störenfried aus dem Spiel genommen, eine Frau, die aus Eifersucht gegen Kleopatra einen so schlimmen Krieg angezettelt hatte«[62]. So einfach es war, den Winkelzügen einer Frau die Schuld an einem absurden und kostspieligen Krieg zuzuschieben, so einfach war es auch, ihr Ableben zum Anlass für eine Einigung zu nehmen, zumal ja sowieso niemand Lust hatte,

1 Rekonstruktion von Alexandria mit Blick auf die Kanopische Straße in Richtung Westen. Die Kolonnaden zogen sich in ihrer ganzen Länge durch die Stadt. Sie boten Schutz vor der Sonne und waren zugleich ein idealer Ort für die Verbreitung von Gerüchten. Kleopatras Alexandria am Rande eines unglaublich blauen Meeres galt als »die erste Stadt der zivilisierten Welt«, als Modehauptstadt und Ort der Gelehrsamkeit.

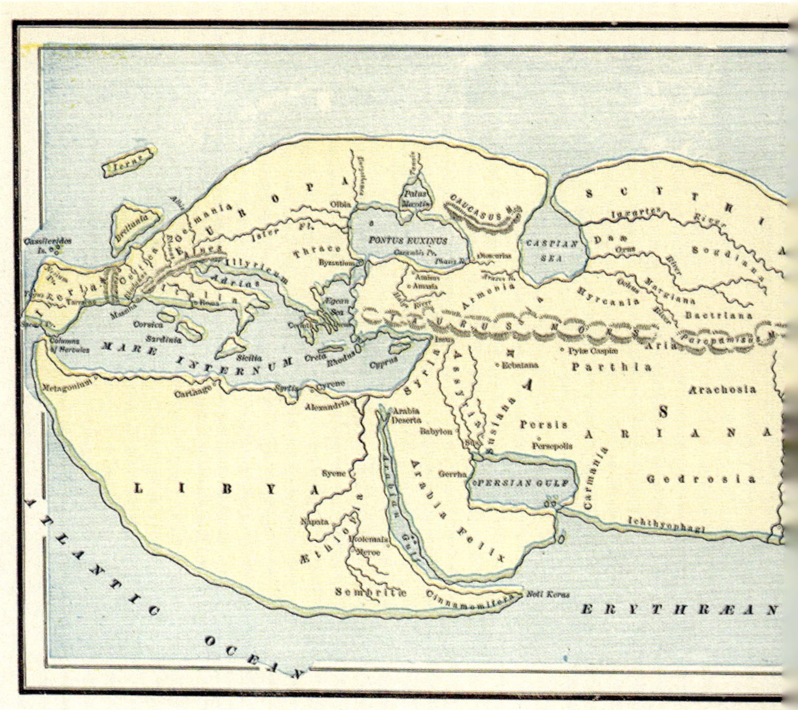

Ierne
Brettania
Cassiterides Is.
Germania
E U R O P A
Ister Fl.
Olbia
Palus Mæotis
CAUCASUS M.
PONTUS EUXINUS
Thrace
Byzantium
Illyricum
Adrias
Iberia
Celtica
Alpes
Italia
Tarraco
Massilia
Roma
Corsica
Sardinia
Sicilia
Ægean Sea
Creta
Rhodus
Cyprus
Columns of Hercules
MARE INTERNUM
Metagonium
Carthago
Syrtis
Cyrene
Alexandria
CASPIAN SEA
S C Y T H I A
Iaxartes River
Sogdiana
Oxus River
Margiana
Bactriana
Hyrcania
Armenia
Amisus
Amasia
Halys River
Dioscurias
Issus
Syria
Assyria
Ecbatana
Pylæ Caspiæ
Parthia
Aria
Paropamisus M.
Arachosia
A S
A R I A N A
Arabia Deserta
Babylon
Susiana
Persis
Persepolis
Gerrha
PERSIAN GULF
Carmania
Gedrosia
Ichthyophagi
Arabian Gulf
Arabia Felix
L I B Y A
Syene
Napata
Æthiopia
Ptolemais
Meroe
Sembritæ
Cinnamomifera
Noti Keras
ATLANTIC OCEAN
E R Y T H R Æ A N

2 Luftbild von Alexandria mit dem zweigeteilten Hafen und dem Palastbezirk zur Linken, der eine Stadt für sich bildete. Landeinwärts der Mareotissee mit dem großen Hafen, von dem Caesar und Kleopatra wahrscheinlich zu ihrer Nilkreuzfahrt aufbrachen. Am Ende des künstlichen Damms vor der Stadt erhebt sich der berühmte Leuchtturm, »der wie ein Berg fast in den Himmel reicht«, wie es ein Bewohner Alexandrias beschrieb. So mag er auch Julius Caesar erschienen sein, der noch nie ein so hohes Bauwerk gesehen hatte.

3 Die bewohnte Welt, wie Kleopatra sie kannte. Breiten- und Längengrade waren bereits bekannt, ebenso die Vorstellung, dass die Erde rund ist.

4 Die gewöhnlichen Verdächtigen: vier Büsten von Kleopatra oder einer Frau, die ihr sehr ähnlich sah. Die nebenstehende aus kostbarem parischem Marmor, die Kleopatras Porträt auf den Münzen sehr ähnlic sieht, könnte der Realität am nächst kommen. Pascals Spruch – »Wäre Kleopatras Nase kürzer gewesen, dann hätte die ganze Welt ein ander Gesicht« – liest sich wie ein ironisch Kommentar zu dem hier fehlenden Teil.

5 Dies ist die schmeichelhafteste der vier Büsten. Kleopatra war die einzige ptolemäische Königin, die mit zu einem festen Knoten gebundenem Haar und Kräusellöckchen auf der Stirn dargestellt wurde. Die gebogene Nase und das vorspringende Kinn stimmen mit dem Münzenporträt überein. Es gibt jedoch auch die Theorie, diese Büste stelle weder Kleopatra dar, noch stamme sie aus der Antike.

6 Ein weniger einfühlsames Porträt und eine Kleopatra ohne Diadem. Die Büste könnte eine Frau aus Kleopatras Gefolge in Rom oder sie selbst in römischer Kleidung darstellen. Die Ähnlichkeit – die gebogene Nase und das ausgeprägte Kinn, die Haarsträhnen an Ohren und Nacken – ist jedoch auffallend.

Eine streng dreinblickende
:opatra mit den bekannten nach
:en gezogenen Mundwinkeln
d den markanten Jochbeinen. Das
lende Diadem könnte auch hier
·auf hinweisen, dass es sich um
Büste einer Frau handelt, die sich
Vorbild der ägyptischen Königin
entiert hat.

8 Das Leben der einfachen Frauen war für einen hellenistischen Künstler ein legitim Thema. Hier die Statuetten zweier Frauen aus dem 3. Jahrhundert v. Chr., ursprüngli reich bemalt, die mit Steinchen oder Würfeln spielen.

9 Ein Mädchen mit einer hölzernen Schreibtafel aus gewachstem Schiefer im Schoß. Junge Frauen in Alexandria waren häufig gebildet, erwarben Häuser, verliehen Geld oder leitete Werkstätten. Kleopatra, die selbst eine hohe Bildung genossen hatte, wurde von einem späteren Chronisten »eine Frau, für die selbst die Liebe zum Geschriebenen e sinnliches Vergnügen war«, bezeichnet.

Kleopatras Vater Ptole-
:ios Auletes, dem sie
:estand. Hier als Diony-
dargestellt, trägt er eine
:uranke um sein Diadem
wunden.
kannt für seine rauschen-
1 Feste, zeichnete er sich in
m als geschickter Unter-
ıdler aus, der den Senat
t seinen Schreiben bombar-
rte sowie großzügig und
ksam Geschenke in der
dt verteilte.

Eine elfenbeinerne
elfigur aus Alexandria
dem Porträt eines
jüngeren Brüder und
gatten Kleopatras,
ırscheinlich Ptolemaios'
. Das Profil ist ägyptisch,
Gewand griechisch.
opatra und ihr Bruder
rateten im Jahr 48 v. Chr.,
er etwa elf Jahre alt war.
r Jahre später sollte sie ihn
n lassen.

12 Wahrscheinlich ein Bildnis Kaisarion aus Granit, gefunden im Osten von Alexandria. Es zeigt ihn mit üppiger griechisch Haartolle. Das Stück kann zu dem unten stehenden Bildnis von Kleopatra gehört haben. Sie wollte Ägypten an Kaisario vererben, fürchtete aber um se Leben. Dazu bemerkte Seneca Mütter hätten nie Angst um sich selbst, sondern nur um ihr Kinder.

13 Kleopatra als Göttin Isis aus einem Tempel in Alexandria. Sie trägt den Kopfschmuck mit Kobra und Geier, den sie wahrscheinlich anlegte, wenn sie in vollem Ornat der Isis an der Seite von Marcus Antonius bei religiösen Zeremonien in Alexandria auftrat. Ein ziemlich großes (allein die Ohren sind dreißig Zentimeter lang) und ausgesprochen beeindruckendes Stück.

14 Ptolemaios Philadelphos, Kleopatras jüngstes Kind mit Marcus Antonius. Er ist hier mit einer makedonischen Kopfbedeckung dargestellt, an der eine ägyptische Kobra befestigt ist. Wahrscheinlich entstand der Porträtkopf zur Feier der Schenkungen von Alexandria zwischen 34 und 30 v. Chr., als Ptolemaios zwischen zwei und sechs Jahre alt war.

Eine Kleopatra aus Basalt, dargestellt : einer konventionellen Perücke und n Diadem, in durchsichtiger, am Körper iegender Kleidung. Sie hat ein bisschen genommen und hält einen traditionellen b in der Hand. In ähnlichen Darstellungen sie mit einem Füllhorn abgebildet; eine lemäische Königin legte Wert auf die entliche Zurschaustellung ihrer Freigebigkeit. nahm die Fürsorge für ihre Untertanen ernst.

16 Die Statue eines Kindes in königlicher Pose aus Alexandria, sehr wahrscheinlich Alexander Helios, Kleopatras älterer Sohn mit Marcus Antonius. Die Kleidung ist östlich, die Tiara armenisch, das Kind fünf oder sechs Jahre alt, was alles für Alexander Helios zur Zeit der Schenkungen von Alexandria spricht, bei denen er zum Herrscher über Armenien, Medien und Parthien ernannt wurde. Kleopatra könnte die Statue in Auftrag gegeben haben, um den Anlass zu feiern. Der Junge, halb Cherub, halb Kind, hat den wilden Lockenkopf des Antonius.

17 Kleopatra in Männ kleidung opfert der Gö tin Isis, während ein Säugling an ihrer Brust trinkt. Diese Stele mit einer Inschrift aus ihren ersten Monaten an der Macht ist der älteste Beleg für Kleopatras Regierung. Sie teilte de Thron damals mit ihre Bruder, dessen Name auffälligerweise fehlt. Kleopatras Namen kan man in der zweiten Ze lesen. Sehr wahrschein lich gehörte die Kalksteinstele ursprünglich ihrem Vater, und Kleopatra ließ sie umarbeiten. In Anbetracht der turbulenten Zeiten waren Umarbeitungen ein Spezialität ptolemäisch Steinmetze. Man beach die beiden von oben he rabhängenden Schlang

18 Eine Stele, die an den Tod des Buchisstiers – eine irdische Inkarnation des Kriegsgottes – im Februar 180 v. Chr. erinnert. Kleopatras Ururgroßvater steht mit einem Opfer auf Augenhöhe vor dem Stier. Die Gemahl des Königs, Kleopatra I., wird in den Hieroglyphen genannt, ist aber nicht abgebildet. Der Stier war fast fünfze Jahre alt. Allerdings verrechnete sich der Schreiber und verkürzte damit, ohne es zu wollen, die Lebenszeit des heiligen Tiers. Die Stele befand sich bestimmt noch an C und Stelle, als Kleopatra im Jahr 51 in den Süden reiste, u den neuen Buchisstier einzusetzen.

Caesar mit einer für Alexan-
a typischen Blumengirlande,
: sie hundertfach für die
ıkette in der Stadt bestellt
rde. Er trägt dazu ein
echisches Gewand, das an
Schulter festgesteckt ist,
l einen Lorbeerkranz. Alles
dem Porträt – einschließlich
eingesunkenen Wangen –
tzt die Vermutung, dass es
der Zeit der Feiern nach
n Alexandrinischen Krieg und
n Frühling der Nilkreuzfahrt
nmt.

Ein außergewöhnlich aus-
cksstarkes Caesarporträt,
standen nach seinem Tod
. mit der vollen Haarpracht,
er schon nicht mehr hatte,
Kleopatra ihn kennenlernte.
chen haben sich auf der
ten Stirn eingegraben,
Wangen sind hohl, und es
en sich erste Falten um den
nd. Sueton lobte Caesars
noiren als »nackt in ihrer
lichtheit, gerade heraus
doch elegant«. Sie sind
erdem absolut auf sich selbst
ogen. In ihnen erwähnt er
Königin von Ägypten, die
ter seines einzigen Sohnes,
ein einziges Mal.

21 Marcus Antonius, dessen männliche Züge seine angebliche Abstammung von Herakles bestätigten. Wagemutig und tollkühn, fröhlich und arglos, war er ein unwiderstehlicher Befehlshaber. Seine Männer waren ihm treu ergeben, wie Plutarch uns mitteilt, wegen »des Adels seiner Familie, seiner Beredsamkeit, seiner direkten und offenen Art, seiner Freigebigkeit und Großzügigkeit, seiner Umgänglichkeit im Gespräch mit jedem«.

22 Ein besonders schönes Antoniusporträt in rotem Jaspis, aus seinen Jahr mit Kleopatra. Der kraftvolle Hals, das volle Haar und die Boxernase sind eindeutig zu erkennen. Ein ähnliches Porträt ist auch in Amethyst erhalten geblieben.

Unsere genauesten Kleopatrabilder stammen
n Münzen. Begehrt und oft betrachtet,
gneten sie sich als Propagandamittel;
präsentierte sie sich ihrem Volk.

ne Bronzemünze aus Kleopatras Münz-
igestätte auf Zypern, 47 oder Anfang
v. Chr. zur Feier der Geburt Kaisarions.
e Bildsprache erinnert auch an Aphrodite
er Isis. Sie trägt ein breites Diadem und hält
isarion in den Armen; ihr Zepter ragt
tsam hinter ihrem Rücken hervor.

Eine 80-Drachmen-Bronzemünze, geprägt in
exandria. Kleopatra führte dieses Metall, das
ige nicht geprägt worden war, wieder ein und
wendete erstmals Wertzeichen. Ungeachtet
nes Gewichts war die Münze so viel wert,
e sie festlegte – ein für sie sehr profitables
rangement.

Eine silberne Tetradrachme aus dem Jahr
v. Chr., geprägt in Antiochia, die das
itische Bündnis zwischen Antonius und
opatra propagiert. In Anspielung auf Isis
rd die Ägypterin »Königin Kleopatra, die
ue Göttin« genannt. Sie trägt eine prächtige
lenkette und – eine Herausforderung für den
aveur – auch Perlen im Haar. Zudem weist
eine verblüffende Ähnlichkeit mit Marcus
tonius auf – oder umgekehrt, er mit ihr.

Eine Silbermünze aus Askalon in
äa, einer Stadt, die nie unter Kleopatras
rrschaft stand. Vielleicht geprägt, um ihre
edereinsetzung zu unterstützen, könnte diese
radrachme aus den Jahren 50 oder 49 v. Chr.
mmen, als die junge Kleopatra noch im Exil
te. Andernfalls wäre sie ein Tribut an ihre
cht; viele Städte außerhalb ihres Reichs gaben
nzen zu ihren Ehren heraus. Ein leichtes
heln umspielt ihre Lippen.

27 Eine ptolemäische Königin mit dem traditionellen Kopfschmuck aus Kobras, Sonnenscheibe und Kuhhörnern, mit mehreren Halsketten und in einem schlichten Kleid. Wahrscheinlich Kleopatra, als Isis ausstaffiert, was die frontal gezeigte rechte Brust erklären würde. Das Motiv ist auf Büsten und Schmuck so nachgebildet. Das Volk kannte Kleopatras Gesichtszüge sehr gut.

28 Eine Frau in griechischer Kleidung, mit einem breiten, geknoteten Diadem und einer ägyptischen Schlangenkrone. Selbst ohne die vertrauten Züge wäre es schwierig, sie für jemand anders als Kleopatra zu halten. Das Bildnis ist in blaues Glas geschnitten; die Kobras tragen Sonnenscheiben.

29 Kleopatra und Kaisarion (vor ihr) bringen den Göttern Opfer dar; von der Südwand des Hathortempels in Dendera. Kaisarion ist auf dieser Darstellung wohl zwischen acht und elf Jahre alt. Kleopatra nimmt geschickt die zweite Stelle hinter Caesars Sohn ein. Das Paar opfert der Hathor, passenderweise, wie man angemerkt hat: Auch Hathor ist mit einem nichteinheimischen Gott verheiratet, dessen Reich anderswo liegt. Dieses riesige Relief, ein wirksames Propagandamittel, bedeckt den ganzen unteren Teil der Rückwand des Tempels.

Cicero, der große Redner, in dem :er, in dem Kleopatra ihn gekannt ben muss. »Ich verabscheue die nigin«, geiferte er, nachdem sie die dt verlassen hatte. Er hatte nicht l übrig für eine Frau, die es genau e er fertigbrachte, dass »andere über h selbst lachten«. Vor allem regte er h über ihre Arroganz auf, dabei galt :ero als »der größte Wichtigtuer weit d breit«.

31 Eine Bronzestatue des jungen Octavian, des eiskalten, unbeirrbaren Widersachers Kleopatras, der sechs Jahre jünger war als sie. Nachdem er Kleopatra besiegt hatte, sorgte er dafür, dass seine Statuen überall in Ägypten die ihren ersetzten.

Octavia, Octavians Halbschwester und Antonius' :te Frau. Dieses »Wunder von einer Frau« erzog opatras drei überlebende Kinder nach dem stmord der ägyptischen Königin.

33 Ein Mosaik aus dem 2. oder frühen 1. Jahrhundert v. Chr., freigelegt bei einer Grabung, nicht weit von Kleopatras Palast entfernt. Der Familienhund (er trägt ein Halsband) schaut schuldbewusst, weil er den Krug aus Bronze umgeworfen hat – eine zeitlose Szene.

34 Ohrgehänge aus dem 3. oder 2. Jahrhundert v. Chr. in Form ägyptischer Kronen mit Sonnenscheiben, aus denen schwarz-weiße Federn aufragen. Kleopatras Schmuck war sicher üppig, aufwendig in Gold gearbeitet, mit Einlagen aus Koralle und Karneol, Lapislazuli, Amethyst und Perlen. Ein Ptolemäer setzte immer alles daran, alle anderen Monarchen in puncto Reichtum auszustechen – ein Ziel, das er in Anbetracht des Überflusses, der »stündlich aus allen Regionen in seinen reichen Palast floss«, mühelos erreichte.

35 Eine Münze zur Feier der Annektierung Ägyptens durch Rom. Auf der Rückseite ist Octavian abgebildet. Der Text lautet »Ägypten (ist) eingenommen

zu den Waffen zu greifen. Sextus Pompeius trieb sich weiterhin auf dem Meer herum. Er hatte alles darangesetzt, die Getreiderouten nach Rom zu blockieren. Die ständigen Kriege hatten die Landwirtschaft in Italien zum Erliegen gebracht. Rom war eine hungernde, ungebärdige Stadt, mit der Geduld am Ende. Das Land befand sich im Aufruhr. Soldaten mahnten die Gelder an, die Antonius im Ausland hatte einsammeln sollen und die noch nicht verteilt waren. Freunde sprangen als Vermittler ein und versöhnten die beiden Männer miteinander, die noch einmal die Welt unter sich aufteilten, wobei Octavian sich besser behauptete als zwei Jahre zuvor.

Anfang Oktober 40 wurde also der Vertrag von Brundisium geschlossen. Darin stand, dass Antonius gegen die Parther ziehen und Octavian Sextus Pompeius abwehren oder zu einer Übereinkunft mit ihm kommen solle. Etwa acht Monate später unterzeichneten die drei Männer dementsprechend ein neues Abkommen in Misenum am Golf von Neapel, mit dem Gipfel des Vesuvs im Hintergrund. Die Tinte unter diesen Verträgen war noch nicht trocken und die Männer hatten sich noch nicht aus ihrer Umarmung gelöst, da »erscholl großer und mächtiger Jubel gleichzeitig vom Festland und von den Schiffen«. Selbst die Berge hallten wider von Jubelrufen. Bei dem anschließenden Chaos im Hafen wurden viele niedergetrampelt, andere erstickten oder ertranken, als »sie einander schwimmend umarmten und einander die Arme um den Hals legten, während sie tauchten«[63]. Die Gefahr eines bewaffneten Konflikts war gebannt, wobei die Feiern in Brundisium die ganze Nacht hindurch eine ebenso deutliche Sprache sprachen wie die Abmachungen selbst. In den Zelten an der Küste bewirteten sich die Kontrahenten gegenseitig einen Tag und eine Nacht lang. (Octavian hielt seine Einladung im römischen Stil, Antonius im asiatischen und ägyptischen, was auch ohne Kommentar durchging.) Als sie allerdings das Gleiche in Misenum taten, »lagen ihre Schiffe näher vor Anker, Wachen waren ringsum aufgestellt, und die Teilnehmer des Gastmahls trugen Dolche unter ihrer Kleidung verborgen«[64]. Während man so einvernehmlich feierte, wurden Verschwörungen angezettelt und Komplotte zunichte gemacht.

Um die beiden Männer nach Brundisium persönlich zusammenzuschweißen, bot Octavian Antonius seine geliebte Halbschwester an. Das war der einzige Bereich, in dem eine Römerin wirklich etwas beitragen konnte: Sie bildete eine persönliche Garantie von unschätzbarem Wert, vor allem, wenn es darum ging, einen politischen Handel abzuschließen. Die umsichtige und nüchtern denkende Octavia verfügte mit ihren neunundzwanzig Jahren über alle Voraussetzungen, die eine leidgeprüfte politische Ehefrau mitbringen musste. Sie war intelligent, aber nicht unabhängig, eher eine Vermittlerin als eine Strippenzieherin. Sie hatte zwar Philosophie studiert, hegte aber keine eigenen politischen Ambitionen. Dieses »Wunder von einer Frau« galt als eine berühmte Schönheit, elegant, mit feinen Gesichtszügen und einer Mähne glänzender Haare. Praktischerweise war sie gerade vor ein paar Monaten Witwe geworden und genau das, was die Situation erforderte, ein ausgesprochen geeignetes Gegengewicht zu Kleopatra, von der sie Antonius ablenken sollte. Er selbst hatte zugegeben, dass er auch noch in der Ferne unter ihrem Bann stand. »Sein Verstand rang noch immer mit seiner Liebe«, wie Plutarch es ausdrückt und Antonius' Männer nur allzu gut wussten. Sie neckten ihn gnadenlos mit dieser Affäre. Von Rechts wegen durfte eine Witwe erst nach zehn Monaten wieder heiraten, um die Geburt eines möglichen Nachkommen abzuwarten. Allseits setzte man so große Hoffnungen darauf, dass Octavia »die Harmonie wiederherstellen und ihre vollständige Rettung sein« werde, dass der Senat eilig eine Ausnahmeregelung beschloss.[65] Ende Dezember 40 wurden die Festlichkeiten von Brundisium in Rom fortgesetzt, wo Antonius und Octavia ihre Hochzeit feierten.

Rom fühlte sich – ausgehungert, ausgeplündert, erschöpft, wie es war – nicht unbedingt in Feierlaune, und in Alexandria muss die Nachricht doch Sorgen bereitet haben. Die Verträge von 40 und 39 dürften Kleopatra nicht überrascht, jedoch in Alarmbereitschaft versetzt haben. Antonius' Ehe war das eine, die Verbindung mit seinem Schwager das andere. Es lag nicht in Kleopatras Interesse, dass Antonius und Octavian sich zusammenschlossen. Octavian war ihr Todfeind, eine lebende, intrigierende Beleidigung für ihren Sohn. Andererseits kannte sie ihren Mann. Antonius würde zurückkommen. Sie brauchte selbst gar nichts zu tun – dafür konnte sie sich auf die Parther verlassen. Womöglich verspürte sie sogar eine perverse Dankbarkeit ihnen gegenüber, weil sie die Römer von Ägypten ablenkten. Und sie belegten einmal mehr, wie wichtig sie war: Antonius konnte seinen Teil der Abmachungen von Brundisium ohne ihre Hilfe kaum einhalten. Kleopatra hatte gute Gründe für die Annahme, dass die Versöhnung auf tönernen Füßen stand. Antonius und Octavian mochten sich versöhnen, so oft sie wollten, die Feindseligkeit würde, wie Fulvia ein paar Monate zuvor so eindringlich dargelegt hatte, dadurch nicht verschwinden. Kleopatra ahnte, dass die Dolche bereits im Gürtel steckten. Sie verfügte über Informanten im Lager des Antonius, die ihr ausführlich Bericht erstatteten – über die Verschwörungen und Gegenverschwörungen, das Geplänkel und die Bankette.

Zumindest indirekt hielt sie auch Kontakt zu Marcus Antonius, dem sie in jenem Winter einen Besucher schickte. Die Parther waren über Phönikien, Judäa und Syrien hergefallen und hatten gegen Jahresende Jerusalem geplündert. Dem zweiunddreißigjährigen Tetrarchen Herodes – Rom sollte ihn im folgenden Jahr zum König krönen – gelang mit knapper Not die Flucht. Nachdem er seine Familie in der Festung Masada in Sicherheit gebracht hatte, suchte er jetzt Asyl. Das war nicht ganz leicht, denn seine Nachbarn wollten die Angreifer nicht verärgern. Schließlich kam Herodes nach Alexandria, wo Kleopatra ihn mit allen Ehren empfing. Sie kannte ihn vor allem als einen leicht reizbaren Freund des Antonius und als römischen Klientenkollegen, hatte aber noch einen weiteren Grund, ihm geneigt zu sein: Herodes' Vater hatte zweimal geholfen, die Ptolemäer wieder auf den ägyptischen Thron zu setzen, einmal ihr selbst und einmal ihrem Vater. Im Jahr 47 hatte Herodes seinerseits einen heftigen, raffinierten Angriff an der Ostfront gestartet und die ägyptischen Juden für Caesars Sache begeistert. Wie ihre Väter waren Kleopatra und Herodes frühere Pompeianer, die sich erst spät zu Caesar bekannten. In den Parthern hatten sie einen gemeinsamen Feind.

Herodes war darüber hinaus unterhaltsam, redegewandt und lebhaft, fanatisch in seiner Ergebenheit und ein Könner in Ehrbezeigungen. Anscheinend versuchte Kleopatra, den forschen König für einen Feldzug zu gewinnen, entweder für einen eigenen nach Äthiopien oder für den des Antonius nach Parthien. Es überraschte nicht, dass sie ihm ein Kommando anbot. Jüdische Offiziere hatten lange in den ptolemäischen Streitkräften gedient, und Herodes war ein ausgezeichneter Offizier. Als erfahrener Reiter konnte er einen Wurfspieß mit unfehlbarer Treffsicherheit werfen. Er lehnte das Angebot ab. Schließlich überließ Kleopatra ihm eine Galeere – es war offenbar ihr Schicksal, immer wieder Schiffe zu verschenken –, auf der er die riskante Winterreise nach Rom wagen konnte, ein ungewöhnlicher Akt der Gastfreundschaft, der in einem Schiffbruch vor der Küste Zyperns endete. (Herodes tauchte nur wenige Wochen später in Rom auf, wo ihn Octavian und Antonius herzlich willkommen hießen.) Will man das Ganze negativ sehen, arbeitete Kleopatra mit einer Ablenkungstaktik. Sie war ja möglicherweise der Familie des Herodes zu Dank verpflichtet, aber sie hatte kein Interesse daran, die Freundschaft ihres Nachbarn mit Antonius zu fördern.

Wir wissen nicht, wie oder ob Kleopatra überhaupt eine weitere Nachricht weitergab, die es wohl vor Herodes über das Mittelmeer schaffte. Gegen Ende des Jahres brachte sie Zwillinge zur Welt. Der Vater war nicht dabei – er heiratete gerade Octavia oder stand kurz davor –, doch den Kindern mangelte es ja nicht an ruhmreichen Vorfahren. Bei der Namengebung ging Kleopatra gar nicht auf deren väterliches Erbe ein. Im Gegenteil, sie legte gegenüber Rom noch einmal nach: Antonius' Kinder nannte sie Alexander Helios und Kleopatra Selene und bot so gleichzeitig die Sonne, den Mond, ihre Großtante, die außergewöhnliche ptolemäische Königin des 2. Jahrhunderts, und den größten General seines Zeitalters auf, der sogar die Parther gezähmt hatte und zu dem sie als Einzige unter allen Herrschern der Zeit eine Verbindung vorweisen konnte. Wenn man bedenkt, dass sie einen Thronfolger nach dem anderen hervorbrachte, muss man sagen, dass Kleopatra wohl mehr für die Vereinigung von Ost und West getan hat als jeder andere seit Alexander dem Großen.

Die Sonne und der Mond waren Teil des parthischen Königstitels – Kleopatra wollte die Namen vielleicht auch als Botschaft an den parthischen Herrscher verstanden wissen. Sicher gab es keinen besseren Weg, ein goldenes Zeitalter auszurufen, als die Geburt eines Sonnengottes zu verkünden. Wir wissen nicht, wie Antonius auf die Nachricht reagierte; noch interessanter wäre die Reaktion Octavians gewesen. Auf eine verquere Weise hatte Kleopatra jetzt dafür gesorgt, dass die beiden Männer durch die Zwillinge wieder miteinander verwandt waren. Sie musste diese sensationelle Geburt gar nicht selbst in alle Welt hinausposaunen. Die Nachricht, dass die rührige Königin Ägyptens einen Sohn namens Alexander zur Welt gebracht hatte, dessen Vater Marcus Antonius und dessen Halbbruder ein Kind Caesars war, erregte im Jahr 39 v. Chr. großes Aufsehen. Sie reichte aus, um Kleopatra, wie ein erst viel später geprägter Ausspruch es formuliert, zu einer Frau zu machen, über die die ganze Welt redete.[66]

Zwischen 40 und 37 lebte Kleopatra wie in einem griechischen Drama – alle Gewalt spielte sich außerhalb der Bühne ab. Man berichtete ihr von fernen Ereignissen. Sie analysierte die Berichte sorgfältig. Bei Abschluss des Vertrags von Brundisium atmete die Mittelmeerwelt erleichtert auf – allerdings spürte Ägypten diesen Atem kalt im Nacken. Antonius' Ehe war eine fantastische Lösung für das erschöpfte und ausgelaugte römische Volk. Überall in Italien wurden Antonius und Octavian »sofort in den Himmel gelobt für diese Friedensbotschaft: Für die Menschen endete der Krieg im eigenen Land und die Aushebung ihrer Söhne, die Gewalt der Militärposten und die Desertion ihrer Sklaven, die Plünderung des Ackerlandes und die Unterbrechung der Landbestellung und vor allem der Hunger, der sie an die Grenzen ihrer Leidensfähigkeit gebracht hatte«[67]. Auf dem Land brachten die Menschen ihnen Opfer dar »wie göttlichen Erlösern«, eine Rolle, in der sich Antonius wie auch Octavian wohlfühlten. Man errichtete dem Frieden Statuen und prägte ihm zu Ehren Münzen. Mit den Feiern gingen hochfliegende Träume und schillernde Prophezeiungen einher. Plötzlich dämmerte ein rosiges Zeitalter der Brüderlichkeit und des Wohlstands herauf. Vergil schrieb damals seine viel kommentierte 4. Ekloge, vielleicht, um die Ehe von Antonius und Octavia zu feiern, sicher aber, um ein goldenes Zeitalter heraufzubeschwören. Der Dichter setzte messianische Hoffnungen auf ein noch nicht geborenes Kind, einen Heiland, der eine neue Morgendämmerung ankündigen und eine Welt regieren würde, in der Frömmigkeit, Frieden und Überfluss herrschten.

Die Welt musste noch ein wenig warten, bis sich diese atemberaubenden Voraussagen erfüllten. Im Frühjahr des Jahres 38 brachte Octavia pflichtschuldig ein Kind zur Welt. Es war allerdings eine Tochter, nicht der heiß ersehnte Sohn. Und die Parther setzten ihren Vorstoß nach Westen fort – nur allzu gern nutzten sie Roms innere Ablenkungen aus. Auch Kleopatra behielt die Eindringlinge im Auge, die sich ihrer Grenze näherten. Sie waren auf Expansion aus; zum Reich ihrer persischen Vorgänger hatte auch Ägypten gehört. Antonius schickte einen zuverlässigen General, der die Parther angreifen sollte. Das tat er sehr zum Ärger seines Herrn so überzeugend, dass er all den Ruhm einheimste, nach dem sich Antonius selbst so sehr sehnte. Und das lange vernachlässigte Rom explodierte in Hungerkrawallen. Die Unruhe war zuvor schon so groß gewesen, dass Octavian sich auf dem Forum plötzlich von einem wütenden Mob umringt sah, der ihm vorwarf, die öffentlichen Mittel aufgebraucht zu haben. Auf seine Erklärungsversuche hin flogen Pflastersteine. Das Bombardement ging noch weiter, als das erste Blut floss. Antonius warf sich für eine spektakuläre Rettung ins Getümmel und befreite Octavian mit Mühe und unter lautem Geschrei aus den Fängen seiner Angreifer. Er geleitete seinen Triumviratskollegen zu seinem Haus, in dem er jetzt eine ganz andere Aufnahme fand als bei ihrem ersten Gespräch dort.[68]

Ansonsten erwies sich Antonius' Schwager nicht gerade als ein kooperativer Partner, was Fulvia ja schon früher prophezeit hatte und auch Kleopatra – aus einer Entfernung von Tausenden Kilometern – zu betonen nicht müde wurde. Zwischen den beiden Männern herrschte ein freundlicher Ton, man war nett zueinander und benahm sich anständig. Dennoch sah es so aus, als übervorteilte der ebenso dickköpfige wie kränkliche Octavian seinen Schwager, den Kriegshelden, erfahrenen Staatsmann und Liebling des Volkes, ein ums andere Mal. Der hatte sicher allen Grund, darüber zu staunen, dass Octavian einfach nicht aufgab. Er war schon mehrfach vom Totenbett auferstanden. Mit seinem ständigen Husten und Schnupfen, seiner Sonnenempfindlichkeit schien er kaum ein ernsthafter Rivale für den imposanten Marcus Antonius zu sein. Octavian war missmutig, paranoid, mäkelig. Er trug Einlagen in den Schuhen, um größer zu wirken. Und doch schaffte er es in kritischen Augenblicken immer wieder, Antonius zu überraschen. Der wurde ein Opfer seines unbekümmerten Selbstbewusstseins, handelte aus einer, wie er glaubte, überlegenen Position heraus und musste dann feststellen, dass er manipuliert worden war. Er sah sich plötzlich in einen Konkurrenzkampf verwickelt, den er gar nicht als solchen wahrgenommen hatte, mit einem »kecken Jungen«[69], der aus dem Nichts aufgetaucht war. Antonius war völlig arglos, und das vergaß er häufig. Octavian besaß keinen Charme und war auch nicht empfänglich dafür. Er war der Typ Mann, der später mit der Zahl der Triumphe prahlte, die ihm angeboten worden waren und die er nicht gefeiert hatte, was zur Folge hatte, dass er sich seiner Bescheidenheit rühmte. Antonius hätte nie auch nur eine Minute daran gedacht, solche Ehrungen auszuschlagen, und gab das auch mit Freuden zu.

Irgendwie gelang es Octavian sogar, seinen älteren Kollegen in Geschicklichkeits- und Glücksspielen zu übertrumpfen. Ob die beiden nun bei einem Hahnenkampf wetteten oder Karten spielten, ob sie Lose zogen, um in politischen Dingen zu entscheiden, ob sie einen Ball zwischen sich hin- und herwarfen – Marcus Antonius ging unausweichlich und gegen alle Wahrscheinlichkeit als Verlierer vom Platz. (Man kann das leicht nachvollziehen: Octavian konnte jedes Ergebnis zu seinem Vorteil wenden. Wenn er gewaltige Summen am Spieltisch gelassen hatte, lag das, so erklärte er, nur daran, dass er »sich überaus sportlich gezeigt hatte«[70].) Kleopatra hatte Antonius einen Wahrsager zur Seite gestellt; viele in Rom glaubten, dass ein Astrologe die Laufbahn eines Menschen mit ebensolcher Genauigkeit voraussagen konnte wie eine Sonnenfinsternis. Antonius sprach mit dem Seher über seine Enttäuschung, und der erstellte ihm sein Horoskop. Aus eigener Überzeugung oder seiner Auftraggeberin zuliebe lieferte er eine ganz freimütige Analyse: Die Aussichten des Antonius seien glänzend, aber vom Schicksal dazu bestimmt, durch Octavians Glück verdunkelt zu werden. Das Problem, so erklärte der Seher, sei, dass Antonius' »Genius« sich vor dem seines Kollegen fürchte, »und so ist er zwar stolz und hochfahrend, solange er allein ist; wenn sich jedoch jener nähert, wird er gleich furchtsam und demütig«. Er solle sich von seinem Kollegen fernhalten. Diese Erklärung leuchtete Antonius ein, der dem Astrologen mit neuer Wertschätzung und seinem Schwager mit neuer Skepsis begegnete. Der Seher »riet Antonius, so viel Distanz wie möglich zwischen sich und dem jungen Mann zu schaffen« – was wohl einer versteckten Einladung nach Alexandria gleichkam.[71]

Er kam nur bis Athen, wo er überwinterte und sein Hauptquartier für die nächsten zwei Jahre aufschlug. Er verbrachte den Winter 39 ähnlich wie den vorherigen in einer angenehmen, kultivierten Stadt mit herausragender Architektur und wunderschönen Statuen. Er ließ seine Stellvertreter im Feld, überflog ihre Berichte aber nur kurz. Er entließ sein Gefolge. Er besuchte mit ein paar

Freunden und Dienern oder mit Octavia, mit der er überaus glücklich zu sein schien, Vorträge und Feste. Wieder tauschte er den Purpurmantel des Befehlshabers gegen griechische Kleidung. Wieder gab er sich freudig als Dionysos aus, seine liebste Anrede. Er ließ zu, dass Octavia – die ihm bald eine zweite Tochter gebar – als Athene gefeiert wurde. Wir wissen, wie all diese Ehrungen in Alexandria aufgenommen wurden; Kleopatra sammelte jede noch so kleine Information. Besonders ärgerlich war, dass sie sich dem Bereich des Heiligen und Imperialen näherten. Was für einen Unterschied eine Adressänderung – oder eine andere Frau an der Seite – doch machen kann: Im Jahr 39 regte sich in Rom niemand über Antonius' ausschweifende Wintervergnügungen auf. In Athen kleidete er sich wie ein Grieche und feierte wie ein Grieche, aber immer unter den wachsamen Augen der tugendhaften Octavia. Zudem war es schwierig, seinen göttlichen Anspruch infrage zu stellen, wenn Octavian das Gleiche tat. Er gab ein Kostümfest, bei dem er sich als Apollon verkleidete. Allerdings errichtete nur Antonius vor aller Augen eine Hütte aus Ästen, schmückte sie mit Trommeln, Tamburinen, Laub, Tierfellen und anderem dionysischen Beiwerk und »legte sich bei Morgengrauen mit seinen Freunden hinein und betrank sich«. Er holte Musiker aus Italien, die in seiner Hütte für Unterhaltung sorgten. Gelegentlich ließ er den Bau auf die Akropolis bringen, »und die ganze Stadt Athen war von den Lampen erleuchtet, die von den Decken hingen«[72].

Noch immer staunte er über die Begabung seines Schwagers, das Tagesgespräch zu beherrschen. Ungeachtet seines Rufs, der auf behäbiger Rechtschaffenheit beruhte, gelang es Octavian im Jahr 38, sich an genau dem Tag aus seiner Ehe zu verabschieden, an dem seine Frau ein Kind gebar, und Livia zu heiraten, die im sechsten Monat mit dem Kind ihres früheren Ehemanns schwanger war. Diese Verbindung katapultierte Octavian in die obersten Ränge der römischen Gesellschaft und stellte ihn auf eine Stufe mit Antonius. (Trotz der Verbindung zu Caesar war Octavian nicht von adliger Abstammung.) Immer wieder gelang es ihm, seinen Schwager ins

Abseits zu drängen und zu verblüffen: Wenn er das eine versprach, tat er das andere. Wenn Antonius nach Osten marschierte, rief Octavian ihn nach Westen – und kam dann selbst nicht. Er gestattete Antonius, Soldaten auf italienischem Boden zu rekrutieren, was beinahe unmöglich war, da Octavian dieses Gebiet regierte. Es war ein gefährlicher Balanceakt, den Antonius aber mit allen Mitteln bewältigen wollte. Er schluckte seinen Stolz hinunter und verbarg seinen Ärger, obwohl seine Nerven blank lagen.

Die Lage spitzte sich schließlich im Frühling 37 zu, als die beiden sich an einem Fluss im Süden des italienischen Stiefels trafen, um über einige Missstände zu sprechen, die sich im Lauf der Zeit eingestellt hatten. Octavia half, einen Frieden auszuhandeln, und hielt eine leidenschaftliche Rede im Stil der Helena. Sie wollte nicht zusehen, wie ihr Ehemann und ihr Bruder sich gegenseitig vernichteten. Das Ergebnis war der Vertrag von Tarent, eine Neuauflage des ausgelaufenen Triumvirats. Antonius sollte bis Dezember 33 als Herrscher im Osten anerkannt werden. Er zeigte sich darüber zufrieden: »Fast alles«, bemerkt Cassius Dio, »lief nach seinen Wünschen.« Er traf endlich die nötigen Vorbereitungen für seinen Feldzug und marschierte in den Osten, nach Syrien. Octavia und ihre beiden Töchter begleiteten ihn bis nach Westgriechenland, wo er sie zurückschickte. Octavia war erneut schwanger. Eine Weiterreise würde, so fürchtete Antonius, ihrer Gesundheit schaden. Sie hatte schon für sechs Kinder – auch aus früheren Ehen – zu sorgen. Es war ihm wichtig, dass sie nicht, wie er es ausdrückte, »seine Gefahren teilte, während er gegen die Parther Krieg führte«[73]. Das war nur allzu wahr.

Wenn Octavian ein Meister darin war, sein Ziel auf Umwegen zu erreichen, und es so aussehen lassen konnte, als kooperierte er, während er das Gegenteil tat, war Antonius ein Mann des schnellen Sinneswandels mit einem Hang zu dramatischen Kehrtwenden. In Athen gab er an einem Tag den Faulpelz, der träge mit Octavia an irgendwelchen Festen teilnahm und die Verwaltungsarbeit vernachlässigte, und am nächsten, anders gekleidet und hellwach, den scharfsinnigen Militär, einen Wirbelwind an Aktivität, ganz diplomatisches Geschäft, im Energiezentrum einer großen Entourage. Irgendetwas brach in den letzten Monaten des Jahres 37 zusammen. Vielleicht wurde die Liste der Beleidigungen, Enttäuschungen und Winkelzüge plötzlich zu lang. Vielleicht machte sich eine lange aufgestaute Wut Luft. Er war ein Soldat, dessen ruhmreicher Feldzug immer wieder aufgeschoben worden war. Sein Stellvertreter hatte im Osten eine Reihe von Siegen errungen, Siege, die eigentlich ihm zustanden. Vielleicht wurde Antonius plötzlich klar, dass seine Gattin und sein Schwager unter einer Decke steckten und ihn kontrollierten, dass er zum Narren gehalten wurde, dass eine Zusammenarbeit immer weniger möglich war. Sicher lag es nahe, mit einem entscheidenden militärischen Sieg im Osten die Oberhand zu Hause zu gewinnen. Wenn er die Parther vernichtete, räumte er damit Octavian aus dem Weg, eine seltsame Form asymmetrischer Rechnungsführung, den Überlegungen ähnlich, die Auletes in Rom zwei Jahrzehnte zuvor angestellt hatte.

Plutarch bietet eine andere Erklärung für die Kehrtwende im Jahr 37. Er räumt durchaus ein, dass Antonius auf die Parther fixiert war, führt aber auch »ein schreckliches Übel« an, »das lange Zeit geschlummert hatte«. Antonius' Freunde glaubten, dass jenes Verlangen sich im Lauf von dreieinhalb Jahren gelegt hatte, weggezaubert von Octavia oder zumindest »eingeschläfert durch bessere Überlegungen«[74]. Plutarchs Darstellung nach glühte dieses Verlangen plötzlich wieder auf und wurde immer stärker angefacht, je weiter Antonius nach Osten kam, wo es letztendlich erneut aufloderte. Plutarch wollte die historischen Tatsachen schon richtig wiedergeben, aber wir sollten im Auge behalten, dass er aus Antonius' Leben ein warnendes Beispiel machte. Sein Antonius ist ein begabter Mann, den seine Leidenschaft ruiniert; die Moral kann hier wichtiger gewesen sein, als es die Einzelheiten waren. Doch egal, wie die Umstände lagen – sicher in Syrien angekommen, missachtete Antonius seine besseren Überlegungen ebenso wie die klugen Ratschläge anderer. Er schickte einen Boten nach Alexandria.

Kleopatra sollte ihn in Antiochia treffen, der drittgrößten Stadt der Mittelmeerwelt. Diesmal setzte sie spornstreichs die Segel. Nicht lange nach der Ankunft des Paars in der syrischen Hauptstadt kamen Münzen mit den gemeinsamen Porträts von Antonius und Kleopatra in Umlauf.[75] Es ist unklar, wer auf der Vorder- und wer auf der Rückseite dargestellt sein sollte – das war kurz gefasst die Frage, die sich in den nächsten sieben chaotischen Jahren immer wieder stellte. Antonius sah Octavia nie wieder.

VII

EINE FRAU, ÜBER DIE DIE GANZE WELT REDET

»Das größte Lob einer Frau besteht darin, dass man so selten wie möglich von ihr spricht.«[1]

THUKYDIDES

DIESES MAL KONNTE sie auf den großen Auftritt verzichten. Schon bevor sie in jenem Herbst lossegelte, wusste Kleopatra, dass Marcus Antonius auf dem Weg in den Osten war, um endlich die offene Rechnung der Römer mit den Parthern zu begleichen – ein Feldzug, den er jetzt schon vier Jahre aufgeschoben hatte. Seit jenem ausgelassenen Winter, den sie zusammen verbracht hatten, wusste sie, wie sehr ihn dieser Gedanke beherrschte. Von Caesar war sie sicher genau in die ursprünglichen Expeditionspläne eingeweiht worden. Auf seinem Weg nach Antiochia reorganisierte Antonius Kleinasien und schuf dort Reiche für jene, denen er vertraute, und jene, die ihn unterstützten. Er sorgte für eine stabile Grenze; schließlich musste er sich nach hinten absichern, bevor er weiter nach Osten vorrückte. Aus ebendiesem Grund hatten Antonius und Octavian gemeinsam Herodes als König eingesetzt, als er im Winter schließlich an Roms Gestade gespült worden war. Mit seinen idumäischen und arabischen Vorfahren war Herodes ganz und gar nicht der erste Kandidat für den Thron von Judäa. Es war eher seine Beharrlichkeit als seine Abstammung, die ihm die Krone sicherte. Kein Dynast hatte sich eloquenter aus seiner fehlgeleiteten Treue zu Cassius herausreden können; man kann mit Fug und Recht sagen, dass Herodes sich die Macht »erschlich«[2]. Antonius hatte schon seinen Vater gekannt, der auch ein Freund Roms gewesen war. Und er hatte Herodes selbst als Jugendlicher kennengelernt. Diese persönliche Beziehung bedeutete viel.

Der hartleibige Opportunist Herodes war liebenswert in seiner Verwegenheit und verstand es, sich nötigenfalls einfach in Luft aufzulösen.[3] Die Quellen deuten an, dass man in Rom fasziniert von ihm war, Octavian ebenso wie Antonius. Nicht zufällig war Herodes bei der Beschaffung von Geldmitteln ebenso geschickt wie beim Schleudern von Speeren; er hatte eine erstaunliche Begabung, aus Stroh Gold zu spinnen.[4] (Seine Untertanen hatten eine ungefähre Vorstellung von seinen Methoden.) Der Senat bestätigte einmütig die Königsherrschaft, woraufhin Octavian und Antonius Herodes in die Mitte nahmen und ihn zum Kapitol begleiteten – eine demonstrative Ehrung, bei der ihnen Konsuln und Magistrate vorangingen. Antonius war der Ansicht, dass die Ernennung Vorteile für den Feldzug gen Osten bringen werde; er gab anschließend ein Bankett zu Ehren des neuen Königs. Einigen Berichten zufolge hatte Herodes seinen Thron gleichermaßen auch Kleopatra zu verdanken.[5] Der Senat handelte nicht nur aus Bewunderung für ihn heraus, sondern ebenso auch aus Angst vor ihr. Ganz entschieden wollten die Senatoren lieber zwei als nur einen Monarchen in dieser Region haben. Es gab mehr als genug Gründe, einer Klientelkönigin an der Spitze eines reichen Landes mit Vorsicht zu begegnen, vor allem, wenn sie zudem noch die Getreideversorgung Roms kontrollierte.

Diese Logik funktionierte aber auch zu Kleopatras Vorteil. Antonius durfte keinen Aufstand in Ägypten riskieren. Sie allein konnte ihr Reich mit der nötigen Autorität regieren. Es stand fest, dass kaum jemand das Land besser führen würde. Wie immer verließ sie Alexandria in dem sicheren Wissen, dass kein Römer Parthien – ein reiches, riesiges und gut verteidigtes Großreich – ohne ihre finanzielle Unterstützung würde besiegen können. Mit anderen Worten: Als sie in jenem Herbst nach Norden zog, an den Felsküsten des östlichen Mittelmeers entlang, wusste sie, dass sich die Machtverhältnisse leicht verschoben hatten. Trotz Antonius' Draufgängertum und seines hervorragendes Heeres saß sie deutlich am längeren Hebel.

Eitel, wie Kleopatra nun einmal war, kann man davon ausgehen, dass sie und ihre Dienerinnen alles daransetzten, sie so schön wie möglich aussehen zu lassen. Dreieinhalb Jahre hatte sie Marcus Antonius nicht gesehen, Jahre, die jede Frau hätte auslöschen wollen. Sie hatte von Octavia, der rundgesichtigen Schönheit mit dem glänzenden Haar, gehört. Aber diesmal waren keine ambrosisch duftenden Gewänder, mit Edelsteinen besetzten Festgeschenke und Rosenmeere gefragt. Kleopatra hatte etwas Besseres vorzuweisen. Auf diese Reise nahm sie die Kinder mit.

In Antiochia, einer kleinen, weniger verruchten Version von Alexandria, lernten Alexander Helios und Kleopatra Selene ihren Vater kennen, der die Zwillinge als seine Kinder anerkannte. Es war sicher ein freudiges Zusammentreffen. Antonius hegte hellenistische Ambitionen. Er hatte sich in die ptolemäische Dynastie eingeschlichen; seine Kinder hatten Anspruch auf den ägyptischen Thron. Mehr noch, er besaß jetzt einen weiteren Sohn, etwas, das Octavia, eine in jeder anderen Hinsicht vorbildliche Gattin, nicht zustande gebracht hatte. (Antonius hatte zwei ältere Söhne mit Fulvia.) Es gibt sogar die Theorie, dass gerade ihre Unfähigkeit, einen männlichen Erben zu gebären – einen, der Vergils Prophezeiung erfüllen und Rom in das so sehnlich erwartete Goldene Zeitalter führen konnte –, Antonius der Kleopatra in die Arme trieb. Antonius liebte Kinder und glaubte, man könne gar nicht genug davon haben. Er sagte gern, dass »edle Geschlechter sich durch die fortlaufende Zeugung vieler Könige ausbreiteten«[6]. Er war nicht der Typ Mann, der einem Griechisch sprechenden und wie ein König gekleideten dreijährigen Halbgott, der ihn als Vater ansprach und ihm – wenn man den Statuen glauben darf – mit seinem vollen

Gesicht und dem Lockenkopf auch noch ähnlich sah, widerstehen konnte. Jahrelang schon hatte Antonius einen göttlichen Anspruch durchzusetzen versucht. Seit Philippi hatte er, dem Beispiel seines erhabenen Mentors folgend, mit aller Kraft darauf hingearbeitet. Mithilfe seiner illegitimen Kindern schlüpfte Antonius jetzt ganz legitim »in die Pantoffeln seines Vorgängers«[7] – wie ein moderner Historiker es ausgedrückt hat. Bezeichnend war, dass er das in Antiochia tat, einer wohlhabenden Stadt, malerisch am Fluss und am Fuß eines majestätischen Berges gelegen, mit einem von Kolonnaden gesäumten Straßennetz in der Innenstadt und reich ausgestattet mit Stadien und Gärten, monumentalen Brunnen und natürlichen Quellen. Von Mai bis Oktober von westlichen Winden umweht, war Antiochia im Winter sonnig und windstill, mit bezaubernden Bädern und einem quirligen Markt. Die syrische Hauptstadt war Caesar, der sich hier eine Statue errichten ließ, nachdem er Kleopatra im Jahr 47 verlassen hatte, durchaus wohlgesinnt gewesen und bereitete ihm nun einen herzlichen Empfang.

Kleopatra hatte persönlich allen Grund, sich auf die lange hinausgeschobene Familienzusammenführung zu freuen, doch noch größer war sicher ihre Genugtuung über die politische Entwicklung. Antonius war dem Rat, den sie ihm beim Angeln gegeben hatte, gefolgt. Er tat, was er ihrer Meinung nach tatsächlich am besten konnte – oder was sie ihn aus eigenen Beweggründen heraus eingeredet hatte: Er widmete sich einem angemessenen Zeitvertreib und zog »Städte, Könige und Länder« an Land. Es ist nicht falsch, wenn Shakespeare Kleopatra später sagen lässt: »Wie Münzen fielen ihm aus der Tasche Königreich' und Inseln.«[8] Meist wohnte Antonius' Anordnungen eine zwingende Logik inne. Er machte sich daran, eine lang vermisste, oft angestrebte Ordnung des widerspenstigen Ostens zu schaffen. In einer multiethnischen, multikulturellen Region ständig wechselnder Bündnisse, die dreißig Jahre lang allen römischen Versuchen einer Neuordnung getrotzt hatte, erkannte er Talent, belohnte er Kompetenz und Loyalität. Wie Antonius gerne sagte: »Die Größe des Römischen

Reiches offenbart sich nicht durch das, was die Römer nehmen, sondern durch das, was sie geben.«[9] In seinem Bestreben, stabile Reiche zu schaffen, fasste er geschickt Territorien zusammen und wies Gebiete zu. Er zog die Grenzen neu.

Dabei war er ganz in seinem Element und offenbar unschlagbar. Niemand zweifelte an seinem unmittelbar bevorstehenden Triumph über die verhassten Parther. Selten hatte jemand eine Armee um sich versammelt, »die deutlicher hervorstach an Können, Ausdauer und jugendlicher Kraft«[10]. Antonius' Heer »ließ ganz Asien erzittern«[11]. Es war das größte, das er je befehligen sollte, und die Männer waren ihrem großherzigen, ungestümen General ganz und gar ergeben. Sie alle wollten lieber sterben als ihn enttäuschen, eine Hingabe, die auf »die edle Geburt des Antonius, seine eindringliche Beredsamkeit, sein schlichtes, aufrichtiges Betragen, seine gewohnte Großzügigkeit und Pracht, seinen lockeren Umgang mit allen«[12] zurückzuführen war. Antonius' Hochstimmung war ansteckend; überall herrschte gute Laune. Geschenke heben die Laune immer, und Freigebigkeit war eine seiner Stärken, eine Begleiterscheinung seiner Vorliebe für große Familien. Im sonnenverwöhnten Antiochia — die beiden wohnten wahrscheinlich im Inselpalast, der sich in die Biegung des gemächlich dahinfließenden Flusses schmiegte – hatte Kleopatra allen Grund, sich zu gratulieren und zu glauben, dass sie nach fünf Jahren Chaos und Durcheinander doch auf das richtige Pferd gesetzt hatte.

Bei ihrer Ankunft im September machte ihr Antonius darüber hinaus ein außergewöhnliches Geschenk: Er erkannte nicht nur seine drei Jahre alten Zwillinge an, sondern überschüttete deren Mutter gleich noch mit einer ganzen Reihe von Territorien. Er bestätigte ihre Herrschaft über die Insel Zypern, die selbst Caesar ihr nicht offiziell übertragen hatte. Die Erinnerung an diesen monumentalen Verlust und die Folgen muss sie geschmerzt haben. Antonius erweiterte Kleopatras Herrschaftsgebiet um das dicht bewaldete Koilesyrien (einen Teil des heutigen Libanon), das grüne, weit entlegene Kyrene (im heutigen Libyen), einen großzügigen Streifen des mit Zedern bestandenen Kilikien (an der Ostküste der Türkei), Teile von Kreta und bis auf zwei Ausnahmen alle Städte an der blühenden phönikischen Küste. In mehreren Fällen setzte Antonius regierende Herrscher ab – wenn es keine Vergehen von ihrer Seite gab, konnte man immer noch welche erfinden –, so dass Kleopatra deren Territorien in Besitz nehmen konnte. Im Jahr 37 herrschte sie fast über die gesamte Küste des östlichen Mittelmeers, vom heutigen Ostlibyen in Afrika nach Norden über Israel, den Libanon und Syrien bis in die südliche Türkei, mit der einzigen Ausnahme kleiner Teile von Judäa.

Vor allem Antonius' militärische Bestrebungen und die Begleichung offener Rechnungen von römischer Seite her bestimmten Größe und Form dieser Zuwendung. Dazu kam seine Einschätzung Kleopatras: Sie war erfahren, verlässlich, einfallsreich. Genau dies erwartete Rom von seinen Klientelherrschern, die verschiedene Vorteile gegenüber römischen Amtsträgern aufwiesen, darunter auch, dass man sie nicht bezahlen musste. Wichtiger war noch, dass Antonius eine Kriegsmarine brauchte. Nach dem Vertrag von Tarent hatte er Octavian hundert Galeeren mit bronzenen Rammspornen und zehn Triremen überlassen. Kleopatra wusste, wie man Schiffe baute. Aus gutem Grund übergab Antonius holzreiche Provinzen einer Monarchin, die über die nötigen Handwerker und Ressourcen verfügte, um dieses Holz in eine gefechtstüchtige Flotte zu verwandeln; in der Hinsicht war niemand in der Mittelmeerwelt so wertvoll für Antonius wie die ägyptische Königin.[13] Wie Plutarch zugeben musste, waren ihre Geschenke nicht die einzigen, die Antonius unter östlichen Herrschern verteilte.[14] Gleichzeitig war Kleopatra eine der wenigen, die ihren Thron behielten; Antonius überging bei seinen Ernennungen in der Regel etablierte Dynastien. Und sie erhielt weitaus größere Geschenke als jeder andere Monarch. Im September 37 hatte sie das Ptolemäerreich fast wieder im Glanz des 3. Jahrhunderts auferstehen lassen.

Aus gutem Grund rief sie eine neue Ära für Ägypten aus. Kleopatras sechzehntes Regierungsjahr sollte hinfort als Jahr eins gezählt werden[15], eine Doppeldatierung, an der sie ihre gesamte Regierung hindurch festhielt. Und im Alter von zweiunddreißig Jahren definierte sie sich selbst neu, indem sie einen originellen Titel annahm. Unter den vielen Privilegien, die Kleopatra genoss, zählte die Möglichkeit, zusätzliche Namen auszuwählen, sicher zu den bedeutsameren, etwa so wie die Wahl ihres Lebenspartners oder die Verfügungsgewalt über ihr Vermögen. Sie war von jetzt an »Königin Kleopatra, die Göttin, die Jüngere, Vaterliebende und Vaterlandliebende«. Bei der Manipulation der Nomenklatur ging sie ebenso raffiniert vor wie bei der vieler anderer Dinge, und man hat eine Menge in diesen Titel hineingelesen. Mit ihm verkündete Kleopatra nicht nur ein neues Zeitalter, sondern geradezu eine politische Neuorientierung in großem Stil. Den letzten Begriff mag sie angehängt haben, um Gerüchte zum Verstummen zu bringen, sie verkaufe ihr Vaterland an die Römer. Sie signalisierte damit ihren Untertanen, dass sie zuerst und vor allem ihr Pharao war.* Die Bildsprache ihrer Münzen ähnelt in beruhigender Weise der früherer Ptolemäer. Auch ganz unabhängig von ihren Titeln war sie die mächtigste Figur auf der nichtrömischen Bühne. Sobald Antonius die Parther bezwungen hätte, würde sie zur Kaiserin des Ostens aufsteigen. Verschiedene Küstenstädte erkannten das an, indem sie Münzen zu Ehren Antonius' und Kleopatras prägten. Sie hatte allen Grund zu überschwänglicher Freude. Am Horizont war nicht das kleinste Wölkchen zu sehen.

Kleopatra konnte also nicht anders, sie freute sich auf die Feier des Neubeginns in Alexandria. Nach den schweren Opfern im Anschluss an die Iden des März hatte sie nicht nur wieder Fuß ge-

* Man hat in ihre hochtrabende Namengebung andererseits auch eine Orientierung an ihrem griechischen Erbe hineingelesen. Eine Neubelebung, ob sie sich nun durchsetzte oder nicht, war ganz sicher willkommen in einer Welt, die sich ständig an der Vergangenheit maß. Kleopatras Neuorientierung mag eine weitgreifende, alles umfassende Geste gewesen sein; Makedonien hatte nicht nur die Ptolemäer hervorgebracht, sondern auch die rivalisierende Seleukidendynastie. Und die einst so mächtigen Seleukiden hatten einen großen Teil ebenjener Territorien beherrscht, die jetzt Kleopatra gehörten.

fasst, sondern es diesmal auch besser getroffen. Wie aber nahmen ihre Untertanen, einmal abgesehen von ihrem Stolz auf das wiedererstandene Reich, Kleopatras enge Kollaboration mit einem zweiten Römer auf? Es gibt jedenfalls keinerlei Anzeichen einer öffentlichen Empörung. Ihr Volk hatte weiterhin vor allem die praktischen Folgen von Kleopatras Diplomatie im Auge. »Es scheint mir«, so der Eindruck eines herausragenden Wissenschaftlers, »dass die Liebschaften und Geburten eines weiblichen Pharao ihnen wie göttliche Angelegenheiten vorkamen und dass sie ihre Königin nur kritisierten, wenn deren Steuereintreiber sie allzu hart bedrängten.«[16] Sie hatte eine raffinierte Lösung für ein politisches Problem gefunden. Der fehlende Widerstand zu Hause mag auch ein Beleg dafür sein, dass sie Marcus Antonius nicht übermäßig entgegengekommen war. Sie hatte vielleicht die Bezahlung seiner Legionen übernommen, aber das konnte sie sich leisten, ohne ihrem Volk drückende Steuern aufzuerlegen. Man musste auch nicht befürchten, dass Antonius' territoriale Verfügungen die Alarmglocken in Rom schrillen ließen. Die Gebietszuweisungen waren Teil einer konsistenten Außenpolitik. Sie füllten die Schatzkammern und sicherten die Grenzen. In Ägypten hatte Kleopatras Beliebtheit sicher ihren Höhepunkt erreicht.

Im Licht des großzügigen Geschenks haben viele Wissenschaftler angenommen, dass Marcus Antonius und Kleopatra in jenem Herbst in Antiochia heirateten – eine seltsame Vermutung angesichts der Tatsache, dass Antonius schon eine Ehefrau hatte. Und aufgrund seiner Freigebigkeit sind viele davon ausgegangen, dass Kleopatra einfach bestimmt habe, was sie zu diesem Anlass gerne hätte, und Antonius ihren Bitten nachgekommen sei. Für beides fehlt jeder Hinweis bei Plutarch, der einzigen Quelle für das Wiedersehen und sicher kein Chronist, der geneigt gewesen wäre, eine solche Transaktion zu übergehen. Er räumt nur ein, dass Antonius ihre gemeinsamen Kinder anerkannte, was auf keinen Fall mit einer Ehe gleichzusetzen ist. Sicher hatte Antonius ebenso viel, wenn nicht sogar mehr dabei zu gewinnen als Kleopatra: Selbst Plutarch konnte es nicht als Fehler bezeichnen, wenn sich der römische Triumvir mit der reichsten Frau in seiner Welt verbündete.[17] Seine unmittelbaren praktischen Bedürfnisse stimmten wunderbar mit ihren langfristigen imperialen Ambitionen überein. Es gibt weniger Hinweise auf eine Hochzeit als auf Kleopatras Gier nach Territorium, die sich hier zum ersten Mal manifestierte. Schon 37 oder ein Jahr später soll sie Antonius mit der Bitte um den Großteil Judäas bedrängt haben. Allem Anschein nach schlug er ihr diese Bitte ab. (Seine Entschlossenheit in dieser Angelegenheit ist als Beweis dafür ins Feld geführt worden, dass er nicht Wachs in ihren Händen war. Er verweigerte dieses Geschenk, also war er nicht blind vor Liebe. Es ist aber genauso gut möglich, dass Kleopatra ihre Grenzen kannte und nie um Judäa bat, was die Frage nach Antonius' emotionalem Zustand offenlässt.) Sie musste wohl kaum um Territorium feilschen, obwohl sie sich auch da in einer guten Ausgangslage befand. Antonius hatte einen Feldzug zu finanzieren, ein Heer zu bezahlen, eine Kriegsflotte zu ergänzen. Kleopatra brauchte nichts. Sie war in der besseren Verhandlungsposition.

Was auch immer sich zwischen den beiden abspielte, bei den anderen Klientelkönigen der Region herrschte jedenfalls die Meinung, dass Antonius Kleopatra tief und innig verbunden war.[18] Schwieriger ist es schon, in ihrem Herzen zu lesen, zumindest im Jahr 37. Wir haben allerdings ein paar Hinweise. Kurz bevor oder nachdem Ägypten wieder die Größe des 3. Jahrhunderts erreichte, kurz bevor oder nachdem sie den Kalender auf null gesetzt hatte, nahmen Antonius und Kleopatra ihre sexuelle Beziehung wieder dort auf, wo sie sie in Tarsos unterbrochen hatten. Und ganz offenbar bedeutete Antonius' Anwesenheit Kleopatra ebenso viel wie seine Unterstützung. Im März oder April 36 begleitete sie ihn auf der breiten, ebenen Straße von Antiochia aus an den Rand des Römischen Reichs; eine Reise über Land, die sie Hunderte Kilometer von ihrem eigentlichen Weg abbrachte, unnötig und nicht unbedingt bequem, denn sie war wieder schwanger. Antonius und Kleopatra verabschiedeten sich schließlich am Ufer des Euphrats voneinander, dort, wo sich der Fluss in der heutigen Osttürkei zu einem tiefen Kanal verengte. Er überquerte die Holzbrücke auf parthisches Territorium, um von dort aus mit seiner beeindruckenden Armee nach Norden zu marschieren, durch den endlosen Hindernisparcours von Steppen und zerklüfteten Bergen, die sich jenseits des Euphrats erstrecken, während Kleopatra nach Süden zog.

Sie wählte den längeren Landweg Richtung Heimat und machte daraus eine triumphale Reise durch ihre neuen Besitzungen. Viele empfingen sie freudig; manche Despoten, die Antonius zu ihren Gunsten abgesetzt hatte, waren ruchlose Verbrecher gewesen. Rund um Damaskus beispielsweise herrschte Kleopatra jetzt über ein Territorium, das zuvor von einem Stamm räuberischer, mit Pfeilen wild um sich schießender Banditen kontrolliert worden war. Mit ihrem Gefolge zog sie über die Hügellandschaft und die zerklüfteten Felsen des heutigen Syrien und Libanon, über Serpentinenpässe und durch tiefe Schluchten, um schließlich in Jerusalem den Kamm einer Gebirgskette zwischen zwei hohen Hügeln zu erklimmen. Umgeben von Mauern mit hohen Zinnen und einer Reihe quadratischer, zehn Meter hoher Türme war Jerusalem ein herausragendes Zentrum des Handels und reich an Kunstwerken. Kleopatra hatte etwas mit Herodes zu besprechen, der allerdings seinerseits – obwohl er eigentlich immer sehr ausdauernd verhandelte – keine große Eile hatte, das Thema anzuschneiden.

Als sie sich das letzte Mal getroffen hatten, war Herodes ein Flüchtling und Bittsteller gewesen. Jetzt saß er unbehaglich auf dem judäischen Thron, König eines Volkes, das er erst einmal hatte erobern müssen, bevor er es regieren konnte.* Vermutlich wohnten Kleopatra und ihr Gefolge bei dem neu eingesetzten Monarchen, einem Häusersammler mit einem ptolemäischen Hang zum Luxus, dessen sagenhaft opulenter Palast im Süden der Stadt erst noch

* Auch Herodes ist ein Monarch ohne Gesicht. Es gibt, vielleicht wegen des biblischen Gebots, sich kein Bildnis zu machen, kein Porträt von ihm.

gebaut werden sollte. Wahrscheinlich war Kleopatra in Herodes' Heim in der Oberstadt von Jerusalem zu Gast, das in ihren Augen wohl eher eine Festung als einen Palast darstellte. Im Lauf ihres Besuchs lernte sie Herodes' zänkische Familie kennen, mit der sie kurz darauf eine subversive Korrespondenz begann. Herodes hatte das Pech, mit mehreren unversöhnlichen Feinden unter einem Dach zu leben, zuerst und vor allem mit seiner herablassenden, aus königlichem Hause stammenden Schwiegermutter Alexandra.

Aber sie war nur ein Ärgernis in Herodes' vor allem von Frauen bevölkerten Haushalt. Dort lebte außerdem noch seine stichelnde Mutter, eine ständig gekränkte, übertrieben loyale Schwester und Mariamne, die kühle Schönheit, die ihn als Jugendlichen geheiratet hatte und zu seiner Enttäuschung nie darüber hinweggekommen war, dass Herodes ihre halbe Familie ermordet hatte. Obwohl Kleopatra ihm drei Jahre zuvor beigestanden hatte, obwohl sie einen gemeinsamen Patron hatten und zusammen in den aufgewühlten römischen Wassern kreuzten – beide taten ihr Bestes, um ein launisches, sehr eigenwilliges Land im Schatten einer aufstrebenden Supermacht zu bewahren –, stand ihm ganz sicher nicht der Sinn nach noch einer dominanten Frau. Und außerdem hatte diese es sogar noch auf seinen Staatsschatz abgesehen.

Für Kleopatras Besuch haben wir nur eine Quelle. Sie war der Heimat im Osten gegenüber feindlich eingestellt, dafür aber ganz begeistert von Rom, und arbeitete zumindest teilweise auf Herodes' Rechnung. Josephus verschleiert, kann aber nicht ganz vertuschen, was passierte: Herodes und Kleopatra verbrachten eine intensive Zeit zusammen, auch, um die Einzelheiten seiner Verpflichtungen festzulegen. Antonius hatte Kleopatra das alleinige Anrecht auf das Bitumen des Toten Meeres zugestanden, jene klebrigen Asphaltklumpen, die auf der Oberfläche des Wassers trieben. Bitumen spielte als Beimischung zu Mörtel, Weihrauch und Insektiziden sowie beim Einbalsamieren und Abdichten eine wichtige Rolle. Ein mit Bitumen bestrichener Binsenkorb war wasserdicht. Man kalfaterte Boote damit. Diese Konzession war also lukrativ.

Und auch die Erträge von Jericho, dem beliebten Aufenthaltsort für den Winter, immer grün mit Dattelpalmenhainen und Balsamgärten, standen Kleopatra zu.[19] Sehr wahrscheinlich ritt sie durch die glutheiße Wüste, um jene achtzig Hektar im Jordantal zu inspizieren, auf denen Herodes einen Zweitpalast errichten ließ. Alle anderen Düfte verblassten im Vergleich mit dem süßen Balsam, der ausschließlich in Judäa wuchs. Das Öl, die Samen und die Rinde des duftenden Strauchs waren kostbar und bildeten das wertvollste Exportgut der Region. Die Datteln aus Jericho waren die besten der antiken Welt, die Grundlage des stärksten Weins. Modern gesagt war es so, als hätte Kleopatra keinen Anteil an Kuwait zugesprochen bekommen, sondern nur die Erträge seiner Ölfelder.

Für Herodes war diese Transaktion besonders schmerzlich, weil Judäa ein armes Land war, trocken und steinig, mit wenigen fruchtbaren Gebieten, ohne Hafen und mit einer schnell wachsenden Bevölkerung. Seine Einnahmen waren verglichen mit denen Kleopatras lächerlich gering. Gleichzeitig überstiegen seine Ambitionen sein Territorium bei Weitem; er wollte nicht »König einer Wüste«[20] sein. Offenbar gab es einiges Hickhack über die Vertragskonditionen in einer Unterredung, die deutlich machte, dass Kleopatra Bitumenlieferungen wichtiger waren als amouröse Eroberungen. Sie verhandelte gnadenlos und unerbittlich – und das Resultat fiel sehr günstig für sie aus. Herodes willigte ein, ihr die Ländereien in Jericho für jährlich zweihundert Talente zu verpachten. Er erklärte sich zudem bereit, die Pachtzahlungen seines Nachbarn, des Nabatäerkönigs, für das Bitumenmonopol zu garantieren und einzutreiben. So vermied Herodes die Anwesenheit eines Vertreters oder militärischer Einheiten der Ägypter. Ansonsten funktionierte das Arrangement ganz und gar zu Kleopatras Zufriedenheit, auch und vor allem, weil es beide Männer in Schwierigkeiten brachte. Herodes musste Geld von einem Herrscher einfordern, der ihm während des Parthereinfalls die Zuflucht verweigert hatte und seine Zahlungen nur unter Druck leistete. Mit voller Absicht und bestem Ergebnis hetzte Kleopatra zwei Männer, die sie verabscheuten, einen Juden und einen Araber, aufeinander. (Malichus, der nabatäische Herrscher, sollte später noch Rache nehmen.) Dennoch hielt Herodes seinen Teil der Übereinkunft mit Kleopatra ein. Er spürte, dass »es gefährlich wäre, ihr irgendeinen Grund zu geben, ihn zu hassen«[21].

In allen anderen Belangen war der Besuch ein Misserfolg. Den beiden eingefleischten Charmeuren wollte es einfach nicht gelingen, den anderen für sich einzunehmen. Kleopatra behandelte ihren Amtskollegen womöglich sehr von oben herab. Wie seine königliche Schwiegermutter zu betonen nicht müde wurde, war Herodes ein Bürgerlicher. Er war noch nicht einmal ein richtiger Jude, wenn man von der Religion seiner Mutter ausging; in den Augen der Juden war Herodes ein Heide, in denen aller anderen ein Jude. Als Folge davon konnte er sich seines Throns nie sicher sein, eine Situation, der sich Kleopatra durchaus bewusst war und die sie womöglich noch verschärfte. Sie sprach wahrscheinlich besser Aramäisch als Herodes Griechisch. Dieser war zwar einige Jahre älter, aber nicht sehr gebildet, kannte sich schlecht aus in Geschichte und Kultur und war sich dieser Defizite durchaus bewusst. (Es sagt schon einiges, dass er, als er dies Jahre später ändern wollte, den besten Lehrer engagierte, den er bekommen konnte, einen, der – neben eigenen Leistungen in Literatur und Musik – erstklassige Referenzen aufzuweisen hatte: Er war der Lehrer von Kleopatras Kindern gewesen.) Es half auch nicht gerade, dass Herodes neben der geschmeidigen Eleganz Kleopatras grobschlächtig wirkte.

Wenn die Gefühle hohe Wellen schlagen, kann sich auch das Gegenteil eines wichtigen Grundsatzes der Außenpolitik als wahr erweisen: Der Freund eines Freundes kann zum eigenen Feind werden. Vielleicht ging es Herodes mit Kleopatra so, wie es unausweichlich kommen muss bei jemandem, dessen Palast den eigenen in den Schatten stellt. Vielleicht war sie so begeistert über ihren Erfolg in Antiochia, dass sie nicht an sich halten konnte und womöglich durchblicken ließ, dass sie die Finger nach Herodes' Land ausstreckte. Zudem ist es immer schwer, Schulden anzuerkennen, und jeder stand in der Schuld des anderen. Kleopatra hatte Herodes' Flucht nach Rom eingefädelt. Dessen Vater war Caesar in Alexandria zu Hilfe geeilt. Jedenfalls reagierte der für seine Unterhaltungskünste so berühmte Herodes heftig auf seine Besucherin. Zweifellos richtete er eine Reihe königlicher Bankette für Kleopatra aus. Und mit dem Argument, man würde der Allgemeinheit etwas Gutes tun, empfahl er seinem Staatsrat, gleichzeitig einen Mordanschlag auf sie zu planen. Die Gelegenheit schien günstig, solange sie in Jerusalem und ihnen ausgeliefert war. Er würde eine gierige, hinterhältige Nachbarin los, aber auch alle anderen würden davon profitieren, vor allem Antonius. Hitzig erklärte Herodes sein Vorhaben: »So werde er, wie er sagte, all jene von vielen Problemen befreien, denen gegenüber sie sich schon bösartig verhalten habe oder es womöglich in der Zukunft noch tun werde. Gleichzeitig, so argumentierte er, wäre dies ein Segen für Antonius, denn nicht einmal ihm gegenüber werde sie Treue zeigen, falls je eine Situation oder Notwendigkeit ihn dazu zwinge, diese Treue einzufordern.«[22]

Herodes stützte seine Argumentation mit den üblichen Klischees; wie immer war die diabolische Frau sexuell aktiv. Zu allem Überfluss, so legte er seinen Beratern dar, habe das ägyptische Flittchen »ihm eine heimtückische Falle gestellt«[23]! Sie habe erklärt, sie sei von Liebe überwältigt, und habe versucht, sich ihm aufzudrängen, »denn sie war von ihrem Wesen her gewohnt, diese Art Vergnügen ohne alle Umschweife zu genießen«[24]. Herodes sah genauso deutlich wie alle anderen, dass Kleopatra sehr hart verhandelte. Und wenn man von einer Frau übervorteilt wird, dann ist es praktisch, diese Frau zu einer Sextäterin zu machen, die zu unaussprechlicher Sittenlosigkeit fähig ist, »eine Sklavin ihrer Lüste«. (Der Sprung war gar nicht so groß. Im Lateinischen gibt es ein Wort für Habgier wie für Wollust – *cupiditas.*) Nachdem er sich ihren schamlosen Angeboten gerade noch hatte entziehen können, offenbarte Herodes seine verletzten Gefühle dem Staatsrat. Die Unanständigkeit dieser Frau war einfach empörend.

Herodes' Berater baten ihn, das alles noch einmal zu überdenken. Er hatte den Kopf verloren. Die Risiken waren zu groß, wie Kleopatra – sorgfältig bewacht, immer von Menschen umgeben und sicher mit besserem Blick für die politischen Auswirkungen – bestimmt selbst wusste. Seine Berater erteilten Herodes eine kleine Lektion zur verqueren Dynamik in Liebesdingen, die ihm vielleicht später noch nützlich war. Zunächst einmal würde Antonius den Mord an Kleopatra nicht gutheißen, selbst wenn man ihm die sich daraus ergebenden Vorteile darlegte. Zweitens »werde seine Liebe noch heftiger aufflammen, wenn er das Gefühl habe, dass man sie ihm durch Gewalt und Verrat genommen habe«[25]. Er werde darüber zum Besessenen werden und Herodes rundheraus verurteilen. Herodes seinerseits spielte, so betonten seine Berater, nicht in einer Liga mit dieser Frau, der einflussreichsten seiner Zeit. Konnte er sich nicht dazu überwinden, das politisch Richtige zu tun?

Kleopatra war natürlich klug genug, um einen so armseligen Herrscher nicht zu verführen – oder es auch nur zu versuchen. Sie konnte nichts gewinnen, wenn sie Herodes in diese Falle lockte. Außerdem machte sie sich wohl kaum an einen Untergebenen ihres Patrons heran, wenn sie mit dessen Kind schwanger ging. Eine römische Legion war in Jerusalem stationiert, um Herodes' Thron zu sichern. Diese Männer hätten wohl kaum den Mund gehalten. Herodes war zwar hinterhältig, aber er verstand zu wenig von Gefühlen, wie spätere Ereignisse noch zeigen sollten. Mit Mühe konnten ihn seine Berater von einem Attentatsversuch abhalten. Er könne keinen Schutz erwarten, wenn er sich »gegen eine Frau wende, die damals auf der ganzen Welt die höchste Würdenträgerin ihres Geschlechts war«[26]. Herodes konnte es sich nicht leisten, Kleopatra zu beleidigen oder ihr irgendeinen Grund zu geben, ihn zu hassen. Sicher würde er es doch schaffen, die Schmach, die sie ihm mit ihren schamlosen Avancen zugefügt hatte, einfach abzuschütteln.*

* Der Vorwurf tauchte immer wieder auf. Herodes' Sohn Alexander, der eine Verschwörung vorbereitete, warf später seiner Tante vor, sie sei »einmal nachts bei ihm eingedrungen und habe ihn gegen seinen Willen zum Beischlaf genötigt«[27].

Wenn man annimmt, dass diese Überlegungen Kleopatra zu Ohren kamen, kann man sich ihr belustigtes Kichern gut vorstellen. Sie wusste, dass sie sich auf Antonius' Treue verlassen konnte. Sie hatte schon eher Grund, über die Beseitigung Herodes' nachzudenken, denn nur er stand ihr im Weg, wenn sie sich die ganze Ostküste aneignen wollte. Wie sie sehr wohl wusste, hatte sein Land hin und wieder auch den Ptolemäern gehört. Letztendlich gelang es den Beratern, Herodes zu beruhigen. Respektvoll und höflich begleitete er seine Besucherin durch die Gluthitze des Sinai bis zur ägyptischen Grenze. In Pelusium verabschiedete der hasserfüllte judäische König die hochschwangere und mit Geschenken überhäufte Kleopatra – welch ein Unterschied zum Jahr 48, als sie sich heimlich von diesem Vorposten aus ins Land geschlichen hatte.

Im Frühherbst eines Jahres, das mit einer reichlichen Nilflut gesegnet war, brachte sie ihr viertes Kind zur Welt. In der Antike spielte vielleicht mehr noch als zu anderen Zeiten der Name eine wichtige Rolle; sie nannte ihren kleinen Sohn Ptolemaios Philadelphos und beschwor damit kühn die ruhmreiche Zeit des 3. Jahrhunderts herauf, als ihre Familie zuletzt über ein so großes Reich geherrscht hatte wie Kleopatra, die Göttin, die Jüngere, die Vaterliebende und Vaterlandliebende, im Jahr 36.

Herodes wurde diese habgierige, geschäftstüchtige Frau zu seinem Leidwesen nicht so schnell los. Bei ihrem Aufenthalt am judäischen Hof hatte Kleopatra ein paar Freundschaften geschlossen, und sie sollte sich diesen Freunden als teuflisch hilfreich erweisen. Kurz nach ihrer Rückkehr nach Ägypten hörte sie von Alexandra, Herodes' Schwiegermutter. Die Hasmonäerprinzessin hatte in der ägyptischen Königin eine Geistesverwandte gefunden – das allein war schon Grund genug für Herodes, seinen königlichen Besuch zu hassen. Er verurteilte Kleopatra, weil sie kaltblütig den größten Teil ihrer Familie beseitigt hatte – ein dreister Vorwurf aus dem Mund eines Mannes, der sich seinen Weg auf den Thron mit Morden gebahnt hatte und seine Blutorgie noch jahrzehntelang fortsetzen sollte –, hatte gleichzeitig aber auch allen Grund, sie deswegen zu beneiden. Herodes' und Alexandras gegenseitige Abneigung speiste sich vor allem aus ihrer unterschiedlichen Herkunft und Religion. Herodes war nicht nur von der falschen, väterlichen Seite her jüdischer Abstammung, die Idumäer waren zudem gerade erst zum Judentum übergetreten. Die »richtigen« Juden konnten wenig mit ihnen anfangen. Herodes' Frau und ihre Familie dagegen waren hochadlige Abkömmlinge von Generationen jüdischer Hohepriester – ein Amt, das angeblich Moses' Bruder als Erster bekleidet hatte. Im Jahr 37 wagte Herodes, einen Hohepriester zu ernennen, der nicht jener Familie angehörte, und das, obwohl es doch einen vielversprechenden Kandidaten gab, der sich geradezu anbot: Mariamnes sechzehnjährigen Bruder, den groß gewachsenen, gut aussehenden Aristobulos. Herodes wollte lieber einen unauffälligen Beamten in diesem lukrativen und einflussreichen Amt sehen, dessen Insignien allein schon eine Art überweltliche Macht verliehen. Mit einem goldgeschmückten Diadem auf dem Kopf, einem bodenlangen, mit Fransen besetzten blauen Gewand, übersät mit Edelsteinen und behängt mit klingenden goldenen Glöckchen, trat der Hohepriester beim Gottesdienst vor sein Volk. Zwei Spangen hielten einen purpurnen, scharlachroten sowie blauen und ebenso vor Edelsteinen strotzenden Umhang auf seinen Schultern. Selbst an einem nicht ganz so makellosen Menschen genügte dieses Beiwerk schon, »um den Eindruck zu vermitteln, man sei in die Anwesenheit eines Mannes gekommen, der einer anderen Welt angehörte«[28].

Indem er seinen jungen Schwager überging, setzte Herodes einen Mahlstrom in seinem Haushalt in Gang. Für Alexandra – Tochter eines Priesters und Witwe eines Fürsten – war die Ernennung eines anderen eine »unerträgliche Beleidigung«. Mithilfe eines fahrenden Sängers ließ sie Kleopatra eine Nachricht über diese entwürdigende Tat zukommen und erwartete sich weibliche Solidarität, vor allem Solidarität unter königlichen Frauen. Sie wusste, dass die ägyptische Königin wenig Geduld mit Herodes hatte und bei Antonius Gehör fand. Konnte sie nicht bei ihm intervenieren, so bat Alexandra, um ihrem Sohn die Priesterwürde zu verschaffen? Falls Kleopatra der Bitte entsprach, hatte Antonius anscheinend wichtigere Dinge zu bedenken als die inneren Angelegenheiten von Herodes' Haushalt. Er unternahm nichts in dieser Sache, obwohl später im Jahr 36 der so überaus geschmeidige Dellius wegen einer anderen Sache in Jerusalem auftauchte. Dellius hatte damals schon Kleopatra nach Tarsos gelockt; die intrigierende Schwiegermutter und der wetterwendische Ratgeber passten fast zu gut zusammen. Alexandras Kinder waren ungewöhnlich hübsch, in Dellius' Augen schienen sie »nicht von Menschen, sondern von einem Gott abzustammen«[29]. Diese Schönheit versetzte seinen aufgeweckten Geist in helle Aufregung. Er überredete Alexandra, Porträts von Mariamne und Aristobulos malen zu lassen und sie sofort Antonius vorzulegen. Sobald der römische Triumvir sie zu Gesicht bekam, so versprach Dellius, »wird er ihr nichts abschlagen, egal, worum sie bittet«.

Alexandra folgte Dellius' Vorschlag, was entweder auf eine gewisse Naivität hindeutet oder auf etwas weitaus Gefährlicheres. Man kann davon ausgehen, dass sie eine Verschwörung schon von Weitem roch und eine in Gang setzte, falls gerade keine köchelte. Wenn man Josephus Glauben schenken kann, so wollte Dellius Sexualpartner beiderlei Geschlechts für Antonius rekrutieren. Bei Erhalt der Porträts zögerte Antonius, zumindest, was Mariamne anging. Er wusste, dass Kleopatra toben würde. Josephus lässt offen, ob sie aus moralischen Gründen oder aus Eifersucht dagegen gewesen wäre. Jedenfalls hätte sie ihm das nur schwer verziehen. Bei Mariamnes Bruder allerdings kannte Antonius keine Zurückhaltung und schickte nach ihm. In dem Punkt jedoch änderte Herodes seine Meinung. Er fand es unklug, dem mächtigsten Römer seiner Zeit einen wunderschönen Sechzehnjährigen zu schicken, »um ihn für erotische Zwecke einzusetzen«[30]. Stattdessen rief Herodes seinen Rat und die Familie zusammen, um sich über Alexandras ständige Intrigen zu beschweren. Sie konspiriere mit Kleopatra, um seinen Thron zu usurpieren. Sie schmiede Ränke, um ihn durch ihren Sohn zu ersetzen. Er werde jetzt korrekt handeln und ihren Sohn zum Hohepriester ernennen. Dellius' Vorschlag mag indirekt zu diesem Einlenken geführt haben; Aristobulos blieb nach seiner Ernennung in Judäa, außer Reichweite Antonius' und weit weg von Kleopatras Intrigen. Alexandra reagierte mit einer wahren Tränenflut. Sie bat ihren Schwiegersohn um Vergebung. Sie bedauerte ihre »typische Offenheit«, ihre Schwerfälligkeit, zweifellos eine unselige Folge ihres hohen Rangs. Sie war von Dankbarkeit überwältigt. Fortan werde sie ihm in allem gehorchen.

Aristobulos hatte gerade die prächtigen Gewänder seines Priesteramts angelegt, als Alexandra unter Hausarrest gestellt und rund um die Uhr bewacht wurde. Herodes verdächtigte seine Schwiegermutter immer noch des Verrats. Alexandra tobte vor Wut. Sie wollte ganz sicher nicht den Rest ihres Lebens »in Sklaverei und Angst«[31] verbringen und wandte sich an die naheliegende Adresse. »Eine lange zurückgehaltene Klage über die Situation, in der sie sich befand, und die Aufforderung, ihr so viel Hilfe zu geben, wie sie nur konnte«, ging an Kleopatra. Und Kleopatra, die wieder Euripides ins Feld führte – »Die Frau soll stets der Frau zu Seite stehen«[32] –, fädelte eine raffinierte Flucht ein. Sie schickte ein Schiff, das Alexandra und Aristobulos in Sicherheit bringen sollte. Sie würde ihnen beiden Asyl gewähren. Alexandra ließ jetzt – entweder auf Kleopatras Rat hin oder aus eigenem Antrieb – zwei Särge bauen. Mithilfe ihrer Dienerschaft legten sie und Aristobulos sich hinein, um von Jerusalem an die Küste gebracht zu werden, wo Kleopatras Schiff wartete. Leider verriet ein Diener sie; als die Flüchtlinge aus dem Palast gebracht wurden, tauchte Herodes überraschend aus der Dunkelheit auf. Nur zu gern hätte er Alexandra bestraft, doch er wagte es nicht, weil er Angst hatte, Kleopatra zu verärgern. Stattdessen heuchelte er wortreich Vergebung, während er im Stillen auf Rache sann.

Im Oktober 35 war Herodes mit seiner Weisheit am Ende. Seine Schwiegermutter hatte sich mit seiner größten Rivalin verbündet.

Sein Schwager, der weitaus größeren Anspruch auf den Thron hatte als er selbst, konnte sich auf eine gefährlich angewachsene Anhängerschaft in der Bevölkerung stützen. Herodes ertrug den Anblick des jungen Mannes mit seiner edlen Haltung und seinem makellosen Aussehen, seinen majestätischen Gewändern und seinem goldenen Kopfschmuck, wie er dort bei den Feierlichkeiten zum Laubhüttenfest am Altar stand, einfach nicht länger. Aus der Zuneigung seiner Untertanen zum Hohepriester las er eine Ablehnung seiner Königsherrschaft heraus. Gleichzeitig wurde er auch im eigenen Heim von seiner Frau abgewiesen, deren »Hass auf ihn so groß war wie seine Liebe für sie«[33]. Sie zeigte wenig von jener Lüsternheit, die Herodes bei Kleopatra so verurteilt hatte, und begann laut zu stöhnen, sobald er sie umarmen wollte. Er konnte sich nicht revanchieren, nicht einmal indirekt über seine Schwiegermutter, die zu eng mit Kleopatra verbunden war. Seinen allzu vielversprechenden Schwager jedoch konnte er aus dem Weg räumen. In jenem ungewöhnlich heißen Herbst lud Herodes Aristobulos ein, mit ihm in Jericho im Wasserbecken des Palastes, das inmitten der streng geordneten Gärten lag, zu schwimmen.[34] Mit Freunden und Dienern vergnügten sich die beiden gegen Abend im kühlen Wasser. Als es dunkel wurde, hatte irgendjemand den siebzehnjährigen Aristobulos – inmitten der ganzen Planscherei – ein wenig zu lange unter Wasser gehalten. Der Hohepriester war tot.

Auf beiden Seiten wurden mit großer Geste vorgetäuschte Gefühle zelebriert. Herodes organisierte eine teure Leichenfeier mit unendlich viel Weihrauch und vergoss reichlich Tränen. Alexandra trug den Schicksalsschlag tapfer und ruhig, um den Mord an ihrem Sohn später besser rächen zu können. (Nur Mariamne sagte, was sie dachte. Sie beschuldigte sowohl ihren Ehemann als auch dessen bäurische Mutter und Schwester.) Alexandra, die sich von Herodes und seiner Schilderung des Unfalls nicht hatte täuschen lassen, schrieb noch einmal an Kleopatra, die mit ihr fühlte und den tragischen und unnötigen Verlust betrauerte. Alexandra könne diese unerhörte Angelegenheit getrost ihr überlassen; sie werde Antonius benachrichtigen. Bei seiner Rückkehr aus Parthien drängte Kleopatra ihn, Aristobulos' Mörder zu bestrafen. Es sei doch sicher nicht richtig, ereiferte sie sich, »dass Herodes, der von ihm zum König eines Landes ernannt worden war, das zu regieren er keinen Anspruch hatte, eine solche Gesetzlosigkeit jenen gegenüber an den Tag legte, die die eigentlichen Könige waren«[35]. Sie sprach sich für korrekte Anstandsregeln aus, für Standesbewusstsein, für die Rechte der Herrschenden. Antonius musste zugeben, dass da etwas dran war.

Herodes' Angst vor Kleopatras Einfluss war durchaus begründet. Zu gegebener Zeit kam eine Vorladung von der syrischen Küste; er solle sich vor Antonius rechtfertigen. Nachdem er durch Bestechung und Dreistigkeit so weit gekommen war, ließ Herodes sich eigentlich nicht so leicht einschüchtern. Er neigte vielmehr zu sorglosen Demonstrationen seines Draufgängertums. Und obwohl er sich angeblich voller Angst auf den Weg machte, konnte er die Situation ebenso leicht entschärfen wie Kleopatra sechs Jahre zuvor in Tarsos, was wohl besagt, dass Marcus Antonius entweder keine besondere Begabung dafür hatte, Klientelkönige zur Rechenschaft zu ziehen, oder dass er meisterhaften Schmeichlern gegenüber machtlos war. Der Besuch zeigt auf jeden Fall, dass Antonius keineswegs Wachs in Kleopatras Händen war. Herodes überschüttete ihn mit Geschenken und Erklärungen. Geschickt entkräftete er Kleopatras Argumente. Natürlich, so versicherte Antonius ihm, »sei es unangemessen, von einem König Rechenschaft über seine Regierung zu fordern, denn in dem Falle wäre er überhaupt kein König, und diejenigen, die einem Mann sein Amt gegeben und ihm Macht übertragen hatten, sollten ihm auch erlauben, sie auszuüben«[36]. Das Gleiche erklärte er angeblich auch Kleopatra, die sich doch bitte aus Herodes' Angelegenheiten heraushalten solle – dies jedenfalls behauptete Herodes, der sich auch der vielen ihm von Antonius erwiesenen Ehren rühmte. Die beiden speisten jeden Tag gemeinsam zu Abend. Antonius lud Herodes ein, ihn zu begleiten, wenn er in Geschäften unterwegs war. Und das alles »trotz bitterer

Vorwürfe Kleopatras«[37]. Zwischen den beiden Männern herrschte Freundlichkeit; der judäische König berichtete, er sei sicher vor jener »boshaften Frau«[38] und ihrer unstillbaren Gier.

Das war eine Fehleinschätzung, obwohl es ihm einigermaßen gelang, sich den weiblichen Machenschaften zu Hause zu entziehen. Innerhalb weniger Monate nach seiner Rückkehr überzeugte ihn seine krankhaft rachsüchtige Schwester davon, dass ihr Ehemann und Mariamne in seiner Abwesenheit eine Affäre gehabt hätten. Das war eine todsichere Methode, sowohl die böswillige Schwägerin als auch den unerwünschten Gatten loszuwerden. Die Beschuldigung zielte genau darauf ab, einen ungeliebten, liebestrunkenen Ehemann völlig zu verwirren, und sie zeigte die gewünschte Wirkung. (Wie Euripides in einem seiner Stücke, das in hellenistischer Zeit besonders beliebt war, sagte: »Der Frauen wahre Lust ist, andre Fraun im schwarzen Licht zu sehn.«[39]) Ohne ihn überhaupt nur anzuhören, befahl Herodes, seinen Schwager zu töten. Und weil er gerade dabei war, ließ er Alexandra ins Gefängnis werfen, mit der Begründung, sie sei sicher zumindest teilweise für seine Probleme verantwortlich. Herodes war jemand, dessen Treue man kaufen konnte, und Ähnliches nahm er auch von anderen an. Sein Testament änderte er ständig.

Auch ohne Alexandras Hilfe bereitete Kleopatra dem Herodes noch ein paar Jahre lang Kopfzerbrechen – oder versuchte es zumindest. Angeblich befestigte er Masada aus Angst vor ihr. Er lagerte Unmengen Getreide, Öl, Datteln und Wein in der Festung[40] und konnte keine Ruhe finden, solange die ägyptische Königin in der Nähe war.* Und Herodes' weibliche Verwandte hassten seine

* Es folgte eine weitere Intrige, bei der Kostobaros, der Statthalter einer Nachbarregion südlich von Judäa, eine wichtige Rolle spielte. Er verdankte seine Position dem Herodes, den er verabscheute. Auch den Juden brachte Kostobaros keine Zuneigung entgegen; er wollte lieber wieder den Polytheismus einführen. Und er wusste genau, an wen er sich mit einer Bitte um Hilfe wenden konnte: Er schrieb Kleopatra, der Schiedsstelle bei allen Fragen, die Antonius betrafen. Sein Land hatte lange ihren Vorfahren gehört. Warum bat sie Antonius nicht, es ihr zu schenken? Er selbst, so schwor er, stand bereit, ihr treu zu dienen. Kostobaros

Gattin weiterhin bis aufs Blut. Sie konnten ihn leicht davon überzeugen, dass Mariamne Antonius schließlich heimlich ihr Porträt geschickt habe. Herodes hatte »ein offenes Ohr für Verleumdungen«[41] und war immer jenen gewogen, die sie verbreiteten; es gefiel ihm, in seiner schrecklichen Verblendung bestätigt zu werden. Der Vorwurf »traf ihn wie ein Donnerschlag«[42] und führte dazu, dass er sich noch einmal über Kleopatras tödliche Intrigen empörte.* Das war sicher ihr Werk: »Ihm drohe, so glaubte er, nicht nur der Verlust seiner Gemahlin, sondern der Verlust seines Lebens.« Also verurteilte er seine Ehefrau zum Tod. Als sie zur Hinrichtung geführt wurde, sprang ihre Mutter auf sie zu, kreischte laut auf und zog sie an den Haaren. Sie sei, schimpfte Alexandra, eine böse, unverschämte Frau, die Herodes nicht genug Dank entgegengebracht habe und ihr Schicksal voll und ganz verdiene. Mariamne ging ruhig an ihr vorbei, ohne ihre Mutter eines Blickes zu würdigen. Sie war achtundzwanzig Jahre alt. In einer weiteren überraschenden Wendung zeigte sich Herodes durch ihren Tod zutiefst getroffen. Seine Sehnsucht nach Mariamne wuchs noch; er redete sich ein, dass sie noch am Leben sei. Er litt körperlich und quälte sich genau so, wie seine Berater es für Antonius vorausgesagt hatten, falls er Kleopatra verliere. Schließlich verließ Herodes Jerusalem zu einem ausgedehnten Jagdausflug, auf dem er sich erholen wollte. Alexandra dachte sich in seiner Abwesenheit ein paar neue Intrigen aus. Sofort nach seiner Rückkehr ordnete er ihre Hinrichtung an.

tat dies nicht aus Zuneigung zu Kleopatra, sondern aus Abneigung Herodes gegenüber. Er drang nicht durch, denn Antonius entsprach Kleopatras Bitte nicht. Herodes zögerte, sich an Kostobaros zu rächen, wieder, weil er Kleopatra fürchtete. Um weitere Intrigen zu verhindern, organisierte Herodes stattdessen die Heirat Kostobaros' mit seiner frisch verwitweten Schwester, auch eine Art Todesurteil. Letztendlich betrog sie später ihren zweiten Ehemann, wie sie den ersten betrogen hatte.

* Seine Schwester ruhte nicht eher, als bis sie sich auch an Herodes' und Mariamnes Söhnen gerächt hatte, die Herodes später ermorden ließ. Sie wurden neben Aristobulos beigesetzt.

Im Jahr 36 ließ Marcus Antonius in Rom immer wieder von seinen glänzenden Erfolgen in Parthien berichten; die Stadt feierte ihm zu Ehren Feste und brachte Opfer dar. Kleopatras Spione hätten es eigentlich besser wissen müssen. Auch sie war zwar mehr als tausendfünfhundert Kilometer vom schneereichen Schauplatz der Kämpfe entfernt, aber immer noch näher dran als der römische Senat auf dem italienischen Stiefel.[43] Sie hatte einiges in Antonius' Sieg investiert und besaß die Ressourcen, regelmäßige Sendboten zu organisieren. Und dennoch hielt der Bote, der Ende des Jahres in Alexandria eintraf, womöglich eine Überraschung für sie bereit. Er überbrachte einen dringenden Hilferuf, anders als alle, die sie bisher erhalten hatte. Das Zusammentreffen etwa einen Monat später bedeutete das Ende einer glücklichen Zeit. Antonius und sein Heer waren von ihrem parthischen Abenteuer zurück. Es hatte sie bis fast ans Kaspische Meer geführt, in eine Region im heutigen Nordiran. Verglichen mit den Feldzügen Alexanders des Großen war es ein reiner Spaziergang gewesen, aber es lagen immerhin fast dreitausend Kilometer hinter ihnen. Jetzt hatten sie ihr Lager in einem kleinen Dorf südlich des heutigen Beirut aufgeschlagen, mit einem hervorragenden Hafen, in dem Kleopatra problemlos anlegen konnte. Antonius bat sie, schleunigst zu ihm zu kommen und beträchtliche Mengen Gold, Vorräte und Bekleidung für seine Männer mitzubringen. Sie hatte ganz sicher nicht erwartet, ihn so bald wiederzusehen. Parthien war wohl kaum in ein paar Monaten zu erobern. Caesar hatte einen Feldzug von mindestens drei Jahren geplant.

Plutarch berichtet, dass Kleopatra sich Zeit ließ, aber es ist unklar, ob sie sich wirklich verspätete oder ob es Marcus Antonius, für den sie nicht schnell genug kommen konnte, nur so vorkam. Es war Winter; heftige Regenfälle und Sturmwinde peitschten über das Mittelmeer. Sie musste Vorräte ansammeln und eine Flotte zusammenstellen. Sie musste Silberdenare eintreiben oder prägen.[44] Sie hatte erst ein paar Monate zuvor ein Kind zur Welt gebracht. Sie wusste, dass an ihrem Ziel schlechte Nachrichten auf sie warteten. Antonius seinerseits war ruhelos und aufgewühlt, wobei Plutarch vielleicht Ursache und Wirkung verwechselt, wenn er sagt, Antonius sei außer sich gewesen, weil Kleopatra auf sich warten ließ. Die angebliche Verspätung hatte wenig mit seiner eigentlichen Notlage zu tun. Antonius versuchte sich mit Trinkgelagen abzulenken – schon damals hieß es, dass »es im Elend keine andere Medizin gibt«[45] –, hatte aber nicht die Geduld, in Ruhe zu essen. Er unterbrach jede Mahlzeit, um zur Küste zu laufen und den Horizont immer wieder nach ägyptischen Segeln abzusuchen – ein auffälliges Benehmen in einem durchorganisierten und exakt geordneten römischen Lager, wo alle zusammen speisten. Plutarch wirft Kleopatra vor, sie habe getrödelt, aber wichtig war, dass sie schließlich auftauchte, in einer Jahreszeit mit kurzen Tagen und langen Nächten, mit den gewünschten Dingen und wahrscheinlich kurz nach Antonius' achtundvierzigstem Geburtstag. Sie brachte »eine Unmenge Kleidung und Geld«[46]. Plutarch wie auch Cassius Dio geben ein Gerücht der Unzufriedenen wieder: Manche behaupteten, sie habe zwar Kleidung und Nachschub gebracht, doch Antonius habe sein eigenes Gold unter den Männern verteilt und es als Geschenk Kleopatras ausgegeben, die wenig Verständnis für seine Besessenheit Parthien betreffend aufbrachte. Jedenfalls erkaufte er sich damit Wohlwollen Ägypten gegenüber, was ihm ganz offenbar sehr wichtig war.

Aber auch abgesehen von zaudernden ägyptischen Königinnen hatte Antonius allen Grund zu verzweifeln. Es hatte keine glänzenden Siege in Parthien gegeben, nur einen demoralisierenden Feldzug und einen katastrophalen Rückzug. Von Anfang an hatte er falsche strategische Entscheidungen getroffen. Wegen der Größe des Heeres und der Marschentfernung musste er sein Belagerungsgerät zurücklassen. Er konnte die Parther nicht immer stellen, aber sie stellten ihn: Mehrmals fielen ganze Schwärme treffsicherer Bogenschützen und Lanzenträger aus dem Hinterhalt über die geordneten römischen Reihen her. Antonius hatte sich auf die militärische Hilfe der Armenier, der westlichen Nachbarn der Parther, verlassen, aber sie hatten sich nicht wie erwartet als treue Verbündete erwiesen. Nicht zum ersten Mal lockten sie die Römer in »eine endlose und entsetzliche Wüste«[47], nur um sie dort im Stich zu lassen. Aber keine Schlacht war so verlustreich wie der Rückzug. Nachdem sie fast fünfzig Kilometer in der Dunkelheit marschiert waren, stürzten sich Antonius' erschöpfte Männer auf das brackige Wasser. Halbtot vor Hunger aßen sie Giftpflanzen; sie mussten sich übergeben, ihre Beine sackten unter ihnen weg. Krämpfe, Durchfall und Wahnvorstellungen folgten. Und wer abgestandenes Wasser und giftige Pflanzen überstanden hatte, dem machten die Hitze in Armenien und die endlosen Schneefälle in Kappadokien zu schaffen. Auf den Bärten gefror das Wasser zu Eis. Zehen und Finger starben ab.

Als Antonius die syrische Küste erreichte und anfing, wie besessen den Horizont nach Kleopatra abzusuchen, hatte er fast ein Drittel seines prächtigen Heers und die Hälfte seiner Reiterei verloren. In achtzehn bescheidenen Schlachten konnte er ein paar beachtliche Siege erringen, aber auf seinem katastrophalen Rückzug hatte er etwa 24000 Mann verloren. In einer Art zweifelhaftem Kompliment gab man Kleopatra die Schuld für seine parthischen Fehlentscheidungen: »Weil er nämlich eilte, mit ihr den Winter zu verbringen, eröffnete er den Feldzug vor der gehörigen Jahreszeit und handelte in allen Stücken mit unüberlegter Hitze. Gleich, als wäre er seines Verstandes nicht mehr mächtig, sondern durch Gifttränke oder Zaubermittel betört, sah er sich immer ängstlich nach dem Gegenstande seiner Liebe um und war mehr darauf bedacht, recht bald zurückzukehren, als die Feinde zu besiegen«, erklärt Plutarch.[48] Wieder einmal hatte Kleopatra Antonius' Planung durcheinandergebracht. Oder aber: Wieder einmal machte Antonius Fehler, und Kleopatra gab man die Schuld dafür.

Der Feldzug endete in einer Katastrophe, brachte aber auch gewisse Aufschlüsse. Wiederholt musste Antonius feststellen, dass gerissene Feinde ihn überlisteten und Freunde ihn hintergingen. Während der Monate in Parthien ging es weniger darum, dass er die falsche Frau liebte, als darum, dass er den falschen Männern vertraute. Antonius war ein mitfühlender General, der »die Mühen und die Not der Unglücklichen so sehr teilte und ihnen schenkte, was immer sie wollten«, dass er bei den Verwundeten mehr treue Anhängerschaft fand als bei den Gesunden.[49] Anscheinend mangelte es ihm an Konsequenz. Der armenische König Artavasdes hatte Antonius ermutigt, ins benachbarte Medien (das heutige Aserbaidschan, ein Land wilder Stämme und hoch aufragender Gebirgszüge) einzumarschieren, und ihn dann hintergangen. Seine Männer wollten Artavasdes zur Rechenschaft ziehen, doch Antonius weigerte sich. »Weder tadelte er ihn für seinen Verrat, noch verminderte er die Freundlichkeit und den Respekt, den er ihm gewöhnlich entgegenbrachte.«[50] Er verstand es, auf der Klaviatur der Gefühle zu spielen, als er seine Männer bei trüben Aussichten auf einen Sieg um sich versammelte: »Er rief nach einem dunklen Umhang, damit er in ihren Augen womöglich mitleiderregender wirkte.«[51] (Freunde brachten ihn davon ab, und Antonius hielt die Ansprache an seine Soldaten im Purpurmantel eines römischen Generals.) Am schlimmsten war wohl, dass auf dieser Expedition auch sein Seelenfrieden schwand. Wenigstens einmal stand er kurz vor dem Suizid. Er war zutiefst verunsichert, wie es nur ein Befehlshaber, der sich in der Vergangenheit immer als ruhmreich und omnipräsent erwiesen hatte, sein konnte. Schlimmer noch, nach diesem verheerenden Feldzug kam er in Syrien »durch eine unglaubliche Verdrehung des Denkens«[52] zu der Überzeugung, dass er eigentlich den Sieg davongetragen habe, weil er hatte entkommen können.

Diesen erschöpften, verstörten Mann fand Kleopatra an der syrischen Küste vor. Ungeachtet der Vorwürfe, sie habe ihm kein Geld mitgebracht, war ihre Ankunft ein Segen für seine demoralisierten, hungrigen und zerlumpten Soldaten. Sie spielte die freigebige, wohltätige Isis. Wie sie mit dem unter Wahnvorstellungen leidenden Antonius umging, wissen wir nicht. Entsetzt muss sie gesehen haben, was in nur neun Monaten aus einer gut ausgebildeten und bestens ausgestatteten Armee geworden war. Von Anfang an gab es Spannungen und Streitereien im syrischen Lager. In dieser Situation drängte Kleopatra Antonius, Herodes für die schlechte Behandlung Alexandras zu bestrafen. Antonius forderte Kleopatra auf, sich nicht einzumischen – so etwas hörte sie wohl nicht oft, und unter diesen Umständen fühlte sie sich besonders vor den Kopf gestoßen. Sie blieb einige Wochen bei Antonius, während er seine nächsten Schritte plante. Er hatte gehört, dass der medische und der parthische König sich nach seinem Rückzug gestritten hätten und der Meder – dessen Territorium an Parthien grenzte – jetzt an einem Bündnis mit ihm interessiert sei. Durch diese Nachricht ermutigt, begann er einen neuen Feldzug vorzubereiten.

Kleopatra war nicht die einzige Frau, die zu Antonius' Rettung herbeieilte. Er hatte auch noch eine überaus loyale Ehefrau. Sie bat um die Erlaubnis, ihrem Gatten beistehen zu dürfen, und ihr Bruder entsprach dieser Bitte gern. Octavian konnte es sich leisten, Nachschub zu schicken. Seine eigenen Feldzüge waren erfolgreich gewesen. Und Octavias Reise war im Grunde ein gemeiner Trick. Im Jahr 37 hatte Octavian Antonius zwanzigtausend Männer für Parthien versprochen, die er dann nicht stellte. Seiner Schwester gab er jetzt ein Elitekorps aus zweitausend handverlesenen, aufwendig ausgerüsteten Leibwachen mit. Wenn Antonius sie akzeptierte, verlor er damit achtzehntausend Mann, und das zu einem Zeitpunkt, an dem er seine Reihen unbedingt auffüllen musste. Wenn er sie ablehnte, beleidigte er die Schwester seines Rivalen. Für Octavian, der nach einer plausiblen Entschuldigung für seinen Wortbruch suchte, war es eine Gelegenheit, die er sich nicht entgehen lassen durfte; Antonius befand sich in der Zwickmühle. Octavia eilte nach Athen und informierte ihren Gatten schon im Voraus über ihr Kommen. Laut Cassius Dio weilte Antonius gerade in Alexandria, während Plutarch andeutet, dass er und Kleopatra sich an der syrischen Küste aufhielten. Zwei Dinge stehen jedenfalls fest: Antonius und Kleopatra standen sich zu der Zeit sehr nahe. Und Antonius hielt Octavia von sich fern. Sie solle nicht weiterreisen. Er wolle bald wieder nach Parthien aufbrechen. Octavia, die sich durch seine Botschaft ganz sicher nicht täuschen ließ, schickte einen persönlichen Freund des Antonius, um der Sache auf den Grund zu gehen – und um Antonius an die vielen Tugenden seiner Frau zu erinnern. Was, so fragte der Gesandte, loyal beiden Ehepartnern gegenüber, solle Octavia denn mit den Vorräten anfangen, die sie dabeihatte? Hier hätte sie Kleopatra in den Schatten gestellt, was wohl auch der Zweck der Übung gewesen sein mag. Octavia hatte nicht nur die gut ausgerüsteten Prätorianergarden dabei, sondern auch riesige Mengen Kleidung, Pferde und Lasttiere, eigenes Geld und Geschenke für Antonius und seine Offiziere. Wo sollte sie das alles hinschicken? Sie warf ihrer Widersacherin den Fehdehandschuh hin, und Kleopatra zahlte es ihr, wenn auch nicht mit gleicher Münze, heim. In Octavia sah sie eine ernsthafte Rivalin, die ihnen alarmierend nahe gekommen war. Ihr loyaler Repräsentant befand sich auf Kleopatras Territorium. Kleopatra hatte von Octavias Schönheit gehört. Auch römische Männer konnten gehässig sein; diejenigen, die sie gesehen hatten, wunderten sich später laut über Antonius' Vorliebe für die ägyptische Königin. »Weder in Jugend noch in Schönheit«, so meinten sie, »war sie Octavia überlegen.«[53] (Die beiden Frauen waren tatsächlich gleich alt.) Kleopatra befürchtete, dass Octavias Ansehen, der Einfluss ihres Bruders, »ihre angenehme Gesellschaft und ihre ständigen Aufmerksamkeiten Antonius gegenüber«[54] die Römerin unwiderstehlich machen könnten. Die Monarchin, die durch kühne Manöver und eiskalte Berechnung so weit gekommen war, schlug hier – angeblich – einen anderen Kurs ein und suchte Zuflucht bei lauten, erstickten Schluchzern, der je nach Situation ersten oder letzten Waffe im Arsenal einer jeden Frau. Plutarch schnaubt, Kleopatra habe so getan, als liebte sie Antonius verzweifelt; von römischer Seite wird ihr also noch nicht einmal eine echte emotionale Bindung zugestanden. Wenn man seinem Bericht Glauben schenken darf, war sie als Frau ebenso effizient wie als Herrscherin. Sie hätte Fulvia sehr wertvolle Ratschläge geben können. Kleopatra bettelte und feilschte nicht. Sie erhob nicht ihre Stimme. Sie aß einfach nichts mehr. Sie wirkte schwach vor Liebe, am Boden zerstört durch ihre Leidenschaft für Antonius. (Schon damals war der Hungerstreik ein alter Trick. Auch Euripides' Medea stellte die Nahrungsaufnahme ein, um einen auf Abwege geratenen Ehemann zurückzugewinnen.) Kleopatra nahm »einen verzückten Ausdruck an, sooft Antonius sich ihr näherte, und einen schmachtenden und niedergeschlagenen, sobald er wegging«. Sie schleppte sich herum, in Tränen aufgelöst, die sie mit großer Geste trocknete, wann immer Antonius auftauchte. Natürlich wollte sie ihm jeden Kummer ersparen.

Kleopatra tat selten etwas allein, und für ihren beklagenswerten Auftritt hatte sie ein ganzes Ensemble rekrutiert. Ihre Höflinge machten Überstunden für sie. Vor allem überschütteten sie Antonius mit Vorwürfen. Wie konnte er so herzlos sein, »eine Geliebte zu zerstören, die ihm und nur ihm ergeben war«? Erkannte er nicht den Unterschied zwischen den beiden Frauen? »Denn Octavia, so sagten sie, habe ihn nur aus politischen Gründen und um ihres Bruders willen geheiratet und genieße ihren Status als seine Gemahlin.« Sie konnte im Vergleich mit Kleopatra kaum bestehen, die, obwohl sie eine Herrscherin, eine Königin von Millionen war, »nur Antonius' Geliebte heiße, und sie verachte oder verschmähe noch nicht einmal diese Bezeichnung, solange sie ihn sehen und mit ihm leben könne«. Sie brachte ihm das kostbarste aller Opfer dar. Sie vernachlässigte ein großes Reich und ihre vielen Verpflichtungen, »vergeudet ihr Leben, indem sie dir auf deinen Märschen im Gewand einer Konkubine folgt«[55]. Wie konnte er da unbeeindruckt bleiben. Es herrschte kein Wettbewerb zwischen den beiden Frauen. Kleopatra würde alles aufgeben, »...aber eine Trennung von ihm würde sie gewiss nicht überleben« – eine Schlussfolgerung, die sie mit ihren tiefen Seufzern und ihrer Entkräftung wirkungsvoll unterstrich.[56] Selbst Antonius' engste Freunde stimmten in dieses Konzert ein. Kleopatra hatte auch sie bezaubert, und sie kannten Antonius' Neigungen nur allzu gut.

Die Atmosphäre rund um Antonius und Kleopatra war stark aufgeladen, und die Taktik erwies sich als überaus wirkungsvoll. Kleopatras theatralische Auftritte ließen Antonius dahinschmelzen. Die Vorwürfe seiner Freunde schmeichelten ihm. Als Mann von zügelloser Leidenschaft rechnete Antonius anscheinend mit Tadel, dem er sich auch mutig stellte. Er spielte gern den unterlegenen Part und füllte diese Rolle bestens aus.[57] Plutarch zufolge gefielen ihm die Rüffel besser als irgendwelche Lobhudeleien: Als er für seine Hartherzigkeit gescholten wurde, »sah er nicht, dass er durch diese scheinbare Ermahnung gerade zu ihr hingezogen wurde«[58]. Er redete sich ein, dass sie sich umbringen werde, falls er sie verlasse. Für ihn war es besonders schwierig, unter diesen Umständen wütend zu sein; er hatte schon den Tod einer treuen, intelligenten Frau auf dem Gewissen. Was immer man sonst über Antonius sagen mochte, er war mitfühlend, wie seine Männer bezeugen konnten. Er erteilte Octavia eine Abfuhr. Sie kehrte nach Rom zurück, in den Augen aller eine verschmähte Frau. Nur sie selbst sah das anders. Sie ließ diese Beleidigung nicht an sich heran; als ihr Bruder ihr befahl, das eheliche Heim zu verlassen, widersetzte sie sich. Wieder verzichtete sie auf die Rolle der schönen Helena und sagte, »es sei doch schändlich zu hören, dass die beiden größten Befehlshaber der Welt die Römer in einen Bürgerkrieg gestürzt hätten, der eine aus Leidenschaft für eine Frau, der andere aus Feindseligkeit ihr gegenüber«[59].

Kleopatra zeigte keine solche Zurückhaltung. Von Antonius' Zuneigung hing der ägyptische Thron ab. Ihn an Octavia zu verlieren bedeutete, alles zu verlieren. Sie lieferte eine virtuose Show ab, die dauerhafte Folgen zeitigte. Von diesem Zeitpunkt an waren die beiden unzertrennlich, was Cassius Dio der »Leidenschaft und Hexerei der Kleopatra« zuschreibt und Plutarch »Gifttränken oder Zaubermitteln«[60]. Für Antonius' Männer – und Octavia – ist es jedoch eine echte Liebe. Und auch die Geografie legt das nahe. Antonius blieb mit Kleopatra den Winter über in Alexandria. Zu einem kleinen Teil konnte er auf praktische Gründe verweisen, da er im nächsten Frühjahr wieder nach Osten ziehen wollte. Jedenfalls können wir unmöglich leugnen, dass im Winter 35 eine innige Liebesbeziehung bestand, wenn wir darunter eine in enger Vertrautheit verbrachte gemeinsame Vergangenheit, eine gemeinsame Familie, ein gemeinsames Bett und eine gemeinsame Vorstellung von der Zukunft verstehen.

Kleopatras überzeugende Darstellung der Liebeskranken lenkte Antonius von einem zweiten Angriff auf die Parther ab, den er verschob, um an ihrer Seite zu sein. Sie war dünn und blass. Ihr Geisteszustand machte ihm Sorgen. Im Jahr 35 brachte sie, nicht ohne Absicht, seine Zeitpläne durcheinander. Ein Triumph im Osten blieb für Antonius wichtig, vielleicht gewann er sogar noch an Bedeutung. Während er seine parthischen Wunden leckte, eilte Octavian von Erfolg zu Erfolg. Er hatte Sextus Pompeius besiegt und Lepidus kaltgestellt. (Mit Bestechungsgeldern war es ihm sogar gelungen, Lepidus' achtzehn Legionen auf seine Seite zu bringen.) Jetzt gab es nur noch Antonius und Octavian. Und nur ein Sieg im Osten konnte einem Nachfolger ein für alle Mal Caesars ruhmreichen Feldherrnumhang sichern. Antonius hatte auch mit dem armenischen König eine Rechnung offen, den er – jetzt endlich – für den katastrophalen Ausgang des Feldzugs verantwortlich machte. Man hat vermutet, dass Kleopatra Antonius' militärische Ambitionen nicht guthieß und es lieber gesehen hätte, wenn er seine Aufmerksamkeit anderen Dingen zugewandt hätte. Sicherlich war ihr Parthien nicht so wichtig wie die römische Politik; Ägypten schien weitgehend abgesichert gegen einen Überfall von Osten her, aber sehr verletzlich, wenn die Übergriffe von Rom ausgingen. Militärischer Ruhm war ganz und gar nicht die Währung ihres Reichs; eine Expedition nach Parthien musste ihr in vieler Hinsicht als nutzlos erscheinen. Überaus sinnvoll wäre für Antonius eine Rückkehr nach Rom gewesen, wo er fünf Jahre lang nicht gewesen war. Dieser Reise muss sich Kleopatra mit jeder Faser ihres dramatischen Wesens widersetzt haben. Ein Feldzug in den Osten war teuer, doch in ihrer Rechnung war eine Reise nach Rom – eine Rückkehr zu Octavia und Octavian – unendlich viel teurer.

Antonius benötigte immer noch dringend einen Sieg. Und er wollte eine Rechnung begleichen. »In seinem Bemühen, sich mit dem geringsten eigenen Aufwand am armenischen König zu rächen«[61], schickte er Dellius, der nie um einen Einfall verlegen war, nach Osten, nach Armenien. Wie üblich reiste Dellius auch jetzt mit einem Vorschlag an. Diesmal lief es auf eine traditionelle diplomatische Verbindung hinaus. Wolle der armenische Monarch Artavasdes vielleicht seine Tochter mit Kleopatras und Antonius' sechsjährigem Sohn Alexander Helios verloben? Kleopatra war mit diesem Vorschlag, mit dem ein Ptolemäer auf dem armenischen Thron installiert worden wäre, vermutlich einverstanden. Er hätte zudem ein friedliches Bündnis mit einem Bergkönigreich gesichert, das entscheidend für eine Invasion in Parthien war und gespalten in seiner Untertanentreue. Armenien war zwar mehrmals mit Rom verbündet gewesen, fühlte aber von den Sympathien und der Kultur her parthisch. Das Angebot erschien Artavasdes, einem flexiblen und unerschrockenen Staatsmann, allem Anschein nach weniger sinnvoll. Er widerstand Dellius' Schmeicheleien ebenso wie seinen Bestechungen. Antonius reagierte im Frühling mit einem Überfall auf Armenien. Binnen Kurzem unterwarf er das Land und erklärte es zur römischen Provinz. Das war eher Rache als ein Sieg; Armenien stellte einen strategisch wichtigen Pufferstaat dar, aber ganz und gar keine Großmacht. Und Antonius wusste, dass diese Eroberung seine Männer befriedigte, die sich monatelang darüber beklagt hatten, dass Artavasdes sie um Parthien gebracht habe. In Erwartung eines längeren Feldzugs ließ Antonius die Masse seines Heeres im Osten überwintern. Er selbst kehrte im Triumph nach Alexandria zurück und nahm nicht nur den Staatsschatz Armeniens mit, sondern auch den König, dessen Ehefrau, ihre Kinder und die Provinzstatthalter. Mit Rücksicht auf ihren Rang legte er die Königsfamilie in goldene Ketten.

Diesmal erhielt Kleopatra eine triumphierende Botschaft von ihrem Geliebten. Sie ordnete eine aufwendige Zeremonie zur Feier seiner Rückkehr an. Dabei ließ sie sich wahrscheinlich von Antonius inspirieren: In ihrer eigenen engeren Familie gab es keine Eroberer. Prozessionen waren allerdings eine ptolemäische Spezialität. Die von Sphinxen gesäumten Straßen Alexandrias waren dafür ausgelegt, und der römische Triumphzug im Herbst 34 war nach ihrem Vorbild gestaltet und wirkte einfach sensationell.[62] Antonius schickte seine Gefangenen voraus, er selbst betrat die Stadt in seinem purpurnen Umhang auf einem Streitwagen. Vermutlich zogen sie an den Marmorkolonnaden und den Markisen der geschlossenen Läden auf der von flatternden Fahnen und jubelnden Zuschauern gesäumten Kanopischen Straße vorbei. Das war die Art von Spektakel, in der die Ptolemäer alle übertrafen. Und diesmal hatten Antonius und Kleopatra sich noch etwas Neues einfallen lassen. Auf dem Weg in das Herz der Stadt präsentierte Antonius seine Beute und seine Gefangenen der Königin von Ägypten, die in einem Zeremonialgewand auf einem hohen, goldenen Thron auf einer mit Silber überzogenen Plattform inmitten ihrer bewundernden Untertanen saß.

Antonius wusste seit Langem schon, wie man seinen Geliebten huldigte; Kleopatra erhielt nicht nur die Beute seines Feldzugs, den Königsschatz und die Beamten, sondern auch den stolzen armenischen König und seine Familie in ihren goldenen Fesseln. Ein Missklang kam hinein, als der jugendlich aussehende Artavasdes vor sie trat. Der armenische König war ein gescheiter, gebildeter Mann, der Geschichtswerke und raffinierte Reden verfasst und jahrelang Parthien und Rom gegeneinander ausgespielt hatte. Jetzt trat er zwar an Kleopatra heran, sank aber nicht vor ihr auf die Knie und würdigte ihren Rang nicht. Vielmehr sprach er sie mit ihrem Namen an. Aller Zwang war zwecklos. Kein Mitglied der armenischen Königsfamilie warf sich Kleopatra zu Füßen. (Bemerkenswert ist, dass Artavasdes diesen Auftritt überlebte. In Rom hatte ein gefangener König selten dieses Glück, egal, wie gut er sich benahm.[63]) Es war Kleopatras erste Erfahrung mit der Demütigung und dem stolzen Widerstand eines Monarchen.

Es gibt gute Gründe für die Annahme, dass Antonius und Kleopatra durch diesen Triumphzug Eindruck machten. Ein üppiges Gelage für das Volk, mit Feiern beim Palast und öffentlichen Belustigungen, folgte. Außerdem verteilte Kleopatra großzügig Münzen und Nahrungsmittel.

Eine militärische Prozession war für die Alexandriner etwas Kurioses, hatte aber wenigstens noch ptolemäische Wurzeln. Für die prunkvolle Zeremonie, die dann folgte, gab es keine Vorbilder. Einige Tage später versammelte sich eine Menschenmenge im säulenumstandenen Gymnasion von Alexandria, das westlich der wichtigsten Straßenkreuzung der Stadt, nur wenige Minuten vom Palast entfernt, lag. Mit einer Länge von zweihundert Metern stellte es das größte Bauwerk der Stadt dar. Es stand im Zentrum Alexandrias wie im Zentrum des intellektuellen Lebens und der Freizeitgestaltung und war das Opernhaus jener Zeit; ein Gymnasion erhob ein Provinznest zur Stadt. Im Hof des Gebäudes fanden die Alexandriner an jenem Herbsttag eine weitere silberne Plattform vor, auf der zwei massiv goldene Throne standen. Auf einem hatte Marcus Antonius Platz genommen, und indem er Kleopatra als »Neue Isis« ansprach, lud er sie ein, sich neben ihn zu setzen. Sie erschien im vollen Ornat dieser Göttin, einem plissierten, glänzend gestreiften Chiton, dessen Fransenrand ihre Knöchel umspielte. Auf dem Kopf könnte sie eine traditionelle dreiteilige Krone oder eine Kobrakrone mit Geierkappe getragen haben.[64] Einem Bericht zufolge war Antonius wie Dionysos gekleidet, in einem goldbestickten Gewand und hohen griechischen Stiefeln. In der Hand hielt er den Fenchelstiel des Gottes. Ein Efeukranz schmückte seinen Kopf.[65] Das Ganze wirkte wie ein zweiter Akt jener Jubelfeier in Tarsos, als Kleopatra auf dem Weg den Fluss entlang das Gerücht vorausgegangen war, Venus sei gekommen, um mit Dionysos das Glück Asiens zu feiern.

Kleopatras Kinder besetzten vier kleinere Throne zu Füßen des

Paars. Mit seiner heiseren Stimme sprach Antonius zur versammelten Menge. Auf seinen Befehl hin sollte Kleopatra künftig als »Königin der Könige« angesprochen werden. (Auf Münzen war sie die »Königin der Könige und ihrer königlichen Söhne«. Die Titel änderten sich mit dem Territorium, so dass eine Stele in Oberägypten sie vier Jahre später »Mutter von Königen, Königin der Könige, die Jüngste Göttin« nannte.) Ihren Mitregenten, den dreizehnjährigen Kaisarion, beförderte Antonius zum König der Könige, eine ostentative Wiederverwendung eines armenischen und parthischen Titels. Antonius übertrug diese Ehrentitel im Namen Julius Caesars, Kleopatras Ehemann und Kaisarions Vater, ein ungewöhnlicher Umgang mit den früheren Bettgeschichten einer Geliebten. Ebenfalls im Namen Caesars ernannte Antonius auch seine Söhne mit Kleopatra zu Königen der Könige. Während er die Jungen nacheinander vortreten ließ, wies er jedem riesige Territorien zu; die östlichen Namen kamen ihm jetzt zupass. Auf sein Zeichen hin trat der kleine Alexander Helios vor, in weiten Beinkleidern und Tunika mit dem Umhang eines persischen Monarchen. Auf dem Kopf trug er einen hohen spitzen Turban mit einer Pfauenfeder. Sein Reich erstreckte sich bis nach Indien; er sollte über Armenien, Medien und – sobald sein Vater es erobert hatte – Parthien herrschen. (Er war übrigens auch wieder verlobt, diesmal mit der Tochter des medischen Königs, Artavasdes' Erbfeind.) Der zwei Jahre alte Ptolemaios Philadelphos, Frucht der Wiedervereinigung von Antonius und Kleopatra in Antiochia, trat als Miniaturausgabe Alexanders des Großen auf. Er trug hohe Stiefel, den kurzen Purpurumhang und den breitkrempigen Wollhut – in diesem Fall von einem Diadem umfasst – eines Makedonen. An ihn gingen Phönikien, Syrien und Kilikien, die Länder westlich des Euphrats. Kleopatra Selene sollte über Kyrene herrschen, die griechische Siedlung im heutigen Ostlibyen, Hunderte Wüstenkilometer entfernt. Nachdem das Territorium verteilt war, erhoben sich die beiden kleineren Jungen, um ihre Eltern zu küssen. Dann scharte sich eine bunte Phalanx von Leibwächtern um sie, Armenier in Alexanders Fall, Makedonen bei Ptolemaios.

So verteilte Antonius den Osten Stück für Stück, darunter auch Länder, die er noch gar nicht besaß. Für die junge Frau, die sich vierzehn Jahre zuvor nach Alexandria hineingeschmuggelt hatte, um für ihr arg beschnittenes Königreich zu bitten, war dies eine sensationelle Umkehr der Verhältnisse. Kleopatra stand dort oben, göttlich und unbezwingbar, eher Kaiserin als Königin, mit dem obersten römischen Befehlshaber an ihrer Seite. Ihre Herrschaft erstreckte sich über einen breiten Streifen Asiens, die Grenzen waren abgesteckt und jetzt ruhig. Sie wurde von römischen Legionen geschützt; mit ihren Kindern herrschte sie, zumindest nominell, über größere Gebiete als je ein Ptolemäer in den Jahrhunderten zuvor. Auf zu diesem Anlass geprägten Münzen – den ersten, auf denen ein Nichtrömer beziehungsweise eine Nichtrömerin zu sehen war – wirkt sie majestätisch, würdevoll.[66] Und sie ist älter geworden und deutlich fülliger, besonders um den Hals.

Man kann unmöglich sagen, wessen Ambitionen diese glänzende Veranstaltung zu verdanken war, die als die »Schenkungen« von Alexandria in die Geschichte einging. Vor allem ist es schwierig, Kleopatras Handschrift zu erkennen; die Wahrheit ist für immer durch römische Manipulation verfälscht. Wenigstens teilweise aber war die Botschaft der Zeremonie klar. Auf ihren goldenen Thronen dort oben saßen, wie selbst ein besonnener moderner Historiker es zu Recht beschrieben hat, »die beiden prächtigsten Menschen der Welt«[67]. Gemeinsam schienen sie den Traum Alexanders des Großen wiederaufleben zu lassen, wenn nicht sogar weiterzuführen. Sie standen für ein allumfassendes Reich, das nationale Grenzen aufhob und eine gemeinsame Kultur schuf, das Europa und Asien versöhnte. Sie verkündeten eine neue Weltordnung. Kleopatra führte die Zeremonie und das anschließende Festmahl für alle Einwohner der Stadt nicht nur als Monarchin, sondern letztendlich als Gottheit an, flankiert vom Sohn des vergöttlichten Caesar und dem dionysischen Antonius. Man sprach wieder über alte Prophezeiungen. Die Juden verbanden Kleopatras Herrschaft mit einem Goldenen Zeitalter und dem Kommen des Messias.[68] Die Königin von Ägypten war die Antwort auf den Ruf nach einem Heiland aus dem Osten. Sie erhob sich als Garantin einer besseren Welt über Rom. Mit einer Verschmelzung des Politischen und des Religiösen war die Bildsprache voll und ganz auf Kleopatras Seite.

Marcus Antonius hatte die Angewohnheit, voreilig zu handeln, und in vieler Hinsicht waren die Schenkungen Wunschdenken. Sicher hatten sie keinen Einfluss auf die Verwaltung der Länder, um die es ging. Ein Großteil wurde von römischen Prokonsuln regiert. Der armenische König war immer noch allzu lebendig. Über Parthien konnte Antonius nicht verfügen. Ein Zweijähriger war nicht regierungsfähig. Die Zeremonie war ein verblüffender Akt der Assimilation und Aneignung, durch und durch ptolemäisch in seiner Gigantomanie, aber sie war vermutlich nicht allein für die Alexandriner gedacht. Prunk kam bei ihnen immer gut an, doch im Jahr 34 brauchten Kleopatras Untertanen keine Bestätigung ihrer stabilen Herrschaft, ihrer Göttlichkeit, ihrer Vormachtstellung oder der Rolle des Antonius an ihrem Hof mehr. Sie kannten ihn inzwischen eher als Dionysos denn als römischen Magistrat. Vielleicht wollten die beiden die Arrangements für einen unterworfenen, aber immer noch chaotischen Osten auf eine formale Basis stellen, oder Antonius wollte nur jene Monarchen tadeln, die ihm in Parthien Schwierigkeiten bereitet hatten. Vielleicht war es aber auch eine deutliche Botschaft von Antonius und Kleopatra an Octavian. Seine Macht leitete sich einzig und allein von Julius Caesar ab. Er mochte ja Caesars Adoptivsohn sein, doch Caesars echter Sohn war, das hoben Antonius und Kleopatra hervor, durchaus lebendig, fast erwachsen und plötzlich Herrscher über ein gewaltiges Territorium. Diese Botschaft war besonders wichtig in einem Moment, in dem Octavian angeblich hinter den Kulissen eifrig daran arbeitete, Antonius' Bemühungen in Armenien zu unterminieren, indem er Artavasdes aufzuhetzen versuchte.[69]

Selbst wenn Antonius und Kleopatra ihre Botschaft nicht auf Rom ausgerichtet hatten, so stammen unsere Berichte doch von dort. Man kann kaum entwirren, was die beiden wohl übermitteln wollten, was Rom tatsächlich hörte und was die Propagandisten erfanden und verzerrten. Die Sprache des Schauspiels war die des Ostens. Besonders im Jahr 34 war die Übersetzung ganz besonders schlecht. Antonius hätte wissen müssen, dass er die Vaterschaft Kaisarions besser nicht so herausstellte. (Er wusste es vielleicht auch besser. Plutarch erwähnt die aufrührerischen Bemerkungen nicht.) Octavian hatte gute Gründe, die Beleidigung hochzuspielen, ebenso die unrömische Prahlerei. Er musste die mächtige Symbolkraft abschwächen, einen militärischen Triumph und einen königlichen Festzug in ein Besäufnis und ein dummes Kostümstück verwandeln. Schließlich gehörte es sich nicht, Julius Caesar in Alexandria Tribut zu zollen. Und man feierte auch keinen Triumph außerhalb Roms, weit weg von den römischen Göttern. Und was sollte diese zügellose Feier eines Sieges über die Armenier, solange Parthien noch immer nicht bestraft war? Aber unabhängig von seiner Botschaft – Antonius begriff die Schenkungen als einen offiziellen Akt. Er schickte Berichte über den Triumph und die Zeremonie nach Rom, um sie vom Senat anerkennen zu lassen. Gute Freunde griffen ein, sie wussten, dass seine Meldungen in einem nicht gerade schmeichelhaften Licht zur Kenntnis genommen werden würden. Antonius wirkte »theatralisch und arrogant«[70], und genau diese Vorwürfe hatten Caesar das Leben gekostet. Falls er beabsichtigte, seine Landsleute mit diesem prächtigen Schauspiel zu beeindrucken – die Gesetze der Optik funktionierten anders, als er in Erinnerung hatte. Rom verschloss die Augen vor dem Glanz goldener Throne. Dort waren Definitionen weniger flexibel, und Antonius' Doppelrolle als Befehlshaber im Westen und Monarch im Osten strapazierte das geordnete Denken der Römer. Er hatte seine Metaphern gefährlich miteinander vermischt. Wenn Kleopatra die Königin jener Territorien war, welche Rolle spielte dann der römische Befehlshaber? Antonius hatte immerhin keinen eigenen Anspruch auf irgendwelche Territorien erhoben. Kleopatras Titel war lächerlich und anstößig hochtrabend, eine Beleidigung nicht nur für Rom, sondern auch für ihre Herrscherkollegen. Sie hatte lange eine Ausnahmestellung in der römischen Konstellation der Klientelkönige eingenommen. Jetzt übertraf sie sie an Reichtum wie an Einfluss. Und auch die Beziehung zwischen Antonius und Kleopatra stellte sich problematisch dar. Was hatte eine ausländische Frau auf einer römischen Münze zu suchen? Es war nicht gerade hilfreich, dass man Antonius auf Denaren zusammen mit einer Frau sah, die nicht seine Gattin war. Und es wirkte so, als verteilte er römischen Landbesitz an eine Ausländerin.

Nur ein Mann wollte, dass Antonius' Meldungen veröffentlicht wurden. Octavian konnte sich nicht durchsetzen, schaffte es aber, auch die Berichte über den armenischen Sieg zu unterdrücken. Er hatte sicher nicht vor, Antonius einen Triumph in Rom zuzugestehen, was für diesen äußerst wichtig gewesen wäre. Die Schenkungen stellten damals vielleicht nur wenig mehr dar als eine Übung in alexandrinischem Prunk und ptolemäischer Prahlerei, eine provozierende Symbolik, Antonius' Gegenstück zur Aufstellung einer goldenen Statue der Kleopatra auf dem römischen Forum. Im besten Fall waren die Feiern einfach taktlos, im schlimmsten eine Beleidigung Octavians, ein Beweis der Macht. Die eigentliche Absicht spielte im Grunde keine Rolle, wichtig war die Wirkung in Rom, die so ausfiel, wie Octavian es wollte: eine leere Geste, eine absurde Übertreibung zweier geistig leicht gestörter, machthungriger und zügelloser Menschen, »ein dionysisches Fest, angeführt von einer Hure aus dem Osten«[71]. Mit den Schenkungen hatte ein freigebiger Antonius ein Füllhorn ausgeschüttet, und das großzügigste Geschenk hatte er Octavian gemacht.

VIII

VERBOTENE AFFÄREN UND UNEHELICHE KINDER

»Denn Gerede ist unheilvoll:
Man kann es leicht in Gang bringen, aber nur schwer ertragen
und kaum wieder beenden. Kein Klatsch lässt sich je
wieder ganz aus der Welt schaffen,
sobald viele Menschen darüber sprechen:
So ist auch die üble Nachrede eine Art Gott.«[1]

HESIOD

KLEOPATRA FEIERTE IHREN fünfunddreißigsten Geburtstag, ohne dass sich ihr beachtliches und immer noch wachsendes Glück wendete; das vor ihr liegende Jahr versprach eines der glücklichsten und verheißungsvollsten ihrer Regierung zu werden. Mit ihrer Patchworkfamilie hatte sie auf geniale Weise das römische Problem, das Mitregentenproblem, das Problem des schrumpfenden Reichs gelöst. Sie brauchte keine ausländischen Soldaten mehr, um ihre Regierung zu stützen. Und kein Kritiker in Alexandria konnte irgendetwas gegen ihre Freundschaft mit einem Römer einwenden. Sie hatte die Supermacht gezähmt und Ägypten durch die Freigebigkeit Roms vergrößert. Mit den Schenkungen war ein Popularitätsschub einhergegangen; auf ihren Werften herrschte Hochbetrieb, sie arbeitete gerade an der Verdopplung von Antonius' Kriegsmarine. Einnahmen strömten von überallher ins Land. Von Damaskus und Beirut im Osten bis Tripolis im Westen prägten die Städte ihr zu Ehren Münzen. Sie hatte die Verheißung eines Dichters aus dem 3. Jahrhundert eingelöst, der zufolge ein Ptolemäer – der sein Erbe gleichzeitig bewahrt und ergänzt – angesichts »des Überflusses, der stündlich aus allen Gegenden in seinen luxuriösen Palast strömt«, alle anderen Monarchen an Reichtum übertrifft.[2]

Antonius entsprach ihrem größten Wunsch: Nach den Feiern kehrte er nicht nach Rom zurück, wo er sein Heer womöglich mit neuen Rekruten hätte ergänzen und Octavians Einfluss hätte neutralisieren können. Er reiste noch nicht einmal nach Antiochia, einer zweckmäßigen Ausgangsbasis für eine Operation im Osten. Stattdessen richtete er sich auf einen dritten Winter voller Feste in Alexandria ein, einer wahrhaft kaiserlichen Stadt, die immer mehr wie das Zentrum eines neuen Reichs wirkte. Um diese Tatsache noch zu unterstreichen, legte Kleopatra letzte Hand an das neu errichtete Caesareum oder begann den gewaltigen Komplex am Hafen, den sie wohl nach dem Vorbild des römischen Forums hatte entwerfen lassen, sogar schon zu nutzen. Die alexandrinische Version mit ihrer Verschmelzung ägyptischer und griechischer Stile war mit einer dicken Schicht Gold und Silber überzogen, vollgestopft mit Bildern und Statuen, verschönert mit »Galerien, Büchereien, Portiken, Höfen, Sälen, Promenaden und heiligen Hainen, so prächtig, wie Geld und Kunst sie machen konnten«[3]. Kleopatra stand am Steuer jener Macht, die Ägypten, wie ein nervöser Römer ein Jahrhundert zuvor prophezeit hatte, eines Tages werden könnte, »falls dieses Reich je fähige Anführer fände«[4].

Um sie scharten sich treue, altgediente Berater, engagierte Römer und eine Großfamilie, der sich gegen Ende des Jahres auch der halbwüchsige Marcus Antonius Antyllus, der ältere der beiden Söhne Antonius' und Fulvias, anschloss. Kleopatra legte großen Wert auf die Erziehung der Kinder. Nach den Schenkungen vertraute sie ihre Ausbildung zu einem Teil dem Nikolaos von Damaskus an, einem schlaksigen, rotwangigen Diplomatensohn, der einige Jahre jünger war als sie und sich durch eine umgängliche

Art und eine Vorliebe für Aristoteles auszeichnete. Nikolaos hatte immer eine Anekdote parat und war ein begabter Logiker, der Typ Mann, der eine Rede noch überzeugend und eloquent zu Ende bringen konnte, wenn man selbst versagte und in Tränen aufgelöst um Worte rang.[5] Er zog in den Palast ein. Unter seiner Anleitung studierten Kleopatras Kinder Philosophie und Rhetorik, vor allem aber Geschichte, die ihr neuer Tutor als »das geeignete Studienobjekt für Könige« betrachtete. Nikolaos mag zwar genial gewesen sein, aber er war auch, falls nötig, scharfzüngig und ein unnachgiebiger Zuchtmeister. Seine Vorstellung von Freizeit bestand darin, seiner umfassenden Geschichte der antiken Welt, die schon hundertvierzig Bände umfasste und die ihr Autor mit den Arbeiten des Herkules verglich, weitere fünfundzwanzig Bände hinzuzufügen. Rund um die Kinder gingen die Festlichkeiten und Frivolitäten weiter. Viele stürzten sich mit Begeisterung ins Hofleben. Lucius Munatius Plancus, einer der engsten Berater des Antonius und früherer Provinzstatthalter, erschien nackt und am ganzen Körper blau angemalt zu einem Bankett. Er unterhielt Kleopatras Gäste mit seiner Imitation des Meergottes Glaukos, schlängelte sich auf Knien über den Boden und trug dabei nur einen Fischschwanz und eine Schilfkrone.[6]

Der Sinn für luxuriöse Schwelgereien war ansteckend oder vielleicht ererbt. Eines Abends fing ein Arzt aus dem Gefolge des jungen Antyllus an, beim Essen flegelhaft und endlos zu dozieren. Als ein zweiter Hofarzt sein Geschwätz bremste – es war der frühere Medizinstudent, der sich Kleopatras Küche so genau angesehen hatte –, jauchzte Antyllus vor Freude. Mit einer ausholenden Geste winkte er zur Anrichte hinüber. »Das alles schenke ich dir, Philotas«, rief er und drängte dem schlagfertigeren seiner Gäste ein ganzes Service goldener Trinkbecher auf. Philotas nahm den jungen Mann wohl kaum ernst, wurde aber tatsächlich mit einem vollen Sack aufwendig gearbeiteter Gefäße beschenkt. (Er ging dann schließlich mit einer entsprechenden Geldsumme nach Hause.[7]) Überall in der Stadt setzten sich die Musik, die Pantomimen und

Bühnenstücke fort. Aus Sicht eines klugen Steinmetzes verdiente die glückliche Vereinigung von Antonius und Kleopatra eine ganz andere Deutung. Vom 28. Dezember 34 ist uns eine Inschrift, vermutlich von einer Statue des Antonius, erhalten. Was immer auch Kleopatra von seiner glühenden Verehrung hielt, die Alexandriner erwiderten sie voll und ganz. Der unternehmungslustige Antonius wird hier nicht als »unnachahmlich Lebender« bejubelt, sondern als »unnachahmlich Liebender«[8].

Kleopatras Amtsführung litt allerdings keineswegs unter den Gelagen. Sie empfing weiterhin Bittsteller und Gesandte, nahm an religiösen Riten teil, sprach Recht. Sie leitete wirtschaftliche Diskussionen, traf sich mit Beratern und führte die unzähligen alexandrinischen Feste an. Die Staatsgeschäfte waren immer häufiger ägyptisch-römische Angelegenheiten. Kleopatras halbes Leben lang waren schon Legionäre in Ägypten stationiert; einem Bericht zufolge schrieben sich ihre römischen Leibwachen jetzt ihren Namen auf die Schilde.[9] Und mit einer für beide Seiten vorteilhaften Regelung wurde über die Zukunft römischer Amtsträger eher in Alexandria entschieden als andersherum. Im Jahr 33 diktierte Kleopatra einem Schreiber eine Verfügung, in der sie einem der höchsten Generäle des Antonius eine umfangreiche Steuerbefreiung zusprach. Publius Canidius hatte in Parthien gedient und sich in Armenien ausgezeichnet.[10] Für seine Dienste erlaubte ihm Kleopatra, jedes Jahr zollfrei 10000 Säcke Weizen zu exportieren und 5000 Amphoren Wein zu importieren. Zudem war er auf Dauer von der Landbesteuerung befreit, ein Privileg, das Kleopatra in gleicher Weise auch auf seine Pächter ausdehnte. Selbst Canidius' Nutztiere waren von allen Steuern, Requirierungen, Beschlagnahmungen ausgenommen.* Das war

* Es lag eine gewisse Ironie im Glück des Canidius. Als jungen Mann hatte man ihn damit beauftragt, den Schatz von Kleopatras abgesetztem Onkel, dem König von Zypern, nach Rom zu bringen. Damals waren besorgte Fragen laut geworden, ob man Canidius überhaupt zutrauen könne, eine so lukrative Aufgabe ehrlich zu erfüllen.[11]

eine geschickte Möglichkeit, Antonius' Männer bei der Stange und am Ort zu halten, für den unwahrscheinlichen Fall, dass die Verlockungen von Alexandria sich als nicht ausreichend erweisen sollten. Es war außerdem ein wirksamerer Weg, einen ehrgeizigen Römer zu umschmeicheln, als Bestechungsgelder, die, wie man festgestellt hatte, »nur dafür sorgten, dass sie wiederkamen, um mehr zu fordern«[12].

Viele Geschäfte tätigten der römische Triumvir und die ägyptische Königin gemeinsam. Kleopatra besuchte den Marktplatz mit Antonius, »schloss sich ihm bei der Organisation von Festen und bei der Anhörung von Klagen an«[13]. Auf ihr Drängen hin übernahm Antonius die Verantwortung für das Gymnasion der Stadt, wie er es auch in Athen getan hatte. Als De-facto-Anführer der griechischen Gemeinde kümmerte er sich um ihre Finanzen, Lehrer, Vorträge, sportlichen Wettbewerbe. Mit Kleopatra posierte er für Maler und Bildhauer; er war Osiris oder Dionysos neben ihr als Isis oder Aphrodite.

Mitte des Jahres 33 marschierte Antonius wieder nach Armenien, wo er einen Frieden mit dem medischen König schloss. Sie wollten einander fortan als Verbündete zur Seite stehen, gegen die Parther und, wenn es nicht zu vermeiden war, gegen Octavian. Asien war jetzt ruhig. Antonius kehrte mit der Mederprinzessin Iotape, der Verlobten des Alexander Helios, nach Alexandria zurück.

Mit den Schenkungen hatten Antonius und Kleopatra Octavian eine unmissverständliche Botschaft zukommen lassen. Was immer sie mit dem Osten vorhatten, er spielte in ihren Plänen keine Rolle. Die beiden Männer standen noch in einem engen und mehr oder weniger herzlichen Kontakt. Gesandte und Informanten segelten häufig zwischen ihnen hin und her. Sie korrespondierten weiterhin mit gemeinsamen Freunden. Bis Ende 33 waren sie im Triumvirat miteinander verbunden. (Sie hatten sich des Lepidus wie auch des widerspenstigen Sextus Pompeius entledigt. Von

Octavian geschlagen, war Sextus höchstwahrscheinlich auf Antonius' Befehl hingerichtet worden.) Antonius durfte sich durchaus unverwundbar fühlen und schickte Octavian etwa zu dieser Zeit eine weitere Botschaft. Er werde seine Machtposition aufgeben und in Rom die Republik wiederherstellen, wenn Octavian einwillige, dasselbe zu tun. Vielleicht bluffte Antonius nur; römische Titel und die Zusammensetzung der römischen Regierung spielten für ihn im Osten, wo er allem Anschein nach bleiben wollte, keine große Rolle. Postwendend kam die Antwort, mit der er gerechnet haben dürfte. Es war schon seit einiger Zeit klar, wohin der lange Aufenthalt in Alexandria, die Zurückweisung Octavias, die Anerkennung Kaisarions führen mussten; Freunde hatten Antonius und Kleopatra sicher über die Stimmung in Rom auf dem Laufenden gehalten.

Zu Jahresanfang startete Octavian im Senat einen bösartigen, direkten Angriff auf seinen Triumviratskollegen. Von diesem Zeitpunkt an kann man unmöglich sagen, was größer war: Alexandrias königliche Ausschweifungen oder Roms Darstellung dieser Extravaganzen; Antonius' Gefühle für Kleopatra oder Roms Darstellung dieser Liebe. Kleopatras Palast stellte im Jahr 33 sicher das luxuriöseste Bauwerk im gesamten Mittelmeerraum dar, aber er war nie so prächtig, wie man ihn in jenem Winter von Rom aus sah.

Antonius und Octavian blickten auf Jahre voller Feindseligkeiten zurück, aus denen sich noch Profit schlagen ließ. Als sich schließlich die Schleusen öffneten, brach eine wahre Flut los. Jeder beschuldigte den anderen, er eigne sich widerrechtlich Territorien an. Octavian forderte seinen Anteil an der armenischen Beute. Antonius geiferte, dass seine Männer bei Octavians Landverteilungen in Italien nicht berücksichtigt worden seien. (Octavian antwortete, Antonius könne, wenn er Land haben wolle, doch Parthien verteilen – ein Volltreffer!) Octavian verurteilte Antonius für den Mord an Sextus Pompeius, einen Mord, den Octavian selbst in Rom gefeiert hatte und der nach Sextus' Niederlage gegen Octavian ausgeführt worden war.* Antonius warf Octavian vor, er habe Lepidus widerrechtlich aus seiner Machtposition gedrängt. Und was sei mit Antonius' Recht, Soldaten in Italien auszuheben? Octavian hatte solche Bemühungen, denen er vertraglich zugestimmt hatte, lange blockiert. Antonius musste ein Heer aus Griechen und Asiaten zusammenstellen. Und, übrigens, wo befanden sich die Reste der Flotte, die Antonius vier Jahre zuvor Octavian geliehen hatte? Und die 18000 Mann, die Octavian im Tausch versprochen hatte? Antonius hatte sich immer skrupulös an ihre Abmachungen gehalten, Octavian nicht. Wiederholt hatte er mit Antonius Treffen vereinbart, bei denen er selbst dann nicht erschienen war. Wie immer wirkte nichts so gut wie persönliche Beleidigungen, je niederträchtiger, desto besser. Antonius verspottete Octavian wegen seiner niedrigen Herkunft. Er stammte väterlicherseits von Seilern und Geldwechslern ab, mütterlicherseits von Bäckern und Parfümverkäufern. Sicherheitshalber fügte Antonius auch noch einen afrikanischen Großvater hinzu. Und schlimmer noch: Der Parvenü Octavian hegte göttliche Ambitionen. Als Rom unter Getreideknappheit litt, hatten er und seine Frau Livia ein üppiges Gastmahl gegeben. Ihre Gäste waren als Götter und Göttinnen kostümiert gekommen. Sie aßen unanständig üppig, während Octavian der Tafel als Apollon verkleidet vorsaß. Und außerdem war

* Sextus Pompeius machte das Bild in vieler Hinsicht komplizierter. Er unterhielt freundschaftliche Beziehungen zu verschiedenen Monarchen, die als Todfeinde Roms galten, und Kleopatra war ihm wegen der engen Verbindungen ihrer Väter gewogen. (Er machte ihr sogar Avancen, was Antonius unterband. Er war klug genug einzusehen, dass er sich nicht mit einer ausländischen Königin und einem arroganten Landsmann verbünden konnte, der zwar zu Hause durchaus beliebt war, sich aber wie ein Pirat aufführte. Antonius' Instinkte trogen ihn nicht; der Abenteurer Sextus hatte seine Dienste gleichzeitig und hinter Antonius' Rücken auch den Parthern angeboten.) Laut Appian weigerte Antonius sich, den Befehl für Sextus' Hinrichtung zu unterzeichnen. Er wollte nicht persönlich dafür verantwortlich sein, weil er wusste, dass dessen Tod Kleopatra nicht gefallen würde. Appian deutet aber auch an, dass das Urteil wünschenswert war; es war klüger, Sextus zu beseitigen, damit der begabte Flottenkommandeur und Kleopatra sich nicht verbünden konnten, um »den feierlichen Respekt zu untergraben, den Antonius und Octavian füreinander empfanden«[14].

Octavian ein Feigling. In Philippi hatte er sich tagelang nicht sehen lassen. Sein genialer Stellvertreter Marcus Agrippa war für ihn in die Schlacht gezogen. Vielleicht um die Aufmerksamkeit von Kleopatra abzulenken und sicher ohne einen Gedanken an seine Arrangements mit den Medern, machte sich Antonius darüber lustig, dass Octavian versucht hatte, seine Tochter mit einem Barbaren zu verheiraten, um ein politisches Bündnis zu schmieden. Nicht alle Vorwürfe waren falsch oder auch nur einigermaßen neu. Manche stammten schon aus dem Jahr 44, als Ciceros Bericht über Antonius' Missetaten so umfassend geraten war, dass, wie man zugeben musste, niemand für alle diese Verbrechen jemals hinreichend hätte bestraft werden können.[15]

Wenn Antonius unterstellte, dass die Furcht Octavian übermannt habe, behauptete Octavian, dass Antonius der Trunksucht erlegen sei. An der Front hatte Octavian verschiedene Vorteile: Er war ein mäßiger Trinker oder gab sich zumindest als solcher. Alexandria feierte rauschendere Feste als Rom. Und Octavian hatte die Geschichte auf seiner Seite. Es war leicht zu behaupten, dass Antonius sich nur noch mit Zechgelagen beschäftige, zumal Octavian sich in Rom befand und Antonius nicht. Zu seiner Verteidigung konterte Antonius mit einem satirischen Pamphlet, »Über seine Trunkenheit«. Ganz allgemein war 33 ein gutes Jahr für Dichter, Spötter, Apologeten, Graffitikünstler sowie für alle Liebhaber von müßigem Geschwätz und exotischen Geschichten. Intrigen lagen Octavian besser als Antonius, doch beide Männer legten ein erbarmungsloses Talent für Diffamierungen aller Art an den Tag. Octavian griff auf unanständige Verse zurück. Antonius verteilte verleumderische Flugblätter. Beide engagierten Propagandisten. Viele einst akzeptierte Praktiken galten plötzlich als anstößig. Antonius' Amt als Leiter des Gymnasions in Alexandria war ein unsäglicher Affront – dabei hatte er fünf Jahre zuvor zusammen mit Octavia das Gymnasion von Athen geleitet und damit keinen Anstoß erregt. Ähnlich war Antonius' Affäre mit Kleopatra einst eine nie versiegende Quelle derber Scherze gewesen, etwa im Sommer 39, bei den Feiern nahe

Neapel. Kleopatra war Thema, sobald der Abend in Fahrt kam, sobald die lüsterne »Kumpelhaftigkeit die Oberhand gewann«[16]. Jetzt war sie keine Witzfigur mehr.

Die Schläge zielten weiter über wie unter die Gürtellinie. Antonius und Octavian handelten die übliche Schulhoflitanei ab: Verweichlichung, Homosexualität, Feigheit, mangelnde – oder übertriebene – Körperhygiene. Octavian war »ein richtiger Schwächling«[17]. Antonius beste Zeiten lagen hinter ihm. Er konnte keinen Wettkampf mehr gewinnen, von exotischem Tanz oder den erotischen Künsten einmal abgesehen. Antonius schnaubte, dass Octavian mit seinem berühmten Großonkel ins Bett gegangen sei. Wie sonst könnte man sich seine unerwartete Adoption erklären? Octavian konterte mit einem massiveren und relevanteren, wenn auch ebenso unwahren Vorwurf: Kleopatra sei *nicht* mit seinem Großonkel ins Bett gegangen. Kaisarion sei wohl kaum der Sohn des vergöttlichten Caesar, eine Nachricht, für deren Verbreitung Octavian extra einen Flugblattschreiber anstellte. Antonius verurteilte Octavians übereilte Ehe mit Livia, die an ihrem Hochzeitstag mit dem Kind eines anderen Mannes hochschwanger war. Er lästerte über Octavians Gewohnheit, sich mit den Ehefrauen seiner Bankettgäste zurückzuziehen und sie derangiert wieder zur Tafel zurückzubringen. Er machte Octavians weithin bekannte (und aller Wahrscheinlichkeit nach erfundene) Gewohnheit publik, sich Jungfrauen zu beschaffen und sie zu entjungfern. (Laut Sueton verführte Octavian die Ehefrauen seiner Feinde, um zu erfahren, was die Ehemänner sagten und taten.[18]) Was den Vorwurf der Verworfenheit anging, hatte Octavian es nicht nötig, auf Erfindungen zurückzugreifen – seine Waffen waren immer zur Hand: Unter Missachtung der römischen Sitten und seiner untadeligen römischen Ehefrau vergnügte sich Octavians Triumviratskollege in einer ausländischen Hauptstadt mit einer gierigen Königin, deretwegen er seinen Kopf verloren, sein erhabenes Land aufgegeben und die Reste seiner männlichen römischen Tugenden über Bord geworfen habe. Welcher Römer mit ein bisschen Selbstachtung würde denn wohl, wie Cicero es ausdrückte, dummerweise »verhassten Reichtum, die Gier nach Despotismus« einem »beständigen und zuverlässigen Ruhm« vorziehen?[19] In vieler Hinsicht ging es bei dieser Rivalität eigentlich um den Kampf zwischen Prunksucht und Machismo.

Irgendwann im Lauf des Jahres antwortete Antonius Octavian privat, mit einem Brief, von dem nur ein Entwurf erhalten geblieben ist. Er klingt nicht wie ein Mann, der Streit sucht, aber auch nicht wie jemand, der außer sich vor Liebe in den Klauen blinder Leidenschaft feststeckt. Die sieben erhaltenen Zeilen, in denen es um Kleopatra geht, sind in zahllosen Versionen übersetzt worden, von unschicklich über schlüpfrig bis vulgär. Letzteres trifft es wohl am genauesten. Antonius' Ton war nicht überraschend für Rom, wo politische und finanzielle Erwägungen die Eheschließungen der Oberschicht bestimmten. Sex konnte man überall haben. Was, so fragte Antonius im Jahr 33, war in Octavian gefahren? Was sollte das Ganze eigentlich? Spielte es wirklich eine so große Rolle, ob er »die Königin bumste«?[20] Octavian war selbst kein tadelloser Ehemann, wie sie beide wussten.* Und er war kein Unschuldslamm. Er hatte intensiv genossen, was Antonius ihre »Liebesabenteuer und Jugendsünden« nannte. Letztlich ging es doch nur um Sex und hatte wohl kaum Nachrichtenwert, denn wie Octavian sehr gut wusste, bestand Antonius' Beziehung mit Kleopatra schon seit neun Jahren. (Er zählte von Tarsos an.) Es ist nicht ganz klar, ob er die Affäre legitimieren oder sie abschwächen wollte. Die Zeile nach »die Königin bumsen« kann man als »Sie ist meine Ehefrau« oder »Ist sie meine Ehefrau?« wiedergeben. Wenn man die rasch aufeinanderfolgenden Fragen so liest, scheint Antonius die Liaison herunterspielen zu wollen. Schließlich schreibt er seinem Schwager. Er will vielleicht eher ausdrücken: »Sie ist ja schließlich nicht meine Frau, oder?« Die Antwort

* Antonius nannte Namen, insgesamt fünf. An anderer Stelle bemerkte er, dass Octavian von seiner früheren Frau wegen »moralischer Verderbtheit« geschieden worden war; sie konnte nicht darüber hinwegsehen, dass er sich eine Geliebte genommen hatte.

war sowieso nebensächlich. »Ist es wirklich wichtig«, schloss Antonius, »wo und in wem er dir steht?« Unklar ist, wie nahe diese sieben vulgären Zeilen der Realität kamen; was wir heute haben, könnte durchaus eine Paraphrase sein, die derber daherkommt als das Original. Einmal ganz abgesehen von Octavia, waren Antonius und Kleopatra nicht nach römischem Recht verheiratet, wie Kleopatra sehr wohl wusste. Jedenfalls trat sie hier ihre größte Rolle an – oder wurde hineingedrängt. Octavian genügte dies, um seinen Rivalen verbal niederzuprügeln. Den erhaltenen Fragmenten nach zu urteilen war es Octavian, der das alexandrinische Idyll in eine schwüle Liebesaffäre verwandelte.

Als sich das Triumvirat dem Ende näherte und sich abzeichnete, dass eine Verlängerung wohl nicht infrage kam, brachen Antonius und Kleopatra nach Ephesos auf.[21] Ephesos war die erste Stadt gewesen, die Antonius als personifizierten Dionysos anerkannt und ihn mit lautem Jubel und einem Ständchen am Stadttor willkommen geheißen hatte. Nach Philippi hatte er dort prächtige Opfer dargebracht und der Einwohnerschaft, die durch die Caesarmörder brutal behandelt worden war, großzügige Gnadenerweise zukommen lassen. Die Stadt mit ihren 250 000 Bewohnern blieb ihm freundlich gesinnt. Jetzt sorgte er dafür, dass die Epheser Kleopatra als seine königliche Geliebte willkommen hießen. Das reiche Bankenzentrum mit seinen schmalen Straßen und schattigen Marmorkolonnaden profitierte von seiner hervorragenden Lage in einem Tal mit steil aufragenden Bergflanken. Es war auf der einen Seite von zerklüfteten Bergen, auf der anderen vom Meer begrenzt. Ephesos rühmte sich mehrerer bemerkenswerter Tempel, deren bekanntester der Artemis geweiht war. Kleopatras Vater wie auch ihre Schwester hatten dort Asyl gesucht; vor seinen schlanken Säulen mit den ionischen Kapitellen hatte ihre Schwester ihr Ende gefunden.

Strategisch günstig gegenüber von Athen auf der anderen Seite der Ägäis an einem natürlichen Hafenbecken gelegen, war Ephesos auch die ideale Adresse für eine Militärbasis. Von der kleinasiatischen Küste aus begann Antonius, eine Kriegsmarine zusammenzustellen, und rief alle Klientelkönige der Region auf, ihn zu unterstützen. Sie antworteten mit Flotten und Treueeiden. Kleopatra war die größte einzelne Lieferantin von Wehrmaterial: Sie rüstete 200 der 500 Kriegsschiffe des Antonius inklusive der vollen Mannschaft aus und schickte zudem noch 20 000 Talente und alle Vorräte, die ein riesiges Heer – in diesem Fall 75 000 Legionäre, 25 000 Mann Fußtruppen und 12 000 Reiter – für einen Krieg benötigte. Sie hatte wohl kaum gezögert. Octavians Stern war in Rom aufgegangen. Er hatte einen Sieg nach dem anderen errungen, während Antonius im Osten stecken blieb. Eine friedliche Koexistenz der beiden Triumvirn war schwierig. Für den unversöhnlichen, ehrgeizigen Octavian und Kaisarion aber war gleichzeitig ganz sicher kein Platz auf der Erde. Anders als der Partherfeldzug war diese Expedition für Kleopatra ebenso wichtig wie für Antonius. Sie hatte allen Grund, sich und Ägypten einzubringen. Am letzten Tag des Jahres 33 lief das Triumvirat offiziell aus.

Anfang Januar 32 trat ein neuer Konsul im römischen Senat kraftvoll für Antonius ein und rühmte ihn in den höchsten Tönen. Dann fiel er über Octavian her. Als der von diesem Angriff hörte, stattete er dem Senat, begleitet von einer Leibwache aus Soldaten und Unterstützern, einen Besuch ab. Sie gaben sich erst gar keine Mühe, den Dolch unter der Toga zu verbergen. Im Jahr 44 hatte Cicero sich gefragt, ob Caesars Adoptivsohn womöglich einen Staatsstreich plane; jetzt war es so weit. Mit seiner Flut von bitterbösen Vorwürfen schüchterte er die Opposition so ein, dass keine Widerrede kam. »Anhand bestimmter Dokumente« wollte Octavian zeigen, dass Antonius eine Bedrohung für Rom darstellte.[22] Er setzte ein Datum fest, an dem er seine Beweise präsentieren wollte. Die Konsuln, die auf Antonius' Seite standen, hatten die Dolche gesehen. Sie warteten die angekündigte Senatssitzung erst gar nicht ab, sondern flohen heimlich aus der Stadt. Fast vierhundert Senatoren folgten ihnen und segelten nach Ephesos, wo sie über das politische Klima in Rom berichteten. Sicher unterschätzte Antonius Octavians Stärke und Rang. Und seine Verbindung mit Kleopatra stellte ein großes Risiko dar. Sie schadete der Sache sehr.

Viele Standesgenossen Antonius' – mindestens ein Drittel des Senats war bei ihm – sprachen sich dafür aus, sie wegzuschicken; und wieder einmal beugte sich Antonius der Vernunft. Er befahl Kleopatra, »nach Ägypten zu segeln und dort den Ausgang des Krieges abzuwarten«[23]. Sie weigerte sich, womöglich, wie Plutarch behauptet, weil sie fürchtete, dass Octavia wieder eingreifen werde, um einen Krieg zu verhindern, der für Kleopatra entscheidend war; vielleicht, weil sie Antonius' Urteilskraft nicht traute oder es unverantwortlich gewesen wäre, einfach zu gehen. Sie war keine Kriegerkönigin; die letzten Ptolemäer hatten nicht gerade große Begeisterung für das Kriegshandwerk gezeigt. Sie starben nicht auf dem Schlachtfeld wie andere Herrscher des Ostens. Sie waren der Auffassung, dass ein Reich mit Geld zu erwerben sei, nicht umgekehrt Geld durch ein Reich.[24] Und trotzdem war Kleopatra die Oberbefehlshaberin ihrer Männer, verantwortlich für deren Vorbereitungen und Operationen. Und sie war Antonius' Zahlmeister. Es begann ein Kampf, in dem jeder seinen Willen durchzusetzen versuchte. Diesmal nahm Kleopatra Abstand von Hungerstreiks und Ohnmacht. Sie griff zu einer ganz anderen Methode und holte sich die Unterstützung von Canidius, Antonius' begabtem General, den sie angeblich bestach, damit er ihre Sache vertrat. Vielleicht war er aber auch einfach nur beeindruckt von ihr. Es sei doch, protestierte er, nicht fair, eine Verbündete zu verbannen, die einen so wesentlichen Beitrag zu ihrem Feldzug liefere! Sie ernährte die Soldaten. Sie stellte die Flotte. Sie war ebenso tüchtig wie jeder Mann. Sah Antonius denn nicht, dass die ägyptischen Mannschaften durch ihre Abreise demoralisiert würden? Jene Männer bildeten das Rückgrat seiner Kriegsmarine. Sie kämpften für ihre Königin, aber nicht notwendigerweise für einen römischen General. Wenn Antonius seine ägyptischen Neigungen aufgebe, werde er darüber hinaus seine Verbündeten im Osten vor den Kopf stoßen. Kleopatra forderte Antonius auf, doch zu erklären, inwiefern sie »irgendeinem jener Fürsten, die an dem Feldzug teilnahmen, an Intelligenz unterlegen sei, sie, die lange allein ein so großes Königreich regiert hatte und« – hier fügte sie ein Kompliment an – »durch das lange Zusammensein mit Antonius gelernt habe, wichtige Geschäfte zu betreiben«[25]. Ihre Argumente oder ihre Kriegskasse gaben den Ausschlag. Sie bekam ihren Willen.

Im April 32 segelten Antonius und Kleopatra mit Antonius' Stab zur Insel Samos vor der Küste der heutigen Türkei. Samos war ein Sprungbrett nach Griechenland, wo der Kampf um die Herrschaft über die römische Welt höchstwahrscheinlich entschieden werden würde. Während sich das Paar auf der bergigen Insel einrichtete, wurden ihre Soldaten über die Ägäis nach Westen transportiert, eine Operation, die wohl gut einen Monat in Anspruch nahm. Die Veteranen des Antonius waren aus Armenien zurückgekehrt; zusammen mit den Rekruten aus dem Osten verfügte er etwa über neunzehn Legionen. Welche militärischen oder politischen Aktivitäten auch den Sommer ausfüllten, wissen wir nicht – sie sind überlagert durch Plutarchs Beschreibungen der Lustbarkeiten auf Samos. Die üppig grüne Insel war der ideale Ort, um Feste zu feiern, und Antonius war durchaus in der Stimmung dazu. Er hatte Zeit. Octavian übertrieb die verschwenderische Zügellosigkeit, die uns heute wie eine weitere endlose dionysische Feier erscheint. So wie jeder König und Fürst östlich von Athen Truppen beisteuerte, tauchten sämtliche Unterhaltungskünstler der Region auf Samos auf. Sie kamen in hellen Scharen. Tagelang boten die Lautenspieler und Flötisten, Schauspieler und Tänzer, Akrobaten und Mimen, Harfenistinnen und Imitatorinnen – »eine Menge asiatischer Gaukler«[26] – ein prächtiges Schauspiel. Während also »fast die ganze Welt ringsum von Seufzern und Wehklagen erfüllt war, erschallte«, so berichtet Plutarch verkniffen, »diese einzige Insel viele Tage hintereinander von Flöten- und Saitenspiel; die Theater waren voll, und Chöre wetteiferten miteinander«. Jede Stadt schickte Opfertiere, die Klientelkönige »versuchten einander in Gastmählern und Geschenken zu übertreffen«[27]. Alle fragten sich, wie Antonius und Kleopatra wohl einen Triumph inszenieren könnten, der die verschwenderischen Festlichkeiten vor dem Krieg noch deutlich in den Schatten stellen würde.

Im Mai traten Antonius und Kleopatra die kurze Reise nach Westen, nach Athen, an. Die Feiern gingen weiter in den Theatern und dem riesigen, mit marmornen Sitzstufen ausgestatteten Stadion jener Stadt, die Antonius neun Jahre zuvor als Dionysos willkommen geheißen hatte und in der er diese Rolle jetzt wohl auch am stärksten lebte.[28] Es hatte den Anschein, als wäre niemand, der es sich auch nur im Entferntesten leisten konnte, in Athen aufgetaucht, ohne eine Skulptur, ein Theater oder ein Gymnasion aus cremefarbenem Marmor beizusteuern; und wer das nicht tat, für den errichteten die Athener die Statue.[29] (Kleopatras Vorfahren hatten ein Gymnasion östlich des Marktplatzes gestiftet.) Während Sport und Theater Antonius ablenkten, wurden schnell zwei Dinge klar. Kleopatra verbrachte ihren Sommer in der sagenumwobenen Stadt, in der Antonius die meisten seiner Ehejahre mit Octavia gelebt hatte. Antonius' Gattin hatte in seiner Begleitung Vorträge gehört. Sie hatten dort ein zweites Kind gezeugt. Sie blieb dort präsent und lebendig; ihre Statuen schmückten die ehrwürdige Stadt ebenso wie ihre Ehreninschriften. Die Athener verehrten sie als Göttin. Bei den jährlichen religiösen Festen feierte man sie. Das war für Kleopatra unerträglich, denn für sie hatte sich in den vierzehn Jahren, seit sie friedlich mit Caesars Frau in einer Stadt gelebt hatte, einiges geändert. Sie hatte genug von dem, was Lucan später als »verbotene Affären und uneheliche Kinder« bezeichnen sollte. Kleopatra war zudem die erste ptolemäische Königin, die Athen je betrat, eine Stadt, die allen Grund hatte, sie freundlich aufzunehmen: Mehrmals seit Beginn des 3. Jahrhunderts hatte sie sich in kritischen Momenten auf die Ptolemäer verlassen, wenn es um Getreide, militärische Hilfe oder politisches Asyl ging. Athen hatte früheren Ptolemäern Statuen errichtet, darunter auch Kleopatras

Großtante.[30] Kleopatra hatte allerdings eine andere Frau im Blick. Sie hatte sorgfältig über die Octavia zugesprochenen Ehrungen Buch geführt und war eifersüchtig. Also ging sie in die Offensive und versuchte, »die Gunst des Volkes durch viele reiche Geschenke zu gewinnen«[31], mit anderen Worten: die Spuren ihrer Vorgängerin auszulöschen. Die realistischen und vernünftigen Athener taten ihr zu Antonius' Freude den Gefallen und sprachen seiner Geliebten vielfältige Ehrungen zu. Sie stellten Statuen von Kleopatra und Antonius auf der Akropolis im Stadtzentrum auf. Einmal erschien Antonius inmitten einer Delegation, um Kleopatra zu ehren, und hielt eine Rede im Namen der Stadt.

Auch im Sommer 32 erhielt Kleopatra ein bemerkenswertes Geschenk. Antonius übergab ihr die Bibliothek von Pergamon, die einzige Buchsammlung, die sich mit der von Alexandria messen konnte.[32] Die vier Räume dieser malerisch auf einem Hügel gelegenen Bibliothek beherbergten etwa 200 000 Buchrollen; jahrhundertelang hatten ihnen Büsten Homers und Herodots Gesellschaft geleistet. Die Geschichte hat aus Antonius' Gabe ein Hochzeitsgeschenk gemacht oder eine Entschädigung für die Bücher, die Caesar unabsichtlich im Alexandrinischen Krieg zerstört hatte. Nüchtern betrachtet erforderte diese Großzügigkeit jedoch gar keine Erklärung. Pergamon war nicht weit von Ephesos entfernt. Wahrscheinlich besuchten Antonius und Kleopatra jene Stadt, die nur ein paar Tagesritte weit entfernt lag. Und es war nichts Neues, dass man eigene Sammlungen vergrößerte, indem man die anderer Sammler plünderte. Selbst in Rom gab es da schon eine gewisse Tradition, obwohl Bibliotheken dort noch in den Anfängen steckten.

Die Berichte über Antonius' verwirrende, erniedrigende Leidenschaft für Kleopatra stammen zum größten Teil aus diesem Athener Sommer. Wenn er sie in Alexandria von den Staatsgeschäften abgelenkt hatte, so war es jetzt andersherum. Er kümmerte sich zuerst und vor allem um sie. »Oft wenn er auf seinem Tribunal Tetrarchen und Königen Recht sprach, bekam er Liebesbriefchen von ihr, auf Onyx oder Kristall geschrieben, und las sie«, berichtet uns Plutarch.[33] (Antonius war nicht der Erste, der Liebesbriefe bei Staatsanlässen erhielt. Auch Caesar hatte »lüsterne Texte« in Senatssitzungen zugesteckt bekommen.[34] Allerdings schrieb jene Geliebte nicht auf Onyxtäfelchen.) Einmal wurde Kleopatra gerade auf den Schultern ihrer Diener am Gerichtshof vorbeigetragen, als Antonius einen Prozess leitete. Ein angesehener römischer Redner plädierte in diesem Augenblick, zumindest bis Antonius Kleopatra erblickte. Da plötzlich »sprang er von seinem Tribunal auf, verließ den Prozess und begleitete Kleopatra, an ihrer Sänfte hängend«[35].

Das war schändliches Benehmen; ein Römer konnte ein so promiskes, so schmutziges Sexleben haben, wie er wollte, aber er sollte doch diskret und unsentimental in Liebesdingen sein. Pompeius hatte sich durch seine unanständige Angewohnheit, sich in seine eigene Frau zu verlieben, zur Witzfigur gemacht. Im 2. Jahrhundert wurde ein Senator aus jenem Kollegium ausgeschlossen, weil er seine Ehefrau in der Öffentlichkeit und vor den Augen ihrer Tochter geküsst hatte.[36] Antonius selbst war Jahre früher zurechtgewiesen worden, als er seine Gattin öffentlich liebkost hatte. Angeblich stand er jetzt während der Bankette vor den Augen seiner versammelten Gäste auf, um Kleopatras Füße zu massieren, »wegen einer Abmachung und Übereinkunft, die sie getroffen hatten«[37]. (Die Beziehung lebte durch Verträge, Wetten und Wettbewerbe, die sich offenbar vor allem Kleopatra ausdachte. Antonius hatte nicht viel für Formalitäten übrig.) Die Geste an sich war anstoßerregend; man hatte Bedienstete für solchen Luxus. Und die Geschichten über all die Dinge, die in einem anderen Zeitalter als galant oder hingebungsvoll gegolten hätten und im Osten angemessene Ehrerbietung ausdrückten, in Rom jedoch als Schamlosigkeiten und Demütigungen angesehen wurden, häuften sich. Antonius kroch vor Kleopatra, und so etwas taten Eunuchen.[38] Er schleppte als einer ihrer Diener ihre Sänfte durch die Stadt. Und dabei, so schnaubten die Römer, die die ägyptische Königin mit den üblichen Schmähungen für Geliebte überschütteten, sah sie noch nicht einmal gut aus!

Für Octavian hörten sich die Berichte aus Athen zu schön an, um wahr zu sein – was sie wohl durchaus waren. Trotz aller Kriegsvorbereitungen, trotz aller Unregelmäßigkeiten der Regierung in Rom, trotz des ständig wachsenden Gefühls der Unausweichlichkeit gab es keinen ernsthaften Grund für einen Bruch; Antonius und Octavian blieben zwei Männer auf der Suche nach einem Konflikt. Sie fanden ihn schließlich im Jahr 32. Antonius verspürte wohl eine gewisse Verbundenheit mit Kleopatra oder fühlte sich mit ihr unbesiegbar: Im Mai ließ er sich von Octavia scheiden.[39] Von Athen aus befahl er ihr, das gemeinsame Heim zu verlassen. Wir wissen nicht, inwieweit sich diese Aufforderung gegen Octavia oder vielleicht doch eher gegen ihren Bruder richtete. Nach Jahren unaufrichtiger Versöhnungen und fadenscheiniger Kompromisse, nach einer Zeit gegenseitiger Verleumdungen kam dieser Schritt vielleicht nur einer Entscheidung der anderen Seite zuvor. Octavia hätte sich dazu durchringen können, ihrerseits die Ehe zu beenden. Die Scheidung an sich war einfach, eine informelle Prozedur ohne jede Bürokratie. Die Folgen dagegen waren schwer abzuschätzen. Wie Plutarch zum Tod von Pompeius' Gattin und Caesars Tochter bemerkt, war auch hier das Familienbündnis, »das bis dahin die Ambitionen der beiden Männer eher verschleiert als gebremst hatte, jetzt aufgelöst«[40].

Kleopatra konnte nur begeistert sein; sie hatte schon einen Freund des Antonius auf ihn angesetzt, um ihn von jedem Gedanken an seine Frau abzulenken. Octavian war hocherfreut. Octavia am Boden zerstört. Unter Tränen packte sie ihre Sachen. Sie nahm ihre gemeinsamen Kinder mit, ebenso den zweiten Sohn des Antonius und der Fulvia. Es gab keine Schuldzuweisungen. Octavia machte sich nur Sorgen, weil es heißen könnte, sie habe einen Krieg ausgelöst.

Soweit wir eine propagandafreie Chronologie aufstellen können, war die Situation in Antonius' Lager schon vor der Scheidung angespannt. Trotz all der späteren Beteuerungen, dass hochgeborene Römer Kleopatra ohnmächtig und verzaubert zu Füßen lagen, hören wir im Jahr 32 keinen Ton. Es gab so viele Meinungen zu den drohenden Konflikten wie Berater in Antonius' Stab. Aus verschiedenen Gründen betrachteten einige Kleopatra weiter als Belastung. Ein Heerlager war nicht der richtige Aufenthaltsort für eine Frau. Kleopatra lenkte Antonius ab. Sie sollte nicht am Kriegsrat teilnehmen; sie war kein General. Antonius konnte nicht mit einer Ausländerin im Schlepptau nach Italien gehen, und es war unklug, diesen Schritt länger hinauszuzögern. Er verspielte der ägyptischen Königin zuliebe seine vorteilhafte Position. Die Kritik brachte nicht gerade ihre besten Charakterzüge zum Vorschein.

Einmal schickten die Verbündeten Antonius' in Rom seinen Freund Geminius nach Athen, um ihre Meinung deutlich zu machen. Antonius müsse sich selbst zu Hause verteidigen, wo er von Octavian heftig angegriffen werde. Warum lasse er zu, dass man ihn als einen einer Ausländerin hörigen Staatsfeind darstelle? Geminius war eine geniale Wahl für diese delikate Mission, da er selbst einige Erfahrung darin hatte, sich in die falsche Frau zu verlieben.

Kleopatra ging davon aus, dass Octavia ihn geschickt hatte, und behandelte ihn entsprechend. Sie hielt ihn so weit wie möglich von Antonius fern. Beim Essen setzte sie ihn unter die unbedeutendsten Gäste. Sie bombardierte ihn mit sarkastischen Bemerkungen. Geminius ertrug die Beleidigungen schweigend und wartete geduldig auf eine Audienz bei Marcus Antonius. Bevor sie zustande kam, forderte Kleopatra Geminius während eines Gastmahls auf, doch bitte seinen Auftrag zu erklären. Er antwortete, dass dessen Einzelheiten »einen nüchternen Kopf erforderten, doch eine Sache wusste er genau, ob er nun betrunken oder nüchtern war, und zwar, dass alles gut wäre, wenn man Kleopatra nach Ägypten schicken würde«[41].

Antonius ging an die Decke. Kleopatra reagierte brutaler. Sie lobte Geminius seiner Aufrichtigkeit wegen. Er habe ihr erspart, ihn foltern zu lassen. Ein paar Tage später floh er nach Rom, um sich Octavian anzuschließen.

Auch Kleopatras Höflinge schafften es nicht, sich den Römern zu empfehlen, die entsetzt auf die »betrunkenen Streiche und Gemeinheiten« der Ägypter reagierten.

Aus unklaren Gründen setzte sich auch Plancus, der tanzende Meeresgott der Feier in Alexandria, ab und kehrte nach Rom zurück. Er war einfach angewidert. Dieser Treuebruch hatte vielleicht nichts mit Kleopatra oder ihren Beratern zu tun. Als geborener Höfling neigte Plancus dazu, den Weg des geringsten Widerstands zu gehen. Er war im Verraten ebenso gut wie im Katzbuckeln. »Er war«, so hörte man, »von der Krankheit des Verrats befallen.«[42] Allerdings besaß er auch einen sicheren politischen Instinkt. Ganz offensichtlich war etwas geschehen, das ihn daran zweifeln ließ, ob Antonius – ungeachtet seiner großen Macht, seines Ansehens, seiner jahrelangen Erfahrung – sich gegen Octavian würde durchsetzen können. Plancus zählte zu Antonius' engsten Beratern. Eine Weile war er für Antonius' Korrespondenz verantwortlich gewesen. Er kannte seine Geheimnisse. Er floh zu Octavian mit widerlichen Berichten über Fußmassagen, verschwenderische Festmähler und selbstherrliche Königinnen sowie mit Informationen über Antonius' Testament, das er als Zeuge bestätigt hatte.

Sofort presste Octavian das Dokument den Vestalinnen ab, bei denen es eigentlich hatte sicher aufbewahrt sein sollen. In dem Schriftstück fand er – zumindest behauptete er das – verschiedene skandalöse Bestimmungen, die er sich notierte, um sie dann im Senat laut vorzulesen.[43] Die meisten Angehörigen jener Körperschaft wollten nichts mit diesem Gesetzesverstoß zu tun haben. Der Letzte Wille eines Menschen sollte nach seinem Tod bekannt gegeben werden, und daher war es illegal, ein solches Dokument verfrüht zu öffnen.

Die Bedenken schwanden jedoch, als Octavian sich dem Ende seiner Präsentation näherte und eine ruchlose Bestimmung offenbarte. Selbst wenn er in Rom sterben sollte, so hatte Antonius festgelegt,

»sollte sein Leichnam in einer feierlichen Prozession über das Forum getragen und dann zu Kleopatra nach Ägypten geschickt werden«[44]*.

Ob sie nun echt war oder nicht, die Bestimmung sorgte für jene Aufregung, auf die Octavian hingearbeitet hatte. Bei seinem Staatsstreich im Januar hatte er dem Senat schriftliche Beweise gegen Antonius versprochen. Jetzt lieferte er mehr als genug. Plötzlich erschienen Berichte über die Exzesse in Athen und Antonius' Unterwürfigkeit Kleopatra gegenüber, deren reißerische, obszöne Details zuvor weithin als Falschmeldungen gegolten hatten, als durchaus glaubwürdig. In einer von der Rhetorik begeisterten Welt – abhängig von »Wortbällchen in Honig, jedes Wort und jede Geste gleichsam mit Mohn und Sesam bestreut«[45] – übertrumpfte das Denkbare die Tatsachen. Octavian standen mehr als genug Minen zur Verfügung, aus denen er immer neue Vorwürfe zutage fördern konnte. Allein schon die Plünderungen des Ostens – jenes berauschenden, ungezügelten, irrationalen Reichs – boten Material in Hülle und Fülle. Wie seine Königin war auch Ägypten üppig und verführerisch; die moderne Assoziation von Orient mit Sex war bereits im 1. Jahrhundert uralt.[46] Afrika galt damals schon als Inbegriff des moralischen Verfalls. Und so lag es nahe, den Antonius der Schenkungen in einen machtbesessenen, haltlosen östlichen Despoten zu verwandeln: »In seiner Hand war ein goldenes Zepter, an seiner Seite ein Krummsäbel; er trug ein purpurnes Gewand, übersät mit riesigen Edelsteinen; es fehlte nur noch die Krone, um ihn zu einem König zu machen, der seine Zeit mit einer Königin

* Das Testament bekam niemand außer Octavian, der es sich auch durchaus ausgedacht haben könnte, in die Hand. Ebenso gut könnte auch Plancus es gefälscht haben; in dringenden Fällen hatte er die Befugnis, mit Antonius' Namen zu unterzeichnen und mit seinem Siegel zu versehen. Das Dokument enthielt offenbar auch eine Bestätigung der Geschenke, die Antonius Kleopatras Kindern gemacht hatte, sowie der Vaterschaft Kaisarions. Soweit wir wissen, widerrief Antonius die Bestimmungen nie. Ebenso wenig focht Octavian im Übrigen die Vaterschaftszuweisung Kaisarions an – in diesem Moment war es sicher klüger, sie einfach zu ignorieren. Es ist gleichwohl schwierig, sich eine Situation vorzustellen, in der Antonius tatsächlich jene Bestimmungen zu Papier gebracht haben würde, die Octavian laut vorlas.

vertändelt.«[47] Immer wieder ging es um die Sache mit dem Diadem und den goldenen Statuen; die Accessoires des Königtums erregten die Römer mehr noch als die Autokratie selbst, die sie in einer subtileren Variante schon seit mindestens einem Jahrzehnt ertrugen. Octavians Darstellung nach war Antonius durch die orientalische Trägheit und die Schwelgereien des Ostens hoffnungslos verdorben – wie wohl auch Caesar und Alexander der Große vor ihm. Octavian sollte seinerseits bald feststellen, dass Ägypten für seinen Eroberer einen zweifelhaften Segen bereithielt, ein buchstäblich überreiches Angebot. Immer wieder brachte es Männer dazu, sich als Götter zu fühlen.

Octavian zog den größtmöglichen Nutzen aus Antonius' Affäre mit Kleopatra. Sie bot ihm die Gelegenheit, auch noch die abgedroschenste Redewendung neu zu fassen: Der spontane Hass auf die mächtige Frau war noch wirkungsvoller als die Abneigung gegen die Monarchie allgemein oder gegen den degenerierten Osten. Ob Kleopatra Antonius nun kontrollierte oder nicht – auf jeden Fall gab sie Octavian die Möglichkeit, die Darstellung zu kontrollieren. Ihm stand dabei das ganze Arsenal ciceronischer Schimpfkanonaden gegen Fulvia, jenes habgierige, zügellose Mannweib, zur Verfügung. Gründlich, wie er nun mal war, legte Octavian noch einmal nach. In seinen fähigen Händen erblühte die ägyptische Affäre zu einer Geschichte blinder, verantwortungsloser Obsession. Antonius stand unter dem Einfluss eines starken Betäubungsmittels, »verhext von jener verfluchten Frau«[48]. Der den Ereignissen noch am nächsten stehende Velleius Paterculus lieferte die offizielle Version, die nur noch Ursache und Wirkung kennt: »Als dann seine Liebe zu Kleopatra immer glühender wurde«, erklärt er und bestätigt damit Antonius' Hingabe an östliche Laster, »entschloss er sich, Krieg gegen sein Land zu führen.«[49] Kleopatra verdirbt Antonius weniger, als dass sie ihn »verweichlicht und entmannt«[50]. In Octavians Fassung ist sie herrisch und Antonius unterwürfig, eine radikal andere Darstellung der Beziehung, als sie Marcus Antonius selbst Monate zuvor geliefert hatte. Doch auch wenn sie einräumen, dass die Vorwürfe fragwürdig sind, halten sich alle Chronisten an die Parteilinie. Antonius wurde zum »Sklaven seiner Liebe zu Kleopatra«[51], »er verschwendete nicht einen Gedanken an die Ehre, sondern wurde zum Sklaven der Ägypterin«[52], er lieferte seine Würde einer Frau so weit aus, dass »er nicht einmal mehr Herr seiner selbst war«[53]. Dieses Konstrukt war so alt, dass es sogar ein mythisches Gegenstück hatte, auf das Octavian gern Bezug nahm. Antonius behauptete ja, er stamme von Herkules ab. Octavian erinnerte daran, dass Herkules drei Jahre entwaffnet und gedemütigt als Sklave bei der reichen asiatischen Königin Omphale verbrachte. Sie nahm ihm das Löwenfell und die Keule, legte sich selbst das Fell an und bewachte ihn, während er weben musste.[54]

All diesen Vorwürfen gab Octavian noch eine fantasievolle Wendung. Schließlich musste er nach fast zwei Jahrzehnten Bürgerkrieg ein erschöpftes, hungriges Land hinter sich bringen. Den heißen Bädern und den Moskitonetzen, den goldenen Accessoires und den mit Edelsteinen besetzten Krummsäbeln, der verbotenen Affäre und den unehelichen Kindern setzte er noch eines drauf: »Die Ägypterin verlangte vom betrunkenen General das Römische Reich als Preis ihrer Gunst; und das versprach Antonius ihr auch, als ob die Römer leichter zu erobern wären als die Parther«, berichtet Florus.[55] Cassius Dio kam mithilfe einer schlichteren Logik zu demselben Schluss: »Denn sie verzauberte und verzückte nicht nur ihn, sondern auch alle anderen, die irgendeinen Einfluss auf ihn hatten, so dass sie die Hoffnung hegte, sogar über die Römer zu herrschen.«[56] Kleopatra besaß schon die Bibliothek von Pergamon. Sie hatte Herodes' Balsamhaine. Es waren Berichte im Umlauf, Antonius habe die schönsten Kunstwerke aus den Tempeln Asiens geraubt – einschließlich der berühmten Kolossalstatuen des Herakles, der Athene und des Zeus, die jahrhundertelang auf Samos gestanden hatten –, um die ägyptische Königin zufriedenzustellen.[57] Wenn Antonius ihr seinen Leichnam überlassen wollte, was würde er ihr dann wohl noch abschlagen? Und bei welcher Bitte hätte sie noch Hemmungen?

Es war offenbar Octavian, der das Gerücht in die Welt setzte, Kleopatra habe vor, Rom zu einer ägyptischen Provinz zu machen – eine Idee, die ihr wohl kaum je in den Sinn gekommen ist. Dabei konnte er auf den vertrauten Typ der ränkeschmiedenden, verschwenderischen Gattin, der kein Diamant groß, kein Haus geräumig genug ist, zurückgreifen. Wie Eutropius es Jahrhunderte später ausdrückte, begann Antonius einen Krieg auf das Drängen der Königin von Ägypten hin, die »sich mit weiblichem Verlangen danach sehnte, auch in der Stadt zu regieren«[58].* Es galt schon als ausgemacht, »dass die größten Kriege wegen Frauen ausgetragen wurden«[60]. Ganze Familien hatten sie in den Ruin getrieben. Und ägyptische Frauen hatten auch schon einigen Ärger verursacht. Sie besaßen eine unstillbare Hitze und phänomenale sexuelle Energie. Ein Ehemann war ihnen nicht genug. Sie zogen die Männer an und stürzten sie ins Verderben. Octavian fasste die Beweise nur zusammen.

Er hatte eine raffinierte Tarnung für einen Bürgerkrieg gefunden. Vier Jahre zuvor hatte er ihn offiziell für beendet erklärt und versprochen, seine Männer nie wieder in einen solchen Krieg zu führen. Wie viel angenehmer, wie viel glaubhafter, dass Antonius durch eine verbotene Liebe statt durch seine Landsleute sterben würde! Es war nicht schwierig, Heere aufzubieten – oder die Bevölkerung zu besteuern oder Väter gegen Söhne aufzubringen –, mit der Behauptung, Kleopatra plane, Rom zu erobern, wie sie Antonius erobert hatte. Wie Lucan ein Jahrhundert später den Schlachtruf formulierte: »Sollte eine Frau – und noch nicht einmal eine Römerin – die Welt regieren?«[61] Die Logik dahinter war schlicht. Die ägyptische Königin hatte Antonius bezwungen. Rom, so warnte Octavian, stünde als Nächstes auf ihrer Liste. Ende Oktober erklärte er Kleopatra den Krieg.

* Das war eine anerkannte Schwäche der Frauen. Auch Plautus, Roms beliebtester Komödienschreiber, hatte geknurrt: »Ich habe nicht viel übrig für diese Frauen aus den höchsten Kreisen, ihr geziertes Auftreten, ihre riesige Mitgift, ihre lauten Forderungen, ihre Arroganz, ihre Elfenbeinsänften, ihre Kleider, ihren Purpur, die ihre Ehemänner mit ihren Ausgaben zu Sklaven machen.«[59]

Diese Kriegserklärung kann nicht unerwartet gekommen sein und wurde vielleicht sogar mit einer gewissen Erleichterung aufgenommen. Die Begründung jedoch muss Kleopatra überrascht haben. Sie hatte sich keine Feindseligkeiten gegen Rom zuschulden kommen lassen und sich wie der ideale Vasall verhalten – ein Vasall mit Privilegien allerdings. Sie hatte die Ordnung in ihrem Reich aufrechterhalten, Rom unterstützt, wann immer man sie darum gebeten hatte, war gekommen, wenn man sie rief, und hatte keinen Nachbarn angegriffen. Sie hatte alles in ihrer Macht Stehende getan, um die Größe Roms hochzuhalten, und nichts, um sie zu schmälern. Traditionell ging einer römischen Kriegserklärung ein dreistufiger Prozess voraus: Der Senat schickte eine Wiedergutmachungsforderung, der nach einem Monat eine feierliche Erinnerung folgte, dass die Satisfaktion noch ausstehe. Drei Tage später reiste ein Bote in feindliches Territorium, um formal den Krieg zu erklären.[62] Octavian bestellte Kleopatra nicht zu sich, damit sie Rechenschaft ablegen oder zu den Vorwürfen hätte Stellung nehmen können. Er machte keine Angebote über diplomatische Kanäle. Stattdessen zerrte er, geschickt wie er nun einmal in diesen Dingen war, den zeremoniellen Bestandteil des Prozesses hervor. Gekleidet in einen Soldatenumhang, schleuderte er persönlich einen in Schweineblut getauchten Speer gen Osten, von einem rituellen Flecken »feindlicher Erde« in Rom. (Es gibt Spekulationen darüber, dass er diesen alten Ritus bei dieser Gelegenheit erfand, dass er sich die Geschichte ausdachte. Er war sehr gut darin, alte Traditionen wiederaufleben zu lassen, auch solche, die es nie gegeben hatte.) Er erhob keine offiziellen Beschuldigungen, einfach weil es keine gab. Kleopatra wurde »wegen ihrer Taten« verurteilt, die nicht näher beschrieben wurden. Octavian spekulierte darauf, dass Antonius Kleopatra treu bleiben würde, eine Treue, die es – unter den gegebenen Umständen – Octavian erlaubte, seinem Landsmann vorzuwerfen, dass er »freiwillig an der Seite der Ägypterin gegen sein Vaterland in den Krieg eingetreten war«[63]. Ende 32 entzog der Senat Antonius seine Amtsgewalt als Konsul und enthob ihn aller Amtsbefugnisse.*

Antonius und Kleopatra taten ihr Bestes, um die hinterlistige Provokation zu parieren. Sie waren jetzt zwangsläufig Bündnispartner. Wie konnte jemand unter diesen Umständen, so riefen sie, einem Schuft wie Octavian trauen? »Was in aller Welt hat er also vor, wenn er uns alle gleichermaßen mit Waffen bedroht, in der Erklärung aber sagt, dass er mit einigen im Krieg steht und mit anderen nicht?«, wollte Antonius von seinen Männern wissen.[64] Sein unaufrichtiger Triumviratskollege intrigiere nur, um Zwietracht zu säen und dann leichter als König über sie alle herrschen zu können. (Damit hatte er zweifellos recht. Octavian hätte eine Möglichkeit gefunden, einen Krieg gegen Antonius vom Zaun zu brechen, selbst wenn der Kleopatra im Stich gelassen hätte.) Warum sollte sich überhaupt irgendjemand einem Mann anschließen, der so unzeremoniell einem Kollegen das Wahlrecht entzog, der illegal das Testament eines Freundes, Gefährten, Verwandten raubte? Octavian fehlt der Mut, sich offen zu erklären, wetterte Antonius, obwohl er »sich mit mir im Krieg befindet und sich schon in jeder Hinsicht so verhält wie jemand, der mich nicht nur besiegt, sondern auch ermordet hat«[65]. Die Erfahrung, die Popularität, die schieren Zahlen, alles sprach für Antonius; er war der anerkannte Befehlshaber, hinter dem die mächtigsten Dynasten Asiens standen. Fünfhundert Kriegsschiffe, ein Landheer von neunzehn Legionen, über zehntausend Mann Kavallerie unterstanden seinem Kommando. Es spielte keine Rolle, dass er in Rom kein Amt mehr bekleidete. Ein Drittel des Senats war auf seiner Seite.

Seit zwölf Jahren hatte Antonius behauptet, dass Octavian ge-

* Seiner Amtsvollmachten beraubt, besaß Antonius jetzt formell nicht mehr das Recht, Hilfe von Klientelstaaten anzufordern oder römische Territorien zu verteilen. Mithilfe einer verqueren Logik konnte man argumentieren, dass Kleopatra deshalb einen Rom feindlich gesinnten Privatmann begünstigt habe und in Besitz von Ländereien sei, die ihr nicht zustanden. Damit allerdings bezog man Antonius in die Anklage mit ein, in der er nirgends erwähnt wurde.

gen ihn intrigiere, um ihn zu beseitigen. Kleopatra hatte dem aus eigener Erfahrung wie auch aus Eigennutz nur zustimmen können. Und das Paar hatte recht behalten. Es stimmte auch, dass Antonius es in Sachen Hinterhältigkeit nicht mit seinem früheren Schwager aufnehmen konnte. (Kleopatra hätte vielleicht eine Chance gehabt, aber sie musste Antonius das Reden überlassen.) Es sei so überaus traurig, dass Antonius zum Verräter an Rom geworden sei, ließ Octavian verlauten. Er sei tiefbetrübt über die Situation. Er habe ihn so sehr gemocht, dass er ihm einen Teil der Befehlsgewalt und seine heißgeliebte Schwester anvertraut habe. Er habe Antonius noch nicht einmal dann den Krieg erklärt, als der jene Schwester gedemütigt, ihre Kinder vernachlässigt und den Kindern einer anderen Frau die Besitztümer des römischen Volkes vermacht habe. Sicher werde Antonius jetzt aufwachen. (In Hinblick auf Kleopatra hegte Octavian diese Hoffnung nicht. »Denn in meinen Augen«, so spottete er, »war sie allein schon als Ausländerin wegen ihres bloßen Verhaltens eine Landesfeindin.«) Er bestand darauf, dass Antonius »wenn schon nicht freiwillig, so doch wenigstens gezwungenermaßen unter dem Druck der gegen sie ergangenen Beschlüsse seinen Kurs ändern werde«[66]. Octavian wusste nur zu gut, dass Antonius das nicht tun würde. Er und Kleopatra waren weit über diesen Punkt hinaus. Wenn man von Liebesdingen einmal absah, war er der treueste Mensch, den man sich vorstellen konnte. Zudem stellte sich die Situation mit Octavian als unhaltbar dar. Schwer zu sagen, für wen Kleopatra im Jahr 32 mehr Bedeutung hatte: für den Mann, dessen Partnerin sie war, oder für jenen, dem sie einen Vorwand zum Handeln bot. Antonius konnte keinen Krieg ohne sie gewinnen, Octavian konnte keinen ohne sie führen.

Philippi hatte Antonius ein Jahrzehnt des Wohlwollens eingebracht; das änderte sich jetzt schlagartig. Im Herbst zogen er und Kleopatra Richtung Westen nach Patras, eine unauffällige Stadt am Zugang zum Golf von Korinth. Von dort aus errichteten sie eine Verteidigungslinie entlang der griechischen Westküste und verteilten Männer von Actium im Norden bis nach Methoni im Süden.

Dahinter stand wohl die Absicht, die Nachschublinien nach Alexandria zu sichern, und natürlich auch Ägypten selbst, dem Octavian ja schließlich den Krieg erklärt hatte. Kleopatra nutzte die Pause, um Münzen prägen zu lassen, auf denen sie als Isis dargestellt war. Antonius schickte beträchtliche Mengen Gold nach Rom und verteilte nach allen Seiten Bestechungsgelder. Er hatte die stärkeren Truppen, bemühte sich aber dennoch darum, die Treue von Octavians Männern zu untergraben. Die große Masse dieser Geldmittel stammte vermutlich aus Kleopatras Kassen. Octavians Kriegssteuern führten unterdessen zu Aufständen in Rom. Außerdem reisten den Winter über verschiedene Spione und Senatoren, deren politische Bindungen schwach und schwankend waren, hin und her. Viele hatten sich schon mindestens einmal mit diesem Dilemma konfrontiert gesehen: Wen sollten sie meiden, wem folgen? Es war eher eine Frage der Persönlichkeiten als der Prinzipien. Anderswo sah es so aus, als hätte ein Magnet sich über die Mittelmeerwelt bewegt und die wirre Gemengelage in eine straffe Ausrichtung gezogen, die »als Ganzes an Größe bei Weitem alles je Dagewesene übertraf«[67]. Die Herrscher, die Antonius im Jahr 36 eingesetzt hatte, erschienen in vollzähliger Stärke. Unter anderen schlossen sich ihm der libysche, thrakische, pontische und kappadokische König mit ihren Flotten an.

Der Winter verging träge. Zum zweiten Mal schien der sonst so übereilt agierende Antonius bei einem Feldzug zu zögern, der dieses Mal für Kleopatra nicht schnell genug beginnen konnte. Jeder Monat kostete sie beträchtliche Summen. (Erfahrungsgemäß waren es etwa 40 bis 50 Talente pro Legion und Jahr, so dass Kleopatras Sommerausgaben allein für die Infanterie etwa 210 Talente betrugen.) Man konnte sich nur schwer des Eindrucks erwehren, dass Antonius, der berühmteste Soldat seiner Zeit, nicht unbedingt auf eine Heldenschlacht aus war. Bei einer früheren Gelegenheit hatte man über Caesar gesagt, er »suchte eher Ruhm als eine Provinz zu erwerben«[68], eine Aussage, die auf seinen Protegé wohl noch stärker zutraf. Octavian lud Antonius zu einem absurd inszenierten Treffen ein. Antonius forderte Octavian zu einem Duell heraus. Beides fand nicht statt. Meist beschränkten sich beide Seiten auf Beleidigungen und leere Drohungen, darauf, »einander auszuspionieren und zu ärgern«[69]. Die Luft schwirrte von Gerüchten, die meist Octavian in die Welt gesetzt hatte. Im Jahr 33 vertrieb er die vielen Astrologen und Wahrsager aus Rom, angeblich, um den wachsenden östlichen Einfluss zurückzudrängen, tatsächlich aber, um das Drehbuch besser kontrollieren zu können. Ohne ihre Prophezeiungen konnte er leichter genau die Vorzeichen produzieren, die ihm gefielen; Octavian wollte der Einzige im Wahrsagegeschäft sein. Und so geschah es dann, dass die Statuen des Antonius und der Kleopatra auf der Akropolis angeblich vom Blitz getroffen worden waren und in Trümmern lagen.[70] Fast sechsundzwanzig Meter lange zweiköpfige Schlangen tauchten auf. Eine Marmorstatue des Antonius schwitzte Blut. Als die Kinder Roms sich für einen erbitterten zweitägigen Straßenkampf in Antonianer und Octavianer aufteilten, behielten die Minioctavianer die Oberhand. Der Wahrheit näher kamen jedoch die beiden Raben. Ihr unparteiischer Lehrer hatte dem ersten beigebracht, »Heil dir, Caesar, unser siegreicher Feldherr« zu krächzen. Der zweite lernte die Worte: »Heil dir, Antonius, unser siegreicher Feldherr«[71]. Ein kluger Römer hatte allen Grund, sich nach allen Seiten abzusichern – und zu glauben, dass Antonius und Octavian mit ihrer hitzköpfigen Rhetorik und ihren eigennützigen Zielen vollkommen austauschbar waren. Selbst jene, die beide näher kannten, mussten zugeben, dass jeder »der Herrscher sein wollte, nicht nur der Stadt Rom, sondern der ganzen Welt«[72].

Das Geld und die Erfahrung waren größtenteils auf Antonius' und Kleopatras Seite, aber eben auch die Unklarheiten, angefangen bei der Frage ihrer Ehe, die damals im Jahr 32 nicht unbedingt durchsichtiger war als heute. Als Ausländerin konnte Kleopatra nicht nach römischem Recht Antonius' Ehefrau werden, auch nach seiner Scheidung nicht. Nur nach der geschmeidigeren, anpassungsfähigeren Logik des griechischen Ostens konnte man von den beiden sagen, sie hätten geheiratet.[73] Aus ägyptischer Sicht war die Frage irrelevant. Kleopatra musste nicht mit Antonius, der in Ägypten keinen offiziellen Status innehatte, verheiratet sein. Sie herrschte mit Kaisarion als Koregent. Antonius war dort ein Prinzgemahl und Patron, kein König. Das war in Ägypten unproblematisch, für Rom jedoch ein einziges Durcheinander. Sollte Kleopatra eine Rolle im Westen spielen? Auch hier gab es keine Kategorie für sie, außer einer natürlich: Wenn sie keine Ehefrau war, war sie *per definitionem* eine Konkubine. Doch warum ließ Antonius dann ihr Bild auf römische Münzen prägen? Auch Antonius' und Kleopatras gemeinsame Absichten waren undurchsichtig. Wollten sie den Traum Alexanders des Großen verwirklichen und die Menschen über nationale Grenzen hinweg unter einem göttlichen Gesetz vereinen, wie die Prophezeiung verkündete? Oder hatte Antonius vor, selbst als orientalischer Monarch zu herrschen, mit Kleopatra als Kaiserin? (Er machte es Octavian leicht: Ein Römer gab seine Bürgerrechte auf, wenn er sich formal einem anderen Staat anschloss.) Sie hatten ihre Absichten vielleicht klarer dargelegt – wahrscheinlich wollten sie zwei Hauptstädte einrichten –, doch sie strapazierten das typisch römische Denken in festen Kategorien. Und sie stellten das System der Klientelkönige auf den Kopf. Ein Ausländer sollte gegenüber einem Römer unterwürfig auftreten, nicht gleichberechtigt. So war es leicht für Octavian, das Bild der unersättlichen Frau heraufzubeschwören, die sich über alle Regeln hinwegsetzte und auf Eroberung aus war. Das tat er überzeugend und ausdauernd. Nach Darstellung eines großen Althistorikers des 20. Jahrhunderts ließ Kleopatra wie eine Parasitin Antonius für sich arbeiten, um eigene ehrgeizige Ziele zu verfolgen[74] – die sie aber vielleicht nie im Sinn hatte. Die militärischen Absichten waren ebenso unklar. Wofür genau kämpfte Antonius? Er mochte durchaus vorhaben, die Republik wiederherzustellen, wie er behauptete, aber was sollte er dann mit der Mutter seiner drei halbrömischen Kinder anfangen?

Bei Octavian dagegen schien alles kristallklar und eindeutig, zumindest nachdem er einen persönlichen Rachefeldzug zu einem auswärtigen Krieg umdefiniert hatte. Seine Argumentation wies die klareren Linien und die besseren Bilder auf. Er appellierte brillant und überdeutlich an die Fremdenfeindlichkeit der Römer. Sicher ließen sich doch seine Männer – »wir, die wir Römer sind und Herren des größten und besten Teils der Welt«[75] – nicht von diesen Primitivlingen aus dem Konzept bringen? Nicht zum letzten Mal teilte sich die Welt in einen männlichen, rationalen Westen und einen weiblichen, unauslotbaren Osten, gegen den Octavian zu einer Art Kreuzzug aufrief. Er kämpfte gegen etwas, aber auch für etwas: für römischen Anstand, Frömmigkeit und Selbstbeherrschung, genau jene Eigenschaften, die sein früherer Schwager bei seiner Annäherung an Kleopatra abgelegt hatte. Antonius war kein Römer mehr, sondern ein Ägypter, nur noch ein Zimbelspieler, verweichlicht, unwichtig und machtlos, »denn es ist unmöglich, dass jemand, der ein Leben in königlichem Luxus führt und sich verwöhnt wie eine Frau, einen männlichen Gedanken hat oder eine männliche Tat vollbringt«[76].* Octavian wütete sogar gegen Antonius' literarischen Stil. Und hatte ganz nebenbei schon jemand bemerkt, dass Antonius trank? Weniger oft betonte Octavian seine Rolle als Caesars Erbe. Stattdessen verbreitete er gern Geschichten über seine eigene Göttlichkeit. Kaum jemand in Rom hatte nicht gehört, dass er von Apollon abstammte, dem er auch pflichtschuldig einen prächtigen neuen Tempel weihte.

Indem er Antonius als Zimbelspieler abtat, wagte sich Octavian auf ein besonders heikles Terrain. Er gestand öffentlich ein: Bei einem solchen Kampf kann man mehr Stolz einbüßen als Ruhm gewinnen.[79] Nach römischer Definition war eine Frau kaum als

* Nikolaos von Damaskus beeilte sich zu bestätigen, dass Octavian sich sogar als junger Mann, selbst in jenem Alter, in dem Jugendliche »überaus lüstern« sind, ein ganzes Jahr jeglicher sexuellen Befriedigung enthalten habe.[77] Und trotz aller Beweise des Gegenteils wurde unweigerlich und immer wieder behauptet, er lebe einfach und schlicht. Tatsächlich aber gefielen Octavian teure Möbel[78] und korinthische Bronzen so gut wie jedem anderen, und noch größere Anziehungskraft übte der Spieltisch auf ihn aus.

würdiger Gegner zu werten. Indem er aus einer hohl klingenden Anklage eine Reihe von nachhallenden Akkorden schuf, die später für ein ganzes Orchester gesetzt wurden, wertete Octavian Kleopatra auf. Er stattete sie mit allen möglichen Kräften aus und schuf eine Fratze, die jedem in Erinnerung blieb. Diese brutale, blutrünstige ägyptische Königin war keine neue Fulvia, sondern ein bösartiger Feind, der sein Auge auf alle römischen Besitztümer geworfen hatte. Sicherlich werde das große und ruhmreiche Volk, das die Germanen unterworfen, die Gallier zertreten und bei den Briten eingefallen sei, das Hannibal geschlagen und Karthago niedergebrannt habe, nicht vor »dieser Pest von einer Frau«[80] zittern? Was würden die ruhmreichen Vorväter sagen, wenn sie erführen, dass ein Volk mit so einzigartigen Heldentaten und beeindruckenden Eroberungen, dem sich jetzt alle Regionen der Welt unterworfen hatten, von einer ägyptischen Dirne, ihren Eunuchen und Friseuren mit Füßen getreten werde? Sie stünden tatsächlich einem beeindruckenden Aufgebot an Truppen gegenüber, versicherte Octavian seinen Männern, doch um große Siege zu erringen, müsse man große Kämpfe führen. In diesem hier stand die Ehre Roms auf dem Spiel. Es sei die Verpflichtung all jener, die dazu bestimmt seien, »die ganze Menschheit zu erobern und zu beherrschen«, sich ihrer glanzvollen Geschichte würdig zu erweisen und an jenen Rache zu üben, die sie beleidigten, und »nicht zuzulassen, dass sich eine Frau einem Manne gleichstellt«[81].*

Zu Beginn des Jahres 31 setzte Octavians hervorragender Admiral Agrippa in einem Überraschungscoup nach Griechenland über. Der langjährige Freund und Mentor Octavians verfügte über jenen militärischen Scharfsinn, die seinem Oberbefehlshaber fehlte. Agrippa durchbrach die Nachschublinien des Antonius und nahm sein Hauptquartier im Süden ein. In seinem Fahrwasser ließ Octavian 80 000 Mann von der Adriaküste über das Ionische Meer befördern.

* Wie der Dichter Properz später fragte: »Welche Bedeutung hat unsere Geschichte, wenn sie zur Herrschaft einer Frau hinführt?«[82]

Dieser Schachzug zwang Antonius nach Norden. Seine Infanterie befand sich noch nicht vor Ort; er war völlig überrumpelt. Kleopatra versuchte ihn zu beruhigen, indem sie die plötzliche Anwesenheit des Feindes in einer Stadt mit einem natürlichen Hafen auf einem löffelförmigen Vorgebirge (es war wahrscheinlich das heutige Praga) auf die leichte Schulter nahm. »Was ist daran ein Unglück, dass Caesar an einer Schöpfkelle sitzt?«, spottete sie.[83] Octavian bot sofort eine Schlacht an, die Antonius noch nicht wagen konnte. Seine Truppen waren noch nicht vollzählig versammelt. Durch ein frühmorgendliches Täuschungsmanöver zwang er Octavian, sich zurückzuziehen. Es folgten Wochen voller Sticheleien und kleiner Scharmützel, während sich Octavian frei durch die Häfen Westgriechenlands bewegte und Antonius seine Legionen auf einer Sandbank am südlichen Eingang zum Ambrakischen Golf sammelte. Actium bot einen hervorragenden Hafen, allerdings in einer feuchten, öden Gegend; Antonius und Kleopatra bemerkten sicher schnell, dass sich das Sumpfland mit seinen Farnen und Gräsern weitaus besser als Schlachtfeld denn als Lagerplatz eignete.[84] Die Wochen vergingen mit Gefechtsangeboten und halbherzigen Entscheidungen. Octavian konnte Antonius nicht auf die hohe See hinauslocken, Antonius Octavian nicht zu einer Landschlacht zwingen. Dem war es weiterhin wichtiger, Antonius vom Nachschub abzuschneiden, was ihm auch im Frühjahr und Frühsommer sehr gut gelang. Kleopatra mochte völlig gelassen auf seine Landung reagieren, tatsächlich aber verloren sie und Antonius infolge verschiedener aus unerklärlichen Gründen verschleppter Entscheidungen allmählich ihren Vorteil. Inzwischen hing über Antonius bedrohlich die Strategiefrage: Sollte er sich Octavian an Land oder auf See stellen? Meist starrten sich die beiden Heere von einer grünen Landzunge zur anderen über die schmale Meerenge hinweg wütend an.

Aus der Entfernung muss Antonius' Lager mit seinen riesigen, bunt gemischten Heeren und den leuchtenden purpurroten Mänteln mit ihren goldenen Fibeln einen prächtigen Anblick geboten haben.[85] Hochgewachsene Thraker in schwarzen Tuniken und strahlender Rüstung mischten sich mit Makedonen in neuen scharlachroten Mänteln und Medern in farbenprächtiger Kleidung. Ein ptolemäischer Militärmantel, mit Gold durchwoben, hätte auch einem Königsporträt oder einer mythologischen Szene alle Ehre gemacht. Das schmuddelige griechische Tiefland funkelte vor teurer Ausrüstung, glänzenden Helmen und vergoldeten Brustpanzern, mit Edelsteinen besetztem Zaumzeug, gefärbten Helmfedern und geschmückten Speeren.* Die Masse der Soldaten stammte aus dem Osten, ebenso eine immer größere Zahl von Ruderern, von denen viele blutige Anfänger waren. Sie führten eine bunte Mischung von Waffen mit sich: neben thrakischen Flechtschilden und Köchern auch römische Wurfspieße, kretische Bogen und lange makedonische Lanzen.

Kleopatra bezahlte einen Großteil der Rechnung, steuerte aber noch etwas anderes bei: Anders als Antonius konnte sie mit den versammelten Würdenträgern des Ostens kommunizieren. Sie sprach die Sprache der armenischen Kavallerie, der äthiopischen Infanterie, der medischen Einheiten wie auch der Könige. Es gab einen Verhaltenskodex unter hellenistischen Herrschern. Die meisten hatten Erfahrungen mit mächtigen Königinnen. Und Canidius hatte recht behalten. Durch ihre Anwesenheit erinnerte Kleopatra ihre Mitstreiter daran, dass sie nicht für die römische Republik kämpften, an der sie kein Interesse hatten. Sie brachten weder Antonius noch Octavian besondere Sympathien entgegen. Genauso leicht hätten sie sich gegen die beiden zusammenschließen können, wie sie sich im Jahr 89 mit Mithridates gegen Rom verbündet hatten. Wenn Kleopatra sich mit ihrem Hilferuf an Caesar im Jahr 48 nicht mitten in die römischen Angelegenheiten gestürzt hätte,

* Einzig und allein in diesem Bereich konnte solcher Pomp mit römischer Billigung rechnen. Plutarch erklärt: »Denn Extravaganz in anderen Dingen führt zu Schwelgerei und verweichlicht jene, die diese Dinge benutzen, da so etwas wie ein Reizen und Kitzeln der Sinne ernste Absichten zunichte macht; wenn sie jedoch in der Kriegsausrüstung zu sehen ist, stärkt und hebt sie den Geist.«[86]

wäre sie in genau der gleichen Lage gewesen. Sie und Antonius wiesen nur einen Herrscher ab, natürlich den begeistertsten des ganzen Haufens. Herodes erschien mit Geld, einer gut ausgebildeten Armee, Ausrüstung und einer Schiffsladung Getreide. Und er gab darüber hinaus einige schon wohlbekannte Ratschläge.[87] Wenn Antonius doch einfach nur Kleopatra ermorden und Ägypten annektieren würde, wären seine Sorgen vergessen. Herodes' Heer und seine Vorräte waren willkommen, er selbst jedoch weilte nur kurz im Lager. Zum Dank für seinen kostbaren Rat wurde er losgeschickt, um den Nabatäerkönig Malichus zu bekämpfen, der angeblich mit seinen Bitumenzahlungen im Rückstand war. Gleichzeitig befahl Kleopatra ihrem General in jener steinigen Gegend, die Bemühungen beider Monarchen zu konterkarieren. Sie wollte, dass sie sich gegenseitig das Leben schwermachten.

Näher betrachtet stellte sich die Situation nicht ganz so rosig dar. Das Ausharren in einem riesigen Militärlager mit Soldaten aus aller Herren Länder unter nicht unbedingt gesundheitsfördernden Bedingungen forderte seinen Tribut. Als die Temperatur stieg, wurde die Lage prekär. Kleopatras Anwesenheit förderte die Moral der Truppe nicht gerade. Sicher zu Recht führte Herodes seine Zurückweisung auf sie zurück. Dass sie eine entscheidende Position im Lager einnahm und sich dafür auch nicht entschuldigte, ist klar. Als die Oberkommandierende Ägyptens hielt sie es für ihre Pflicht, an den Kriegsvorbereitungen und -operationen teilzunehmen. Anscheinend ging sie davon aus, dass Antonius der einzige Freund war, den sie brauchte. Sie ließ sich nicht zum Schweigen bringen. Ganz sicher hörte man nicht wie bei Königin Isabella von Spanien ein unterwürfiges: »Möge Eure Exzellenz mir nachsehen, dass ich von Dingen spreche, von denen ich nichts verstehe.«[88] Man kann unmöglich sagen, was zuerst kam, das römische Gefühl der Erniedrigung in Kleopatras Gegenwart oder Kleopatras Hochnäsigkeit den Römern gegenüber. Antonius' Offiziere schämten sich angeblich ihretwegen und wegen ihres Status als gleichberechtigte Partnerin.[89] Seine engsten Vertrauten zweifelten ihre Autorität an.

Sie hatte sich in eine Sackgasse manövriert: Wenn ihre Wachsamkeit nachließe, würde man sie nach Hause schicken. Wenn sie sie aufrechterhielt, stieß sie die anderen vor den Kopf. Vielleicht war auch sie verunsichert. Es gab einige stürmische Szenen mit Antonius.

Vor allem gelang es Kleopatra nicht, sich bei Gnaeus Domitius Ahenobarbus einzuschmeicheln, dem wohl vornehmsten Unterstützer Antonius'. Als stolzer Republikaner hatte der Konsul Ahenobarbus die Senatoren angeführt, die im Frühjahr zuvor nach Ephesos geflohen waren. Er war resolut und unbestechlich. Von Anfang an hatten er und Kleopatra Ärger miteinander. Er weigerte sich, sie mit ihrem Titel anzureden; für ihn blieb sie schlicht und einfach »Kleopatra«. Sie versuchte ihn zu kaufen, nur um festzustellen, dass Ahenobarbus ebenso aufrecht wie Plancus rückgratlos war. Seinem Ruf entsprechend machte Ahenobarbus zudem keinen Hehl aus seinen Ansichten. In seinen Augen war sie eine Belastung. Und er glaubte, dass ein Krieg verhindert werden könne. Ahenobarbus, der in den Mord an Caesar verwickelt, deswegen verurteilt und später proskribiert worden war, hatte bei Philippi gegen Antonius gekämpft. Die beiden versöhnten sich später. Seitdem hatte Ahenobarbus alle möglichen hohen Ämter bekleidet und zählte zu Antonius' ergebensten Anhängern. Er hatte in der Auseinandersetzung mit Octavian eine entscheidende Rolle gespielt und sich darum bemüht, die schädliche Nachricht der Alexandrinischen Schenkungen zu unterdrücken. Sein Sohn war schon mit einer von Antonius' Töchtern verlobt. Gemeinsam hatten die Männer allen möglichen Gefahren getrotzt: Sie waren zusammen durch Parthien marschiert, wo Ahenobarbus sich als geborener Anführer und unerschütterlich erwiesen hatte.[90] Wann immer Antonius zu mutlos gewesen war, um es selbst zu tun, hatte Ahenobarbus die Feldherrenreden vor den Soldaten gehalten. Als die Moral in Actium sank, schlug der erfahrene Politiker diesmal einen anderen Weg ein. In einem kleinen Boot machte er sich davon und lief zu Octavian über. Antonius war am Boden zerstört. Wie man es von ihm kannte, schickte er seinem früheren Mitstreiter sein Gepäck, seine Freunde und Diener nach. Kleopatra missbilligte seine Großmut.

Ihr selbst kann die Unbehaglichkeit, die ihre Gegenwart in dem glühend heißen, moskitoverseuchten Lager heraufbeschwor, nicht entgangen sein. Ihr Gefolge und ihre Zelte boten einen unpassenden Anblick, und ihr riesiges Flaggschiff, die *Antonia* mit ihren zehn Ruderreihen und dem geschmückten Rumpf, weckte wohl kaum Stolz bei den Truppen. Die Rationen waren gekürzt und die Männer hungrig; die Stimmung war gedrückt. Kleopatra saß auf einem sorgsam bewachten Schatz. Ein römischer Soldat sah es gern, wenn sein General altes Brot aß und auf einer einfachen Pritsche schlief.[91] Kleopatra brachte diese Gleichung durcheinander. Von allen Seiten hörte Antonius – dessen Zelt mitten im Zentrum des riesigen Feldlagers stand –, dass man Kleopatra wegschicken solle, und verschloss die Ohren davor. Selbst Canidius, dem er vertraute und der sich früher für sie eingesetzt hatte, wollte jetzt, dass sie ging. Sie wusste von dem Spott, den Fulvia auf sich gezogen hatte. Selbst in Ägypten waren weibliche Feldherren nicht beliebt, wie Kleopatra durch die kurze Episode ihrer Schwester im Alexandrinischen Krieg gelernt hatte. Sie besaß keine Erfahrung mit bewaffneten Konflikten dieser Größenordnung. Die Theorie des Herodes lautete, dass Antonius sie nicht wegschickte, da »seine Ohren offenbar aufgrund seiner Verliebtheit verstopft waren«[92]. Warum aber zog sie sich dann nicht selbst zurück, wie sie es bei Caesar getan hatte?

Octavian hatte nur ihr den Krieg erklärt, und sie wollte Vergeltung. Sie war schon zuvor von Militärberatern beiseitegeschoben worden und schließlich heimatlos und entrechtet in der Sinaiwüste gelandet. Sie war von Vermittlern übervorteilt worden. Vielleicht war sie nicht mehr bereit, Ägyptens Schicksal allein in Antonius' Hände zu legen. Es ging um alles. Die Zukunft der ptolemäischen Dynastie stand auf dem Spiel. Falls Octavian und Antonius einen Vergleich schließen würden, wäre sie die Dumme. Das eigentliche Rätsel des Jahres 31 ist weniger, warum Kleopatra blieb, sondern vielmehr, warum sie nicht viel mehr Wert darauf legte, Antonius' Offiziere zu umgarnen. Im Lager scheint ihre Anwesenheit ärgerlich und strapaziös gewesen zu sein. Viele bekamen den gleichen drohenden Spott zu hören, mit dem sie Geminius überschüttet hatte, als der ihr offen die Meinung sagte. Freunde von Antonius und römische Konsuln litten gleichermaßen unter ihr, man hört immer wieder, sie seien »von Kleopatra beleidigt« worden.[93] Sie war nachtragend, herrschsüchtig, kühl. Die Erfahrung hatte sie nicht nachgiebiger gemacht. Schließlich war sie es gewohnt, die absolute Herrschaft auszuüben, und konnte schlecht Befehle entgegennehmen. Inzwischen sank die Moral, als Octavians Blockade sich um den Golf zusammenzog, als Moskitoschwärme sich auf das Lager stürzten und eine Epidemie – wahrscheinlich Malaria – ausbrach. Die Bedingungen waren unzumutbar. Erleichterung fand man nur gegen Mittag, wenn der Wind von Westen her auffrischte. Ein paar Stunden lang wehte eine kühle Brise, die sich verstärkte, während sie von West auf Nord drehte, um sich dann bei Sonnenuntergang wieder zu legen.

Monate verstrichen mit Rüsten und Müßiggang, und damit einher ging eine allmähliche Verlagerung der Chancen. Wahrscheinlich wollten Antonius und Kleopatra Octavian im Ambrakischen Golf in die Falle locken, doch jetzt fanden sie sich selbst in der blauen Bucht gefangen, eine veränderte Situation, der sie sich nur langsam anpassten. Plutarch sagt: »Die Hauptaufgabe eines guten Generals besteht darin, seine Feinde zur Schlacht zu zwingen, wenn er ihnen überlegen ist, aber selbst nicht dazu gezwungen zu werden, wenn seine Streitkräfte unterlegen sind.«[94] Antonius hatte diesen Vorteil schon lange verloren. Im August hatte er keine andere Wahl mehr, als ganze Städte dazu zu verpflichten, dass sie Nachschub über Land bis ins Lager brachten. Plutarchs Urgroßvater war einer von denen, die unter Zwang Dienst taten und sich mit Säcken voller Weizen auf den Schultern und Peitschen im Rücken über Bergpfade zum Golf schleppten.

Was die Blockade, die Epidemie, die kräftezehrende Untätigkeit, die Hitze nicht schafften, gelang den Deserteuren. Sowohl Sklaven als auch Klientelkönige machten sich aus dem Staub. Antonius statuierte ein Exempel an zwei Abtrünnigen, einem Senator und einem syrischen König, die er foltern und hinrichten ließ, um Nachahmer abzuschrecken. Er selbst war so verunsichert, dass er zu einem einsamen Spaziergang entlang der Befestigungsmauer Richtung Meer aufbrach, bei dem Octavians Männer ihn beinahe abgefangen hätten. Ahenobarbus' Überlaufen zum Feind hatte ihn tief getroffen; er reagierte darauf mit einer starken Paranoia. Einer Darstellung zufolge misstraute er sogar Kleopatra und glaubte, sie versuche ihn zu vergiften.[95] Um ihre Unschuld zu beweisen, soll sie einen tödlichen Trank bereitet haben, nur um dann den Kelch wegzuschlagen, als Antonius ihn zum Mund führte. Wenn sie ihn hätte töten wollen, hätte sie das doch getan, oder etwa nicht? Dann ließ sie einen Gefangenen kommen, dem sie den Gifttrank reichte. Er hatte die angekündigte Wirkung. (Die Geschichte ist verdächtig, da Kleopatra ohne Antonius kaum hätte weitermachen können. Selbst in seinem erregten Zustand hätte er das wohl nicht vergessen.) Kleopatra stritt sich auch mit Dellius, der den ganzen Sommer über Söldner rekrutiert hatte. Die beiden gerieten eines Abends beim Essen aneinander, als Dellius sich über den Wein beschwerte. Er sei sauer, spottete er, während sich in Rom Octavians Männer an den feinsten Jahrgängen labten. Dellius kam nach dem Wortwechsel zu dem Schluss, dass Kleopatra ihn ermorden wolle. Einer ihrer Ärzte, so behauptete er, habe das bestätigt. Es war ein legitimer Vorwand für seinen dritten und letzten Treuebruch. Er lief zu Octavian über und raubte Antonius die, wie Caesar gesagt hatte, mächtigste Waffe überhaupt: die Überraschung. Mit Dellius gelangten auch Antonius' Schlachtpläne zum Feind.[96]

Ende August berief Antonius einen Kriegsrat ein. Sechzehn Wochen Blockade hatten ihren Tribut gefordert. Die Situation sah düster aus. Die Vorräte gingen zur Neige, die Nachtluft war kühl. Bald stand der Winter vor der Tür. Antonius musste endlich das Problem lösen, das ihn den ganzen heißen Sommer hindurch geplagt hatte. Taktik fiel ihm leichter als Strategie; er konnte sich einfach nicht zu einem Entschluss durchringen. Spätestens jetzt zerstritt sich Kleopatra sogar mit Canidius. Er wollte nach Norden marschieren und den Konflikt an Land lösen. Schließlich waren sie Römer; eine Schlacht auf dem Wasser war in seinen Augen eine Dummheit. Antonius hatte nie zuvor eine Flotte kommandiert. Er konnte Octavian das Meer überlassen, ohne sich schämen zu müssen. Zudem standen in Makedonien und Thrakien Rekruten bereit. Natürlich war Canidius klar, dass für eine Landschlacht Kleopatras Flotte geopfert werden musste und die Königin damit ihre Daseinsberechtigung verlor. Kleopatra wusste, dass die Aufgabe der Flotte eine Gefahr für Ägypten darstellte. Ihre Truhen voller Silberdenare konnte man nicht über die Berge karren. Sie trat ganz entschieden für eine Seeschlacht ein. Ihre Gründe klangen sehr vernünftig: Antonius war an Land zahlenmäßig stark unterlegen. Er konnte ohne eine Flotte nicht nach Italien übersetzen. Und auch mit einem Heer über die Berge zu ziehen war nicht so einfach; fünf Jahre hatten die Erinnerung an Parthien noch nicht ausgelöscht. Zudem spielte eine weitere Überlegung mit hinein, eine Analogie, die niemand, der an den Beratungen in Actium teilnahm, übersehen konnte. Bei seiner Entscheidungsschlacht mit Caesar hatte auch Pompeius eine gewaltige, vielsprachige Streitmacht asiatischer Könige und Fürsten in Griechenland befehligt. Kleopatra hatte sechzig Schiffe zu jener Flotte beigesteuert. Ahenobarbus war dabei gewesen, ebenso wie sein Vater, der in der Schlacht fiel. Antonius hatte mit Auszeichnung ein Truppenkontingent auf der gegnerischen Seite befehligt. Im August 48 hatte Pompeius sich entschieden, seine Marine nicht einzusetzen, obwohl sie der Caesars weit überlegen war. Der Tag war kaum zu Ende, da wusste er, dass er einen großen Fehler begangen hatte.[97] Das Ergebnis war ein wahres Blutbad, ein sprachloser, traumatisierter Befehlshaber, seines Heeres, seines Verstandes, seines Stolzes beraubt, und – Tage später – vor der Küste Ägyptens enthauptet.

Antonius wählte die Flotte. Laut Plutarch war es eine emotionale Entscheidung. Wahrscheinlicher aber ist, dass der erfahrenste General seiner Zeit es weder Kleopatra recht machen noch ihrer Marine zu Ruhm verhelfen wollte, sondern dass er sich schließlich den Notwendigkeiten beugte. Octavian hatte nicht nur eine schlüssigere Argumentation, sondern auch eine einheitlichere Streitmacht, ein Heer Lateinisch sprechender, aufeinander eingespielter Römer. Auf dem Land war er im Vorteil, zur See waren die Chancen ausgeglichener. Antonius erklärte dies seinen Männern, von denen nur wenige schwimmen konnten. Es war ihm egal, wenn er einen Feldzug mit einer Niederlage begann. »Ich habe es vorgezogen, mit der Flotte den Anfang zu machen, worin unsere Hauptstärke liegt und wir den Feinden gegenüber eine gewaltige Überlegenheit besitzen. Nach ihrem Sieg werden wir dann auch das feindliche Fußvolk verspotten.«[98] (Zum selben Thema erwies sich Octavian als psychologisch gewiefter: »Denn im Allgemeinen wird infolge seiner natürlichen Anlagen der Mensch, wenn er in den ersten Schlachten Niederlagen erleidet, gegenüber dem Kommenden mutlos.«[99]) Trotz aller Erklärungen wandte sich ein schlachterprobter Veteran mit einem emotionalen Appell an Antonius. Er zeigte eine erstaunliche Sammlung an Narben vor. Wie konnte Antonius diese Wunden beleidigen, indem er seine Hoffnungen »auf elende Holzscheite« setzte? Der Soldat bat seinen Feldherrn eindringlich: »Ägypter und Phönizier mögen zur See kämpfen, uns aber gib das Land, auf dem zu stehen wir gewohnt sind, um unsere Feinde entweder zu besiegen oder zu sterben.«[100] Antonius – »von der Natur besser ausgestattet als jeder andere Mann seiner Zeit, ein Heer durch die Kraft seiner Worte zu führen«[101] – schaute ihn freundlich an, brachte aber keine Antwort heraus.

In den letzten Augusttagen schlug Kleopatra ein vertrauter Geruch entgegen. Die Nachmittagsbrise trug den beißenden Gestank von brennender Zeder und Harz durch das Lager. Sie hatte diesen Geruch siebzehn Jahre zuvor im Hafen von Alexandria kennengelernt. Nach, wie es schien, guter alter römischer Tradition ließ Antonius etwa achtzig ihrer Schiffe auf den Strand ziehen und in Brand stecken. Er verfügte nicht mehr über die Truppenstärke, um die ganze Flotte zu bemannen, und durfte nicht riskieren, dass sie Octavian in die Hände fiel. Das war kein Geheimnis – der Brand loderte und stank beißend. Ein Sturm löste bald die Rauchfahnen auf, die noch über den verkohlten Schiffen hingen; vier Tage lang peitschten Wind und strömender Regen die Küste. Als das Wetter wieder aufklarte, waren nur noch geschmolzene Beschläge und verbrannte Rammböcke zu sehen. Im Schutz der Nacht luden Kleopatras Offiziere am 1. September heimlich ihre Schatztruhen auf die wuchtige *Antonia.* Mehrere Transportschiffe hatten weiteres Geld sowie kostbares königliches Geschirr an Bord. Masten und unförmige Segel wurden auf Kleopatras und Antonius' Schiffe verladen. Bei Sonnenaufgang hatte Antonius 20000 Soldaten sowie Tausende Bogenschützen und Schleuderer auf den Schiffen untergebracht und eine gewaltige Zahl von Männern auf kleinstem Raum eingezwängt. Der Himmel war kristallklar, die See spiegelglatt, als sie zur Mündung des Golfs hinausruderten. Dort formierten sich die drei Geschwader des Antonius in einem engen Halbkreis. Kleopatra und die ihr verbliebenen sechzig Schiffe bildeten die Nachhut, um Deserteuren den Weg zu versperren und die eigenen Schiffe zu schützen. Sie sollte nicht am Kampf teilnehmen.

Außerhalb der Meerenge erblickten Antonius' Männer in etwa anderthalb Kilometern Entfernung Octavians Flotte in ähnlicher Formation. Der Golf hallte wider von den schrillen Stößen der Trompeten; Ausrufer und Offiziere trieben die Männer an. Antonius' 240 Schiffe lagen mit aus dem Wasser gehobenen Rudern und zum Feind hin ausgerichtetem Bug den ganzen Morgen Octavians 400 Schiffen gegenüber, dicht nebeneinander, kampfbereit, Rumpf an Rumpf, knarrend und reglos, während die Landheere vom Ufer aus zusahen. Gegen Mittag schließlich befahl Octavian seinem nördlichsten Flottengeschwader, rückwärts zu rudern in dem Versuch, Antonius herauszulocken. Seine Schiffe rückten auf das offene Meer vor. Sofort war die Luft am Ufer und auf dem

Wasser von Rufen erfüllt. Von den hohen Türmen auf Antonius' Schiffen hagelte es Steine, Pfeile und Metallsplitter herab. Auf Octavians Seite splitterten Ruder, brachen Steuerruder. Obwohl die See unter ihr tobte, wirkte das Ganze aus Kleopatras Perspektive wie eine seltsam schwebende Landschlacht, bei der Octavians Männer die Kavallerie darstellten und Antonius' Männer den Angriff von ihren schwebenden Festungen aus parierten, von denen die größte mehr als drei Meter über der Wasserlinie aufragte. Das erbitterte Rammen und Entern setzte sich ergebnislos bis spät in den Nachmittag hinein fort. Etwa um drei Uhr verschob sich Octavians linker Flügel, um den des Antonius' in die Zange zu nehmen. Antonius' Flanke wiederum drängte nach Norden. Die Mitte der Linie löste sich auf. Plötzlich setzte Kleopatras Geschwader Segel und brach – geschickt den Wind nutzend – kaltblütig quer durch die fliegenden Geschosse, die Speere und Äxte der feindlichen Linie und schuf auf beiden Seiten Verwirrung. Octavians Männer verfolgten verblüfft, wie Kleopatra auf ihrem majestätischen Flaggschiff mit geblähten Purpursegeln Richtung Süden davoneilte. Sie konnten sie nicht einholen. Ihre Betroffenheit wuchs laut Plutarch noch, als nur Augenblicke später Antonius von seinem Flaggschiff auf eine schnelle Galeere umstieg und sich ihr mit vierzig Schiffen seines persönlichen Geschwaders anschloss.

Octavians Männer waren wohl weniger bestürzt als vielmehr beeindruckt. Antonius und Kleopatra waren mit einem Drittel der verbliebenen Flotte und ihrer ganzen Kriegskasse entwischt. Ganz offensichtlich war die Flucht von langer Hand vorbereitet, sonst hätte Kleopatra auf ihren Schiffen weder Wertsachen noch Segel mitgeführt. Sie hatte ihre Flucht auch zeitlich sorgfältig geplant, um den günstig auffrischenden Wind zu nutzen. Und von Dellius hatte Octavian erfahren, dass sie die Blockade durchbrechen wolle. Antonius und Kleopatra hatten gar nicht beabsichtigt, eine längere Schlacht zu führen. Schon früher im selben Monat hatten sie versucht, sich ihren Weg durch die Blockade zu erzwingen. Wenn sie es schafften, Octavian aufs offene Meer hinauszulocken, konnten sie nach Ägypten entkommen. In der Rede vor der Schlacht, die Cassius Dio ihm in den Mund legt, warnt Octavian seine Männer vor genau diesem Ablauf der Ereignisse: »Da sie nun selbst ihre Unterlegenheit uns gegenüber eingestehen und die Siegespreise auf ihren Schiffen mitführen, so wollen wir sie nicht irgendwo anders hinfahren lassen, sondern sie hier an Ort und Stelle besiegen und ihnen all ihre Schätze abnehmen.«[102] Am 2. September nahmen tatsächlich einige wenige von Octavians schnellen Schiffen – leichte, gut manövrierbare Galeeren mit schnittigem Bug – die Verfolgung auf.

Auf hoher See gab Kleopatra Antonius' Signale. Mit zwei Gefährten kämpfte er sich über das Wasser und ging an Bord der *Antonia*. Das Wiedersehen verlief nicht gerade glücklich; Antonius schaute Kleopatra nicht an und sprach kein Wort, wohl eher aus Scham als aus Wut. Irgendetwas war völlig schiefgelaufen. Wahrscheinlich hätten Antonius' Männer nicht zurückbleiben sollen. Kleopatra war früher dafür eingetreten, dass der Großteil des Heeres mit ihr nach Ägypten zurückkehren sollte. Die Flotte hatte entweder nicht fliehen können oder sich aus freien Stücken entschieden, es nicht zu tun. Vielleicht hatten sie lieber gegen einen Römer kämpfen als einer Ausländerin folgen wollen; ganz sicher waren im Lager schon aufrührerische Parolen in Umlauf. Antonius und Kleopatra hatten das Manöver vielleicht nur für den Notfall geplant und allein oder gemeinsam gehandelt. Oder Kleopatra war zu früh durchgebrochen. Sie muss sich danach gesehnt haben, nach Alexandria zu segeln, das sie, würde sie vor der Küste Griechenlands besiegt, nie wiedersehen würde. Cassius Dio vermutet, dass Antonius floh, weil er (irrtümlich) Kleopatras Durchbruch für das Eingeständnis einer Niederlage hielt.[103] Vielleicht war aber auch alles genau nach Plan gelaufen, und die Auswirkungen zeigten sich erst im Nachhinein. Es bleibt uns nichts anderes übrig, als unverständliche Entscheidungen mit unklaren Berichten in Einklang zu bringen. Jedenfalls hatte Antonius die Niederlage wohl noch nicht eingestanden, denn das Gefecht zog sich ohne Ergebnis noch einige Zeit hin. Selbst Octavian wusste am Abend nicht, wer jetzt gewonnen hatte. Wenn man Plutarch Glauben schenken darf, hatte Antonius an dieser Sache zu knabbern. Er ignorierte Kleopatra, »ging allein nach vorn zum Bug und ließ sich schweigend dort nieder, den Kopf in beiden Händen haltend«[104]. Er regte sich erst wieder, als in der Abenddämmerung zwei Galeeren Octavians in der Ferne auftauchten. Antonius befahl, das Flaggschiff zu drehen, so dass er dem Feind ins Auge blicken konnte. Es entwickelte sich ein Geplänkel, aus dem die *Antonia* entkam, dem Kleopatra jedoch ein Führungsschiff und ein zweites Schiff voll mit kostbarem Geschirr und Möbeln opferte.

Nachdem er die Angreifer abgewehrt hatte, kehrte Antonius zum Bug zurück. Mit hängendem Kopf starrte er lustlos aufs Meer hinaus, der Held von Philippi, der neue Dionysos, reduziert auf einen vor sich hin brütenden Hünen. Die Fahrt nach Süden war bitter, belastet durch Ängste und private Verluste, aber ruhig. Antonius verbrachte drei Tage allein »entweder im Zorn auf Kleopatra oder in dem Wunsch, ihr keine Vorwürfe zu machen«. Der Plan mochte der Verzweiflung entsprungen sein, aber irgendwann einmal hatte Antonius ihn vernünftig gefunden. Jetzt konnte er sich des Eindrucks nicht erwehren, seine Männer im Stich gelassen zu haben. Sie waren standhaft geblieben, während Könige, Senatoren und Offiziere die Flucht ergriffen hatten. Er hatte sie im Stich gelassen und fand sich jetzt in einer unhaltbaren Situation bei Kleopatra wieder. Das Ergebnis der Schlacht bei Actium blieb mehrere Tage lang unklar, aber Antonius war sich der Implikationen seines Vorgehens und der Außenwirkung bewusst. Ein römischer Feldherr sollte der drohenden Niederlage trotzen und ungeachtet aller Ungemach die Stellung halten. Und auch die Geschichte lastete auf Marcus Antonius: In Rom bewohnte er ein Haus, das mit neunzig auf See erbeuteten Bronzeschiffsschnäbeln geschmückt war. (Sie gehörten Pompeius.) Er wusste, welcher Ruhm ihm da gerade für immer durch die Finger geronnen war.

Nach drei Tagen legte Kleopatra in Tainaron, dem südlichsten Punkt der peloponnesischen Halbinsel an, um Wasser und Vorräte an Bord zu nehmen. (Passenderweise hatte Herkules auf diesem Kap angeblich nach dem Eingang in die Unterwelt gesucht.) Dort erzwangen zwei ihrer Dienerinnen, die Friseurin Iras und die Kammerzofe Charmion, eine Versöhnung. Mit sanftem Druck überredeten die beiden Frauen Antonius und Kleopatra, miteinander zu reden und schließlich auch »miteinander zu essen und zu schlafen«. Mehrere Frachtschiffe stießen mit den neuesten Nachrichten aus Actium zu ihnen. Die Schlacht war noch erbitterter über mehrere Stunden geführt worden. Antonius' Flotte hatte die Stellung gehalten, war aber schließlich zerstört worden. Eine Zeit lang tanzten Leichen und Schiffsplanken auf der Dünung, gesprenkelt mit dem Purpur und den Goldpailletten des Ostens.[105] Antonius' Landstreitkräfte hatten sich behauptet. Am Ende des Treffens versuchte Antonius, Geschenke unter seinen Männern zu verteilen. Aus einem der Frachtschiffe ließ er Gold- und Silberschätze aus Kleopatras Palast holen. In Tränen aufgelöst, weigerten sich seine Männer, die Gaben anzunehmen. Ihr Feldherr bedachte sie mit Zuneigung. Er werde, so versprach er, dafür sorgen, dass sie in einem sicheren Versteck auf ein Friedensabkommen mit Octavian warten konnten. Zusammen mit Kleopatra setzte er seine Reise über das Mittelmeer an die flache Küste Ägyptens fort. Sie landeten an einem verlassenen Außenposten in der Nordwestecke des Landes, wo sie sich an einem Sandstrand trennten.

Antonius marschierte nach Libyen, wo vier Legionen stationiert waren. Er wollte das Heer neu sammeln. Kleopatra, deren Flotte in alle Winde zerstreut, deren Schatz zumindest teilweise verloren und deren Verbündeter am Ende seiner Kräfte war, eilte nach Alexandria. Sie hatte Actium vor allen anderen und an Bord eines gut ausgerüsteten Schiffs verlassen. Wenn sie sich beeilte, konnte sie vor den Nachrichten von diesem Fiasko zu Hause sein. Sie wusste, was es bedeutete, unter katastrophalen Bedingungen nach Ägypten zurückzukehren, und ergriff Vorsichtsmaßnahmen: Schnell befahl sie, Blumenschmuck anzubringen[106]. Am nächsten Tag glitt sie am Leuchtturm von Alexandria vorbei, ihre Schiffe mit

Blumengirlanden geschmückt und von Flötenmusik und Siegesliedern, die ein Chor an Deck sang, begleitet. All jenen, die hinausgerudert waren, um sie heimzugeleiten, übermittelte Kleopatra die Nachricht von ihrem außergewöhnlichen Triumph – vermutlich ohne mit der Wimper zu zucken. Fast gleichzeitig ergaben sich Antonius' neunzehn Legionen und 12 000 Reiter – die schließlich die Hoffnung aufgegeben hatten, dass ihr Feldherr zu ihnen zurückkommen werde – nach einer Woche zäher Verhandlungen Octavian, der die Bedeutung seines Sieges gerade erst zu begreifen begann.[107]

IX

DIE VERRUCHTESTE FRAU DER GESCHICHTE

»Ja, sterblich, glich ich einer Himmlischen«[1]

EURIPIDES

DAS UNGLÜCK, SO heißt es, hat wenige Freunde[2]; Kleopatra wartete gar nicht erst ab, ob das Sprichwort wirklich stimmte. Falls man ihre List noch nicht bemerkt hatte, offenbarte sie sich jetzt schnell – und blutig. Die alexandrinische Elite hatte schon vorher nicht viel von ihr gehalten. Sie fürchtete die Reaktion dieser Leute, sobald sie von dem Debakel bei Actium erfuhren; völlig zu Recht konnten sie ihr jetzt vorwerfen, sie habe Ägypten an Rom ausgeliefert. Sie legte keinen besonderen Wert darauf, sie über ihre Niederlage jubeln zu sehen.[3] Ebenso wenig wollte sie auf dem Thron ersetzt werden. Also kehrte sie erst zurück, nachdem sie ein Blutbad angerichtet hatte, bei dem ihre bekanntesten Kritiker festgenommen und ermordet wurden. Aus deren Landbesitz konfiszierte sie große Summen. Zusätzliches Geld eignete sie sich an, wo sie es finden konnte; sie raffte sogar Tempelschätze an sich. Was auch immer passierte, ein Vermögen war jetzt nötig. Es würde teuer werden, den Unvermeidlichen zu bestechen; in der einen oder anderen Form würde Octavian bei ihr anklopfen. Sie rüstete neue Truppen aus und hielt nach Verbündeten Ausschau, die sie ganz offen umwarb. Artavasdes, der aufsässige armenische König, war als Gefangener in Alexandria festgehalten worden – jetzt endete die dreijährige Haft. Kleopatra sandte seinen abgeschlagenen Kopf etwa zweitausend Kilometer nach Osten, zu seinem medischen Namensvetter. Sie ging davon aus, dass er keine weitere Aufforderung brauchen würde, um zu ihrer Hilfe herbeizueilen. Er zögerte.

Wie schon in der Vergangenheit wandte sie sich nach Osten, wo sie über Handelskontakte und langjährige Weggefährten verfügte, wo Octavian keinen Fuß in der Tür hatte und Königtum noch Königtum war. Als Antonius nach Alexandria zurückkehrte, fand er sie mit »einer überaus kühnen und wunderbaren Unternehmung« beschäftigt. Ein Isthmus trennte das Mittelmeer vom Golf von Suez an der Ostgrenze Ägyptens. Mithilfe einer großen Streitmacht versuchte Kleopatra, ihre Schiffe aus dem Mittelmeer zu bergen und sie fünfundsechzig Kilometer über Land zu ziehen, um sie dann vom Golf aus ins Rote Meer zu befördern. Mit ihren Männern und ihrem Geld wollte sie sich eine neue Heimat schaffen, weit jenseits der Grenzen Ägyptens, vielleicht sogar in Indien, »weit weg von Krieg und Sklaverei«[4]. Es lag offenbar in Kleopatras Natur, selbst in einer Sackgasse noch weite, offene Horizonte zu sehen; ihre grandiose Kühnheit war so verblüffend, dass man tatsächlich annehmen könnte, sie habe mit dem Gedanken an einen Angriff auf die römische Welt gespielt.

Kleopatras Unternehmen »Rotes Meer« erschien nicht unmöglich in einem Land, in dem man jahrhundertelang riesige Steinblöcke über weite Entfernungen gezogen hatte. Ein riesiges ptolemäisches Schiff mit Doppelrumpf – es soll fast hundertzwanzig Meter lang und achtzehn Meter hoch gewesen sein – war Jahrhunderte zuvor auf Holzrollen gezogen worden, die in gleichmäßigen Abständen in einer Art Trockendock ausgelegt waren.[5] Eingefettete Häute erfüllten gelegentlich den gleichen Dienst. Schiffe konnten zudem zerlegt werden. Schwieriger wurde das Unternehmen für eine Herrscherin, die sich den Volksstamm auf der anderen Seite des Isthmus zum Feind gemacht hatte. Das waren nun zufällig die Nabatäer, jene gerissenen, gut organisierten Kaufleute, die auch dank Kleopatras Sabotage ein Jahr lang gegen Herodes hatten kämpfen müssen. Herodes – der sie schließlich gerade erst besiegt hatte – brauchte sie gar nicht daran zu erinnern, dass Kleopatra ihr gemeinsamer Feind war. Die Nabatäer steckten jedes einzelne ägyptische Schiff in Brand, sobald es bis ans Ufer gezogen worden war.[6] Für Kleopatra war dieses Scheitern besonders bitter, denn gerade von jenem Winkel der Welt aus hatte sie im Jahr 48 erfolgreich zu einem Neuanfang angesetzt.

Herodes bot sich als natürlicher Verbündeter an; in der Wüste hätte Octavian ihren vereinigten Streitkräften nicht viel entgegenzusetzen gehabt. Allerdings befriedigte Kleopatras Unglück auch niemanden so sehr wie Herodes. Kleopatra hatte ihm eine »Du kommst aus dem Gefängnis frei«-Karte ausgeteilt, indem sie ihn aus Actium wegschickte; er hatte keine Zeit verloren und Frieden mit Octavian geschlossen. Wohl auf Rhodos trug der judäische König in jenem Herbst seine Reue mit großer Geste zur Schau. Wie ein einfacher Bürger gekleidet, nahm er sein Diadem ab, als er den Fuß ans Ufer setzte. Vor dem neuen Herrn der römischen Welt gab er sich offen und ehrlich. Es stimmte, er hatte Antonius die Treue gehalten. Das lag nun einmal leider in seiner Natur. Redlichkeit war sein zweiter Name. Seiner Ansicht nach, erklärte Herodes, sollte ein Freund »jedes Stück seiner Seele und seines Körpers und seines Wesens« riskieren.[7] Wenn er nicht hätte gehen müssen, um die Nabatäer anzugreifen, wäre er, so versicherte er Octavian, selbst in jenem Moment an Antonius' Seite gewesen. Er verließ seinen guten Freund, den er seit mehr als zwei Jahrzehnten kannte, jetzt nur wegen dieser Ägypterin – und wiederholte damit die offizielle Version von Octavians Krieg gegen Kleopatra. Herodes hatte Antonius geraten, sie zu beseitigen. Wir wissen nicht, wie er diese ganze Rede halten konnte, ohne eine Miene zu verziehen. Als er fertig war, erklärte Octavian, er sei Kleopatra dankbar. Sie habe ihm, so versicherte er seinem Besucher, einen guten Verbündeten beschert. (Herodes hatte doppelten Grund, Kleopatra dankbar zu sein. Er verdankte schon seine Krone vor allem der Furcht der Römer vor der ägyptischen Königin.) Gnädig setzte Octavian dem Herodes das Diadem wieder aufs Haupt und schickte ihn mit römischen Verstärkungstruppen zurück. Inzwischen umwarb Kleopatra weiterhin benachbarte Stämme und befreundete Könige. Sie konnte nur eine Truppe Gladiatoren mobilisieren, sehr gut ausgebildete Kämpfer, die für die geplanten Siegesfeiern Antonius' und Kleopatras trainiert hatten. Auf Kleopatras Ruf hin eilten sie von der heutigen Türkei aus nach Süden. Herodes sorgte dafür, dass sie nicht über Syrien hinauskamen.

Wenn aus dem Osten keine Hilfe zu erwarten war, konnte Kleopatra noch in die andere Richtung blicken. Rom hatte Spanien, eine unruhige Region, überaus fruchtbar und reich an Silberminen, nicht ganz erobert. Selbst wenn das Mittelmeer ihr versperrt bliebe und sie den Krieg gegen Octavian nicht fortführen könnte, wäre sie möglicherweise in der Lage, über den Indischen Ozean und um Afrika herum nach Westen zu segeln. Mit ihren gewaltigen Geldmitteln könnten sie und Antonius Spaniens Stämme aufwiegeln und ein neues Reich gründen. Die Idee war gar nicht so weit hergeholt; Kleopatra hatte das Beispiel eines anderen sprachbegabten, charismatischen Anführers vor Augen: Im Jahr 83 hatte ein abtrünniger römischer Prokonsul zum Entsetzen seiner Landsleute nach der Macht in Spanien gegriffen. Von seinen einheimischen Rekruten als »neuer Hannibal« bejubelt, hatte Sertorius einen Aufstand angezettelt.[8] Fast wäre es ihm gelungen, einen unabhängigen römischen Staat zu gründen.* Kleopatra dachte ernsthaft über diese Möglichkeit nach; Octavian fürchtete, dass sie Sertorius' Coup wiederholen könnte. Eine Militäroperation im eigenen Land war letzt-

* Kleopatra war auch nicht der erste clevere Herrscher aus dem Osten, der sich mit einem römischen General zusammentat. Sertorius hatte sich mit Mithridates verbündet, jenem pontischen König, der im Jahr 69 so wortgewaltig vor der aufstrebenden Macht Rom warnte. Mithridates hatte von ebenjenem vereinigten Reich geträumt, für das jetzt Kleopatra und Antonius standen. Er arbeitete jahrzehntelang auf die Realisierung seines Traums hin, um dann von Pompeius besiegt zu werden. Pompeius schlug schließlich nach einem brutalen vierjährigen Feldzug auch Sertorius.

lich unwahrscheinlich; nach dem Abfall des Herodes und der kyrenischen Soldaten des Antonius blieb ihr nur noch Ägypten selbst. Es stand fest hinter Kleopatra – in Oberägypten boten ihre Parteigänger an, für sie einen Aufstand zu wagen, aber sie winkte ab –, doch es würde sich wahrscheinlich nicht lange gegen Octavian behaupten können. Sie verfügte bestenfalls über vierhundert treue gallische Leibwachen, eine bescheidene Streitmacht und die Reste einer Flotte.

Nichts an der Schlacht von Actium war so fulminant gewesen wie die Flut an Schmähungen und Beschimpfungen, die ihr vorausgegangen war; und der größte Teil des Dramas mit vielen Opfern folgte erst nach der unspektakulären Seeschlacht, die an sich sehr enttäuschend war. Wieder einmal waren Kleopatras Pläne nicht aufgegangen. Wieder einmal musste sie alle Hebel in Bewegung setzen, damit nicht alles verloren war. Im Palast herrschte fiebrige Aktivität; Plutarch lässt sie nicht nach Spanien oder Indien blicken, sondern jeden Tag mit tödlichen Giften experimentieren. Aus dem einen oder anderen Grund stellte sie eine Sammlung dieser Gifte zusammen, testete sie an Gefangenen und Tieren, um herauszufinden, welches Gift die schnellste, am wenigsten schmerzhafte Wirkung zeigte. Sie reagierte weder gedemütigt noch panisch, sondern ebenso einfallsreich wie damals, als sie nach der ersten Wende in ihrem Leben in der Wüste gelandet war. Das Wort »beeindruckend« taucht früher oder später immer im Zusammenhang mit Kleopatra auf, und hier ist es nun: Es war beeindruckend, wie sie ihren Rückzug meisterte – geistvoll, diszipliniert, erfinderisch. Keine Spur von Verzweiflung. Noch zweitausend Jahre später kann man spüren, wie in diesem Kopf die Ideen sprudelten.

Von Antonius konnte man das nicht sagen. Er zog ruhelos durch Nordafrika, meist in Begleitung zweier Freunde, eines Rhetorikers und eines besonders klugen, unerschütterlichen Offiziers. Den Rest seines Gefolges hatte Antonius entlassen. Die relative Einsamkeit behagte ihm. Er verließ sich auf Verstärkungstruppen, musste in Kyrene aber feststellen, dass seine vier Legionen sich abgesetzt hatten. Am Boden zerstört, unternahm er einen Selbstmordversuch. Die beiden Freunde griffen ein und brachten ihn nach Alexandria. Er kam ohne die erwarteten Truppen im Palast an und, so räumt Cassius Dio ein, »ohne irgendetwas zustande gebracht zu haben«[9]. Es war wahrscheinlich Spätherbst, gegen Ende der Saatzeit. Kleopatra steckte mitten in ihrem unglückseligen Unternehmen »Rotes Meer«. Sie begnügte sich damit, die Zugänge nach Ägypten zu befestigen. Womöglich spielte sie auch mit dem Gedanken an eine Ermordung Octavians.[10] Antonius selbst zog sich aus der Stadt und der Gesellschaft zurück. Er befahl, einen langen Damm im alexandrinischen Hafen zu errichten, an dessen Ende er unterhalb des Leuchtturms eine bescheidene Hütte baute.[11] Er erklärte sich selbst zum Exilanten, zu einem neuen Timon von Athen, »denn er habe von seinen Freunden nichts als Undank und Treulosigkeit erfahren und hege deswegen gegen alle Menschen Misstrauen und Widerwillen«[12]. Cassius Dio verrät hier eine gewisse bittere Sympathie; auch er wundert sich über die vielen Menschen, die doch so großzügige Ehren und Vergünstigungen von Antonius und Kleopatra bekommen hatten und sie jetzt im Stich ließen.[13] Kleopatra schien sich über diese Ungerechtigkeit nicht zu entrüsten. Ihr Verständnis von Dankbarkeit war wahrscheinlich realistischer als das von Antonius. Sie akzeptierte die brutale Wahrheit leichter als er.

Antonius hielt es als Eremit nicht lange aus und tauchte bald wieder im Palast auf. Angeblich schickte Kleopatra ihn wieder hinaus in die grünen Haine und farbenfrohen königlichen Häuschen, von denen er nichts mehr hatte wissen wollen. Doch die Nachrichten waren weiterhin düster: Canidius erschien in Alexandria, um zu melden, dass Antonius' Landstreitkräfte sich letztendlich Octavian ergeben und sich dessen Armee angeschlossen hatten. Octavian verfügte jetzt über mehr Männer, als er brauchte. Er verbrannte die übrig gebliebenen Kriegsschiffe. Als Nächstes erfuhren Antonius und Kleopatra von Herodes' Fahnenflucht. Das war besonders schmerzlich, weil sie ihren überzeugendsten Boten dorthin geschickt hatten, um sich auch weiterhin seiner Treue zu versichern. (Es war jener Freund, den Kleopatra auch damit beauftragt hatte, Antonius alle Gedanken an Octavia auszutreiben.) Er scheiterte nicht nur bei Herodes, sondern nutzte die Gelegenheit dieser Reise gleich noch, um selbst das sinkende Schiff zu verlassen. Der römische Statthalter in Syrien lief ebenfalls zu Octavian über, später auch Nikolaos von Damaskus.

Die Schuldzuweisungen wurden so gering wie möglich gehalten. Kleopatra scheint eher in die Zukunft als in die Vergangenheit geschaut zu haben und schloss sich Plutarchs Rat an, was Zurechtweisungen betraf: In schwierigen Zeiten solle man lieber Mitgefühl zeigen, als Vorwürfe zu machen, denn »in einer solchen Zeit nützen die Offenheit eines Freundes oder mit düsterem und beißendem Tadel geladene Worte nichts«[14]. Antonius allerdings war jetzt ein ganz anderer – Actium hatte ihm seine sagenhafte Kühnheit und den »unwiderstehlichen Mut«[15] genommen. Kleopatra war jetzt mit zwei Dingen beschäftigt: die Sorge um ihren verzweifelten Geliebten und die Planung ihrer Flucht. Irgendwie gelang es ihr, Antonius zu trösten. Sie ging auf seine Enttäuschungen ein und schwächte seine Verdächtigungen ab.

Als Antonius die Hoffnung aufgab, wich auch die Angst von ihm; er kehrte in den Palast zurück und »veranlasste in der Stadt eine Menge Feiern, Trinkgelage und Spenden«[16] – einen besonderen Anlass brauchte er nicht dafür. Zusammen inszenierten Antonius und Kleopatra auch ein rauschendes Fest, bei dem ihre Söhne aus früheren Ehen, der fünfzehnjährige Antyllus und der sechzehnjährige Kaisarion, für erwachsen erklärt wurden. Nach griechischer Tradition war Kaisarion jetzt im wehrpflichtigen Alter.* Antyllus war bereit, die Toga mit Purpurrand, wie römische Kinder sie trugen, abzulegen. Antonius und Kleopatra vermischten beide Traditionen und entließen die beiden Jungen in die Volljährigkeit. Beide traten ins Militär ein, um die ägyptische Moral zu

* Normalerweise hätte er jetzt schon an den Vorbereitungen zur Absetzung seiner Mutter gearbeitet.

stärken. Tagelang wurde in der Stadt mit Gelagen und Festen gefeiert. Cassius Dio behauptet, dass Antonius und Kleopatra die Feiern inszenierten, um neuen Widerstandswillen zu wecken. Ihren Untertanen vermittelte Kleopatra die Botschaft, dass sie »den Kampf mit diesen jungen Männern als ihren Anführern fortsetzen müssten, falls den Eltern etwas zustoßen sollte«[17]. Komme, was da wolle – die ptolemäische Dynastie würde überleben, noch dazu mit einem männlichen Herrscher an der Spitze. Tatsächlich wurde Kaisarion in jenem Herbst in Inschriften als Pharao bejubelt.[18] Antonius und Kleopatra hätten Octavian ebenso gut aus Verzweiflung Sand ins Gesicht werfen können. Sie hatten Söhne, und damit war die Zukunft gesichert. Er hatte keine.

Den ganzen Herbst über reisten Gesandte rastlos mit Bestechungsgeldern und Vorschlägen von der einen, mit Drohungen und Versprechungen von der anderen Seite hin und her. Anfangs bat Kleopatra nur um die einzige Sache, die ihr wichtig war: Konnte sie ihr Reich an ihre Kinder weitergeben? Das eigene Leben zu verlieren war eine Sache, ihre Kinder – und mit ihnen ihr Land – zu opfern, konnte sie sich nicht vorstellen. Sie waren jetzt zwischen sieben und siebzehn Jahren alt; ihre Hoffnungen setzte sie auf Kaisarion, den sie schon zum Regenten in ihrer Abwesenheit ernannt hatte. Später schickte sie Octavian ein goldenes Zepter, Krone und Thron. Sie würde abdanken, wenn sie Milde erwarten könne, denn, so vermutet Cassius Dio, »sie hoffte, dass er, selbst wenn er Antonius hasste, doch wenigstens mit ihr Mitleid haben würde«[19]. Antonius bat darum, als Privatmann in Ägypten oder – falls das zu viel verlangt war – in Athen leben zu dürfen. Für die Vorschläge Antonius' hatte Octavian keine Antwort, doch auf Kleopatras Bitten reagierte er. Öffentlich drohte er ihr, privat antwortete er, dass er durchaus mit ihren Vorschlägen einverstanden sei – unter einer Bedingung: Sie solle Antonius' Hinrichtung veranlassen oder doch wenigstens sein Exil organisieren. (Die Geschenke behielt Octavian.) Antonius versuchte es noch einmal, verteidigte seine Beziehung mit Kleopatra, erinnerte Octavian an ihre Verwandtschaft, ihre »Liebesabenteuer«, ihre gemeinsamen Jugendstreiche. Um seine Aufrichtigkeit zu beweisen, lieferte er einen letzten Caesarmörder aus, der damals bei ihm lebte. Und er schlug noch etwas vor: Er werde sich töten, »wenn Kleopatra so gerettet werden könne«[20]. Wieder stieß er nur auf eisiges Schweigen. Der Caesarmörder wurde hingerichtet.

Die traurige Wahrheit war, dass Antonius nichts anzubieten hatte. Kleopatra hingegen verfügte über das größte Vermögen, das noch nicht in römischer Hand war. Octavian konnte ohne ihr berühmtes Gold, ihre Perlen und ihr Elfenbein nicht gewinnen. All dies hatte seine Männer lange bei der Stange gehalten; mehr als alles andere war Kleopatras Schatz ein Anreiz für seine Soldaten gewesen.[21]

Antonius und Kleopatra waren so isoliert, so viele Männer hatten sie verlassen, dass ihnen jetzt die Gesandten fehlten, denen sie diese Botschaften anvertrauen konnten. Es blieb ihnen nichts anderes übrig, als einen Lehrer ihrer Kinder zu diesem Dienst zu verpflichten. Mit seinem dritten Angebot schickte Antonius den fünfzehnjährigen Antyllus und eine gewaltige Menge Gold. Octavian behielt das Gold und entließ den Jungen. Man weiß nicht, wie ernsthaft die Vorschläge waren; Cassius Dio geht davon aus, dass Antonius und Kleopatra nur auf Zeit spielten, während sie auf Rache sannen. Die Angebote waren jedenfalls nicht weniger echt als die Antworten. Octavian konnte nicht im Ernst erwarten, dass Kleopatra Antonius ermorden würde. Ihr Bruder hatte siebzehn Jahre zuvor nichts davon gehabt, dass er den geschlagenen Pompeius aus dem Weg räumte. Zudem hatte sie keine Garantie, dass Octavian seinen Teil der Abmachung hielt. Würde er wirklich eine Frau begnadigen, der er so theatralisch den Krieg erklärt hatte? Kleopatra wäre wohl bereit gewesen, sich von Antonius zu trennen, aber sie hatte kaum einen Grund, ihn zu töten. Sie merkte, wenn man sie in einen Hinterhalt locken wollte. Octavian musste schon selbst sehen, wie er seinen früheren Schwager loswurde.

Zusammen mit Kleopatras letztem Boten schickte Octavian seinerseits einen besonders klugen Gesandten nach Alexandria. (Es ist bemerkenswert, wird aber gewöhnlich übersehen, dass Octavian Kleopatra durch dieses Arrangement auszutricksen versuchte.) Thyrsos sah gut aus, konnte überzeugen und war überaus geeignet, mit einer Frau zu verhandeln, »die arrogant und erstaunlich stolz in Sachen Schönheit war«, wie Plutarch es ausdrückt[22], oder die »glaubte, es sei ihr Vorrecht, von allen Männern geliebt zu werden«, wie Cassius Dio meint.[23] Nach Cassius Dios Einschätzung war Kleopatra eitel bis zur Selbsttäuschung, so vernarrt in ihre eigenen Reize, dass sie sich gern von einem Gesandten überzeugen ließ: Octavian, ein junger General, der sie noch nie zu Gesicht bekommen habe, sei hingerissen von ihr – einfach, weil sie wünschte, dass es so war, und weil sie in der Vergangenheit diese Wirkung auf römische Befehlshaber gehabt hatte. Kleopatra verbrachte viel Zeit in vertraulichen Gesprächen mit dem überaus intelligenten Thyrsos, den sie mit besonderen Ehrungen überhäufte. Sie hatte allen Grund, sich um seine Gunst zu bemühen. Wir wissen nicht, wie er reagierte, wohl aber, was Antonius davon hielt: Er ging vor Eifersucht in die Luft. Er ließ Thyrsos festnehmen, auspeitschen und mit einem Brief zu Octavian zurückschicken. Der Mann habe ihn provoziert, und das zu einer Zeit, als seine Nerven blank lagen. Er habe genug zu bedenken. Falls Octavian Einwände gegen sein Vorgehen habe, könne er diese leicht zerstreuen. Der Gesandte Antonius' hielt sich bei Octavian in Asien auf. (Er hatte die Seiten gewechselt.) Octavian müsse ihn nur »aufhängen und auspeitschen«, schlug Antonius vor, »und schon sind wir quitt«[24].

Auch Kleopatra hatte vieles zu bedenken, vor allem aber hielt sie Antonius bei Laune. Sie beruhigte ihn mit allen möglichen Aufmerksamkeiten. Gegen Jahresende feierte sie ihren achtunddreißigsten Geburtstag bescheiden, in einem Stil, der »ihren Umständen angemessen« war. Bei Antonius' Geburtstag im Januar sparte sie an nichts. Er hoffte noch immer auf eine Zukunft, die er nach einem Rückzug aus dem öffentlichen Leben entweder in Athen oder Alexandria sah – ziemlich unrealistische Aussichten unter den gegebenen Umständen. Kleopatra sorgte dafür, dass er sein dreiundfünfzigstes Lebensjahr prunkvoll einläutete, mit Freunden, die wenig Grund hatten, ihre Loyalität zu hinterfragen, da »viele von jenen, die zum Essen eingeladen waren, als Arme kamen und als Reiche wieder gingen«[25].

Ansonsten aber sah es in den alexandrinischen Angelegenheiten immer düsterer aus. Octavian drohte Kleopatra weiterhin öffentlich, während er privat erklärte, sie werde begnadigt, wenn sie Antonius töte. Ungeachtet aller noch so beredten Gesandten hatte sie nicht die Absicht, dieses Angebot anzunehmen. Sie setzte ihre Giftexperimente fort, wenn auch wohl nicht mit einer Kobra, wie Plutarch behauptet. Sie war auf der Suche nach einem Gift, das die Sinne sanft, schmerzlos überwältigte. Das Opfer sollte in einen tiefen, scheinbar natürlichen Schlaf fallen. Vieles davon war Allgemeinwissen jedes hellenistischen Monarchen. Sie war sicher vertraut mit Giften und Gegenmitteln und wusste durchaus, dass ein Kobrabiss diese Voraussetzungen nicht erfüllte. In all diesen Angelegenheiten kannte sich wohl auch Kleopatras Leibarzt Olympos, der in diesen Wochen an ihrer Seite war, sehr gut aus; wenn man ein besonders wirksames Gift wollte, besorgte man es sich in Ägypten, bei einem Arzt in Alexandria. Die Gastmähler und Trinkgelage gingen weiter, so verschwenderisch wie früher, doch unter anderem Namen. Kleopatra und Antonius lösten die Gesellschaft der »unnachahmlich Lebenden« auf und gründeten eine andere, die jener Gruppe an »Üppigkeit, Schwelgerei und Verschwendung« in nichts nachstand.[26] Aus schwarzem Humor oder düsterer Verzweiflung heraus nannten sie diese neue Gemeinschaft die »zusammen Sterbenden«. Diejenigen, die sich auf den luxuriösen Palastliegen zum Essen niederließen, schworen, mit ihren Gastgebern unterzugehen.

Und Kleopatra beaufsichtigte den Bau eines zweistöckigen Gebäudes gleich neben einem Isistempel, mit einem überwältigenden Blick auf das Mittelmeer. Hier entstand, wahrscheinlich auf einem sandigen Streifen Palastgrund, ihr »außerordentlich hohes und schönes«[27] Mausoleum.

Der Winter bot eine Art Gnadenfrist, als klar wurde, dass Octavian keinen Feldzug unternehmen würde, bevor das Wetter sich nicht besserte. Dringende Angelegenheiten kamen dazwischen. Von Samos kehrte er nach Rom zurück, wo alle möglichen Demonstrationen und Unruhen ihn in Atem hielten. Ein Heer aufzulösen war immer kompliziert, und Octavian – der knapp bei Kasse war – hatte es mit Tausenden aufsässigen Veteranen zu tun. Erst zu Beginn des Frühjahrs unternahm er eine Blitzreise nach Osten. Die Schifffahrtssaison hatte noch nicht begonnen; er reiste so schnell, »dass Antonius und Kleopatra gleichzeitig von seiner Abreise und seiner Rückkehr erfuhren«[28]. Sein neuer Busenfreund begrüßte ihn in Syrien; Octavian und seine Männer waren noch gar nicht richtig an der phönikischen Küste gelandet, da erwartete sie schon Herodes mit Geschenken und Vorräten. Er brachte die erschöpften Reisenden in prächtig ausgestatteten Wohnungen unter. Und er kümmerte sich darum, dass es ihnen für den vor ihnen liegenden Marsch an nichts fehlte. Er verabschiedete Octavian genauso, wie er Kleopatra sechs Jahre zuvor verabschiedet hatte, investierte diesmal aber auch großes Entgegenkommen und nicht geringe Geldmittel. Zu Octavians Sache steuerte Herodes Gelder bei, die Kleopatras Einkünften aus Jericho für vier Jahre entsprachen. (Herodes wollte den Römern deutlich machen, dass sein »Reich bei Weitem zu begrenzt war im Vergleich zu den Diensten, die er ihnen geleistet hatte«[29].) Ohne jeden touristischen Abstecher reiste Octavian nach Pelusium, wo Herodes ihn im Frühsommer verließ. Die Römer planten, Ägypten gleichzeitig von zwei Seiten, von Syrien und Libyen her, anzugreifen und dafür Antonius' frühere Legionen im Westen zu mobilisieren.

In Alexandria setzte Kleopatra das »befremdliche, wilde Leben«[30] mit Antonius fort, ohne das sie das Ptolemäerreich nicht hätte wiederherstellen können und dessentwegen sie sich jetzt in einer so verzweifelten Lage befand. Es könnte durchaus eine weitere geheime Verhandlungsrunde in jenem Winter gegeben haben; obwohl ihre Darstellungen sich sonst stark unterscheiden, behaupten sowohl Plutarch als auch Cassius Dio, dass Octavian problemlos, ohne jeden Widerstand an der Ostgrenze, nach Ägypten übersetzte, weil Kleopatra heimlich dafür gesorgt hatte. Die Berichte können aus derselben feindlichen Quelle stammen; Kleopatras Verrat war ein dankbares Thema, über das sich die Römer ein paar hundert Jahre lang immer wieder verbreiteten. Vielleicht spielte sie ein doppeltes Spiel, beugte sich dem Unvermeidlichen, feilschte um Milde. Sie war schon zuvor gnadenlos pragmatisch gewesen. An diesem Punkt gingen ihre und Antonius' Interessen weit auseinander. Er konnte auf wenig mehr als ein glanzvolles letztes Gefecht hoffen. Sie kämpfte um die Bewahrung einer Dynastie, wenn schon nicht eines Landes. (Einer Darstellung zufolge bestach sie den General in Pelusium, damit er sich ergab, und gestattete gleichzeitig Antonius, die Familie dieses Generals wegen dessen Feigheit zu ermorden.[31] Und natürlich hielten die Vorwürfe, sie habe geheime Absprachen getroffen, Octavian später nicht davon ab zu behaupten, er habe Pelusium im Sturm genommen.[32])

Kleopatra wusste, dass sie militärisch keine Chance gegen Octavian hatte; stillschweigende Duldung, wenn nicht Verrat, war sicher mit im Spiel. So wie sie ihre Anhänger in Oberägypten davon abgehalten hatte, zu ihrer Verteidigung zu den Waffen zu greifen (sie behauptete, sie wolle sie nicht sinnlos hingemetzelt sehen; vielleicht setzte sie noch immer auf eine Verhandlungslösung), so brachte sie auch die Alexandriner von ihrem Widerstand ab. Cassius Dio unterstellt ihr noch ein zweites, viel weniger plausibles Motiv. Er behauptet, sie habe Thyrsos geglaubt, als er sagte, dass Octavian ganz hingerissen von ihr sei. Warum sollte Octavian anders sein als Caesar und Antonius? Cassius Dio ist besessen von Kleopatras Eitelkeit und vergisst darüber, dass sie auch eine erfahrene Politikerin war. Sie lieferte Pelusium aus, so behauptet er, weil »sie nicht nur Vergebung und die Herrschaft über die Ägypter zu erlangen hoffte, sondern auch noch das Reich der Römer«[33]. Man konnte sich bei Kleopatra im Allgemeinen darauf verlassen, dass sie die intelligente Lösung wählte. Cassius Dio lässt sie etwas Unsinniges erhoffen. Sie kämpfte um ihr Leben, ihren Thron und ihre Kinder. Sie hatte zwei Jahrzehnte geherrscht und alle Illusionen verloren. Sie wusste, dass Octavian bis über beide Ohren verliebt war – in ihren Reichtum, nicht in sie. Im Mausoleum hortete sie Perlen, Edelsteine, Kunstwerke, Truhen voller Gold, königliche Gewänder, Zimt- und Weihrauchvorräte – Gebrauchsgegenstände für sie, Luxusgüter für den Rest der Welt. Mit diesen Kostbarkeiten gelangte auch eine gewaltige Menge Feuerholz in das Gebäude. Wenn sie gehen müsste, würden sich die Schätze Ägyptens mit ihr in Rauch auflösen. Dieser Gedanke bereitete Octavian Folterqualen.

Als Octavian auf Alexandria vorrückte, sammelte Antonius eine bescheidene Truppe um sich und ritt los, um sich vor der Stadt, mehrere Kilometer östlich des Kanopischen Tors, der Vorhut des Feindes entgegenzustellen. Octavians Heer war vom Marsch völlig erschöpft; Antonius' Reiterei trug den Sieg davon, schlug Octavians Kavallerie in die Flucht und verfolgte sie bis ins Lager zurück. In halsbrecherischem Galopp eilte Antonius nach Alexandria, um die wunderbare Nachricht zu verkünden: »Stolz auf diesen Sieg, begab er sich in den Palast, küsste Kleopatra in voller Rüstung und empfahl ihr einen Soldaten, der im Kampfe den größten Mut bewiesen hatte.«[34] Kleopatra belohnte den jungen Mann für seinen Mut mit einem goldenen Brustpanzer und Helm. Der nahm beides mit Respekt und Dankbarkeit entgegen. In der Nacht lief er dann zu Octavian über. Unerschrocken versuchte Antonius noch ein weiteres Mal, Octavians Männer zu bestechen, von denen einige ja schließlich auch einmal seine gewesen waren. Er schickte außerdem eine Aufforderung zu einem Duell an seinen früheren Schwager. Diesmal bekam er eine Antwort. Octavian erklärte frostig, dass dem Antonius viele Wege zum Tod offenstünden.

Daraufhin entschloss er sich zu einem weiteren Angriff, gleichzeitig zu Land und zu Wasser. Diesem ging ein morbides Gastmahl am Abend des 31. Juli voraus. Octavian hatte sein Lager vor dem Osttor Alexandrias in der Nähe des Hippodroms aufgeschlagen. Seine Flotte lag jenseits des Hafens vor Anker. Eine schaurige Ruhe lag über der sonst so hektischen Stadt. Im Kreis seiner Freunde drängte Antonius im Palast seine Diener, ihm reichlich einzuschenken. Am nächsten Tag würden sie keine Gelegenheit mehr dazu haben. Es sei durchaus möglich, dass sie dann einen neuen Herrn hätten, und er bestenfalls »eine Mumie und ein Nichts« sei.[35] Wieder weinten seine Freunde bei seinen Worten. Antonius tröstete sie. Er werde sie nicht in eine sinnlose Schlacht hineinziehen. Er hoffe nur noch auf einen ehrenhaften Tod. Am ersten August marschierte er dann bei Morgengrauen mit dem Rest seiner Fußtruppen aus dem Stadttor und postierte sie auf einem Aussichtspunkt, von wo aus sie die Seeschlacht würden verfolgen können. Die Geräusche der Stadt unter ihnen waren gedämpft. Antonius stand reglos in der klaren Morgenluft, angespannt in Erwartung des Sieges. Seine Flotte ruderte direkt auf die Octavians zu – und grüßte den Feind mit den Rudern. Octavians Schiffe erwiderten die Geste. Vom Ufer aus verfolgte Antonius, wie die jetzt vereinten Flotten friedlich in den Hafen zurückkehrten. Sie hatten noch nicht angelegt, da desertierte auch seine Reiterei. Die Infanterie nahm den Kampf nur halbherzig auf. Wutentbrannt floh Antonius in Richtung Palast. Er tobte, »dass Kleopatra ihn an jene Feinde ausgeliefert habe, die er sich um ihretwillen gemacht hatte«[36]. Der Vorwurf zeigt seine Verwirrung. Cassius Dio nimmt ihn für bare Münze und greift noch einmal Kleopatra an. Ganz offenbar hatte sie Antonius hintergangen und die Schiffe zur Fahnenflucht angestiftet. Sie steckte mit Octavian unter einer Decke. Das ist nicht unmöglich; sie könnte durchaus allerletzte Rettungsversuche unternommen haben – sie hatte immerhin noch eine Verhandlungsbasis, im Gegensatz zu Antonius. In diesem Punkt ist die löchrige Quellenlage weniger problematisch als die Persönlichkeit unserer beiden Chronisten, die beim Thema Kleopatra sehr deutlich zutage tritt. Cassius Dio findet Verrat spannend, bei Plutarch spielen Gefühle eine große Rolle. Jedenfalls fiel die jetzt völlig panische Stadt Octavian zu.[37]

Ob Kleopatra ihn nun verraten hatte oder nicht – sie wartete jedenfalls nicht auf Antonius' Rückkehr. Seine Tiraden hatte sie schon zur Genüge gehört. Das wollte sie sich nicht noch einmal antun. Sie wusste jetzt, dass ihr Geliebter endgültig, unwiderruflich verloren war. Auf der Flucht vor Antonius eilte sie mit ihren Dienerinnen und ihrem Gefolge zum Mausoleum. Sie ließ die massive Tür, offenbar eine Art Falltür, hinter sich herab. Sobald sie einmal an Ort und Stelle waren, bewegten sich die Bretter nicht mehr. Kleopatra sicherte den Eingang zudem mit Riegeln und Balken. In Cassius Dios Augen war die Flucht ins Mausoleum reine Augenwischerei; Octavian hatte seinen Strom beruhigender Botschaften aufrechterhalten. Allem Anschein nach hatte Kleopatra sich seiner Forderung gebeugt und ihren Geliebten im Austausch gegen Ägypten geopfert. Sie unternahm diesen dramatischen Schritt nur, um Antonius in den Selbstmord zu treiben. Antonius vermutete eine List, »und doch konnte er es in seiner Verliebtheit nicht glauben, sondern bemitleidete sie tatsächlich noch mehr, möchte man sagen, als sich selbst«[38]. An Gründen für solches Mitleid mangelte es nicht. Cassius Dio gestattet Kleopatra zumindest Gefühle Antonius gegenüber – sie mag zwar doppelzüngig sein, aber sie ist nicht kaltherzig –, obwohl er ihr auch hier wieder üble Motive unterstellt. Wenn Antonius glaubte, dass sie tot sei, würde er sicher nicht viel Wert darauf legen weiterzuleben. Nachdem sie sich im Mausoleum verbarrikadiert hatte, schickte Kleopatra einen Boten mit ihrer Todesnachricht an Antonius.

Täuschte sie ihn absichtlich? Man wirft ihr vor, so viele Menschen betrogen zu haben, dass man diese wohl menschlichste und am wenigsten überraschende Annahme schwer einschätzen kann. Die beiden waren schließlich Gefährten im Tode; Antonius hatte schon angeboten, sich zu töten, um sie zu retten. Octavian hatte keine Verwendung mehr für Antonius, der jetzt auch für Kleopatra ein Klotz am Bein war. Jemand musste ihn aus diesem Elend erlösen, eine Aufgabe, die besiegte römische Generäle traditionell selbst übernahmen. Die Botschaft wurde vielleicht in der Überlieferung verzerrt, lange bevor Historiker sie unter die Lupe nahmen. Jedenfalls verlor Antonius keine Zeit; ohne Kleopatra hatte er keinen Grund mehr zu leben. Und er war auch nicht unbedingt darauf aus, von einer Frau in den Schatten gestellt zu werden. Er erhielt die Nachricht in Anwesenheit seines Stabes. Plutarch lässt ihn sofort seinen Brustpanzer lösen und ausrufen: »O Kleopatra, mich schmerzt es nicht, dich verloren zu haben, denn ich werde bald wieder zu dir kommen; aber es tut mir weh, dass es so aussieht, als wäre ich, ein so großer Feldherr, einer Frau an Mut unterlegen.«[39] Es war schon vorher abgesprochen worden, dass sein Diener Eros ihn im Falle eines Falles töten solle. Jetzt bat Antonius ihn darum. Eros zog sein Schwert, drehte sich von seinem Herrn weg und – erstach sich selbst. Er brach zu Antonius' Füßen zusammen. Antonius konnte seinen Mut nur loben. Er zog sein eigenes Schwert – die Klinge mit ihrer überlangen Stahlspitze war wohl knapp achtzig Zentimeter lang – und stieß es sich direkt in die Rippen, verfehlte das Herz und durchbohrte den Unterleib. Blutüberströmt sank er auf die Liege. Aber er hatte sein Ziel verfehlt und erlangte kurz das Bewusstsein zurück. Es war irgendwie typisch für Antonius, dass er auch dies nur halb schaffte. Er bat die Umstehenden, ihm den Gnadenstoß zu versetzen, fand sich jedoch wieder einmal – und zum letzten Mal – im Stich gelassen. Sein Gefolge verließ fluchtartig den Raum.

Es folgte ein Aufschrei, der Kleopatra ins Obergeschoss des Mausoleums eilen ließ. Sie blickte entweder durch die Fenster oder das noch nicht fertiggestellte Dach des ersten Stocks. Ihr Anblick verursachte Unruhe – sie war also doch nicht tot! –, obwohl niemand darüber hätte erstaunter sein dürfen als Antonius, wenn Cassius Dio recht hat. Wieder weichen die Schilderungen Plutarchs und Cassius Dios voneinander ab. Es ist unklar, ob Antonius zuerst erfährt, dass Kleopatra lebt, oder ob Kleopatra zuerst erfährt, dass Antonius halb tot ist. Antonius befiehlt dann entweder seinen Dienern, ihn zu ihr zu bringen (Cassius Dio), oder Kleopatra schickt ihre Diener, um ihn zu holen (Plutarch). Antonius hat schon viel Blut verloren. Kleopatras Sekretär findet ihn, sich windend und schreiend, auf dem Fußboden.

Antonius' Diener trugen ihn, verblutend und Todesqualen leidend, ins Mausoleum. Von den Fenstern im Obergeschoss ließ Kleopatra jene Seile und Stricke herab, die man benutzt hatte, um die Steinblöcke hinaufzuziehen. An ihnen befestigten die Diener den schlaffen Körper. Kleopatra zog ihren Geliebten mit der Hilfe von Iras und Charmion selbst hinauf. Plutarchs Darstellung dieses qualvollen Vorgangs ist unübertroffen; selbst Shakespeare konnte ihn nicht besser schildern. »Nie«, schreibt Plutarch, der einen Augenzeugenbericht vorliegen hat, »gab es einen rührenderen Anblick. Mit Blut bespritzt und mit dem Tode ringend, wurde er hinaufgezogen, streckte die Hände nach ihr aus, selbst als er in der Luft hing. Denn für Frauen war dies keine so leichte Arbeit, und Kleopatra konnte mit beiden Händen unter großer Anstrengung, von der sich ihre Gesichtszüge verzerrten, kaum das Seil hinaufziehen, während die unten Stehenden sie durch Zurufe ermunterten und die Angst mit ihr teilten.«[40] Sie hatte Antonius kaum hinaufgezogen und ihn auf eine Liege gebettet, da fing sie auch schon an, sich die Kleider zu zerreißen. Es ist einer von nur zwei überlieferten Momenten, in denen sie ihre enorme Selbstbeherrschung verlor. Sie gab sich voll und ganz ihren Gefühlen hin; »sie vergaß fast ihr eigenes Unglück aus Mitleid mit dem seinen«[41]. Die beiden waren fast ein Jahrzehnt zusammen gewesen; Kleopatra wischte das Blut von seinem Leib und schmierte es sich ins Gesicht. Sie schlug und zerkratzte ihre Brüste. Sie nannte Antonius Herr, Imperator, Gemahl; sie wusste immer, wie man mit einem Mann sprach. Er beruhigte ihr Geschrei und bat um einen Schluck Wein, »entweder, weil er durstig war, oder in der Hoffnung auf ein schnelleres Ende«[42]. Nachdem er ihn bekommen hatte, redete er Kleopatra zu, ihre eigene Sicherheit im Auge zu behalten und mit Octavian so weit zusammenzuarbeiten, wie ihre Ehre es erlaubte – ein Ratschlag, der einen gewissen Zweifel an ihren Absichten Antonius gegenüber vermuten lässt. Er empfahl, dass sie sich unter Octavians Männern vor allem Gaius Proculeius anvertrauen solle, der auch sein Freund gewesen sei.[43] Sie solle ihn nicht bemitleiden, sondern sich freuen über das Glück und die Ehrungen, die er hatte genießen dürfen. Er war der berühmteste und mächtigste Mann gewesen, und jetzt starb er einen edlen Tod, ausgelöscht letztendlich durch einen Römer. Antonius starb in Kleopatras Armen.

Während man Antonius ins Mausoleum gebracht hatte, war eine seiner Leibwachen – Antonius' Schwert unter seinem Umhang verborgen – in Octavians Lager außerhalb der Stadt geeilt. Dort präsentierte er die schwere, noch blutbeschmierte Klinge und lieferte eine erste Schilderung des missglückten Selbstmords. Octavian zog sich sofort in sein Zelt zurück und weinte dort jene Art Krokodilstränen, die schon Caesar um Pompeius vergossen hatte, um »einen Mann, der sein Schwager, sein Amtskollege und sein Gefährte in vielen Unternehmungen und Kämpfen gewesen war«[44]. Die Erleichterung muss groß gewesen sein; Antonius war eine echte Belastung gewesen. Während er jetzt sterbend in Kleopatras Armen lag, las Octavian seinen versammelten Freunden aus Briefen vor, die er und sein früherer Schwager im Laufe der Jahre ausgetauscht hatten. War es nicht bemerkenswert, »wie vernünftig und gemäßigt er geschrieben hatte und wie grob und übermütig Antonius in seinen Antworten immer gewesen sei?[45]« (Er sorgte später dafür, dass Antonius' Korrespondenz im Feuer landete.[46]) Nach der dramatischen Lesung brach Proculeius auf. Nur Minuten nach Antonius' Tod stand er auf Kleopatras Türschwelle.

Noch kurz vor seinem Tod hatte sich Antonius als allzu vertrauensselig erwiesen. Proculeius hatte zwei Aufträge. Er sollte alles in seiner Macht Stehende tun, um Kleopatra aus dem Mausoleum herauszuholen. Und er sollte sich darum kümmern, dass die Kostbarkeiten, die Octavian so dringend benötigte, um seine Angelegenheiten zu ordnen, nicht in Flammen aufgingen. Herodes hatte ihn auf den Geschmack des Ostens gebracht; Octavian konnte es sich nicht leisten, die sagenhaften Schätze Ägyptens, seit Homers Zeiten Gegenstand von Träumen und Übertreibungen, auf einem Scheiterhaufen zu opfern. Seine Schulden waren alles, was ihm in

Rom noch im Weg stand. Und er brauchte eine lebende ägyptische Königin als, wie er meinte, »vornehmste Zierde seines Triumphes«[47]. Cassius Dio widmet Kleopatras Listen und Schlichen in den nächsten Tagen viel Aufmerksamkeit, in dem Wissen, dass er über zwei schwer fassbare Persönlichkeiten schreibt, die beide sehr gern ein falsches Spiel spielten. Octavian wollte Kleopatra lebend haben, räumt Cassius Dio ein, »doch wollte er nicht selbst als Betrüger dastehen«[48]. Der freundliche Proculeius sollte ihre Hoffnungen wahren und ihre Hände vom Feuer fernhalten.

Antonius' Rat zum Trotz verweigerte Kleopatra Proculeius ein Gespräch im Mausoleum. Wenn er mit ihr sprechen wolle, müsse er das schon durch die verriegelte Tür hindurch tun. Octavian hatte ihr gewisse Versprechungen gemacht. Sie wollte Garantien. Andernfalls drohte sie mit der Verbrennung ihres Schatzes. Wiederholt bat sie darum, dass ihre Kinder – von denen drei mit ihren Bediensteten unter ehrenvoller Bewachung standen – ihr Reich erben dürften. Wiederholt überging Proculeius die Bitte. Er versicherte ihr, dass sie sich keine Sorgen machen müsse. Sie könne Octavian voll und ganz vertrauen. Da sie davon aber nicht überzeugt war, hatte sie gewisse Vorsichtsmaßnahmen ergriffen. Sie trug einen kleinen Dolch an der Hüfte, in ihren Gürtel geschoben; es dürfte wohl nicht das erste Mal gewesen sein, dass er dort steckte. Und sie hatte Kaisarion schon lange den Nil hinaufbringen lassen. Sie wusste, dass sie kein Entgegenkommen in Bezug auf ihr ältestes Kind erwarten konnte. Mit seinem Lehrer Rhodon und einem kleinen Vermögen sollte er sich bis zur Küste durchschlagen und nach Indien segeln, woher seit Langem das Elfenbein und Schildpatt sowie die Farbstoffe und Gewürze im ptolemäischen Ägypten kamen. Proculeius machte keine Fortschritte, hatte aber reichlich Gelegenheit, das Mausoleum zu begutachten, zu dem er dann noch einmal mit Gaius Cornelius Gallus – der an der Spitze von Octavians Legionen von Westen her nach Ägypten einmarschiert war – zu einem zweiten Gespräch zurückkehrte. Gallus stand im Rang höher als Proculeius. Als Dichter und Intellektueller konnte er gut mit Worten umgehen; er war ein Wegbereiter der Liebeselegie. (Ironischerweise widmete er sein Werk jener Schauspielerin, die Antonius' Geliebte gewesen war.) Wieder stand er jetzt einer von Antonius' Frauen gegenüber. Vielleicht konnte er sie zur Aufgabe bewegen. Gallus unterhielt sich lange durch die Tür hindurch mit Kleopatra, und dieses Gespräch verlief vermutlich kaum anders als das mit Proculeius. Sie blieb unnachgiebig.

Inzwischen aber stellte Proculeius eine Leiter an die Seite des Gebäudes und stieg durch jenes Fenster im Obergeschoss, durch das Antonius hereingehievt worden war. Zwei Diener zogen sich hinter ihm die Mauer hinauf. Die drei schlichen sich ins Erdgeschoss und an Kleopatra heran, die an der Mausoleumstür stand. Charmion oder Iras bemerkte die Eindringlinge zuerst und rief: »Arme Kleopatra, du wirst lebend abgeführt!«[49] Als sie die Römer erblickte, griff Kleopatra nach dem Dolch, um sich selbst zu erstechen, doch Proculeius war schneller. Er warf sich auf sie und umfasste sie mit beiden Armen. Er entwand ihr den Dolch und durchsuchte die Falten ihrer Kleidung nach Giften, während er gleichzeitig beruhigend auf sie einredete, wie man ihn angewiesen hatte. Sie solle doch nicht übereilt handeln. Sie erweise sich selbst einen schlechten Dienst, und dem Octavian noch dazu. Warum wolle sie ihm die Möglichkeit rauben, seine Freundlichkeit und Redlichkeit zu beweisen? Er sei doch schließlich – und das hatte sie schon einmal von einem übergelaufenen Gesandten über einen Mann gehört, dessen lebloser Körper jetzt im Obergeschoss in einer Blutlache lag – »der sanftmütigste aller Feldherren«.

Octavian stellte Kleopatra einen Freigelassenen namens Epaphroditos zur Seite. Er hatte klare Anweisungen. Er sollte die Königin von Ägypten am Leben erhalten »durch sorgfältigste Bewachung, ihr aber auf das Höflichste begegnen und alle ihre Wünsche befriedigen«[50]. Alle Gegenstände, mit denen sie noch einmal einen Selbstmordversuch hätte unternehmen können, wurden konfisziert. Vermutlich wurden zu dieser Zeit auch die Kostbarkeiten aus dem Mausoleum geschafft. Kleopatra war allerdings mit allem ausgestattet, was sie verlangte – Räucherwerk, Zedernöle und Zimt –, um Antonius für die Beisetzung vorzubereiten. Sie verbrachte zwei Tage damit, den Leichnam zu säubern, eine Aufmerksamkeit, die Octavian sicher nur zu gern gewährte. Er konnte Punkte sammeln, indem er die ungeschriebenen Gesetze des Krieges achtete, während er gleichzeitig jenes skandalöse Begräbnis ermöglichte, das Antonius sich seiner Darstellung nach erbeten hatte. Octavians Männer entfernten keinen Höfling, keine Dienerin – »dadurch sollte sie in ihrem Hoffen auf die Erfüllung aller Wünsche noch mehr bestärkt und von jedem Selbstmordversuch abgehalten werden«[51]. Die drei Kinder wurden wohlwollend und ihrem Rang entsprechend behandelt, und sie hatte allen Grund, dafür dankbar zu sein. Octavians Männer spürten Antyllus auf – sein Lehrer hatte ihn verraten, verführt durch einen kostbaren Edelstein, den der Sechzehnjährige, wie er wusste, unter seiner Toga trug. Antonius' Sohn hatte in einem Heiligtum Zuflucht gesucht, wahrscheinlich hinter den dicken Mauern des Caesareums.[52] Er flehte um sein Leben, doch Octavians Männer zogen ihn heraus und schlugen ihm den Kopf ab. Der Lehrer verlor keine Zeit und nahm dem Leichnam sofort den Edelstein ab, wofür er später gekreuzigt wurde.

Kleopatra bat um die Erlaubnis, Antonius selbst begraben zu dürfen, und bekam sie. Begleitet von Iras und Charmion vollzog sie die Beisetzung »in königlicher Pracht«[53]. Frauen des 1. Jahrhunderts trauerten unter rituellem Klagegeschrei, sie schlugen sich und zerkratzten sich die Haut.[54] Kleopatra bildete da keine Ausnahme: Ihre Darbietung war so extrem, dass ihre Brust am Ende der Beisetzung, die wahrscheinlich am 3. August stattfand, blutete und eiterte. Es kam zu einer fiebrigen Infektion. Sie war zufrieden; wenn sie jetzt noch das Essen verweigerte, konnte sie eines ruhigen, römerfreien Todes sterben, wie sie glaubte. Das vertraute sie Olympos an, der sie beriet und ihr seine Hilfe versprach. Allerdings war ihre Methode nicht gerade unauffällig; Octavian erfuhr schnell von ihrem kritischen Gesundheitszustand. Und er besaß eine Trumpfkarte, ebenso groß wie Kleopatras Schatz. Er »machte ihr durch allerhand Drohungen hinsichtlich ihrer Kinder Angst« – auch eine Art Kriegführung, meint Plutarch, und eine äußerst wirkungsvolle noch dazu. Kleopatra gab klein bei, aß wieder und ließ sich behandeln.

Octavian hatte sich inzwischen einiges Wohlwollen erkauft, was Kleopatra vielleicht ein wenig beruhigte. Er rief die Bewohner Alexandrias zusammen; am Spätnachmittag des 1. August, an dem Antonius gestorben war, ritt er mit einer vorbereiteten Papyrusrolle in die Stadt ein. (Er schrieb seine Reden immer auf Latein; sie wurden dann später ins Griechische übersetzt.) In ebenjenem Gymnasion, in dem Antonius und Kleopatra ihre Kinder gekrönt hatten, bestieg Octavian eine eigens dafür gebaute Tribüne. Die völlig verschreckten Alexandriner warfen sich ihm zu Füßen. Octavian bat sie, doch wieder aufzustehen. Er habe nichts Böses im Sinn und sich dazu entschlossen, ihre Stadt zu begnadigen, und das aus drei Gründen: zu Ehren Alexanders des Großen; wegen Octavians großer Bewunderung für ihre Heimatstadt, der »bei Weitem reichsten und größten aller Städte«[55], und um Areios, dem griechischen Philosophen an seiner Seite, einen Gefallen zu tun. In Wirklichkeit, so erklärt Cassius Dio, wagte Octavian es nicht, »einem derart zahlreichen und den Römern wohl in vieler Hinsicht höchst nützlichem Volke irgendwelchen unheilbaren Schaden zuzufügen«[56].

Die Ereignisse überschlugen sich, wie auch Kleopatra nicht entgangen sein dürfte. Dringend bat sie um ein Gespräch mit Octavian, das ihr am 8. August auch gewährt wurde. In den Grundzügen ähneln sich Plutarchs und Cassius Dios Berichte von diesem Treffen, aber die Inszenierung ist radikal verschieden. Plutarch schreibt für Puccini, Cassius Dio für Wagner. Beide Fassungen sind vielleicht mehr der Kunst als der Wahrheit verpflichtet; auf jeden Fall war es ein bühnenreifer Auftritt. Bei Plutarch hebt sich der Vorhang, und Kleopatra liegt schwach und mit zerzaustem Haar auf einer einfachen Matratze, nur in eine Tunika gehüllt, ohne irgendeinen Überwurf. Octavian will sie überraschen. Beim Anblick ihres Besuchers springt sie auf und wirft sich ihm zu Füßen. Die furchtbare Woche hat ihren Tribut gefordert: »Ihr Haar und ihr Gesicht waren in schrecklicher Unordnung, ihre Stimme zitterte, und ihre Augen waren eingesunken. Auch waren auf ihrem Busen noch viele Spuren der grausamen Schläge sichtbar; mit einem Wort, ihr Leib schien in keiner besseren Verfassung als ihr Geist.«[57] Cassius Dio zeigt Kleopatra lieber in ihrer königlichen Pracht und mit einer schauspielerischen Glanzleistung. Sie hat einen luxuriösen Raum und eine kostbare Liege für ihren Besucher vorbereitet. Sie wirkt gepflegt und trägt edle Trauerkleidung, die »sie bezaubernd aussehen lässt«[58]. Als Octavian eintritt, springt sie wie ein junges Mädchen auf und tritt ihrem Todfeind gegenüber, wahrscheinlich zum ersten Mal überhaupt. Octavian hat an Wirkung gewonnen – oder an Lobrednern; in den Augen der Frauen war er überaus attraktiv, »denn es lohnte sich, ihn anzuschauen«, wie Nikolaos von Damaskus es später ausdrückte.[59] Kleopatra muss eine gewisse Erleichterung verspürt haben. »Sich so lange in den Klauen der Furcht zu befinden, ist sicher schlimmer als das, was wir eigentlich fürchten«, hatte schon Cicero festgestellt.[60] Vor Kleopatra stand letztendlich nur ein Mann, etwa ein Meter siebzig groß, mit zerzaustem blondem Haar und arglosem Gesichtsausdruck, der sich im Lateinischen eher zu Hause fühlte als im Griechischen, sechs Jahre jünger als sie, bleich, steif und unsicher.

Jemand hat die Quellen aufgehübscht, und es fällt schwer zu glauben, dass dieser Jemand nicht Cassius Dio war. Seine Darstellung ist so plastisch, dass sie verdächtig wirkt, zu bunt selbst für eine hellenistische Königin. Andererseits wäre Kleopatra nie so weit gekommen, wenn sie nicht einen Sinn fürs Dramatische gehabt hätte. Auf der Liege neben ihr liegen verschiedene Büsten und Porträts von Caesar. An ihrer Brust trägt sie seine Liebesbriefe. Sie begrüßt Octavian als ihren Herrn und Gebieter, will aber gleichzeitig, dass er ihre frühere Bedeutung erkennt. Er soll wissen, wie sehr der vergöttlichte Caesar, sein Vater, ihr Liebhaber, sie schätzte. Um das zu erreichen, liest sie Ausschnitte aus der Korrespondenz vor und beschränkt sich dabei auf die glühendsten Passagen; Octavian ist nicht der Einzige, der weiß, wie man ein Dokument für sich nutzt. Sie ist schüchtern, süß, zurückhaltend. Sie sind Verwandte! Sicher hat Octavian doch von den vielen Ehrerbietungen Caesars gehört? Sie ist eine Freundin und Verbündete Roms; Caesar selbst hat sie damals gekrönt! Während dieses ganzen Auftritts »klagte sie und küsste die Briefe, um sich dann wieder vor seinen Bildern niederzuwerfen und ihnen Ehre zu erweisen«[61]. Dabei schaut sie wiederholt Octavian an, wirft ihm schmelzende Blicke zu und versucht, einen Caesar gegen den anderen auszutauschen. Sie ist verführerisch, redegewandt, kühn – aber natürlich keine ebenbürtige Partnerin für den rechtschaffenen Römer Octavian, worauf Cassius Dio wohl auch hinauswill. Octavian verrät keinen Funken Gefühl. Er ist immun gegen süße Blicke. Er, der sonst so stolz auf die Intensität seines Blickes ist, verweigert hier jeden Augenkontakt und inspiziert stattdessen lieber den Fußboden. Er wird auch keine Verpflichtung, egal, welcher Art, eingehen. Und er wird sprechen, aber weder über Liebe noch über Ägyptens Zukunft oder Kleopatras Kinder. Cassius Dio konzentriert sich auf Octavians nüchterne Sachlichkeit, doch auffällig ist auch, dass etwas anderes in diesem Gespräch fehlt: Kleopatra fordert keine Anerkennung dafür, dass sie Pelusium übergeben und Antonius' Flotte ausgeliefert oder Antonius dazu gebracht hat, sich umzubringen – vermutlich, weil es da nichts anzuerkennen gibt. Wenn sie ihren Teil einer vorherigen Abmachung eingehalten hätte, hätte sie jetzt sicher die Belohnung dafür eingefordert. Schließlich bricht sie in Tränen aus und wirft sich Octavian zu Füßen. Sie habe, schluchzt sie, nicht den Wunsch zu leben. Sie könne auch nicht weiterleben. Könne Octavian im Gedenken an seinen Vater ihr nicht eine einzige Gunst gewähren? Dürfe sie Antonius in den Tod folgen? »Missgönne mir nicht das gemeinsame Grab mit ihm«, bittet sie, »auf dass ich so, wie ich seinetwegen in den Tod gehe, auch mit ihm zusammen im Hades leben kann!«[62] Wieder gelingt es ihr nicht, Octavian zu einer mitleidsvollen Geste oder auch nur dem Ansatz eines Versprechens zu bewegen. Er ermahnt sie nur, guten Mutes zu sein, und sorgt für alles, um ihre Hoffnung zu stärken. Er will sie lebend, als Zierde seines Triumphzugs.

Würdiger wirkt Kleopatra trotz ihrer schlechten körperlichen Verfassung in Plutarchs Version, die nicht unbedingt deshalb genauer sein muss, weil sie von Kleopatras Arzt stammt; jetzt war jeder ein Propagandist. Freundlich bittet Octavian sie, doch zu ihrer Liege zurückzukehren. Er setzt sich zu ihr. Kleopatra breitet eine ganze Liste von Rechtfertigungen aus, ähnlich wie damals in Tarsos, und schreibt ihre Handlungen der »Notwendigkeit und der Furcht vor Antonius« zu.[63] Als Octavian ihre Argumentation Punkt für Punkt widerlegt, wechselt sie die Taktik und verlegt sich auf mitleidheischendes Bitten. Schließlich fleht sie um ihr Leben. Sie ist verzweifelt und großartig, wo sie bei Cassius Dio nur verzweifelt ist. Sie schlägt keine verführerischen Töne an, die offenbar später hinzugefügt wurden, als alle möglichen Chronisten beschrieben, wie sich Kleopatra mit Inbrust unterschiedlichen Menschen zu Füßen warf.[64] Sicherlich wirft sie sich in der Literatur öfter zu Boden, als sie das im Leben je getan hat. Wenn man reine Erfindungen und zweckdienliche Verzerrungen weglässt, stimmen Cassius Dio und Plutarch im Wesentlichen überein. Derangiert oder nicht, Kleopatra bleibt wunderbar anzuschauen: »Der Charme, für den sie berühmt war, und das unerschütterliche Vertrauen in ihre Schönheit« schimmerten trotz ihrer traurigen Lage durch und »offenbarten sich in ihrem Mienenspiel«[65]. Sie bleibt geschmeidig und raffiniert, moduliert die »klangvolle Sprache« und die »schmelzenden Töne«[66], wie die Situation es verlangt, und passt gleichzeitig auch ihre Argumentation an. Selbst halb verhungert und körperlich eingeschränkt gibt sie sich noch immer so temperamentvoll wie früher. In beiden Szenarien wirkt Octavian peinlich berührt.

Als ihre Bitten nichts bei ihm ausrichten, zieht Kleopatra ihre Trumpfkarte. Sie hat ein Inventar an Schätzen angehäuft, das sie Octavian als eine Art Kapitulation anbietet. Während dieser die Liste durchgeht, tritt ein Diener Kleopatras vor; die Situation bringt die übelsten Charakterzüge eines Menschen zum Vorschein.

Seleukos kann nicht anders, er muss einfach darauf hinweisen, dass Kleopatra verschiedene besonders wertvolle Stücke weggelassen hat. Vor Octavian beschuldigt er seine Königin, sie habe »einige davon unterschlagen und versteckt«[67]. Als Kleopatra dies hört, springt sie von ihrer Matratze auf, »fasste ihn bei den Haaren und gab ihm viele Schläge ins Gesicht«. Octavian, der ein Grinsen nicht unterdrücken kann, steht auf, um sie zu bremsen. In ihrer klugen Antwort kommt noch einmal die alte Kleopatra mit ihrem geschmeidigen Scharfsinn zum Vorschein: »Aber ist es nicht ein Unding, Caesar, dass, während du mir die Ehre erweist, mich in meiner erbärmlichen Lage zu besuchen, einer meiner Sklaven mich anklagt, weil ich einigen Frauenschmuck beiseitegelegt habe – nun wirklich nicht für mich selbst, unglücklich, wie ich bin, sondern um Octavia und deine Livia mit einigen Kleinigkeiten zu beschenken und durch ihre Fürsprache desto mehr Gnade und Güte bei dir zu finden?«[68] Auch bei Cassius Dio kommt Kleopatra auf Octavians Gemahlin und Schwester zurück, wenn auch nicht im Stil der komischen Oper. Kleopatra beschwört die weibliche Solidarität und verspricht, ein paar besonders prächtige Schmuckstücke für Livia beiseitezulegen. Sie setzt große Hoffnungen in sie. Beide Gespräche sind Schmierenkomödien voller Täuschungen, falscher Behauptungen und unechter Gefühle. Ungeachtet aller divergierenden Einzelheiten sind sie ein reiner Bluff, pure Schauspielerei. Octavian hat durchaus die Absicht, Kleopatra als seine Gefangene durch die Straßen Roms zu führen, tut aber so, als wäre das abwegig. Kleopatra ahnt, was er vorhat, tut aber so, als wappnete sie sich weiterzuleben. Sie hat ganz und gar nicht die Absicht, in Ketten in eine Stadt zurückzukehren, in der sie einst als von Caesar geehrter Gast lebte. Für sie ist eine solche Demütigung »schlimmer als tausend Tode«[69]. Sie weiß sehr gut, was Rom für gefangene Herrscher bedeutete. Falls sie überhaupt überlebten, dann nur in römischen Verliesen. Hellenistische Monarchen hatten sich dort umgebracht – oder waren verrückt geworden. Sehr erfreut über das Geschenk für Livia verabschiedet sich Octavian von Kleopatra und tut seinerseits etwas Beruhigendes, indem er ihr »eine bessere Behandlung, als sie eigentlich erwarten könne«, verspricht. Dann geht er, sehr zufrieden »in der Annahme, er habe sie getäuscht, tatsächlich aber getäuscht von ihr«[70].

Kleopatra machte noch eine letzte Eroberung, aber es sollte nicht Octavian sein. Zu seinem Stab gehörte ein junger Adliger namens Cornelius Dolabella. Plutarch berichtet, Dolabella habe »eine gewisse Schwäche« für Kleopatra gehabt[71]; das Gefühl mag eher von Mitleid gespeist gewesen sein. Sie hatte ihn eindringlich gebeten, sie über alle Entwicklungen auf dem Laufenden zu halten, und er hatte eingewilligt. Am 9. August ließ er ihr eine private Mitteilung zukommen. Octavian wolle in drei Tagen abreisen. Kleopatra und ihre Kinder sollen mit ihm kommen. Sofort schickte Kleopatra einen Boten an Octavian. Könnte sie die Erlaubnis erhalten, an Antonius' Grab zu opfern? Der Bitte wurde stattgegeben. Am folgenden Morgen machte sie sich mit Iras und Charmion auf den Weg. Plutarch schildert eine herzzerreißende Grabrede; eine rhetorische Fingerübung, die man eher in einer griechischen Tragödie als in der hellenistischen Geschichte verorten würde; er ist schon zehn Kapitel über Antonius, sein angebliches Thema, hinaus und mehr als nur ein wenig ergriffen von diesem Drama, das sich unversehens vor ihm abspielt. Plutarchs Kleopatra wirft sich aufs Grab, umschlingt es mit den Armen und erklärt ihrem toten Liebhaber, dass sie eine Gefangene sei. Tränen steigen ihr in die Augen. Sie ist »unter genauer Beobachtung, damit ich diesen sklavischen, zum Triumph über dich aufbewahrten Körper ja nicht durch Tränen und Schläge misshandle«. Im Leben habe nichts sie trennen können, doch jetzt werde der Tod es tun. Antonius hatte seinen letzten Atemzug in ihrem Land getan, und sie »Unglückselige« werde in seinem Land sterben. Die himmlischen Götter hätten sie im Stich gelassen. Falls die Götter der Unterwelt irgendwelche Macht hätten, so bittet sie Antonius flehentlich, an sie zu appellieren. Könnten sie es ihr womöglich ersparen, in einem Zug zur Feier des

Sieges über ihn mitmarschieren zu müssen? Sie fleht diese Götter an, sie in Ägypten zu verstecken und mit ihm zu begraben, »denn unter all meinen unzähligen Qualen ist keine so groß und so schrecklich wie diese kurze Zeit, die ich getrennt von dir gelebt habe«. In der Szene geht es nur kurz um Rache und lange um Zuneigung; Plutarchs Kleopatra will eher aus Liebe denn aus Feindschaft sterben. Sie bekränzt und küsst sein Grab in einer Wolke aus Myrrhe und erklärt Antonius, dass dies die letzten Trankopfer seien, die sie ihm werde darbringen können.[72]

Nach ihrer Rückkehr ins Mausoleum an jenem Nachmittag befahl sie, ihr ein Bad vorzubereiten. Danach begab sie sich zu Tisch und genoss ein opulentes Mahl. Gegen Abend erschien ein Diener mit einem Korb Feigen vor ihrer Tür. Die Wachen untersuchten seinen Inhalt sorgfältig. Die ägyptischen Feigen waren besonders süß; die Römer staunten über die saftigen Früchte. Mit einem Lächeln bot der Mann vom Lande Kostproben an und wurde schließlich eingelassen. Kurze Zeit später setzte Kleopatra ihr Siegel unter einen Brief, den sie schon vorbereitet hatte. Dann ließ sie Epaphroditos rufen. Konnte er seine Bewachung lange genug lockern, um Octavian einen Brief zu überbringen? Es ging um nichts Wichtiges; man solle nicht viel Wirbel darum machen. Epaphroditos tat ihr den Gefallen. Dann entließ Kleopatra ihr Gefolge bis auf Iras und Charmion. Die drei Frauen schlossen die Mausoleumstüren hinter sich; die Riegel und Balken waren wahrscheinlich zusammen mit dem Schatz abtransportiert worden. Spätestens jetzt kleideten ihre Dienerinnen Kleopatra in ihre formellen Gewänder und reichten ihr die pharaonischen Insignien ihres Amtes, Krummstab und Geißel. Sie setzten ihr das Diadem auf, dessen Bänder ihr von den Schläfen hingen.

Octavian öffnete den Brief – er kann sich nicht weit entfernt, höchstwahrscheinlich im Palast, aufgehalten haben – und las Kleopatras glühende Bitte, doch neben Antonius begraben zu werden. Sofort ahnte er, was geschehen war. Er fühlte sich überrumpelt. Eilig wollte er aufbrechen, änderte dann jedoch seine

Meinung – er war ganz durcheinander – und schickte Boten. Sie hasteten zum Mausoleum, wo Octavians Soldaten Wache hielten. Zusammen brachen sie die Tür auf. Sie kamen zu spät. »Das Unheil«, so berichtet Plutarch, »war schnell geschehen.«[73] Kleopatra lag auf einer goldenen Liege, wahrscheinlich einem Bett im ägyptischen Stil mit Löwentatzen als Beinen und Löwenköpfen an den Ecken. Majestätisch und sorgfältig »in ihrer schönsten Kleidung« herausgeputzt, hielt sie Krummstab und Geißel in den Händen.[74] Sie war tot, Iras zu ihren Füßen lag im Sterben. Taumelnd versuchte Charmion, das Diadem auf Kleopatras Stirn zurechtzurücken. Wütend zischte einer von Octavians Männern: »Das ist wirklich schön, Charmion!« Sie hatte gerade noch genug Kraft für eine letzte schlagfertige Antwort. Mit einer Schroffheit, die ihre Herrin mit Stolz erfüllt hätte, presste sie hervor: »Es ist wirklich das Allerschönste und angemessen für die Nachfahrin so vieler Könige«, bevor sie an der Seite ihrer Königin zusammenbrach.[75]

Die Wahrheit in Charmions Nachruf konnte niemand anzweifeln (oder besser ausdrücken – Shakespeare verwendet ihn wörtlich). »Mut im Unglück weckt große Verehrung selbst unter den Feinden«, stellt Plutarch fest.[76] Und in Octavians Lager herrschten Bewunderung und Mitleid. Kleopatra hatte ungeheuren Mut bewiesen. Wie sie ihre letzte Heldentat vollbrachte, ist weniger klar. Octavian hatte den Eindruck – oder wollte den Eindruck erwecken –, sie habe eine Natter dazu benutzt. Als er nach seinen Boten am Schauplatz des Geschehens erschien, versuchte er Kleopatra wiederzubeleben. Er ließ die Psylli holen, Libyer, die angeblich eine magische Immunität gegen Schlangengift besaßen.[77] Durch den Geschmack des Gifts waren sie angeblich in der Lage zu bestimmen, welche Art Schlange gebissen hatte; durch gemurmelte Zaubersprüche und das Aussaugen der Wunde konnten sie, wie man sagte, den Tod aus einem Leichnam herausziehen. Die Psylli, die sich über Kleopatra beugten, vollbrachten keine Wunder. Die ägyptische Königin konnte nicht wieder ins Leben zurückgeholt werden. Das war nicht unbedingt überraschend.

Weder Cassius Dio noch Plutarch war sich bei der Natter sicher, die sich wohl erst später in die Geschichte einschlich und nicht schon zu Kleopatras Lebzeiten in einem Korb Feigen befand. Selbst Strabon, der kurz nach ihrem Tod in Ägypten landete, war nicht überzeugt von diesem Gerücht.[78]

Aus verschiedenen Gründen heraus hatte Kleopatra wohl kaum eine Natter oder eine ägyptische Kobra für ihren Tod gewählt. Eine Frau, die für klare Entscheidungen und sorgfältige Planung bekannt war, hätte sicher gezögert, ihr Schicksal einem Tier anzuvertrauen. Sie kannte mehr als genug schnellere und schmerzlosere Möglichkeiten. Außerdem war es ein bisschen zu vordergründig, vom königlichen Emblem Ägyptens getötet zu werden; die Schlange ergab eher symbolisch als praktisch einen Sinn. Selbst die zuverlässigsten Kobras können nicht drei Frauen kurz nacheinander töten. Und die Natter ist für ihre Trägheit bekannt. Eine ägyptische Kobra, die sich sträubte und zischte und sich in ihrer ganzen zwei Meter langen Pracht aufrichtete, hätte kaum in einem Feigenkorb verborgen werden können – jedenfalls nicht für längere Zeit. Das Tier war zu groß und der Korb zu klein. Gift war eine wahrscheinlichere Alternative, wie Plutarch mit seiner Beschreibung von Kleopatras Experimenten anzudeuten scheint. Höchstwahrscheinlich schluckte sie einen tödlichen Trank – Schierling und Opium wie bei Sokrates hätten diesen Zweck erfüllt – oder trug eine giftige Salbe auf. Hannibal hatte hundertfünfzig Jahre zuvor auf Gift zurückgegriffen, als man ihn in die Enge trieb; Mithridates hatte dasselbe versucht. Kleopatras Onkel, der König von Zypern, hatte genau gewusst, was er bereithalten musste, als Rom im Jahr 58 bei ihm anklopfte. Vorausgesetzt, dass sie an der gleichen Ursache starb wie Charmion, vorausgesetzt, dass sie so starb, wie man sie fand, litt Kleopatra wenig. Es gab keine schrecklichen Krämpfe, zu denen Kobragift in der Endphase geführt hätte. Die Wirkung dieses Gifts war eher narkotisch als krampferregend, der Tod friedlich, schnell und im Grunde schmerzlos. »Den wahren Hergang in dieser Angelegenheit«, verkündet Plutarch jetzt schon seit Jahrhunderten, ohne dass jemand es hören will, »kennt niemand.«[79]

Obwohl sie schon seit fast zweihundert Jahren freigelassen ist, klammert sich die Schlange immer noch hartnäckig an die Geschichte. Kleopatras Natter ist vor allem ein Geschenk für Maler und Bildhauer durch die Jahrhunderte. Sie ergab dichterisch Sinn und lieferte schöne Kunstwerke (Ebenso wie der nackte Busen, der auch nicht in die ursprüngliche Geschichte gehörte.) Und die Schlange vermehrte sich sofort: Horaz schrieb in einer Ode von »scharfzähnigen Schlangen«[80]. Vergil, Properz und Martial schlossen sich ihm an. Das Tier oder die Tiere spielen in allen frühen Darstellungen eine Rolle. Octavian besiegelte diese enge Verbindung, indem er ein Abbild der Kleopatra mit einer Natter am Arm in seinem Triumphzug mitführte. Die Schlange war nicht nur ein mächtiges Symbol für Ägypten, wo sich stilisierte Kobras seit Jahrtausenden als Schmuck um pharaonische Häupter wanden und Isisstatuen häufig über und über mit Schlangen behängt waren, sondern sie hatten sich auch in den dionysischen Kult eingeschlichen. Und abgesehen von der Ikonografie ist doch leicht zu verstehen, was jemand sagen will, wenn er eine Dame mit einer Schlange vergleicht. Die Mutter Alexanders des Großen – der Prototyp der mörderischen und wahnsinnigen makedonischen Fürstin – hielt Schlangen als Haustiere. Sie benutzte sie, um Männer in Angst und Schrecken zu versetzen. Ihre Vorgängerinnen waren Eva, Medusa, Elektra und die Erinnyen; wenn eine Frau sich mit einer Schlange verbündet, braut sich irgendwo ein moralischer Sturm zusammen. Mit seinem Hilferuf an die Psylli hätte Octavian die Angelegenheit beinahe für immer verschleiert. Er hatte die historische Darstellung ebenso sicher unter Kontrolle wie angeblich seine sexuellen Triebe als Jugendlicher. Sehr wahrscheinlich führte er uns für Jahrtausende in die Irre.

Er tat es womöglich absichtlich. Es gibt eine abweichende Schilderung des Todes; lange war man davon überzeugt, dass uns hier womöglich etwas fehlt, dass diese Farce, die sich am 10. August abspielte, womöglich eine andere überdeckte; dass die größte Sterbeszene der Geschichte vielleicht nicht das war, wonach sie aussah. In der frühesten Prosadarstellung »täuschte Kleopatra die Aufmerksamkeit ihrer Wachen«, um sich eine Natter zu besorgen und ihren Tod zu inszenieren.[81] Octavian ist verärgert, wütend, dass sie ihm entkommen ist. Er verfügte über unglaublich viele Leute, die sich auf seine Seite geschlagen hatten. Im August hätten in Alexandria nur noch wenige gezögert, mit ihm zusammenzuarbeiten, wie der Zwischenfall mit Kleopatras Diener Seleukos zeigte. Octavian konnte man Nachlässigkeit etwa mit gleichem Recht vorwerfen wie Kleopatra Naivität; ein Mann, der auf seinen Briefen nicht nur das Datum, sondern auch die Tageszeit vermerkte[82], war niemand, der sich eine kostbare Gefangene einfach so wegschnappen ließ. Als Octavian sie am 8. August verließ, könnte er Kleopatra getäuscht haben – so dass sie glaubte, sie habe ihn getäuscht –, um dann im Wesentlichen ihren Tod zu inszenieren. Es gefiel ihm sicher nicht, sich nach außen hin von einer Frau überlisten zu lassen – es sei denn, die Alternative hätte seinem Ruf noch mehr geschadet. Und Kleopatra war als Gefangene ebenso problematisch wie zuvor als Feindin. Octavian hatte die Triumphe des Jahres 46 miterlebt. Er hatte sogar als Reiter an einem teilgenommen. Er wusste, welches Mitgefühl Kleopatras Schwester bei dieser Gelegenheit geweckt hatte. Er hatte Marcus Antonius öffentlich dafür verurteilt, dass er Artavasdes in Ketten vorführte. Ein solches Verhalten, so hatte Octavian ihn gescholten, entehre Rom. Und es gab noch einen weiteren Schönheitsfehler in Kleopatras Fall: Diese Gefangene war die Geliebte des vergöttlichten Caesar gewesen und die Mutter seines Sohns. Für manche stellte sie selbst eine Göttin dar. Ebenso wenig wie bei ihrer jüngeren Schwester konnte man bei ihr darauf vertrauen, dass sie ihre Tage ruhig in irgendeinem asiatischen Garnisonsstädtchen zubringen werde. Zweimal hatte Kleopatra versucht, sich umzubringen. Es lag auf der Hand, dass sie es irgendwann schaffen würde, wenn man sie nicht streng bewachte.

Octavian musste also abwägen, welche Peinlichkeit wohl größer wäre: von einer Frau ausgetrickst zu werden oder mit der Schurkin in diesem Stück nach Rom zurückzukehren. Manchmal war es schwer, die Gefühle seiner gelegentlich zartbesaiteten Landsleute richtig einzuschätzen. Einmal verhöhnten sie die Kinder besiegter Könige und machten sich über sie lustig. Ein anderes Mal aber verdarben diese unschuldigen Opfer den Triumphzug, rührten die Zuschauer zu Tränen und sorgten für Klagen. Kleopatra war zum Staatsfeind erklärt worden, doch ein Bildnis von ihr sollte bei einem Triumph völlig ausreichen – römische Feinde waren schon früher öfter als Bilder mitgeführt worden. Ihr Tod schmälerte den Ruhm ein wenig, aber er beseitigte auch eine Menge Schwierigkeiten. Vielleicht wollte Octavian Kleopatra lieber in Alexandria von der Bühne verschwinden lassen, als in Rom einen Fehler zu machen. Angst hatte er eigentlich nur davor, dass sie ihr Vermögen vernichten könnte, nicht aber davor, dass sie sich selbst vernichtete – dabei hatte er vielleicht sogar selbst die Hand im Spiel. Der junge Dolabella wäre dann nur ein Werkzeug gewesen. Es war im Grunde unwahrscheinlich, dass einer seiner Stabsoffiziere das Risiko einer Freundschaft mit Kleopatra einging. Und Octavian verließ Alexandria gar nicht am 12. August, wie Dolabella sie so aufgeregt gewarnt hatte. Möglicherweise hatte er die Botschaft – oder sogar eine noch unheilvollere – überbracht, um die Ereignisse voranzutreiben. Cassius Dio wie auch Plutarch verweisen auf Octavians wiederholte Mahnungen, Kleopatra unbedingt am Leben zu erhalten, nicht auf irgendeine Komplizenschaft bei ihrem Tod. Das bedeutet aber nicht, dass es diese Komplizenschaft nicht gegeben hat. Vielleicht war die Wahrheit an jenem 10. August 30 das vierte Opfer.

(Die Gegenargumente lauten etwa so: Kleopatra hatte versucht, sich zu Tode zu hungern und sich zu erstechen. Warum hatte Octavian diese Versuche durchkreuzt und sie mit Drohungen in Bezug auf ihre Kinder gequält? Neun Tage vergingen zwischen Antonius' und Kleopatras Tod. Sicherlich wäre es doch besser gewesen, sie sofort loszuwerden. Sie hatte schließlich schon geschworen, dass sie zusammen mit Antonius sterben werde. Und sie wusste von Octavians misslicher Lage; genau wie er erinnerte sie sich daran, welches Aufsehen ihre Schwester erregt hatte. Sie hatte vielleicht darauf gesetzt, dass Octavian es nicht riskieren würde, sie und ihre halbrömischen Kinder im Triumph durch die Straßen Roms zu führen. Octavian wirkte aufrichtig überrascht und eigentlich für ihn untypisch fahrig bei der Nachricht von Kleopatras Tod. Er machte kein großes Aufhebens von der Gnade, die er ihr erwiesen hatte, wie es sonst seine Art war. Stattdessen prahlte er in seinen Memoiren, dass verschiedene Könige – und neun Kinder von Königen – bei drei Triumphzügen vor seinem Streitwagen marschiert waren.[83] Kein späterer Historiker geht so weit, von einer möglichen Komplizenschaft zu sprechen, selbst jene nicht, die etwas gegen Octavian haben. Letztendlich können wir nur spekulieren und über Kleopatras letzten Akt sagen, dass sie heldenhaft ihre Rolle in einem vorgegebenen Stück spielte, das in manchen Teilen auf die Erfindung ihres Widersachers zurückgeht. Der Tod Alexanders des Großen ist im Vergleich zu ihrem gut dokumentiert und dennoch ein absolutes Rätsel.)

Nach Plutarch war Octavian am Abend des 10. August zwischen zwei Gefühlen hin- und hergerissen. Er war einerseits »sehr ungehalten über den Tod dieser Frau« und staunte andererseits ehrfürchtig über »ihren edlen Mut«[84]. Auch bei Cassius Dio ist Octavian voller Bewunderung und Mitgefühl, wenn auch »überaus betrübt« in eigener Sache.[85] Sein Triumph wird weniger strahlend ausfallen. Es ist unklar, wer es war, aber irgendjemand hat eine Heldin kreiert. Kleopatras Tod war ehrenvoll, würdig, beispielhaft. Sie hatte ihn selbst bestimmt, stolz und ungebrochen bis zum Ende. Nach römischer Definition hatte sie schließlich doch noch etwas richtig gemacht und errang letztendlich Anerkennung dafür, dass sie sich über die Erwartungen an ihr Geschlecht hinweggesetzt hatte. In römischen Geschichten sammeln Frauen immer dann Sympathiepunkte, wenn sie heiße Kohlen schlucken, sich am eigenen Haar erhängen, sich vom Dach stürzen oder ihrem Ehemann mit den ruhig gesprochenen ermutigenden Worten »Es tut nicht weh« einen blutigen Dolch in die Hand drücken. (Auch auf der griechischen Bühne wimmelt es von weiblichen Leichen, doch der Unterschied liegt darin, dass die Frauen im griechischen Drama auch das letzte Wort haben.) Die Lobeshymnen ließen nicht lange auf sich warten. Horaz begann eine kurz nach dem Selbstmord Kleopatras geschriebene Ode damit, die ägyptische Königin wegen ihrer Torheit und ihres Ehrgeizes zu verdammen, endete dann aber mit einer Lobrede in Bewunderung ihres klaren Verstandes, ihrer ruhigen Selbstbeherrschung, ihres Mutes.[86] Kleopatras letzte Tat war wohl ihre beste, der Preis, den zu zahlen Octavian gern bereit war. Ihr Ruhm war sein Ruhm. Ein hochgelobter Gegner war ein würdiger Gegner.

Octavian sorgte dafür, dass Kleopatra »mit königlicher Pracht« beigesetzt wurde.[87] Alles andere hätte die Alexandriner, die ihre Königin ungeachtet der römischen Präsenz zweifellos öffentlich betrauerten, gegen ihn aufgebracht. Nach Plutarch entsprach Octavian sogar ihrer Bitte, an Antonius' Seite bestattet zu werden. Iras und die schlagfertige Charmion erhielten ähnlich ehrenvolle Begräbnisse neben ihrer Königin. Unklar ist, ob die drei mumifiziert wurden. Ihr prächtiges gemeinsames Grabmonument war sicher prunkvoll und farbenfroh geschmückt wie die königlichen Gräber von Kleopatras Vorfahren, aber mit römischen Anklängen in der Ikonografie. Einer Quelle zufolge standen Statuen von Iras und Charmion draußen Wache.[88] Plutarch deutet an, dass die Grabstätte mitten in Alexandria lag, bei denen der früheren Ptolemäer. Octavian befahl, auch das Mausoleum fertigzustellen. Die Alexandriner waren jetzt Untertanen Roms. Dass Kleopatras Monument neben einem Isistempel lag, besagt eigentlich nur, dass es überall gestanden haben könnte. Die jüngste Theorie lautet, dass sich die letzte Ruhestätte von Antonius und Kleopatra dreißig Kilometer westlich von Alexandria in Taposiris Magna, auf einem von der Sonne ausgedörrten Hang mit weitem Blick über das Mittelmeer befand.[89]

Weder das Grab noch das Mausoleum (fast sicher getrennte Bauten) sind bisher gefunden worden.

Kleopatra war neununddreißig Jahre alt und hatte fast zweiundzwanzig Jahre lang regiert, etwa ein Jahrzehnt länger als Alexander der Große, von dem sie jenen Stab geerbt hatte, den sie gegen ihren Willen jetzt an das Römische Reich weitergab. Mit ihrem Tod endete die Dynastie der Ptolemäer. Octavian annektierte Ägypten formell am 31. August. Sein erstes Jahr war Kleopatras letztes; er begann eine neue Zeitrechnung mit dem 1. August, an dem er in Alexandria eingezogen war. Kleopatra, so heißt es, habe einer Ära den Todesstoß versetzt, obwohl man das natürlich aus einer ägyptischen Perspektive heraus auch von Antonius sagen könnte. Man vergisst leicht, dass er mindestens ebenso sehr Kleopatras Verderben war wie sie seines.

Letztendlich erwiesen sich die ptolemäischen Lehrer als nicht vertrauenswürdig. Kaisarion kam bis zu einer Hafenstadt am Roten Meer, wo Rhodon ihn überredete, doch nach Alexandria zurückzukehren, vielleicht um an Stelle seiner Mutter mit Octavian zu verhandeln. Die antike Welt war mitunter schrecklich klein; Octavian konnte es sich nicht leisten, seinen Cousin am Leben zu lassen oder einen Sohn des vergöttlichten Caesar im Triumph mitzuführen. Schon der Name »Kaisarion« stellte ein Problem dar. Und die Zeremonie, mit der er für mündig erklärt worden war und von der jetzt alle Welt wusste, machte es nicht gerade leichter. Octavians Männer brachten den Siebzehnjährigen nach Alexandria zurück, wo sie ihn, womöglich erst nach längeren Folterqualen, ermordeten. Alexander Helios, Kleopatra Selene und Ptolemaios Philadelphos kehrten, da sie keine echte Gefahr darstellten, mit Octavian nach Rom zurück, wo sie von seiner Schwester aufgezogen wurden. Sie wuchsen in ihrem großen, reichen Haushalt zusammen mit den Töchtern des Antonius und der Octavia und den noch lebenden Kindern des Antonius aus seinen früheren Ehen auf. (Iotape, Alexander Helios' Verlobte, kehrte zu ihrer Familie in

Medien zurück.) Ein Jahr nach dem Tod ihrer Mutter führte Octavian Kleopatras überlebende Kinder in seinem Triumphzug mit, sicher ein seltsames Erlebnis für die drei jungen Menschen, die offenbar so sorgfältig erzogen wurden, als ob sie seine eigenen Kinder wären. Später verheiratete er Kleopatra Selene mit Juba II., der als Fünfjähriger an Caesars afrikanischem Triumphzug teilgenommen hatte und danach in Rom ausgebildet worden war, wo er ein starkes Interesse an der Geschichte entwickelte. Die beiden hatten ähnliche prägende Jahre und Demütigungen erlebt; die römischen Bürgerkriege hatten sie zu Waisen gemacht. Juba, ein kultivierter Mann, eine Art Dichter und ein Liebling Octavians, wurde mit seiner Braut als Herrscher nach Mauretanien geschickt, das damals den Norden der heutigen Staaten Marokko und Algerien umfasste. Kleopatras Tochter war wahrscheinlich fünfzehn, Juba zweiundzwanzig Jahre alt. Als Gunstbeweis für das junge Königspaar schonte Octavian das Leben von Kleopatra Selenes Brüdern, die vielleicht mit nach Westafrika reisten. Nach dem Triumph verliert sich ihre Spur.

Auf dem mauretanischen Thron bewahrte Kleopatra Selene das Erbe ihrer Mutter; auf ihren Münzen sind ihr Bild und griechische Inschriften eingeprägt. (Jubas Prägungen tragen lateinische Schrift.) Gemeinsam verwandelte das Paar seine Hauptstadt in ein Zentrum der Kultur und Kunst, einschließlich einer hervorragenden Bibliothek. Sehr viele ägyptische Statuen – darunter eine vom 31. Juli des Jahres 30, dem Tag, bevor Octavian in Alexandria einzog – sind in der Gegend gefunden worden, wo Kleopatra Selene ganz offensichtlich eine Galerie ptolemäischer Porträtbüsten versammelte. Sie setzte die Verbindung mit Isis fort und nannte ihren Sohn Ptolemaios, außerdem hielt sie heilige Krokodile.[90]

Kleopatras einziger bekannter Enkel, Ptolemaios von Mauretanien, folgte Juba im Jahr 23 n. Chr. auf den Thron. In seinem siebzehnten Regierungsjahr kam er auf Einladung Caligulas nach Rom. Beide Männer stammten von Marcus Antonius ab, sie waren entfernte Cousins.* Der römische Kaiser nahm den afrikanischen König in Ehren auf, bis Ptolemaios eines Tages in einem besonders prächtigen Purpurumhang bei einem Gladiatorenkampf auftauchte. Aller Augen ruhten auf ihm, was Caligula missfiel. Er befahl, Ptolemaios zu ermorden, ein passendes Ende für eine Dynastie, die von Anfang an in strahlende, satte Farben getaucht war.[92]

Octavian beseitigte alle Spuren von Antonius in Rom wie auch in Alexandria. Der 14. Januar, sein Geburtstag, galt als unglücklicher Tag, an dem keine öffentlichen Geschäfte getätigt wurden. Per Senatsbeschluss durften die Namen »Marcus« und »Antonius« nie mehr zusammen verwendet werden. Ansonsten wurde er als eine historische Peinlichkeit abgetan. Octavian erwähnte in seinem Bericht über Actium weder Antonius noch Kleopatra namentlich. Er verurteilte verschiedene enge Verbündete des Antonius zum Tod, zunächst und vor allem Canidius und jenen römischen Senator, der Kleopatras Textilmanufakturen geleitet hatte.[93] Diejenigen, die geschworen hatten, mit Antonius und Kleopatra unterzugehen, waren vermutlich froh darüber, dass sie sich nicht aktiv darum bemühen mussten. Andere Parteigänger verschwanden. Der einflussreiche Hohepriester von Memphis – der im selben Jahr wie Kaisarion geboren und persönlich mit Kleopatra verbunden geblieben war – starb auf mysteriöse Weise einige Tage vor ihr. Es war von entscheidender Bedeutung, dass niemand überlebte, der irgendeine Autorität ausüben, die Menschen um sich sammeln, Kleopatras Reich wieder einen konnte. Octavians Männer schafften den größten Teil des ptolemäischen Vermögens aus dem Palast und forderten überall in der Stadt Strafzahlungen ein, indem

* Caligula stammte sowohl von Marcus Antonius (seinem Urgroßvater väterlicherseits) wie auch von Octavian (seinem Urgroßvater mütterlicherseits) ab. Er hob abwechselnd mal die eine, mal die andere Linie hervor, je nachdem, was er vorhatte. Unter seiner Regierung konnte man leicht etwas falsch machen – an einem Tag waren womöglich Opferfeiern zur Niederwerfung des Antonius anstößig, am nächsten dann die Weigerung, den Sieg des Augustus zu feiern.[91]

sie irgendein Fehlverhalten erfanden. Wo es ihnen an Begründungen mangelte, konfiszierten sie einfach zwei Drittel des Besitzes ihrer Opfer. Es war eine höfliche Art zu plündern; die Römer bereicherten sich überaus elegant. Octavian nahm wunderbare Statuen und kostbare Kunstwerke aus Alexandria mit, die Antonius und Kleopatra zuvor in ganz Asien erbeutet hatten. Er gab sie meist jenen Städten zurück, aus denen sie stammten. Ein paar der schönsten Stücke gelangten nach Rom, wo schon seit der Plünderung Korinths im 2. Jahrhundert v. Chr. die schönsten Kunstwerke zu finden waren. Siebzehn Jahre nach Kleopatras Tod vollendete Octavian das Caesareum, dieses Wunderwerk pharaonischer und griechischer Architektur, als Kultbau zu seinen Ehren.

Kleopatra hatte sehr viele Anhänger, die ihr ebenso treu gedient hatten wie ihre Hofdamen, deren Hingabe in Alexandria Stadtgespräch war.[94] Eine Dienerin starb normalerweise nicht für ihre Herrin. Jene, die angeboten hatten, für ihre Königin den Aufstand zu proben, verehrten sie weiterhin. Kleopatra stand hoch in der Gunst ihres Landes, unter ihrer Regierung hatte es keine Revolten gegeben. Alexandria muss in tiefe Trauer versunken sein. Es wurden Prozessionen veranstaltet, Hymnen verfasst und Opfer dargebracht; die Stadt hallte wider von den Totenklagen, bei denen sich die Frauen von Alexandria ihre Kleider zerrissen und sich auf die Brust schlugen. Im Namen der einheimischen Priester bot ein Geistlicher Octavian zweitausend Talente, um die vielen Statuen Kleopatras zu bewahren. Sie mochte erhaben bleiben, auch wenn sie tot war; das Angebot klang zu verlockend, als dass Octavian es hätte ablehnen können. Es entband ihn zudem von der heiklen Aufgabe, sich mit Isis auseinanderzusetzen, die noch einige Zeit verehrt wurde. Kleopatra war oft nicht von jener Göttin zu trennen. Kleopatras Statuen und ihr Kult waren noch mehrere Jahrhunderte lang lebendig, vor allem wegen ihres erbitterten Widerstands gegen die Römer.

Octavian verweilte nicht länger in Ägypten, fortan eine römische Provinz, in die kein hochgestellter Römer ohne ausdrückliche Erlaubnis reisen durfte. Als einem der wenigen Imperialisten der Geschichte, die nicht unbedingt Alexander dem Großen nacheifern wollten – alles hätte sich für Kleopatra ganz anders entwickelt, wenn Alexander sein Vorbild gewesen wäre –, war ihm die reine Macht wichtiger als deren Staffage. Er zeigte wenig Interesse an ägyptischer Geschichte, zum Entsetzen von Kleopatras früheren Untertanen, die ihm die sterblichen Hüllen ihrer Vorfahren präsentieren wollten. Octavian machte deutlich, dass er wenig Interesse an toten Ptolemäern hatte. Er zollte nur Alexander dem Großen Respekt, den man für diesen Besuch aus seinem Sarkophag holte. Angeblich stieß Octavian aus Versehen gegen den Leichnam und brach dabei ein Stück der mumifizierten Nase ab.[95]

Octavian war sehr sonnenempfindlich – er ging ohne seinen breitkrempigen Hut nirgends hin – und konnte die Hitze eines Augusts in Alexandria sicher nicht genießen. Im Herbst zog er sich in die Provinz Asia zurück. Niemand profitierte mehr von Kleopatras Tod als Herodes, der die Römer auf ihrer Reise in den Norden wieder einmal als Gäste aufnahm. Octavian gab ihm seine kostbaren Palmen- und Balsamhaine zurück, die Küstenstädte, die Antonius für Kleopatra in Besitz genommen hatte, und noch einige zusätzliche Territorien. Herodes' Reich wuchs endlich auf eine Größe, die seinen Gefälligkeiten entsprach. Als Roms neuer Liebling unter den Nichtrömern erbte er zudem die vierhundert kräftigen Gallier, die Kleopatra als Leibwache gedient hatten. Nikolaos von Damaskus trat als Lehrer in seine Dienste und wurde sein enger Vertrauter. Er schuf eine Hofgeschichte für Herodes, aus der Josephus – eine wichtige Quelle für das Leben Kleopatras und selbst jemand, der sich erst in der Mitte seines Lebens zur römischen Sache bekehrt hatte – schöpfen sollte. Octavian übertrug Gallus als Präfekten die Verwaltung von Ägypten; und auch der musste feststellen, dass die Provinz schwer zu regieren war – im Jahr 29 unterwarf er die Bevölkerung rund um Theben, »den allgemein bekannten Schrecken aller Könige«[96] – und einem die Reichtümer zu Kopfe stiegen. Er überschritt seine Kompetenzen, gab zu viele Statuen von sich selbst in Auftrag, ließ seine Heldentaten auf den Pyramiden verewigen und beging schließlich, vom Senat angeklagt, Selbstmord.

Fast genau ein Jahr nach ihrem Tod wurde Kleopatra als Abbild durch die Straßen Roms getragen, am letzten und prächtigsten der drei Triumphtage Octavians. Mit ihr ergoss sich ein beeindruckender Strom aus Gold, Silber und Elfenbein die Via Sacra hinab über das Forum. Cassius Dio berichtet uns, dass die ägyptische Prozession »an Kostbarkeit und Pracht« alle anderen übertraf.[97] Hinter den Gold- und Silbertruhen, den Wagen voller Schmuck, Waffen und Kunstwerke, den farbenprächtigen Bannern und Flaggen und den besiegten Soldaten marschierten in Ketten die hoch geschätzten Gefangenen, die zehn Jahre alten Zwillinge und der sechsjährige Ptolemaios Philadelphos. Kleopatra war auf ihrem Sterbebett dargestellt, in Gips oder Farbe, zusammen mit der Natter, die vielleicht erst den Anstoß zu diesem Gerücht gab. Umringt von seinen Offizieren, folgte Octavian in seinem purpurnen Feldherrnmantel. Kleopatra hatte eine Sache falsch eingeschätzt: Auffällig war, dass Antonius bei diesem Anlass völlig fehlte. Eine andere Einschätzung erwies sich als richtig: Der einzige Herrscher, der in diesem Triumph mitgeführt wurde, ein Verbündeter Antonius', wurde kurz darauf hingerichtet. Die Stadt sonnte sich in der ägyptischen Beute. Ptolemäisches Gold und Silber tonnenweise, Brustpanzer und Geschirr, Kronen und Schilde, vor Edelsteinen strotzende Möbel, Gemälde und Statuen waren mit Octavian über das Mittelmeer gesegelt, dazu mehrere Krokodile. In einigen Berichten ist auch von einem Nilpferd und einem Nashorn im Triumphzug zu lesen.[98] Octavian konnte es sich leisten, großzügig zu sein, und machte teure Geschenke nach allen Seiten. Der ägyptische Sieg wurde mit besonderer Begeisterung gefeiert, nicht nur, weil man ihn sich leisten konnte. Es ging vielmehr darum, einen Bürgerkrieg zu kaschieren.

Kleopatras Statue auf dem Forum blieb stehen. Das war das wenigste, das Octavian für die Frau tun konnte, deren goldene Liegen und mit Edelsteinen besetzte Krüge seinen Aufstieg finanzierten. Dank Kleopatra konnte er jede einzelne seiner Verpflichtungen erfüllen. Sie garantierte den Wohlstand Roms. Octavian ließ so gewaltige Geldmengen in die Wirtschaft fließen, dass die Preise in die Höhe schossen. Die Zinsen verdreifachten sich. Cassius Dio fasste den Vermögenstransfer so zusammen, dass Kleopatra dafür sorgte, dass »das Römische Reich wohlhabend und seine Tempel geschmückt wurden«[99]. Ihre Kunstwerke und Obelisken schmückten die Straßen. Sie war zwar vernichtend geschlagen worden, aber sie wurde dennoch durch die Schönheit einer ausländischen Stadt gefeiert. Mit den Reichtümern erlebte Rom so etwas wie eine Ägyptomanie.[100] Überall tauchten Sphinxe, hoch aufgerichtete Kobras, Sonnenscheiben, Akanthusblätter und Hieroglyphen auf. Lotusblüten und Greife schmückten sogar Octavians privates Arbeitszimmer. Und Kleopatra wurde noch eine zweite indirekte Anerkennung zuteil: In ihrem Kielwasser brach in Rom ein Goldenes Zeitalter für die Frauen an.[101] Ehefrauen und Schwestern hochgestellter Männer spielten plötzlich eine Rolle im öffentlichen Leben. Sie intervenierten mit Sendboten, berieten Ehemänner, reisten ins Ausland, gaben Tempel und Skulpturen in Auftrag. Sie wurden in Kunst und Gesellschaft deutlicher sichtbar. Sie gesellten sich auf dem Forum zu Kleopatra. Keine andere Römerin erlangte den herausgehobenen Status oder genoss die noch nie da gewesenen Privilegien einer Livia oder Octavia.[102] Beides verdankten sie jener Ausländerin, als deren Gegengewicht sie dienten. Livia trug immer mehr Landbesitz zusammen, zu dem auch Ländereien in Ägypten und Palmenhaine in Judäa gehörten. Octavia ging als die Nichtkleopatra in die Geschichte ein, als überaus bescheiden, vernünftig und fromm.

Auch Kleopatra wurde befördert, vom Vorwand zum Endpunkt. Wenn man nach einem Datum für den Beginn der modernen Welt suchte, war ihr Tod der beste Zeitpunkt, den man finden konnte. Mit ihr gingen die vierhundert Jahre alte Republik und das hellenistische Zeitalter zu Ende. Octavian setzte einen der größten Taschenspielertricks der Geschichte ins Werk; er stellte die Republik in all ihrem Glanz wieder her – und wie sich innerhalb etwa eines Jahrzehnts zeigen sollte, als Monarchie. Er hatte aus Caesars abschreckendem Beispiel gelernt und ging sehr vorsichtig vor. Octavian war nie ein »König«, immer ein »princeps« oder »erster Bürger«. Auf der Suche nach einem Titel, der hinreichend großartig und gleichzeitig frei von jedem monarchischen Beigeschmack war, wandte er sich an Kleopatras früheren Freund Plancus, den bemalten Meeresgott. Plancus prägte den Namen »Augustus«, um anzudeuten, dass jener zuvor als Gaius Julius Caesar bekannte Mensch mehr als nur ein Mensch, dass er kostbar und hochgeehrt war.

Es lag eine gewisse Ironie darin, dass der Westen sich so schnell Kleopatras Osten annäherte, zumal ja Octavian Kleopatra immer als eine Bedrohung für die Republik angesehen hatte – was sie nie hatte sein wollen. Um Octavian bildete sich eine Art Königshof. Er zerstritt sich mit fast allen Familienangehörigen. Die römischen Kaiser wurden zu Göttern. Sie ließen sich, dem dionysischen Beispiel des Antonius folgend, als Serapis darstellen. Und ungeachtet aller Lippenbekenntnisse, was nüchterne Sparsamkeit betraf, übernahmen sie wie selbstverständlich Kleopatras prächtigen Glanz. Es hieß zwar, Octavian habe ihr sagenhaftes goldenes Tafelgeschirr einschmelzen lassen[103], doch die hellenistische Pracht setzte sich langfristig durch. »Denn es ist angemessen, dass wir, die wir über so viele Menschen herrschen«, argumentierte ein Berater Octavians, »alle Menschen in allen Dingen übertreffen sollten, und zudem trägt Glanz dieser Art in gewisser Weise dazu bei, unsere Verbündeten mit Respekt vor uns zu erfüllen und unsere Feinde mit Schrecken.«[104] Er riet Octavian, keine Kosten zu scheuen. Rom war der neue Luxusmarkt. Die Kunsthandwerker und Werkstätten folgten. Das Personal Livias umfasste über tausend Menschen. Octavian war von Kleopatras hoch aufragendem Mausoleum so beeindruckt, dass er ein ähnliches in Rom bauen ließ; Alexandria hat großen Anteil an Roms Verwandlung von der Ziegel- zur Marmorstadt. Octavian starb mit sechsundsiebzig Jahren, zu Hause im Bett, einer der wenigen römischen Kaiser, die nicht von einem engen Familienangehörigen ermordet wurden – übrigens ein weiteres hellenistisches Erbe. In vierundvierzig Regierungsjahren – doppelt so vielen wie Kleopatra – hatte er mehr als genug Zeit gehabt, die Ereignisse, die ihn an die Macht gebracht hatten, umzudeuten.* Auch er hatte Grund festzustellen, »dass keine hohe Stellung je frei von Neid oder Verrat ist, und am allerwenigsten eine Monarchie«[106]. Die Feinde waren schlimm, noch schlimmer aber waren wohl die Freunde. Das Amt, so schloss er, sei absolut grässlich.

Fast sofort fing man an, die Geschichte umzuschreiben. Marcus Antonius verschwand aus den Darstellungen, und Actium verwandelte sich in eine wichtige Schlacht, einen überwältigenden Sieg, einen historischen Wendepunkt. Aus einem Ende wurde ein Neuanfang. Augustus hatte das Land aus großer Gefahr gerettet. Er hatte den Bürgerkrieg beendet und nach einem Jahrhundert der Unruhe den Weltfrieden wiederhergestellt. Die Zeit begann neu. Wenn man die offiziellen Historiker liest, hat man den Eindruck, als erstrahlte die italienische Halbinsel bei seiner Rückkehr – nach einem lähmenden, finsteren Jahrhundert der Gewalt – in Technicolor, als stünde das Getreide plötzlich aufrecht, prall und golden auf den Feldern. »Den Gesetzen wurde die Geltung, den Gerichtshöfen die Autorität, dem Senat die Würde zurückgegeben«, verkündete Velleius und kam dabei dem Pflichtenkatalog sehr nahe, mit dem sich Caesar im Jahr 46 hatte beschäftigen sollen.[107] Augustus' Ego ist bis auf den heutigen Tag am Kalender abzulesen, der an den Sturz von Alexandria und Roms Bewahrung vor einer ausländischen Bedrohung erinnert.** Kalender der Zeit feierten das Datum als eines, an dem er Rom »aus der schwersten Gefahr« befreite.[109]

* Wie immer erregte auch hier eine fähige Frau Misstrauen. Man flüsterte, Livia habe ihn umgebracht. Kurioserweise soll sie es mit vergifteten Feigen getan haben.[105]

** Die Praxis, Monate umzubenennen, endete mit Tiberius, der, als man ihn drängte, den November zu okkupieren, spottete, das alles werde hochproblematisch werden, falls es irgendwann dreizehn Caesaren geben sollte.[108]

Kleopatra kam besonders schlecht weg; die Wendehälse schrieben die Geschichte, allen voran Dellius, Plancus und Nikolaos von Damaskus. Die Jahre nach Actium waren eine Zeit überschwänglicher Lobeshymnen und üppiger Mythenbildung. Damit einher ging auch die Geburt der lateinischen Literatur; es war Kleopatras Fluch, dass sie deren große Dichter inspirierte, die sich nur allzu gern an ihrer Schande weideten, in einer Sprache, die ihr und allem, wofür sie stand, feindlich gesinnt war. Horaz schrieb mit Begeisterung über Actium. Er feierte als Erster Octavians glänzenden Sieg, während Kleopatra noch dabei war, Alexandria zu befestigen. Er feierte ihre Niederlage, bevor sie feststand. Vergil und Properz standen zur Verherrlichung des ägyptischen Triumphes bereit, als sowohl die Natter als auch Kleopatras verderblicher Einfluss schon in Stein gemeißelt waren. In allen Darstellungen flieht Antonius wegen Kleopatra aus Actium. Sie liefert einen sehr brauchbaren Beleg für eine Lieblingsthese des Properz: Ein verliebter Mann ist ein hilfloser Mann, seiner Geliebten auf schändliche Weise hörig. Es war, als hätte Octavian Rom auch von diesem Übel befreit. Er stellte die natürliche Ordnung der Dinge wieder her: Männer herrschen über Frauen, und Rom herrscht über die Welt. Bei beiden Punkten spielte Kleopatra eine Schlüsselrolle. Vergil schrieb die *Aeneis* in dem Jahrzehnt nach Kleopatras Tod; er ließ ihr sogar bei Actium Schlangen folgen. Sie konnte gar nicht gut wegkommen in einem Werk, das man Augustus wie auch Octavia laut vorlas. Ansonsten wurde ihre Geschichte von einem Römer geformt, der sie in der letzten Woche ihres Lebens zum ersten Mal gesehen hatte und zu einer gefährlichen Widersacherin stilisierte, so herausgehoben, dass sich dichter Nebel und verdunkelnde Mythen um sie rankten. Sie zählt zu den Verlierern, an die sich die Geschichte erinnert, allerdings aus den falschen Gründen heraus.*

* Es ist durchaus möglich, dass sie Aesops Fabel kannte: Dort sagt der Löwe zum Mann: »Es gibt viele Statuen von Männern, die Löwen erschlagen, doch wenn nur die Löwen Bildhauer wären, gäbe es vielleicht auch ganz andere Skulpturen.«

Diejenigen, die die Mythen schufen, standen alle auf einer Seite. Das ganze nächste Jahrhundert über hielten der orientalische Einfluss und die Emanzipation der Frau die Satiriker beschäftigt.

Seit Kleopatras Tod hat sich ihr Schicksal ebenso dramatisch gewendet wie zu ihren Lebzeiten. Man hat ihr unterstellt, ihre Macht sei von ihrer Sexualität ausgegangen. Der Grund liegt auf der Hand: Schon einer der Caesarmörder hatte festgestellt: »Wie viel mehr Aufmerksamkeit widmen die Menschen ihren Ängsten als ihren Erinnerungen!«[110] Man schrieb den Erfolg einer Frau schon immer lieber ihrer Schönheit als ihrer Klugheit zu und reduzierte sie auf ihre Bettgeschichten. Gegen eine mächtige Zauberin kann man nicht ankommen. Gegen eine Frau, die einen Mann in den Schlingen ihrer raffinierten Intelligenz fängt, sollte es doch wohl ein Gegengift geben. Kleopatra beunruhigt als kluge Frau mehr denn als Verführerin; es ist weniger bedrohlich, das Verhängnis in ihrer Schönheit als in ihrer Intelligenz zu suchen. (Menanders Spruch aus dem 4. Jahrhundert v. Chr. – »Ein Mann, der einer Frau das Schreiben beibringt, sollte erkennen, dass er einer Schlange das Gift liefert«[111] – wurde noch Jahrhunderte nach ihrem Tod von Schulkindern abgeschrieben.) Es ist auch die bessere Geschichte. Properz gab den Ton an. Kleopatra war in seinen Augen eine zügellose Verführerin, »die Hurenkönigin«, später »eine Frau von unstillbarer sexueller Gier und unstillbarer Habgier« (Cassius Dio), eine Sünderin im Fleische (Dante), »die Hure der östlichen Könige« (Boccaccio), ein Paradebeispiel für unerlaubte Liebe (Dryden).* Properz ließ sie mit ihren Sklaven Unzucht treiben. Ein Römer des 1. Jahrhunderts n. Chr. behauptete (fälschlich), dass »die alten Autoren wiederholt von Kleopatras unstillbarer Libido sprechen«[112]. In einem antiken Bericht ist sie so unersättlich, dass »sie oft die Prostituierte spielte«[113]. (Und sie ist so schön und so giftig, dass

* Dante wenigstens positioniert sie in der Hölle sieben Kreise über ihrem Bruder. Ihre Sünde (Wollust) richtete sich gegen sie selbst, die ihres jüngeren Bruders (Verrat) schädigte andere.

»viele Männer sich Nächte mit ihr um den Preis ihres Lebens erkauften«[114].) In der Einschätzung einer Autorin des 19. Jahrhunderts war sie »ein verblüffendes Hexenweib«[115]. Florence Nightingale sprach von »dieser abstoßenden Kleopatra«[116]. Als Cecil B. DeMille ihr die Filmrolle anbot, soll er Claudette Colbert gefragt haben: »Wie würde es Ihnen gefallen, die verruchteste Frau der Geschichte zu sein?«[117] Kleopatra spielt auch eine Hauptrolle in einem Buch aus dem Jahr 1928 mit dem Titel *Sünder der Weltgeschichte*. Aus dem Wettstreit mit der historischen Persönlichkeit geht die Legende als eindeutige Siegerin hervor.

Das Persönliche übertrumpft unweigerlich das Politische, und das Erotische übertrumpft alles: Wir werden noch wissen, dass Kleopatra mit Julius Caesar und Marcus Antonius schlief, lange nachdem wir vergessen haben, was sie dadurch erreichte – dass sie ein riesiges, wohlhabendes, dicht bevölkertes Reich in seiner unsicheren Abenddämmerung im Namen einer stolzen und kultivierten Dynastie bewahrte. Bekannt bleibt sie dafür, dass sie zwei der größten Männer ihrer Zeit verführte; ihr Verbrechen bestand darin, eben jene »gerissenen und verdächtigen« Ehen einzugehen, die jeder mächtige Mann mit Freuden schloss.[118] Sie drehte den Spieß um und suchte sich ihre Männer selbst aus; das machte sie zu einer abartigen, das gesellschaftliche Gefüge zerstörenden, widernatürlichen Frau. Und dazu kamen noch ein paar weitere Regelverstöße. Sie ließ Rom armselig und unsicher aussehen – auch ohne die sexuelle Komponente schon ein ausreichender Grund, Angst zu bekommen. Eine Zeit lang geisterte sie vor allem als abschreckendes Beispiel durch die Fantasie der Menschen. Unter Augustus erhielt die Institution der Ehe neues Ansehen, eine Entwicklung, die für Kleopatra, die destabilisierende, herrische Zerstörerin glücklicher Ehen, Schlimmes ahnen ließ.

Sie provozierte Verachtung und Neid in gleichem und gleichermaßen verzerrendem Maß; ihre Geschichte beruht ebenso sehr auf männlicher Angst wie auf männlichen Fantasien. Durch Plutarch ist die größte Liebesgeschichte aller Zeiten auf uns gekommen, obwohl Kleopatras Leben weder so grell noch so romantisch war, wie man es sich zusammengereimt hat. Und sie wurde gleich zweimal zu einer Femme fatale. Wenn Actium die Schlacht aller Schlachten sein sollte, so musste sie die »wilde Königin« sein, die auf Roms Vernichtung aus war. Wenn Antonius etwas anderem erlag als einem römischen Landsmann, musste Kleopatra eine entwaffnende Verführerin sein, »die ihn schon ins Verderben gestürzt hatte und nun seinen Untergang vollkommen machen wollte«[119]. Man weiß manchmal nicht, wo Rache endet und Huldigung beginnt. Ihre Macht wurde sofort hochstilisiert, denn um den historischen Zwecken des einen Mannes zu dienen, musste sie einen anderen in eine elende Sklaverei gezwungen haben. Es stimmt, dass sie eine pflichtbewusste, vaterliebende Tochter war, eine Patriotin und Beschützerin, eine frühe Nationalistin, ein Sinnbild des Mutes, eine weise Herrscherin mit Nerven aus Stahl, eine Meisterin der Selbstdarstellung. Es stimmt nicht, dass sie den Leuchtturm von Alexandria errichten ließ, Gold spinnen konnte, die ideale Frau war (Gautier), eine Märtyrerin der Liebe (Chaucer), »ein dummes kleines Mädchen« (Shaw), die Mutter Christi.[120] Ein koptischer Bischof des 7. Jahrhunderts nannte sie »die berühmteste und weiseste aller Frauen«, größer als die Könige, die ihr vorausgegangen waren.[121] An guten Tagen heißt es, Kleopatra sei aus Liebe gestorben, was auch nicht ganz stimmt. Letztendlich haben sich alle von Michelangelo bis Gérôme, von Corneille bis Brecht an ihr versucht. Die Renaissance war besessen von ihr, die Romantik hingerissen. Sie trieb sogar Shakespeare zu Höchstleistungen an, entlockte ihm seine größte Frauenrolle, seine schönste Dichtkunst, einen ganzen letzten Akt ohne Antonius und, nach Einschätzung eines Kritikers, einen überbordenden Lobgesang auf den schuldfreien Ehebruch in reiferen Jahren.[122] Womöglich hat Shakespeare ebenso viel Schuld daran, dass wir Kleopatra VII. aus den Augen verloren haben, wie die Feuchtigkeit in Alexandria, die römische Propaganda und Elizabeth Taylors klare blaue Augen.[123]

Als Zentrum intellektueller Gefechte und philosophischer Marathonläufe gab Alexandria seine Vitalität nicht sofort verloren. Etwa ein Jahrhundert lang blieb die Stadt noch das Gehirn der Mittelmeerwelt. Dann begann sie sich aufzulösen. Mit ihr verschwand die rechtliche Autonomie der Frauen; die Tage, in denen man seinen Schwiegervater vor Gericht auf Rückzahlung der Mitgift verklagen konnte, wenn der (zahlungsunfähige) Ehemann weglief und ein Kind mit einer anderen hatte, waren vorbei. Nach einem Erdbeben im 5. Jahrhundert rutschte Kleopatras Palast ins Mittelmeer. Der Leuchtturm, die Bibliothek, das Museum – alles ist verschwunden. Der alexandrinische Hafen ist in seiner Größe nicht mit seinem hellenistischen Vorgänger zu vergleichen. Sogar der Nil hat seinen Lauf verändert. Die Stadt ist um mehr als sechs Meter abgesunken. Und auch die Küste von Actium sieht heute anders aus. Kleopatras Alexandria war lange fast völlig unsichtbar, entweder unter Wasser oder unter einer wimmelnden Stadt begraben, die das hellenistische Kapitel ihrer Geschichte weitgehend aus ihrem Gedächtnis gelöscht hatte. Auch die ptolemäische Kultur löste sich in Luft auf. Vieles, was Kleopatra wusste, blieb fünfzehnhundert Jahre vergessen. Ein ganz anderer Frauentyp, die Jungfrau Maria, verkörperte Isis so vollkommen, wie Elizabeth Taylor Kleopatra verkörperte.

Die Faszination, die Kleopatra auf uns ausübt, ist dadurch nur gewachsen; die ägyptische Königin hat die Mythenbildung durch ihr Verschwinden nur noch stärker angeregt. Die Lücken in der Geschichte sorgen dafür, dass sie uns immer noch verzaubert – und irritiert. Auch zweitausend Jahre, nachdem sie Octavian mit einem überaus kostspieligen Scheiterhaufen verspottet hat, fesselt nichts so sehr wie großes Glück und verheerende Katastrophen. Wir kämpfen noch immer den Kampf Osten gegen Westen, oszillieren noch immer so unbehaglich wie Cicero zwischen Überfluss und Mäßigung. Sex und Macht gehen noch immer spektakulär in Flammen auf. Weiblicher Ehrgeiz, Leistung, Macht beunruhigen uns wie schon die Römer, in deren Augen Kleopatra eher ein Ungeheuer als ein Wunder war.

Zweitausend Jahre schlechte Presse und überhitzte Prosa. Filme und Opern können die Tatsache nicht aus der Welt schaffen, dass Kleopatra eine bemerkenswert fähige Königin war, überaus listig und opportunistisch, eine Strategin ersten Ranges. Ihr Aufstieg begann mit einer kühnen Trotzreaktion und endete mit einer ebensolchen. »Welche Frau, welche Abfolge von Männern im Altertum, war je so groß?«, möchte der anonyme Autor eines nur in Bruchstücken erhaltenen lateinischen Gedichts wissen, der sie zur wichtigsten Akteurin des Zeitalters macht.[124] Mit Leib und Seele brachte sie sich in die Weltpolitik ein – und das hatte weitreichende Folgen. Sie überzeugte ihr Volk davon, in einer Abenddämmerung einen heraufziehenden Morgen zu sehen, und kämpfte mit aller Macht dafür, dass es auch so kam. In einer ausweglosen Situation improvisierte sie wie wild, improvisierte dann wieder neu – genau das macht in den Augen mancher Betrachter wahres Genie aus. Ihre Geschichte besaß einen gewissen Glamour, eine Größe, noch bevor Octavian und Shakespeare sie bearbeiteten. Sie verfügte über eine aufregende Präsenz; lange bevor Plutarch sie über viele Seiten ausbreitete, hatte sie schon die gleiche Wirkung auf seine Landsleute ausgeübt. Von der ersten bis zur letzten Szene verblüfft uns ihre Fähigkeit, die Inszenierung zu bestimmen. Bis ganz zum Schluss war sie Herrin ihrer selbst, raffiniert, geistreich, unfassbar reich und ehrgeizig.

In ihrem Erwachsenenleben hatte Kleopatra sicher ein paar Menschen kennengelernt, die sie als ebenbürtig empfand. In den Augen der Römer war sie eine starrsinnige, absolute Ausnahme von jeder Regel. Sie bleibt weitgehend unvergleichlich: Sie hatte sehr viele Vorgängerinnen, aber nur einige wenige Nachfolgerinnen. Mit ihr endete im Grunde das Zeitalter der Kaiserinnen. In zweitausend Jahren konnten nur eine oder zwei andere Frauen von sich behaupten, eine so uneingeschränkte Macht über ein so gewaltiges Reich ausgeübt zu haben. Kleopatra bleibt fast allein an einem nur von Männern besetzten Tisch. Sie hat vieles richtig gemacht, aber eine entscheidende Sache falsch. Man kann unmöglich nachvollziehen, wie sie sich wohl im Sommer des Jahres 30 gefühlt haben mag, als Octavian immer näher rückte und ihr klar wurde, dass es keine bravouröse Rettung geben werde und sie und Ägypten diesmal dem Untergang geweiht waren. »Wie ist es, wenn man sein Land verliert – ein großes Leid?«, fragt eine Königin ihren Sohn bei Euripides. »Das größte, noch schlimmer, als die Leute sagen«, antwortet er.[125] Angst und Wut müssen Kleopatra bis ins Innerste erschüttert haben, als sie begriff, dass sie diejenige sein würde, »die die ägyptische Königsherrschaft zerstörte«, wie es ein Chronist des 3. Jahrhunderts n. Chr. ausdrückte.[126] Über diesen monumentalen Verlust konnte sie nichts hinwegtrösten, nicht einmal – vorausgesetzt, sie glaubte daran – ein glänzendes Leben nach dem Tod.

DANK

»ICH HABE MICH also bemüht, die Belege zu der Angelegenheit zusammenzufassen, so gut ich kann, und das Ergebnis scheint zu sein, dass die Welt, was die Wahrheit betrifft, in einem Zustand der Unsicherheit schwanken muss«, erklärt Boswell im Hinblick auf Richard Savage und macht damit Generationen von Biografen Hoffnung. Eine Vielzahl von Gelehrten hat meine Schwankungen in Bezug auf den Hellenismus beträchtlich verringert und sich Fragen gewidmet, die vom Grundsätzlichen über das Abwegige bis hin zum Unbeantwortbaren reichten. Für ihre Zeit, ihre Weisheit und ihre Geduld danke ich Roger S. Bagnall, Mary Beard, Larissa Bonfante, dem verstorbenen Lionel Casson, Mostafa El-Abbadi, Bruce W. Frier, Norma Goldman, Mona Haggag, O. E. Kaper, Andrew Meadows, William M. Murray, David O'Connor, Sarah B. Pomeroy, John Swanson, Dorothy J. Thompson und Branko van Oppen. Zusätzlich schulde ich Roger Bagnall Dank für seine intensive Lektüre des Manuskripts.

Für ihre Hilfe im Umgang mit und in Alexandria danke ich Terry Garcia, Jean-Claude Golvin, Nimet Habachy, Walla Hafez, Mona Haggag, Zahi Hawass, Kate Hughes, Hisham Hussein, William La Riche, Mohamed Abdel Maksoud, Magda Saleh und Marion Wood. Jack A. Josephson, Shelby White und Rick Witschonke von der American Numismatic Society halfen freundlicherweise, Bilder zu finden oder genau zu bestimmen.

Und schließlich möchte ich gern meine Bewunderung für den unvergleichlichen Michael Pietsch ausdrücken, eine Ausnahmegestalt im Verlagsgeschäft, und für seine Kollegen bei Little, Brown. Sie haben in allen Phasen Maßstäbe gesetzt. Vor allem danke ich Mario Pulice, Vanessa Kehren, Liz Garriga, Tracy Williams, Heather Fain, Heather Rizzo und Betsy Uhrig. Jayne Yaffe Kemp hat diese Seiten einfühlsam gelesen und gnadenlos redigiert. Es war eine Ehre, mit Eric Simonoff zusammenzuarbeiten, dessen Begeisterung für dieses Projekt meine eigene zeitweise noch übertraf. Bei William Morris bin ich auch Jessica Almon dankbar dafür, dass sie Buch und Autorin so fürsorglich vorangetrieben hat.

Bei der Recherche und den Übersetzungen haben mir Karina Attar, Matthew J. Boylan, Raffaella Cribiore, Kate Daloz, Sebastian Heath, Inger Kuin, der unermüdliche Tom Puchniak und Claudia Rader geholfen. Vielen Dank dafür. In der New York Society Library vollbrachte Brandi Tambasco wie gewohnt Wunder in Sachen Fernleihe. Dankbar bin ich auch den Mitarbeitern der Rutherford Library der University of Alberta und der New York Public Library, die ebenso ein Kulturdenkmal ist, wie es die antike Bibliothek von Alexandria war.

Kluge Ratschläge, freundliche Worte und Koffein habe ich mir bei so vielen nachsichtigen Freunden abgeholt, vor allem aber bei Wendy Belzberg, Lis Bensley, Alex Mayes Birnbaum, Judy Casson, Byron Dobell, Anne Eisenberg, Benita und Colin Eisler, Ellen Feldman, Patti Foster, Harry Frankfurt, Azza Kararah, Mitch Katz, Souad Kriska, Carmen Marino, Mameve und Howard Medwed, Helen Rosenthal, Andrea Versenyi, Meg Wolitzer und Strauss Zelnick. Elinor Lipman bleibt die scharfsichtigste, großzügigste und wortgewandteste Manuskriptleserin. Sie hat diese Seiten und das Leben ihrer Verfasserin in allen Bereichen bereichert. Ich wäre verloren ohne sie.

Für wahre Wunder – etwa, einen Bleistift aus dem Nichts herbeizuzaubern, zweitausend Jahre alte Währungen zu vergleichen, im Hafen von Alexandria zu tauchen und ganz gelassen eine Adresse mit einer Schriftstellerin zu teilen – schulde ich Marc de La Bruyère unendlichen Dank. Er macht mir die letzte Zeile unendlich leicht, da keine der vorhergehenden ohne ihn geschrieben worden wäre.

ANMERKUNGEN

Die Sackgassen und fehlenden Puzzleteile in Kleopatras Geschichte haben eine paradoxe Wirkung entfaltet – sie haben dafür gesorgt, dass wir uns mit unserem Wissen einfach nicht zufriedengeben wollen. Zu der über Jahrhunderte hinweg angehäuften Literatur über die letzte Königin Ägyptens kommt in jüngerer Zeit eine intensive wissenschaftliche Beschäftigung mit dem Hellenismus; ein Katalog der Sekundärliteratur würde selbst schon einen dicken Band füllen. Ich habe beschlossen, ihn nicht zu schreiben. Dort, wo viel Material in die kurze Darstellung eingeflossen ist, verweisen einführende Anmerkungen zu den Kapiteln auf zentrale Texte. Werke, die die Darstellung als ganze geprägt haben – diejenigen, die ich am häufigsten aus dem Regal gezogen habe –, finden sich in der Auswahlbibliografie.

Die Übersetzungen aus dem Griechischen und Lateinischen stammen im englischen Original größtenteils aus der Loeb Classical Library. Die wichtigsten Ausnahmen sind: Für Appian und Caesars *Bürgerkrieg* die flüssig zu lesenden Übersetzungen von John Carter (London 1996 und Oxford 1998) und für Lucan Susan H. Braunds Ausgabe (Oxford 1992). Bei deutlichen Abweichungen von veröffentlichten Übersetzungen hat Inger Kuin schwerfällige Formulierungen geglättet und widersprüchliche in Einklang gebracht. Die deutschen Übersetzungen sind direkt aus dem Englischen übernommen und mit deutschen Ausgaben, soweit vorhanden, abgeglichen.

Einige der wichtigsten Quellen sind gekürzt zitiert:

Appian	Appian, *Die Bürgerkriege*
Athenaios	Athenaios, *Das Gelehrtenmahl*
Cassius Dio	Cassius Dio, *Römische Geschichte*
Diodor	Diodorus Siculus, *Griechische Weltgeschichte*
Florus	Florus, *Epitome der römischen Geschichte*
Lucan	Lucan, *Der Bürgerkrieg (Pharsalia)*
Nikolaos	Nikolaos von Damaskus, *Leben des Kaisers Augustus*
Pausanias	Pausanias, *Beschreibung Griechenlands*

Plinius	Plinius der Ältere, *Naturgeschichte*
Plutarch, »Schmeichler«	Plutarch, »Wie man einen Schmeichler von einem Freund unterscheidet«, aus den *Moralia*
Plutarch, »Antonius«, »Caesar« usw.	Plutarch, die jeweiligen Kapitel aus den *Parallelbiografien*
Polybios	Polybios, *Historien*
Quintilian	Quintilian, *Lehrbuch der Redekunst*
Strabon	Strabon, *Geographie*
Sueton, »Caesar«, »Augustus« usw.	Sueton, die jeweiligen Kapitel aus den *Leben der Caesaren*
Valerius	Valerius Maximus, *Denkwürdige Taten und Reden*
Velleius	Velleius Paterculus, *Römische Geschichte*

1. KAPITEL: DIESE ÄGYPTISCHE FRAU

1 Florus, 2,21,2.

2 Euripides, *Helena*, nach der Übersetzung von Christoph Martin Wieland, Wien 1814, 5. Akt, S. 247.

3 Josephus, *Jüdische Altertümer*, 15,101.

4 Sallust, *Brief des Mithridates*, 21.

5 Josephus, *Jüdische Altertümer*, 13,408–430.

6 Rowlandson, 1998, S. 322.

7 Cassius Dio, 58,2,5.

8 Cicero an Quintus, 2 (1.2), November 59. Cicero mochte »den ganzen Stamm« der Orientalen nicht. »Im Gegenteil, ich habe ihre frivole, kriecherische Art so satt. Immer denken sie an den Vorteil des Augenblicks und nicht daran, das Rechte zu tun.«

9 James Anthony Froude, *Caesar: A Sketch*, New York 1879, S. 445.

10 Plutarch, »Pompeius«, 24.

11 Josephus, der 130 Jahre nach Caesar schrieb, bezweifelte stark die Aufrichtigkeit und die Methoden seiner Zeitgenossen: »Selbst von unseren jüngsten Kriegen gibt es sogenannte Geschichten aus der Feder von Personen, die weder die Schlachtfelder aufgesucht haben noch je in die Nähe des Geschehens gekommen sind. Sie haben lediglich ein paar Dinge vom Hörensagen zusammengestellt, die sie mit der Dreistigkeit betrunkener Zecher Geschichte nennen.« (*Gegen Apion*, 1,46). Er zog auch über die alten Griechen her, sie hätten von ein und demselben Ereignis widersprüchliche Berichte geliefert. Das hielt ihn nicht davon ab, selbst so zu verfahren.

12 Siehe K.R. Bradley, Einführung zu Suetonius, *Lives of the Caesars*, Bd. 1, Brüssel 1978, S. 14.

13 Siehe Andrew Wallace-Hadrill, *Suetonius*, London 2004, S. 19. Siehe auch Fergus Millar, *A Study of Cassius Dio*, Oxford 1999, S. 28. Zur Praxis, brillante

Geschichte »wie aus dem Nichts« zu erschaffen, siehe T.P. Wiseman, *Clio's Cosmetics: Three Studies in Greco-Roman Literature*, Bristol 1979, S. 23–53. Siehe ebenso Josephus, *Gegen Apion*, 1,24f. Sie alle erhellen, was Quintilian im 1. Jahrhundert n. Chr. meinte: »Geschichte steht der Dichtung sehr nahe und kann in gewissem Sinne als Dichtung in Prosa angesehen werden.«

14 Josephus, *Jüdischer Krieg*, 1,556.

15 Daniel Ogden prägte den Ausdruck von einer »griechischen Welt, aus der man die Griechen entfernt hat«. Siehe Daniel Ogden, *The Hellenistic World: New Perspectives*, London 2002, S. X.

16 Thukydides, *Geschichte des Peloponnesischen Krieges*, 1,22,4–23,3.

2. KAPITEL: TOTE MÄNNER BEISSEN NICHT

Zu dem »seltsamen Wahnsinn« (Cicero an Tiro, 146,16,12, 27.1.49) der römischen Bürgerkriege siehe Appian, Caesar, Cassius Dio, Florus und Plutarch. Sueton liefert ein Porträt Kleopatras. Eine andere Sicht auf Caesars Absetzung siehe Cecilia M. Peek, »The Expulsion of Cleopatra VII«, in: *Ancient Society*, 38, 2008, S. 103–135. Peek ist der Meinung, Caesar sei erst im Frühjahr 48 abgesetzt worden.

Was die klassischen Quellen zu Alexandria betrifft, so habe ich mich vor allem gestützt auf Achilleus Tatios, Ammianus Marcellinus, Arrian, Diodor, Plinius, Plutarch, Polybios, Strabon, Theokrit und Philon, besonders »Über das kontemplative Leben«, »Über Träume, 2. Buch« und »Gesandtschaft an Gaius«. Josephus beschreibt den Tempel und Palast des Herodes in *Jüdischer Krieg*, 5, 173–225. Caesars Darstellung konnte nur noch opulenter sein. Bei Athenaios, 5,195ff., finden sich Einzelheiten der Inneneinrichtung. Die Palastschilderungen von Lucan und Aristeas sind mit Vorsicht zu genießen. Zu neueren Rekonstruktionen siehe Inge Nielsen, *Hellenistic Palaces: Tradition and Renewal*, Aarhus 1999, und Maria Nowicka, *La maison privée dans l'Egypte ptolémaïque*, Wroclaw 1969.

Moderne Publikationen zu Alexandria sind die sehr gute Arbeit von Pascale Ballet, *La vie quotidienne à Alexandrie*, Paris 1999; Diana Delia, »The Population of Roman Alexandria«, in: *Transactions of the American Philological Association* 118, 1998, S. 275–292; Jean-Yves Empereur, *Alexandria: Jewel of Egypt*, New York 2002; E.M. Forster, *Alexandria: A History and a Guide*, London 2004; Franck Goddio, *Alexandria: The Submerged Royal Quarters*, London 1998; William LaRiche, *Alexandria: die versunkene Stadt*, München 1996; das ausgezeichnete Buch von John Marlowe, *The Golden Age of Alexandria*, London 1971; *Alexandria and Alexandrianism*, Beiträge des Paul-Getty-Symposiums, 22.–25.4.1993, Malibu 1996; Justin Pollard und Howard Reid, *The Raise and Fall of Alexandria: Birthplace of the Modern Mind*, New York 2006; J. Pollitt, *Art in the Hellenistic Age*, Cambridge 1986; Paul Edmund Stanwick, *Portraits of the Ptolemies: Greek Kings as Egyptian Pharaohs*, Austin 2002; Theodore Vrettos, *Alexandria, City of the Western Mind*, New York 2001. Zur Anlage der Stadt siehe W.A. Daszewski, »Notes on Topography of Ptolemaic Alexandria«, Mieczysław Rodziewicz, »Ptolemaic Street Directions in Basilea (Alexandria)«, und Richard Tomlinson »The Town Plan of Hellenistic Alexandria«, in: *Alessandria e il Mondo Ellenistico-Romano*, Rom 1995, und Barbara Tkaczows aufschlussreiche Arbeit *The Topography of Ancient Alexandria*, Warschau 1993.

Zu Bildung, nach Aristoteles »eine Zierde im Wohlstand und eine Zuflucht im Unglück« siehe: Cicero, besonders *Brutus* und *Über den Redner*; Seneca, *Epistulae Morales II*; Sueton, *Leben der Grammatiker* und *Leben der Redner*; Quintilian, *Lehrbuch der Redekunst*; Lucian, *Die gedungenen Gelehrten*. Zu Aufsatzthemen Quintilian, 3,8,48–70; Seneca, *Epistulae Morales*, 88,6–9. Moderne Quelle dazu siehe Stanley F. Bonner, *Education in Ancient Rome*, Berkeley 1977; Alan K. Bowman und Greg Woolf (Hrsg.), *Literacy and Power in the Ancient World*, Cambridge 1994; M.L. Clarke, besonders zu empfehlen für die Rhetoriker, *Higher Education in the Ancient World*, London 1971; Raffaella Cribiores ausgezeichnete Arbeiten, besonders *Gymnastics of the Mind*, Princeton 2001; Bernard Legras, »L'enseignement de l'histoire dans les écoles grecques d'Egypte«, in: *Akten des 21. Internationalen Papyrologenkongresses, Berlin 1995*, Stuttgart 1997, S. 586–600; H.I. Marrou, *A History of Education in Antiquity*, Madison 1956; Teresa Morgan, *Literate Education in the Hellenistic and Roman Worlds*, Cambridge 1998; Rawson, 1985.

Zu Ehen und Verwandtenehen bei den Ptolemäern siehe Chris Bennett, »Cleopatra V Triphaena and the Genealogy of the Later Ptolemies«, in: *Ancient Society*, 28 (1997), S. 39–66; Elizabeth Carney, »The Reappearance of Royal Sibling Marriage in Ptolemaic Egypt«, in: *La Parola del Passato*, XLII, 1987, S. 420–439; Keith Hopkins' ausgezeichneten Beitrag »Brother-Sister Marriage in Roman Egypt«, in: *Comparative Studies in Society and History*, 22, Nr. 3, 1980, S. 303–354; Daniel Ogden, *Polygamy, Prostitutes and Death: The Hellenistic Dynasties*, London 1999; Brent D. Shaw, »Explaining Incest: Brother-Sister Marriage in Graeco-Roman Egypt«, in: *Man*, 27, Nr. 2, 1992, S. 267–299.

Im Zusammenhang damit siehe zu Frauen im ptolemäischen Ägypten Roger S. Bagnall, »Women's Petitions in Late Antique Egypt«, in: *Hellenistic and Roman Egypt: Sources and Approaches*, Burlington, VT, 2006; Bagnall und Cribiore, 2006; John P.V.D. Balsdon, *Die Frau in der römischen Antike*, München 1989; Joan B. Burton, *Theocritus's Urban Mimes: Mobility, Gender, and Patronage*, Berkeley 1995, S. 147–155; Elaine Fantham u.a., *Women in the Classical World*, New York 1994; Mary R. Lefkowitz und Maureen B. Fant, *Women's Life in Greece and Rome*, London 1992; Nori-Lyn Estelle Moffat, *The Institutionalization of Power for Royal Ptolemaic Women* (Dissertation, Clemson University 2005); Kyra L. Nourse, *Women and the Early Development of Royal Power in the Hellenistic East* (Dissertation, University of Pennsylvania 2002); Pomeroy, 1990; Claire Préaux, »Le statut de la femme à lépoque hellénistique, principalement en Egypte«, in: *Recueils de la Société Jean Bodin* III, 1959, S. 127–175; Rowlandson 1998. Zu späterer Heirat siehe Donald Herring, »The Age of Egyptian Women at Marriage in the Ptolemaic Period«, in: *American Philological Association Abstracts*, 1988, S. 85.

1 Plutarch, »Pompeius«, 77; Plutarch, »Brutus«, 33.

2 Menander, »The Doorkeeper«, in: *The Plays and Fragments,* New York 2001, S. 264.

3 Appian, 2,84. Zu Pompeius' Ende siehe ebd., 2,83–86; Cassius Dio, 57,3 f.; Caesar, *Bürgerkrieg*, 103; Plutarch, »Pompeius«, 77.

4 Siehe Florus, 2,13,5.

5 Siehe Appian, 2,89; Cassius Dio, 52, 6–8; Caesar, *Bürgerkrieg*, 106; Caesar, *Alexandrinischer Krieg*, 1; Plutarch, »Caesar«, 48; Plutarch, »Pompeius», 80, 5–6.

6 Caesar, *Bürgerkrieg*, 3,10.

7 Plutarch, »Caesar«, 49. Die beste Erörterung von Kleopatras Ankunft siehe John Whitehorne, »Cleopatra's Carpet«, in: *Atti del XXII Congresso Internazionale di Papirologia* II, 1998, S. 1287–1293. Zur Geografie der Küstenstraße siehe Alan H. Gardiner, »The Ancient Military Road Between Egypt and Palestine«, in: *Journal of Egyptian Archaeology* 6, Nr. 2, April 1920, S. 99–116. Achilles Tatius, 3,9, schildert die Fahrt auf dem Nil von Pelusium nach Alexandria. Siehe auch Polybius, 5,80,3. Gespräche mit Lionel Casson am 18.4.2009, mit John Swanson im September 2010 und mit Dorothy Thompson am 22.4.2008. Roger Bagnall hat im Gespräch mit der Autorin am 8.6.2010 darauf hingewiesen, dass Kleopatra das Delta auch oberhalb der Küstenregion durchquert haben mag, wo sie eine Straße nutzen konnte.

8 Diodor, 1,30,7. Siehe auch Plutarch, »Antonius«, 3.

9 Cassius Dio, 42,34,6.

10 Ebd., 42,34,5.

11 Plutarch, »Antonius«, 27; Cassius Dio, ebd.

12 Cassius Dio, 42,56,1.

13 Ebd., 42,34,5.

14 Curio, zit. nach Sueton, »Caesar«, 52,3.

15 Cassius Dio, 42,3,3.

16 Kleopatra ist bei Weitem nicht die Einzige, der im Nachhinein sexuelle Erfahrung angedichtet wurde. So schrieb Margaret Atwood über Isebel, die Frau von König Ahab: »Das sexuelle Gepäck, das dieser Figur aufgeladen wird, ist erstaunlich, denn in der ursprünglichen Geschichte tut sie nichts auch nur entfernt sexuell Anmutendes, außer Make-up aufzulegen.« »Spotty-Handed Villainesses: Problems of Female Bad Behavior in the Creation of Literature«, in: http://gos.sbc.edu/a/atwood.html.

17 Cassius Dio, 37,55,2.

18 »Dem König hätte ich geben können, was er verdient. Als Gegenleistung für sein Geschenk hätte ich deinem Bruder, Kleopatra, deinen Kopf schicken können.« Diese Worte legt Lucan Caesar in den Mund, S. 1069 ff.

19 Caesar, *Alexandrinischer Krieg*, 70.

20 Eine fantasievolle Rekonstruktion des Grabes und seines Standorts siehe Andrew Chugg, »The Tomb of Alexander the Great in Alexandria«, in: *American Journal of Ancient History*, Nr. 1.2, 2002, S. 75–108.

21 Siehe Robert Wyman Hartle, »The Search for Alexander's Portrait«, in: W. Lindsay Adams und Eugene N. Borza (Hrsg.), *Philipp II, Alexander the Great and the Macedonian Heritage*, Washington, D.C., 1982, S. 164.

22 Zur heiklen Genealogie der Ptolemäer siehe Bennett 1997. Auch Strabon äußert sich ausführlich zu diesem Thema. Zu der dubiosen Behauptung, Kleopatra entstamme einer ägyptischen Priesterfamilie, siehe Werner Huss, »Die Herkunft der Kleopatra Philopater«, in: *Aegyptus*, 70, 1990, S. 191–203. Zur unsicheren Macht der Ptolemäer siehe Brian C. McGing, »Revolt Egyptian Style: Internal Opposition to Ptolemaic Rule«, in: *Archiv für Papyrusforschung*, Nr. 43.2, 1997, S. 273–314; Leon Mooren, »The Ptolemaic Court System«, in: *Chronique d'Egypte*, LX, 1985, S. 214–222. Einen beinahe humorvollen Überblick über Gewalt in der Familie gibt Anna Swiderek in »Le rôle politique d'Alexandrie au temps des Ptolémées«, in: *Prace Historyczne*, 63, 1980, S. 105–115.

23 François Chamoux, *Hellenistic Civilization*, Oxford 2003, S. 135.

24 Der Beiname kann Ptolemaios XII. auch wegen seiner Dionysosverehrung gegeben worden sein. Siehe Bianchi 1988, S. 156.

25 Zit. nach Hopkins, 1980, S. 337.

26 Zu Frauen in der Wirtschaft siehe besonders Pomeroy, 1990, S. 125–173. Die Schätzung von einem Drittel siehe Bowman, 1986, S. 98. Es entstand zum Teil durch Erbschaft und Witwenschaft.

27 Herodot, *Historien*, 2,35. Zum paradoxen Ägypten siehe Diodor, 1,27,1–2; Strabon 1,2,22 und 17,2,5. Das Bild von der auf den Kopf gestellten natürlichen Ordnung der Dinge stammt von Sophokles. Die generelle Sicht der Griechen auf Ägypten siehe Phiroze Vasunia, *The Gift of the Nile: Hellenizing Egypt from Aeschylus to Alexander*, Berkeley 2001.

28 Philon, *Die Gesandtschaft an Gaius*, 43,338.

29 Nach Chris Bennetts Rekonstruktion, 1997, S. 39–66, war Kleopatra VI. Tryphaina Auletes' Cousine und nicht seine Schwester.

30 Nach einer anderen Interpretation war diese, Kleopatra Selene, in Wirklichkeit Auletes' Mutter. Wie dem auch sei, eine Frau der Ptolemäer zögerte nicht, ihre Meinung kundzutun, und wenn sie dafür ein Meer überqueren musste.

31 Siehe William W. Tarn und G.T. Griffith, *Die Kultur der hellenistischen Welt*, Darmstadt 1966, S. 365 f.

32 Siehe Thompson, 1988, S. 78.

33 Siehe E.M. Forster, 2004, S. 34.

34 Zit. nach Cribiore, 2001, S. 69.

35 Plinius, 2,4,13.

36 Heraklit, *Allegoriae Homericae*, 1,5.

37 Cicero, *Brutus*, 15,59. Elizabeth Rawson definiert es so: »Das Ziel der Rhetorik war eher Überredung als Wahrheitsfindung. Denn die ausgefallenen Themen, an denen der angehende Redner sein Können zu beweisen hatte,

erforderten eher Einfallsreichtum als tieferes Nachdenken über ernste Probleme.« *Cicero: A Portrait*, London 2001, S. 9.

38 Siehe Quintilian, 7,2,6 und 3,8,55–58.

39 Ebd., 2,13,16 und 2,10,8.

40 George Bernard Shaw, »Anmerkungen zu Caesar und Cleopatra«, in: *Stücke für Puritaner*, Berlin 1911, S. 285.

41 Giovanni Boccaccio, *Famous Women*, Cambridge, MA, 2001, S. 363. Boccaccio gesteht Kleopatra beides zu: Da sie »mit ihren strahlenden Augen und ihrer Beredsamkeit fast jeden, den sie wollte, verzaubern konnte, hatte sie wenig Mühe, den lüsternen Feldherrn [Caesar] in ihr Bett zu kriegen.«

42 Zu den Hieroglyphen siehe John Baines, »Literacy and Ancient Egyptian Society«, in: *Man*, 18, Nr. 3, 1983, S. 572–599.

43 Zur Bevölkerung Ägyptens: Schätzungen reichen von 3 Millionen (Thompson, 1988) über 6 Millionen (Walter Schiedel, *Death on the Nile*, Leiden 2001) bis zu 10 Millionen (Michael Grant, *Kleopatra*, Bergisch-Gladbach 1998). Die Herausgeber Loeb (Diodor I) und Fraser, 1972, Bd. 2,171 f. ziehen 7 Millionen vor. Im 1. Jahrhundert n. Chr. schätzte Josephus die Bevölkerung von Ägypten außer Alexandria auf 7,5 Millionen. Diodor ging bei Alexandria von 500 000 Einwohnern aus, was plausibel erscheint. Fraser, Bd. 1, zieht 1 Million vor. Siehe auch Roger B. Bagnall und Bruce W. Frier, *The Demography of Roman Egypt*, New York 1994.

44 Siehe Mostafa El-Abbadi, *The Life and Fate of the Ancient Library of Alexandria*, Paris 1990, S. 45.

45 Herodot, 1997, 4,182.

46 Plutarch, »Antonius«, 27.

47 Zum Griechisch von Kleopatra und Caesar siehe Gespräch mit Dorothy Thompson, 22.4.2008; Geoffrey C. Horrocks, *Greek: A History of the Language and Its Speakers*, New York 1997, S. 33–108.

48 Ciceros Großvater, zit. nach Cicero, *Über den Redner*, 2,17–18.

49 Andrew Dalby, *Empire of Pleasures: Luxury and Indulgence in the Roman World*, London 2000, S. 123.

50 Juvenal, *Satiren*, 6,200.

51 Quintilian, 1,8,6. Er meinte damit vor allem Horaz.

52 Zit. nach Lionel Casson, *Bibliotheken in der Antike*, Düsseldorf 2002, S. 109.

53 Zit. nach M. I. Finley, *Aspects of Antiquity*, London 1968, S. 142.

54 Plutarch, »Pompeius«, 55,1 f.

55 Sallust, *Die Verschwörung des Catilina*, 25. Cicero beschreibt eine nach seiner Meinung »gute römische Matrone« so: »Es gab kein Thema, das sie glaubte gut genug zu kennen.« Clemens von Alexandria kategorisiert die weiblichen Intellektuellen und hebt besonders die Kuchenbäckerinnen unter ihnen hervor – *Stromateis*, 4,19.

56 Zu Bibliothek und Museum siehe Roger S. Bagnall, »Alexandria: Library of Dreams«, in: *Proceedings of the American Philosophical Society*, 146, Nr. 4,

Dezember 2002, S. 348–362; Casson, 2002; El-Abbadi, 1990; Andrew Erskine, »Culture and Power in Ptolemaic Egypt: The Museum and Library of Alexandria«, in: *Greece & Rome*, 42, Nr. 1, April 1995, S. 38–48; Fraser, 1972, S. 452; Roy MacLeod, *The Library of Alexandria*, London 2000. Frederic C. Kenyon hat einen sehr guten Führer zu den Schriftrollen vorgelegt: *Books and Readers in Ancient Greece and Rome*, Oxford 1932. Eine Rolle von Platos *Symposion*, so Kenyon, wäre ca. 7 Meter lang.

57 Marrou, 1956, S. 145.

58 Siehe Sueton, »Caesar«, 47.

59 Manetho, *Aegyptiaca*, Fr. 21b (armenische Version des Eusebios).

60 Siehe Lucan, 10,60 f.

61 Plutarch, »Antonius«, 27, 2–3.

62 Cassius Dio, 42,34,4. Johannes Malalas, der byzantinische Historiker des 6. Jahrhunderts n. Chr., rühmt ebenfalls ihre Schönheit.

63 Boccaccio, zit. nach Walker und Higgs, 2001, S. 147.

64 Aus der Rede des damaligen französischen Kulturministers am 8. 3. 1960 vor der UNESCO anlässlich der Eröffnung einer weltweiten Kampagne zur Rettung der Tempel in Nubien.

3. Kapitel: Kleopatra verzaubert den alten Mann

Zum Alexandrinischen Krieg sind Appian, Cassius Dio, Caesar, Lucan und Plutarch mit Vorsicht zu betrachten. Die beste moderne Quelle bleibt Paul Graindor, *La guerre d'Alexandrie*, Kairo 1931. Es sei darauf hingewiesen, dass die einzigen Berichte von Zeitgenossen über diesen Krieg von Caesar und dessen Ghostwriter stammen.

Auletes und dessen Anstrengungen beschreibt niemand besser als Mary Siani-Davies. Siehe vor allem ihren Artikel »Ptolemy XII Auletes and the Romans«, in: *Historia* Nr. 46, 1997, S. 306–340, nachgedruckt in leicht abgeänderter Form in: *Cicero's Speech: Pro Rabirio Postumo*, Oxford 2001, S. 1–38. Siehe auch Cassius Dio, 39, 13 ff., und 54–59; Herwig Maehler, »Egypt under the Last Ptolemies«, in: *Bulletin of the Institute of Classical Studies*, Nr. 30, 1983, S. 1–19. Zu Auletes' Wiedereinsetzung siehe Cassius Dio, Plutarch und am unverblümtesten Cicero; Israel Shatzmans vorzügliche Arbeit »The Egyptian Question in Roman Politics«, in: *Latomus*, Nr. 30, 1971, S. 363–369; Richard S. Williams, »*Rei Publicae Causa:* Gabinius's Defense of His Restauration of Auletes«, in: *Classical Journal*, 81, Nr. 1, 1985, S. 25–38.

Zu Caesars Verweilen in Ägypten und der Fahrt auf dem Nil siehe Appian, Cassius Dio, Diodor, Plinius, Strabon, Sueton und Tacitus. Ich habe mich vor allem auf Victoria Ann Foertmeyers ausgezeichnete Dissertation »Tourism in Graeco-Roman Egypt«, Princeton 1989, gestützt. Siehe dazu auch Abdullatif A. Aly, »Cleopatra and Caesar at Alexandria and Rome«, in: *Roma e l'Egitto nell'antichità classica*, Atti del I Congresso Internazionale Italo-Egiziano, 1989, S. 47–61; Lionel

Casson, *Travel in the Ancient* World, Princeton 1974, S. 256–291; ders., *Die Seefahrer der Antike*, München 1979; T.W. Hillard, »The Nile Cruise of Cleopatra and Caesar«, in: *Classical Quarterly*, 52, Nr. 2, 2002, S. 549–554; Louis E. Lord, »The Date of Julius Caesar's Departure from Alexandria«, in: *Journal of Roman Studies*, Nr. 28, 1930, S. 19–40; J. Grafton Milne, »Greek and Roman Tourists in Egypt«, in: *Journal of Egyptian Archaeology*, 3, Nr. 2/3, 1916, S. 76–80; Neal, 1975, S. 19–33; Thompson, »Hellenistic Royal Barges«, unveröffentlichtes Gespräch, Athen 2009. Zum Ziel der Fahrt siehe Willy Clarisse, »The Ptolemies Visiting the Egyptian Chora«, in: Leon Mooren (Hrsg.), *Politics, Administration and Society in the Hellenistic and Roman World*, Bettinoro Colloquium, Leuven 2000, S. 33–40. Zu Wind, Wetter und Tierwelt siehe Sophia Pooles lebendige Schilderung *The Englishwoman in Egypt*, Kairo 2003. Den Bericht aus dem 2. Jahrhundert über den Besuch von Lucius Memmius siehe George Milligan (Hrsg.), *Selections from the Greek Papyri*, Cambridge 1910, S. 29 ff.

1 Lucan, 260, leicht abgewandelt.
2 Quintilian, 5,2,27.
3 Plutarch, »Caesar«, 49.
4 Cassius Dio, 42, 34, 2–25.
5 Plutarch, »Caesar«, 49.
6 Siehe Florus, 2,13,55 f.
7 Siehe Johannes Malalas, *Weltchronik*, 8.-18. Buch.
8 Eine Vorstellung davon, wie zermürbt Caesars Legionen waren, gibt A.B. Bosworth in »Alexander the Great and the Decline of Macedon«, in: *The Journal of Hellenic Studies*, Nr. 106, 1986, S. 1–12.
9 Cassius Dio, 42,35,4.
10 Cicero, *Brutus*, 80,279.
11 Caesar, *Bürgerkrieg*, 3,109.
12 Cassius Dio, 42,36,3.
13 Plutarch, »Caesar«, 49.
14 Caesar, *Bürgerkrieg*, 3,104.
15 Ebd., 3,109.
16 Nach einem Bericht (Strabon, 17,1,2) waren die beiden Schwestern zuvor gemeinsam nach Syrien geflohen.
17 Graindor, 1931, S. 79: »Sie wäre keine Frau und nicht aus dem Geschlecht der Lagiden (Beiname der Ptolemäer nach Ptolemaios' Vater Lagos) gewesen, hätte sie bei Kleopatras Verführung des Caesar nicht Eifersucht und Demütigung empfunden.«
18 Euripides, *Orestes*, in: *Sämtliche Tragödien und Fragmente*, Bd. 5, München 1963, S. 63.
19 Zu Mithridates' endlosem Kampf gegen Rom siehe Philip Matyszak, *Mithridates the Great: Rome's Indomitable Enemy*, Barnsley 2008, und Adrienne Mayor, *Pontisches Gift: die Legende von Mithridates, Roms größtem Feind*, Stuttgart, 2011.

20 Sallust, *Brief des Mithridates*, 12,17.

21 Polybios, 5,34.

22 Ronald Syme, *Die römische Revolution: Machtkämpfe im antiken Rom*, Stuttgart 2003, S. 270.

23 Zu Rom und seinen Klientelkönigen siehe Richard D. Sullivans grandioses Buch *Near Eastern Royalty and Rome*, Toronto 1990. Siehe auch David Braund, *Rome and the Friendly King*, New York 1984; Anssi Lampela, *Rome and the Ptolemies of Egypt: The Development of Their Political Relations, 273–80 BC*, Helsinki 1998; Mayor, 2010, zum parallelen Kampf des Mithridates; Willy Peremans und Edmond Van t'Dack, »Sur les rapports de Rome avec les Lagides«, in: Hildegard Temporini und Wolfgang Haase (Hrsg.), *Aufstieg und Niedergang der römischen Welt*, Berlin 1972, S. 660–667; Shatzman, 1971. Zur Ansiedlung armer römischer Bauern in Ägypten siehe Günther Hölbl, *Geschichte des Ptolemäerreiches: Politik, Ideologie und religiöse Kultur von Alexander dem Großen bis zur römischen Eroberung*, Darmstadt 1994, S. 198.

24 Dion Chrysostomos, *Die 32. Rede*, 69.

25 Caesar, *Bürgerkrieg*, 3,110.

26 Clemens von Alexandria, *Ermahnung an die Griechen*, 2,33. Den Zwischenfall mit der Katze siehe Diodor, 1,83. Katzen waren zu jener Zeit an der Nordküste des Mittelmeers eine Seltenheit. Die Tierverehrung wurde allseits verlacht. Siehe u. a. Juvenal, *Satiren*, 15,1; Philon, *Über den Dekalog*, 16,78 ff., *Über das kontemplative Leben*, 8. Josephus, *Gegen Apion*, 2,81.

27 Cicero an Lentulus, 13,1,2, 15.1.56.

28 Ebd. 12,1,1, 13.1.56.

29 Plutarch, »Antonius«, 3.

30 Caesar, *Bürgerkrieg*, 3,110.

31 Zu Auletes' Nachfolge siehe Justinus, *Pompeius Trogus. Weltgeschichte von den Anfängen bis Augustus*, 16,2 ff.; Jean Bingen, »La politique dynastique de Cléopâtre VII«, in: *Comptes Rendus: Académie des Inscriptions et Belles-Lettres* Nr. 1, 1999, S. 49–66; Lucia Criscuolo, »La successione a Tolemeo Aulete ed i pretesi matrimoni de Cléopâtre VII con i fratelli«, in: *Egitto e storia antica dall'ellenismo all'età araba*, 1989, S. 325–339. Ricketts, »A Chronological Problem in the Reign of Cleopatra VII« in: *Bulletin of the American Society of Papyrologists*, 16, Nr. 3, 1979, S. 213–217, stellte unter Berufung auf einige doppelt datierte Papyri die Theorie auf, Kleopatra habe im Frühjahr 50 versucht, Ptolemaios XIII. zu beseitigen und ihren jüngeren Bruder als Gatten zu inthronisieren. Sicherlich war das Verhältnis zu dem älteren Bruder bereits stark gestört. Siehe dazu auch Ricketts, »A Dual Queenship in the Reign of Berenice IV«, in: Ebd., 27, 1990, S. 49–60; T. C. Skeat (der eine gemeinsame Herrschaft von Auletes und Kleopatra bestreitet), »Notes on Ptolemaic Chronology«, in: *Journal of Egyptian Archaeology*, Nr. 46, Dez. 1960, S. 91–94; und (zugunsten von Berenikes undurchsichtiger Herrschaft) John Whitehorne, »The Supposed Co-Regency of Cleopatra Tryphaena and Berenice IV«,

in: *Akten des 21. Internationalen Papyrologenkongresses*, Stuttgart 1997, Bd. 2, S. 1009–1013.

32 Für Auletes' Entscheidung, beide Geschwister einzusetzen, gibt es noch einen weiteren Grund: Heinen, 2009, S. 35 f., spekuliert, Kleopatras Vater habe die starke Persönlichkeit und die gefährlichen Ambitionen seiner zweiten Tochter früh erkannt und römische Unterstützung erbeten, um diese zu neutralisieren.

33 Siehe besonders Mostafa El-Abbadi, *The Life and Fate of the Ancient Library of Alexandria*, Paris 1990, S. 58; Lewis, 1986, S. 69 ff.; Thompson 1988.

34 John D. Ray, »The Emergence of Writing in Egypt«, in: *World Archaeology*, 17, Nr. 3, 1986, S. 311.

35 Seneca erwähnt als Erster die brennenden Bücher. Er beziffert die zerstörten Bände auf 40 000 – eine Zahl, die in späteren Berichten immer weiter ansteigen und im 4. Jahrhundert n. Chr. schließlich 700 000 erreichen sollte. Auch Cassius Dio und Plutarch gehen davon aus, dass die Bibliothek brannte. Mit dieser vertrackten Frage hat sich die Wissenschaft jahrhundertelang beschäftigt: siehe Fraser, 1972, Bd. 1, S. 334 f.; Edward Alexander Parsons, *The Alexandrian Library: Glory of the Hellenic World*, New York, 1967. Will, 2003, S. 533, ist der Meinung, dass die Schäden geringer waren, als die Legende berichtet. Eine Zusammenfassung der Quellen siehe http://www.bede.org.uk/library.htm. Nach dieser Schätzung wären für die Aufbewahrung von 500 000 Schriftrollen ca. 40 Kilometer Regale, d. h. ein zweistöckiges Gebäude von etwa 30 mal 30 Metern erforderlich gewesen.

36 Caesar, *Alexandrinischer Krieg*, 15.

37 Siehe John Carter, Einführung zu Caesar, *The Civil War*, New York 2008, S. XXIX. Siehe auch John H. Collins, »On the Date and Interpretation of the Bellum Civile«, in: *American Journal of Philology*, 80, Nr. 2, 1959, S. 113–132.

38 Caesar, *Alexandrinischer Krieg*, 3.

39 Cassius Dio, 39,58,1–2.

40 Ebd., 42,42,2.

41 Caesar, *Alexandrinischer Krieg*, 24. Heinen, 2009, S. 106–113, sieht in Ptolemaios' Freilassung durch Caesar einen Akt der Verzweiflung. Da er nicht wusste, dass bereits Verstärkung im Anmarsch war, spürte er noch keine Veränderung und spielte auf Zeit. Zur ägyptischen Armee siehe Polybios, 5,35,13 und 5,36,3; G. T. Griffith, *The Mercenaries of the Hellenistic World*, Cambridge 1935; Marcel Launey, *Recherches sur les armées hellénistiques*, 2 Bde., Paris 1949; Raphael Marrinan, »The Ptolemaic Army: Its Organisation, Development and Settlement«, Dissertation, London 1998. Marrinan platziert eine Kaserne mit einer Eliteeinheit neben oder in das Palastgelände.

42 Caesar, *Alexandrinischer Krieg*, 24.

43 Ebd., 32.

44 Gaston Boissier, *Cicero and His Friends*, New York 1970, S. 185.

45 Siehe Volkmann, 1958, S. 75.

46 Caesar, *Bürgerkrieg*, 3,107.

47 Diese Meinung vertritt El-Abbadi, 1990, S. 151. Er ist fest überzeugt, dass die Bibliothek dem Krieg zum Opfer fiel.

48 Caesar, *Alexandrinischer Krieg*, 33.

49 Cassius Dio, 44,46,2. Siehe auch Cicero, *Atticus-Briefe*, 226,11,15 vom 14.5.47 und 230,11,18 vom 19.6.47. Im 4. Jahrhundert n. Chr. kam Eusebios, 183,2, auf das Thema zurück und warf Caesar vor, er habe Kleopatra »als Gegenleistung für sexuelle Gefälligkeiten« wieder auf den Thron gesetzt.

50 Plutarch, »Caesar«, 48.

51 Cassius Dio, 42,44.

52 Siehe Pelling, 1999, S. 140.

53 Bei Braund, 1984, S. 79, heißt es: »Der weise König war ein großzügiger Gastgeber, wenn Römer zu Besuch kamen.«

54 Cassius Dio, 42,34,3.

55 Ebd., 55,15,5 f.

56 Diodor, 17,52,4. Das gestand sogar Cicero zu, siehe *Über das Siedlergesetz*, 2,16,44.

57 Achilleus Tatios, 5,1,6. Er wurde in Alexandria geboren.

58 Dion Chrysostomos, *Die 32. Rede*, 20.

59 Athenaios, 5,196 d.

60 Ebd., 453.

61 Darauf weist Thompson hin. Siehe »Athenaeus's Egyptian Background«, in: David Braund und John Wilkins (Hrsg.), *Athenaeus and His World*, Chicago 2000, S. 83 f. Siehe Athenaios, 6,229 d.

62 Athenaios, 4,129 b.

63 Siehe Gespräche mit Larissa Bonfante, 2.2.2009; mit Norma Goldman, 19.10.2009. Siehe auch Casson, *Libraries in the Ancient World*, New Haven 2001, S. 24 f.; Rowlandson, 1998, S. 313 f.; Paul Edmund Stanwick, *Portraits of the Ptolemies: Greek Kings as Egyptian Pharaohs*, Austin 2002, S. 36 f.; Dorothy Burr Thompson, *Ptolemaic Oinochoai and Portraits in Faience*, Oxford 1973, S. 29 f.; Susan Walker und Morris Bierbrier, *Ancient Faces: Mummy Portraits from Roman Egypt*, London 1997, S. 177–180; Walker und Higgs, 2001, S. 65.

64 Sueton, »Caesar«, 52. Siehe auch Frontinus, *Strategemata*, 1,1,5. Laut Plutarch trank Caesar bis zum Morgengrauen, um Mordanschlägen zu entgehen, »Caesar«, 48.

65 Die beste Analyse von Athenaios, 5,197–203, siehe in: E. E. Rice, *The Grand Procession of Ptolemy Philadelphus*, New York 1983. Siehe auch Thompson, »Philadelphus's Procession: Dynastic Power in a Mediterranean Context«, in: Mooren, 2000, S. 365–388. Thompson hebt hervor, eine solche Prozession habe dazu gedient, die Bevölkerung zu einen und eine Art gemeinsamer Identität herzustellen. Arrian, 28, verweist auf die dionysischen Wurzeln des Umzugs.

66 Appian, Vorwort, 10.

67 Ptolemaios VIII. umwarb eine (reiche) Römerin, Cornelia, die Mutter der Gracchen – ohne Erfolg. Siehe Plutarch, »Tiberius Gracchus«, 1.

68 Lucan, 10, 359f.

69 Justinus, siehe Anmerkung 31.

70 Plutarch, »Antonius«, 29.

71 Plutarch, »Demetrius«, 3. Ein Reich war schon seinem Wesen nach ein Hohn auf familiäre Beziehungen, es forderte »Böswilligkeit und Misstrauen« geradezu heraus.

72 Cassius Dio, 38,39,2.

73 Lucan, 10,189f. Ägypten hatte die Griechen immer fasziniert – vor und nach Kleopatra. Es war für sie das rätselhafteste Land. Siehe E. Marion Smith, »The Egypt of the Greek Romances«, in: *Classical Journal*, 23, Nr. 7, April 1928, S. 531–537.

74 Robert Graves, Einleitung zu Lucan, *Pharsalia: Dramatic Episodes of the Civil Wars*, New York 1956, S. 13.

75 Siehe Heinen, 2009, S. 127: »... es sei denn, er (der Verfasser des *Alexandrinischen Krieges*) hätte seine Leser absichtlich täuschen wollen und die Nilfahrt nicht nur verschwiegen, sondern die chronologische Abfolge der Ereignisse so dargestellt, als ob es diese Episode überhaupt nie gegeben hätte.«

76 Brief aus dem Jahr 112 v. Chr., *Select Papyri*, 2,416.

77 Die Daten der Fahrt auf dem Nil bleiben umstritten. Lord, 1930, bezweifelt, dass sie überhaupt stattgefunden hat.

78 Gustave Flaubert an seine Mutter, 17.11.1849, in: *Flauberts Briefe aus Ägypten*, Bücherei Hahn, Nr. 15, Hannover o.J., S. 3.

79 Siehe Athenaios, 5,204 e-206 d. Siehe auch Nowicka, 1969.

80 Siehe Foertmeyer, 1989, S. 235.

81 Cicero an Atticus, 353, 12,52, 19.12.45.

82 Nielsen, 1999, S. 136.

83 Zu den Quellen der verschiedenen Irrglauben: männliche Schädel: Herodot; Wesen, halb Maus, halb Schlamm: Diodor; Zwillinge, Schildkrötenpanzer, Schlangen mit sprießendem Gras und erstaunliche Fruchtbarkeit der Frauen: Strabon, 15,1,22f. Bei Plinius, 7,3ff. kommen auf zwei Beinen gehende Mäuse und die verkürzte Schwangerschaft bei Frauen vor. Vieles stammt von Aristoteles, *Geschichte der Tiere*, 7,4. Auch Aulus Gellius greift in *Attische Nächte*, 10,2 das Thema auf. Dion Chrysostomos beschreibt in seinen *Reden*, 5,24–27, menschenfressende Meerjungfrauen – halb Schlange, halb Sirene – in der Wüste. Ammianus Marcellinus bestaunt in seiner *Römischen Geschichte*, 12,15,14ff., den Delfinen ähnliche Wesen im Nil, Flusspferde, »viel klüger als die sonstigen unvernünftigen Tiere«, und den ägyptischen Ibis, der seine Eier aus dem Schnabel legt.

84 Lionel Casson, *Everyday Life in Ancient Egypt*, Baltimore 2001, S. 142.

85 Siehe Nepos, *Eumenes*, 3,4.

86 Appian, 2,89.

87 Cassius Dio, 42,45,1.
88 Ebd., 42,47,2.

4. KAPITEL: DAS GOLDENE ZEITALTER IST NIE DAS HEUTIGE

Die Werke von Cicero, Plinius und Plutarch sind ein unschätzbarer Leitfaden, wenn es um Rom und die Römer geht. Bei Reisen dorthin habe ich mich auf die Erkenntnisse von Lionel Casson, besonders auf *Reisen in der Alten Welt*, München 1976, gestützt. Siehe dazu auch das reich illustrierte Buch von Michel Reddé und Jean-Claude Golvin *Voyages sur la méditerranée romaine*, Paris 2005. Zu Kleopatra in Rom siehe Erich Gruens enthüllende Arbeit »Cleopatra in Rome: Facts and Fantasies«, in: David Braund und Christopher Gill (Hrsg.), *Myth, History and Culture in Republican Rome*, Exeter 2003; Edmond Van 't Dack, »La Date de C. Ord. Ptol. 80–83 = BGU VI 1212 et le séjour de Cléopâtre VII à Rome«, in: *Ancient Society*, 1, 1970, S. 53–67. Eusebios, 183.30, belegt das unvermeidliche Gefolge, ebenso Horaz, *Satiren*, 1,2,95–100, wenn auch auf andere Weise: Er bedauert die veritable Armee von Bediensteten der reichen Frau.

Zur Administration Ägyptens und dem Verwaltungsapparat der Ptolemäer siehe Bagnall und Derow, 1981, S. 253 ff.; Bingen, 2007, S. 156–255; Bowman, 1986; R. A. Hazzard, *Imagination of a Monarchy: Studies in Ptolemaic Propaganda*, Toronto 2000; Herwig Maehler, »Egypt under the Last Ptolemies«, in: *Bulletin of the Institute of Classical Studies*, Nr. 30, 1983, S. 1–19; Leon Mooren, *La hiérarchie de cour ptolémaïque*, Leuven 1977; Mooren, 2000; Dominic Rathbone, »Ptolemaic to Roman Egypt: The Death of the Dirigiste State?«, in: *Production and Public Powers in Classical Antiquity*, Cambridge Philological Society, 26, 2000, S. 44–54; Geoffrey Rickman, *The Corn Supply of Ancient Rome*, Oxford 1980; Michael Rostovtzeff, *A Large Estate in Egypt in the Third Century BC*, Madison 1922; *Select Papyri: Public Documents* II, Cambridge, MA, 1995; Raphael Taubenschlag, *The Law of Graeco-Roman Egypt in the Light of the Papyri*, Warszawa 1955; D. J. Thompson, »Nile Grain Transport Under the Ptolemies«, in: Peter Garnsey u. a. (Hrsg.), *Trade in the Ancient Economy*, London 1983, S. 64–75. Einen ausgezeichneten, nuancenreichen Überblick über Papyri, Scherben und Inschriften aus der Herrschaftszeit Kleopatras siehe Ricketts, 1980, S. 114–136.

Zu Rom und seinen Sitten siehe Cicero, Horaz, Juvenal, Martial, Plinius und Strabon. Moderne Quellen: Balsdon, *Life and Leisure in Ancient Rome*, London 1969; Lionel Casson, *Everyday Life in Ancient Rome*, Baltimore 1998; Florence Duponts farbenreiches Werk *Daily Life in Ancient Rome*, Oxford 1993; Luc Duret und Jean-Pierre Neraudau, *Urbanisme et métamorphoses de la Rome antique*, Paris 2001; Otto Kiefer, *Sexual Life in Ancient Rome*, New York 1993; Thomas Wiedemann, *Adults and Children in the Roman Empire*, London 1989; T. P. Wiseman, *Catullus and His World: A Reappraisal*, Cambridge 1985.

Zu Caesar siehe Matthias Gelzer, *Caesar: der Politiker und Staatsmann*, Wiesbaden 1960; Adrian Goldsworthy, *Caesar: Life of a Colossus*, New Haven 2006; Christian Meier, *Caesar*, Berlin 1982; Stefan Weinstock, *Divus Julius*, London 1971; Maria Wyke, *Caesar: A Life in Western Culture*, Chicago 2008; Zvi Yavetz, *Caesar in der öffentlichen Meinung*, Düsseldorf 1979.

1 Benjamin Franklin, *Poor Richard's Almanack*, 1750.

2 Euripides, *Sämtliche Tragödien und Fragmente*, Bd. 2, München 1963, S. 171.

3 Zu Caesars Schweigen: Siehe Cassius Dio, 42,3,3. Jedermann in Rom nahm an, Caesar werde von der Hand der Ägypter sein Ende finden, »was, so hörte man, auch geschah«. Vor allem Cicero wusste von Caesars Schwierigkeiten, sich aus Afrika zu retten.

4 Zur Entbindung siehe Soranos, zit. nach Rowlandson, 1998, S. 286–289; Joyce Tyldesley, *Töchter der Isis: die Frau im alten Ägypten*, München 1996, S. 89–93.

5 Brief aus dem 3. Jahrhundert v. Chr., zit. nach I. M. Plant (Hrsg.), *Women Writers of Ancient Greece and Rome*, Norman, Oklahoma, 2004, S. 79 f. Angesichts der hohen Säuglingssterblichkeit waren Ammen leicht zu finden.

6 Siehe Keith Hopkins, »Contraception in the Roman Empire«, in: *Comparative Studies in Society and History*, 8, Nr. 1, 1965, S. 124–151; Angus McLaren, *A History of Contraception*, London 1990; Sarah B. Pomeroy, *Frauenleben im klassischen Altertum*, Stuttgart 1985, S. 255 ff.; John M. Riddle, *Contraception and Abortion from the Ancient World to the Renaissance*, Cambridge, MA, 1992. Siehe auch Juvenal, *Satiren*, 6, 595 f.; Plinius, 6,42, und Soranos, 1,60–65.

7 Eine gute Zusammenfassung der Einwände gegen Kaisarion siehe Balsdon, »Cleopatra: A Study in Politics and Propaganda by Hans Volkmann«, in: *Classical Review*, 10, Nr. 1, März 1960, S. 68–71. Siehe auch Heinens Antwort von 1969 auf J. Carcopinos Nichtanerkennung Kaisarions aus dem Jahr 1937, nachgedruckt in Heinen, 2009, S. 154–175. Wie bei anderen Themen sind die antiken Quellen auch hier gar nicht hilfreich: Sueton zweifelt Caesars Vaterschaft an, berichtet aber zugleich, dass Caesar gestattete, dem Kind seinen Namen zu geben, siehe »Caesar«, 52.

8 Siehe dazu Diodor, 1,36,7. Zu Flora und Fauna habe ich mich auf Poole, 2003, gestützt. Zu den Wasserständen des Nils siehe W. M. Flinders Petrie, *Social Life in Ancient Egypt*, Boston 1923, S. 129–168; Amelia B. Edwards, *A Thousand Miles up the Nile*, London 1982, S. 319 ff.

9 Zu den Geburtstagsgeschenken siehe Préaux, 1939, S. 394. Neal, 1975, meint, das Timing sei so perfekt gewesen, dass Kleopatra dieses Datum gewählt haben mag, um Kaisarions Geburt bekannt zu geben. In diesem Jahr ließ sie Goldmünzen prägen, was sie nur bei zwei Gelegenheiten tat.

10 Siehe Plutarch, »Antonius«, zit. nach Pelling, 1999, S. 251 f.; Ashton, 2008, S. 138; Claire Préaux, *Le monde hellénistique*, Paris 1978, Bd. 2, S. 650–655; Sarolta A. Takacs, *Isis and Serapis in the Roman World*, Leiden 1995; R. E. Witt, *Isis in the Graeco-Roman World*, Ithaka 1971. Zu Isis' Schicksal auf der Nord-

seite des Mittelmeers siehe besonders Sharon Kelly Heyob, *The Cult of Isis among Women in the Graeco-Roman World*, Leiden 1975.

11 Siehe Valerius, 1,3,41.

12 Diodor, 1,27. Zu Isis und den Frauen siehe Préaux, 1959, S. 127–175. Auf den Zusammenhang von Isis und der Jungfrau Maria ist häufig hingewiesen worden. Foertmeyer, 1989, S. 279 berichtet, dass ein französischer Kardinal im 16. Jahrhundert eine Figur zerschlug, als er feststellen musste, dass sie statt Maria Isis darstellte.

13 Gespräch der Autorin mit O. E. Kaper, 16.3.2010.

14 Zum Verhältnis von Staat und Klerus siehe Thompson 1988. Siehe auch Guy Weill Goudchaux, »Cleopatra's Subtle Religious Strategy«, in: Walker und Higgs, 2001, S. 128–141; E. A. E. Reymond und J. W. B. Barns, »Alexandria and Memphis: Some Historical Observations«, in: *Orientalia*, 46, 1977, S. 1–33. Zur Zuflucht im Tempel siehe Kent J. Rigsby, *Asylia: Territorial Inviolability in the Hellenistic World*, Berkeley 1996. Zur Tempelhierarchie siehe Gilles Gorré, »Les relations du clergé égyptien et des Lagides«, in: Olivier Picard u. a. (Hrsg.), *Royaumes et cités hellénistiques des années 323–355 av. JC*, Paris 2003, S. 44–55.

15 Zur Synagoge siehe Rigsby, 1996, S. 571 f.

16 Zum Nil siehe Plinius, 10,51,60, zu den einzelnen Wasserständen 5,10,58. Zum Verhalten des Nils: Lewis, 1983, S.105–115; Achilleus Tatios, 4,11–15. Ansonsten ist Strabon der beste Nilführer.

17 Siehe Jacques Vandier, *La famine dans L'Egypte ancienne*, New York 1979, S. 35 ff.; Dorothy Thompson, »Nile Grain Transport under the Ptolemies«, in: Peter Garnsey u. a. (Hrsg.), Trade in the Ancient Economy, London, 1983, S. 64–75. Heinen stellt in *Hunger, Elend und Macht*, nachgedruckt 2009, S. 258–287, fest, dass die herrschende Klasse sich auch durch Mildtätigkeit Ansehen verschaffte und Krisen häufig übertrieb. Die Not des Volkes wurde besonders herausgestellt, um die eigene Großzügigkeit zu preisen.

18 Plutarch, »Schmeichler«, 790A. Jahrhunderte früher hatte Antigonos Gonatas, ein besonders scharfblickender mazedonischer König, seinem Sohn erklärt, König zu sein sei »ein ruhmreiches Sklavendasein«. Cassius Dio, 52,10,2 sagte es ähnlich: Es sei das Schicksal eines Souveräns, »immer und überall nur Unangenehmes zu sehen und zu hören, zu tun und zu erleiden«.

19 Josephus, *Jüdische Altertümer*, 12,148; 12,166 und 14,306.

20 Siehe Plutarch »Schmeichler«, 71d. Der Lehrer, der den dösenden Ptolemaios V. Epiphanes mit einem Klaps aufweckte, wurde dafür mit dem Giftbecher belohnt.

21 Siehe Peter van Minnen, »Further Thoughts on the Kleopatra Papyrus«, in: *Archiv für Papyrusforschung*, 47, 2001, S. 74–80; ders. »An Official Act of Cleopatra«, in: *Ancient Society*, 30, 2000, S. 29–34.

22 Siehe Thompson 1983, S. 71; Christopher Haas, *Alexandria in Late Antiquity: Topography and Social Conflict*, Baltimore 2006, S. 40–44. Wie die Wirtschaft

insgesamt funktionierte, siehe Rostovtzeff, 1998, Préaux, 1939; William Tarn, *Die Kultur der hellenistischen Welt*, Darmstadt 1966; Thompson, 1988; Rathbone, 2000, S. 44–54.

23 Zit. nach M. M. Austin, *The Hellenistic World from Alexander to the Roman Conquest: A Selection of Source Materials in Translation*, Cambridge 1981, S. 561.

24 William Tarn, 1966, S. 231.

25 *Select Papyri*, 1995, 2,204.

26 Dorothy Crawford, »The Good Official of Ptolemaic Egypt«, in: *Das Ptolemäische Ägypten: Akten des internationalen Symposions* 1976, Mainz 1978, S. 202.

27 John Bauschatz, »Policing the Chora: Law Enforcement in Ptolemaic Egypt«, Dissertation, Duke University 2005, S. 68.

28 Siehe Bingen, »Les tensions structurelles de la société ptolémaïque«, in: *Atti del XVII Congresso Internazionale di Papirologia III*, Neapel 1984, S. 921–937; Rathbone, 2000.

29 Zu den Beschwerden siehe Bagnall und Derow, 2004; Bevan, 1968; Maehler, 1983; Rostovtzeff, 1998. Zur Abhilfe siehe William Linn Westermann, »The Ptolemies and the Welfare of Their Subjects«, in: *American Historical Review*, 43, Nr. 2, 1938, S. 270–287.

30 Zum gebrechlichen Vater siehe *Select Papyri, 2,233*. Die Tochter war mit einem Herumtreiber durchgebrannt und – so behauptete der Vater – versorgte ihn nicht mehr, obwohl sie sich vertraglich dazu verpflichtet hatte.

31 *Select Papyri, 2,266*. Zit. nach M. Rostovtzeff, »A Large Estate in Egypt in the Third Century BC: A Study in Economic History«, in: *University of Wisconsin Studies*, 6, 1922, S. 120.

32 Siehe Rostovtzeff, 1998, 2,1094.

33 Zit. nach Bagnall und Derow, 1981, S. 195.

34 Cicero, *Über den Staat*, 5,1,2.

35 Zu Auletes und dem Familienvermögen siehe T. Robert S. Broughton, »Cleopatra and ›The Treasure of the Ptolemies‹«, in: *American Journal of Philology*, 63, Nr. 3, 1942, S. 328–332. Auch hier gehen die Meinungen auseinander: Maehler, 1983, ist überzeugt von »ungestörtem Wohlstand«. Dem stimmen Bowman, Casson, Ricketts und Tarn zu. Rostovtzeff, 1998, 3,1548, bestätigt Kleopatras persönlichen Reichtum, bewertet den Zustand der Wirtschaft unter ihrem Regime aber weniger positiv. Thompson, Broughton und Will sehen die Wirtschaft im Niedergang, wenn nicht gar im Zerfall. Athenaios, 5, 206d, beschuldigt Kleopatras Vater, das Vermögen Ägyptens verschleudert zu haben. Cicero hielt Ägypten im Jahr 63 noch für ein blühendes Königreich: *Über das Siedlergesetz*, 2,16,44.

36 Siehe Guy Weill Goudchaux, »Was Cleopatra Beautiful? The Conflicting Answers of Numismatics«, in: Walker und Higgs, 2001, S. 210–214. Chauveau, 2002, S. 86, nennt Abwertung lapidar »das antike Synonym für Gelddrucken«.

37 Gespräch mit Roger Bagnall, 21. 11. 2008.

38 Das Trinkgelage siehe Athenaios, 10, 415. Ders., 12, 522, schreibt, ein Philosoph habe zwölf Talente im Jahr verdient, was sehr viel erscheint. Die Umrechnung siehe Lionel Casson, *Everyday Life in Ancient Egypt*, Baltimore 2001, S. 35. Er bewertet fünfzehn Talente mit Millionen von Dollars in unserer Zeit. Zu den beeindruckenden Denkmälern siehe Peter Green, *Alexander of Macedon*, Berkeley 1991, S. 414. Raphael Marrinan, »The Ptolemaic Army: Its Organization, Development and Settlement«, Dissertation, University College, London 1998, S. 16, gibt an, dass man für 1000 Talente eine Armee von 10 000 Mann ein Jahr lang unterhalten konnte. Bei Diodor heißt es, ein kleiner Handwerker in Rom habe für ein Talent siebzehn Jahre lang arbeiten müssen. Josephus schreibt in *Jüdischer Krieg*, 1, 483, ein Aristokrat mit einem privaten Einkommen von 100 Talenten sei ein Mann von Bedeutung gewesen. In der besten Zeit der ägyptisch-römischen Beziehungen seien Gastgeschenke für einen römischen Würdenträger im Wert von 80 Talenten so bescheiden gewesen, dass er sie zurückwies: siehe Plutarch, »Lukullus«, 2. Etwas prosaischer ausgedrückt konnte man für ein Talent so viel Weizen kaufen, um einen Mann 75 Jahre lang zu ernähren: Tarn und Griffith, 1966, S. 130–133.

39 Die gegenwärtige Liste siehe http://en.wikipedia.org/wiki/Richest_man_in_history.

40 Zur Reise nach Rom stammen die auf den gründlichsten Kenntnissen beruhenden Vermutungen von Casson: Gespräche vom 26. 1. und 18. 6. 2009. Siehe auch ders., 1971; ders., *Die Seefahrer der Antike*, München 1979; ders., 1994. Die harten Bedingungen beschreibt er in »The Feeding of the Trireme Crews and an Entry in IG 2,2 1631«, *Transactions of the American Philological Association*, 125, 1995, S. 261–269, und in »The Isis and Her Voyage«, ebd., 81, 1950, S. 43–56. Siehe auch Casson an Autorin, 9. 12. 2008. Vergleiche mit anderen Reisen siehe Philon, *Gegen Flaccus*, 5,25 ff.; *Die Gesandtschaft an Gaius*, 250–253; Josephus, *Jüdischer Krieg*, 1,280; Horaz, *Satiren*, 1,5; die Reisen des Germanicus in Tacitus, *Annalen*, 2,50; Casson über Cicero und Plinius, 1994, S. 149–153. Kleopatra kann in Ostia gelandet sein, was Thompson und Bagnall für wahrscheinlicher halten. Casson bevorzugt Puzzuoli, da es zu jener Zeit in Ostia nicht die nötigen Anlegemöglichkeiten gab: Lionel Casson, *The Ancient Mariners*, Princeton 1991, S. 199. Es ist auch nicht unmöglich, dass Kleopatra in Brundisium landete, wie Horaz meint, oder von dort ablegte, wie Cicero schreibt. Dann hätte sie den langen Weg über die Berge und längs der Via Appia nehmen müssen, der in sieben Tagen zu bewältigen war: siehe Casson, 1994, S. 194 ff.

41 Siehe Eusebios, 183,3.

42 Achilleus Tatios hat die eindrucksvolle (fiktive) Schilderung eines Schiffbruchs vor Pelusium hinterlassen: 3,2–6.

43 Cassius Dio, 43,23,2 f. Siehe auch Strabon, 16,4,16.

44 Der Rat an den guten König ist enthalten im Aristeasbrief, 249, zit. nach T. A. Sinclair, *A History of Greek Political Thought*, London 1959, S. 292.

45 Darüber entrüstete sich Cicero, 115,5,1 in einem Brief an Atticus, 20.2.50. Siehe dazu auch Foertmeyer, S. 224; Plutarch, »Crassus«, 21,6; Préaux, 1939, S. 561.

46 Zu Rom mit Gestank, schlechter Hygiene und dem idyllischen Janiculumhügel siehe Leon Homo, *Rome impériale et l'urbanisme dans l'antiquité*, Paris 1951; Dionysios von Halikarnassos, *Römische Altertümer*, 3,45; Horaz, *Oden*, 2,29,9–12; Martial, *Epigramme*, 4,64. Die beste Quelle für Rom bleibt Cicero. Zu Menschenhand und Ochse siehe Sueton, »Vespasian«, 5,4.

47 Plutarch, »Caesar«, 59.

48 Otto Neugebauer, *The Exact Sciences in Antiquity*, Princeton 1952, S. 71. Zum ägyptischen Kalender (nach dem das Jahr aus zwölf Monaten mit je dreißig Tagen bestand, zu denen am Jahresende fünf Tage und alle vier Jahre sechs Tage hinzugefügt wurden), siehe Strabon, 17,1,29.

49 Seneca, *Apocolocyntosis*, 2,2.

50 Sueton, »Caesar«, 42.

51 Siehe dazu Appian, Cassius Dio, Florus, Sueton und Mary Beards vorzügliches Buch *The Roman Triumph*, Cambridge, MA, 2007.

52 Plutarch, »Caesar«, 55,2.

53 Cassius Dio, 43,19,3 f.

54 Zu den politischen und sonstigen Rechten der Frauen siehe Mary Beard und Michael Crawford, *Rome in the Late Republic*, London 2005, S. 41.

55 Cicero, Brief an Quintus, 12,2 (2,9), Juni 56.

56 Juvenal, *Satiren*, 9,100 ff.

57 Cassius Dio, 43,43,4.

58 Cassius Dio, 43,28,1. Gruen, 1984, S. 259, stellt das Datum für die Aufstellung der Figur infrage. Er verlegt es auf einen Zeitpunkt fünfzehn Jahre später, wodurch aus einer Ehrung Kleopatras das Gedenken an ihren Untergang wird.

59 Cicero, *Für Murena*, 13, zit. nach Otto Kiefer, *Sexual Life in Ancient Rome*, New York 1993, S. 166. Athenaios, 4,176e, dagegen erklärt: »Von keinem Volk ist überliefert, so musikalisch zu sein wie die Alexandriner.«

60 Plutarch zitiert hier Anisthenes in »Perikles«, 1,5.

61 »Kein wahrer Mann« – Athenaios, 5,206d.

62 Juvenal, *Satiren*, 3,236. Die fallenden Töpfe siehe ebd., 270 ff.

63 Lucan, zit. nach P. F. Widdows Übersetzung, Bloomington 1988, S. 544.

64 Casson, 1998, S. 104.

65 Plinius, 36,16,75.

66 Quintilian, 12,10, bekennt, dass die Welt sich im Latein härter ausnimmt, weil diesem die schönsten griechischen Laute fehlen, »der Sprache, die uns sofort in gute Stimmung und zum Lächeln bringt«.

67 Seneca, *Briefe über Ethik*, 87,40.

68 Andrew Dalby, *Empire of Pleasures: Luxury and Indulgence in the Roman World*, London 2000, S. 123. Dalby schreibt, bereits ein griechischer Akzent wirkte wie ein Hauch von Luxus. Siehe dazu auch Cassius Dio, 57,15,3; Valerius,

Buch 9, 1, »Über Luxus und Lust«. Es schien unmöglich, den Exzess ohne Rückgriff auf das Griechische zu beschreiben. Dalby weist darauf hin, dass »das klassische Handbuch sexueller Praktiken auf Griechisch abgefasst war«.

69 Siehe Livius, 39,6; Plinius, 36; Plutarch, »Gaius Marius«, 34; Athenaios, 12; Horaz, *Oden*, 2,15; Dalby, 2000; Wiseman, 1985, S. 102 ff.

70 Siehe Catull, *Gedichte* 12 und 25; Plinius, 19,2.

71 Der heilige Hieronymus, zit. nach Jasper Griffin, »Virgil Lives«, in: *New York Review of Books*, 26.6.2008, S. 24.

72 Siehe Richard A. Bauman, *Women and Politics in Ancient Rome*, London 1992; Diana E. E. Kleiner und Susan B. Matheson (Hrsg.), *I Claudia: Women in Ancient Rome*, New Haven 1996; Barbara S. Lesko, »Women's Monumental Mark on Ancient Egypt«, in: *Biblical Archeologist*, 54, Nr. 1, 1991, S. 4–15; Rawson, 1985; Marilyn B. Skinners hervorragendes Werk *Sexuality in Greek and Roman Culture*, Malden 2005; Maria Wyke, *The Roman Mistress*, Oxford 2002. Gespräch mit Larissa Bonfante, 2.2.2009.

73 Samuel Butler, *The Humour of Homer, and Other Essays*, London 1913, S. 60. Edith Hamilton, *The Roman Way*, New York 1993, S. 35, weist auf das Fehlen betrogener Ehemänner hin.

74 Juvenal, *Satiren*, 6, 289 ff.

75 Ebd., 6, 460 f.

76 Siehe Seneca, *Briefe über Ethik*, 87,16.

77 Sueton, »Caligula«, 37; Horaz, *Satiren*, 2,3,239; Pausanias, 8,18,6; Plinius, 9,58. Kleopatras zwei Perlen, »die größten der Geschichte«, finden sich bei Plinius, 9, 119 ff. Auch Lucan, 10,139 f., windet Kleopatra ein Vermögen an Perlen um den Hals und ins Haar. Siehe ebenfalls Macrobius, *Saturnalien*, 3,17,14. In diesem wesentlich späteren Bericht gehen Kleopatra und Marcus Antonius bei einem ihrer extravaganten Gelage über jene Perle eine Wette ein. Sie sind einander wert. »Als Sklave derartiger Maßlosigkeit wollte er [Antonius] aus dem Römischen Reich ein ägyptisches Königreich machen.« Plancus schlichtet gutmütig den Streit. Kleopatras Name aber blieb jahrhundertelang ein Synonym für Extravaganz. Im 5. Jahrhundert n. Chr. nannte Sidonius Appolinaris in seinen Briefen, 8,12,8, ein sehr verschwenderisches Gastmahl ein »Festessen der Kleopatra«.

78 Siehe B. L. Ullman, »Cleopatra's Pearls«, in: *Classical Journal*, 52, Nr. 5, 1957, S. 196. Siehe auch Prudence J. Jones, »The Cleopatra Cocktail«, 1999, in: http://www.apaclassics.org/AnnualMeeting/99mtg/abstracts/jonesp.html. Sie findet Perlen, die man auflösen kann. John Keats hat die aufgelösten Perlen in »Modern Love« eingebaut.

79 Hesiod, *Werke und Tage*, 680 f.

80 Sueton, »Caesar«, 52,2.

81 Abdullatif A. Aly, »Cleopatra and Caesar at Alexandria and Rome«, in: *Roma e l'Egitto nell'antichità classica*, Atti del I Congresso Internazionale Italo-Egiziano, 1989, S. 51

82 Siehe Cassius Dio, 51,12,3.
83 Gespräch mit Roger Bagnall, 11.11.2008.
84 Cicero, Brief an Atticus, 16,1,16, Anfang Juli 61. Zur Verbreiterung von Kleopatras Unterstützungsbasis siehe Gespräch der Autorin mit Andrew Meadows, 5.3.2010.
85 Zu dieser Absicht Caesars siehe Gruen, 2003, S. 271.

5. KAPITEL: DER MENSCH IST SEINER NATUR NACH EIN POLITISCHES WESEN

Zur politischen Atmosphäre in Rom siehe Appian, Cassius Dio, Florus, Nikolaos, Plutarch, Sueton und – wie stets am eloquentesten – Cicero. Neuere Porträts von Cicero und Plutarch siehe Everitt, 2003, und Elizabeth Rawson, *Cicero: A Portrait*, London 2001. Zur Überhäufung Caesars mit Ehren siehe Appian, Cicero und Cassius Dio. Zur Geografie des unbeleuchteten Roms, zum Janiculumhügel usw. siehe Homo, 1951, und Aly, Abdullatif A., »Cleopatra and Caesar at Alexandria and Rome«, in: *Roma e l'Egitto nell'antichità classica*, Atti del I Congresso Internazionale Italo-Egiziano, 1989, S. 47–61. Zu Kleopatra und der Wissenschaft siehe Monica Green, »The Transmission of Ancient Theories of Female Physiology and Disease through the Early Middle Ages«, Dissertation, Princeton University 1985, S. 156–161 und 185–189; Albert Neuberger, *The Technical Arts and Sciences of the Ancients*, London 2003; Margaret Ott, »Cleopatra VII: Stateswoman or Strumpet?«, Masterarbeit, University of Wisconsin 1976; Okasha El Daly, »›The Virtuous Scholar‹: Queen Cleopatra in Medieval Muslim Arab Writings«, in: Walker and Ashton, 2003, S. 51–56.

Zu den traditionellen Iden siehe Ovid, *Feste*, 3,523; Martial, *Epigramme*, 4,64. Zu den Iden von 44 siehe Appian, 2,111–119; Cassius Dio, 44; Florus, 2,13,95; Nikolaos, 25,92; Eusebios, 130,19 ff.; Plutarch, »Caesar«, 66–67; Plutarch, »Brutus«, 14–18; Plutarch, »Antonius«, 13–14; Sueton, 82; Velleius, 56. Cicero hat als Erster Einzelheiten veröffentlicht in: *Über das Schicksal*, 2,9,23. Siehe auch Balsdon, »The Ides of March«, in: *Historia*, 7, 1958, S. 80–94; Nicholas Horsfall, »The Ides of March: Some New Problems«, in: *Greece & Rome*, 21, Nr. 2, 1974, S. 191–199.

1 Aristoteles, *Politik*, 1,1253 a.
2 Euripides, *Der Kyklop*, in: *Sämtliche Tragödien und Fragmente*, Bd. 6, München 1963, S. 469.
3 Cicero, Brief an M. Curius, 200,12,28, August 46.
4 Cicero, Brief an Rufus, 203,4,4, Oktober 46.
5 Cicero, Brief an A. Torquatus, 245,6,2, April 45.
6 Zur Frisur siehe Peter Higgs, »Searching for Cleopatra's Image: Classical Portraits in Stone«, in: Walker und Higgs, 2001, S. 203. Zur heutigen Ägyptomanie siehe Carla Alfano, »Egyptian Influences in Italy«, ebd., S. 276–291. Siehe auch Kleiner, 2005, S. 277 f.

7 Varro, zit. von Aulus Gellius in *Attische Nächte*, 13,11,2–5.
8 Plutarch, *Tischgespräche*, 2,3,635 bis 5,9,684.
9 Cassius Dio, 43,28,1.
10 Ebd., 46,26,2.
11 Cicero, Brief an Cn. Plancius, 240,4,14, Ende 46.
12 Ders., Brief an Atticus, 392,2,15,15, Juni 44.
13 Ders., *Über das Siedlergesetz*, 2,42,17.
14 Ders., Brief an Atticus, 25,2,5, April 59.
15 Ders., Brief an Atticus, 393,15,15, 13.6.44.
16 Ders., Brief an Atticus, 38,2,17, Juni 59.
17 Plutarch, »Demosthenes und Cicero«, 2,1.
18 Cassius Dio, 38,12,7.
19 Siehe Plutarch, »Marcus Antonius«, 56.
20 In einem Brief an Atticus, 117,6,3, vom Sommer 50 formulierte es Cicero so: »Grobheiten habe ich mir auch von den mächtigsten Leuten nie gefallen lassen.«
21 Sallust zugeschrieben: Brief an Caesar, 13,5.
22 Appian, 2,150.
23 Cassius Dio, 44,3, 1 f.
24 Appian, 2,117.
25 Ebd., 3,35.
26 Cassius Dio, 44,20,3.
27 Nikolaos, 25.
28 Cicero, *Philippische Reden*, 2,12,55. Auch in Florus' Liste von Caesars Missetaten fehlt Kleopatra – siehe 2. Buch.
29 Cassius Dio, 44,7,3 f.
30 Sueton, »Caesar«, 7, mit Bezug auf eine anonyme Quelle.
31 Ebd., 79.
32 Siehe Collins, 1959, S. 132.
33 Sueton, »Caesar«, 56.
34 Nikolaos, 19.
35 Appian, 2, 144 ff.
36 Cassius Dio, 45,23,4 f.
37 Die Sicht der Römer auf die »oberflächlichen, unberechenbaren« Alexandriner (Cassius Dio, 51,17,1) siehe Reinhold 1988, S. 227 f. Siehe auch Dion Chrysostomos, »Die 32. Rede«; Polybios, *Historien*, 15,33; Philon (selbst Alexandriner), *Gegen Flaccus*, 5,32–35. Philon hielt seine Landsleute für unübertroffen in ihrer Aufsässigkeit. Sie seien »immer bereit, wegen kleiner Anlässe in großen Aufruhr zu geraten«, ebd., 4,16. Kaiser Hadrian tat die Alexandriner als »rebellisches, nichtsnutziges, ehrloses« Volk ab, das nur dem schnöden Mammon nachjage. Florence Nightingale, die 1849 in Ägypten eintraf und dieses Land beileibe nicht ohne Vorurteile sah, empfand die Alexandriner als »die hektischsten und lautesten Menschen der Welt« – 19.11.1849, zit.

nach Gerard Vallée (Hrsg.), *Florence Nightingale on Mysticism and Eastern Religions*, Waterloo 2003, S 144. Zur Gegenüberstellung von Rom und Alexandria siehe auch M. P. Charlesworth, »The Fear of the Orient in the Roman Empire«, in: *Cambridge Historical Journal*, 2, Nr. 1, 1926, S. 9–16; Jasper Griffin, *Latin Poets and Roman Life*, London 1985.

38 Cassius Dio, 44,15,2.

39 Cicero, Brief an Atticus, 393,15,15, 13.6.44.

40 Appian, 2,133.

41 Hirtius an Cicero, zit. in Ciceros Brief an Atticus, 386,15,6, Juni 44.

42 Cassius Dio, 45,8,4.

43 Plutarch, »Caesar«, 69.

44 Velleius, 2,75.

45 Siehe Plutarch, »Lucullus«, 2,5. Auch Herodes wurde offiziell nach Alexandria geleitet, siehe Josephus, *Jüdischer Krieg*, 1,279.

46 Siehe z. B. Arrian, 6,28,3.

47 Cicero, *Für Gaius Rabirius Postumus*, zit. nach Siani-Davies, 2001, S. 105. Zu Alexandria fährt Cicero fort: »Von seinen Bewohnern beziehen die Farcenschreiber all ihre Geschichten.«

48 Cicero, Brief an Plancus, 407,10,20, 29.5.43.

49 Plutarch, »Demetrios«, 3,3.

50 Gespräch mit Norma Goldman, 19.10.2009. Siehe dazu Judith Lynn Sebesta und Larissa Bonfante, *The World of Roman Costume*, Madison 2001; Dorothy Burr Thompson, *Ptolemaic Oinochoai and Portraits in Faience*, Oxford 1973, S. 30; Elizabeth J. Walters, *Attic Grave Reliefs that Represent Women in the Dress of Isis*, Princeton 1988; Apuleios, *Metamorphosen*, 11,3 f.

51 Zit. nach Michael D. Calabria (Hrsg.), *Florence Nightingale in Egypt and Greece*, Albany 1997, S. 31.

52 Siehe Goudchaux, *Cleopatra's Subtle Religious Strategy*, 2001, S. 138 f.; Bingen, 2007, S. 73; Kleiner, 2005, S. 85–88; Jan Quaegebeur, besonders »Cléopâtre VII et le temple de Dendera«, in: *Göttinger Miszellen*, 120, 1991, S. 49–73. Florence Nightingale besuchte Dendera fast 1900 Jahre später. Für die Ptolemäer hatte sie nicht allzu viel übrig. Die endlosen Reliefs und unzähligen Figuren ließen sie kalt. Sie fand den ganzen Komplex vulgär. »Der älteste Name, den man hier findet ist der jener widerlichen K«, grollte sie – Vallée, 2003, S. 397. Nightingale konnte sie gar nicht übersehen. An den Wänden des Tempels und der Kapelle kommt Kleopatra nicht weniger als dreiundsiebzigmal vor.

53 Siehe dazu Philon, *Die Gesandtschaft an Gaius*, zit. nach C. D. Yonge (Übers.), *The Works of Philo*, Peabody, MA, 1993, S. 150 f. Siehe auch Ferdinando Castagnoli, »Influenze alessandrine nell'urbanistica della Roma augustea«, in: *Rivista di filologia e di istruzione classica*, 109, 1981, S. 414–423; Ammianus Marcellinus, 22,16,12.

54 Siehe Gabriele Marascos exzellenten Beitrag »Cléopâtre et les sciences de son

temps«, in: Gilbert Argoud u. a. (Hrsg.), *Sciences exactes et sciences appliquées à Alexandrie*, Saint-Etienne 1998, S. 39–53; Fraser, 1972, Bd. I, S. 87, 311 f., 363 und 490.

55 Siehe Seneca, *Briefe über Ethik*, 88,37. Siehe auch Athenaios, 4,139. Zur Vergesslichkeit des Didymos siehe Quintilian, 1,8,20 f.; Ammianus Marcellinus, 22,16,16; H. A. Russell, »Old Brass-Guts«, in: *Classical Journal*, 43, Nr. 7, 1948, S. 431 f.

56 Rawson, 1985, S. 81.

57 Galen, zit. nach Ott, 1976, Anhang A, S. 33.

58 Plutarch, »Antonius«, 71.

59 Zit. nach Ott, 1976, Anhang C, S. 35. Vielleicht ist dort auch eine andere Königin K gemeint. Zu Kleopatra, der Wissenschaftlerin, siehe auch Plant, 2004, S. 2–5 und 135–147.

60 Zit. nach Monica Green, 1985, S. 186. Zu Kleopatras Beschäftigung mit Alchemie siehe F. Sherwood Taylor, »A Survey of Greek Alchemy« in: *Journal of Hellenic Studies*, 50, Nr. 1, 1930, S. 109–139. Der Begriff »Alchemie« kommt aus dem Arabischen und ist nach Kleopatras Zeit entstanden. Daran ändert auch nichts, dass verschiedene Alchemisten unter dem Pseudonym »Kleopatra« publiziert haben. Siehe Plant, 2004, S. 145.

61 Plutarch, »Antonius«, 25,4.

62 21.4.41, zit. nach Marie-Thérèse Lenger, *Corpus des ordonnances des Ptolémées*, Brüssel 1964, S. 210–215.

63 Plutarch, »Cicero«, 46.

64 Plutarch, »Cato der Jüngere«, 35,4.

65 Appian, 5,8.

66 Ebd., 2,88. Sein Jähzorn war Legende. Appian, 4,59, fügt hinzu, die berittenen Bogenschützen der Parther hätten sich ihm wegen seines Rufs freiwillig angeschlossen.

67 Siehe Plutarch, »Brutus«, 28.

68 Appian, 5,8.

69 Zu Quintus Dellius siehe Seneca der Ältere, *Ratschläge*, 1,8; Josephus, *Jüdische Altertümer*, 14,394 und 15,25; ders., *Jüdischer Krieg*, 1,290; Seneca der Jüngere, *Über die Güte*, 1,10,1.

70 Plutarch, »Antonius«, 25.

71 Ebd. Ob der Bezug auf Homer von Plutarch oder Dellius stammt, ist unklar.

72 Appian, 3,12.

73 Cassius Dio, 45,4,4.

74 Appian, 3,13 f.

75 Ebd., 3,15 f.

76 Florus, 2,15,2.

77 Appian, 3,18 ff.

78 Siehe dazu Appian, 3,21,85; Cassius Dio, 45,11,3 f., 46,40,4 und 46,41,1.

79 Siehe Quintus Fufius Calenus, zit. nach Cassius Dio, 46,8,3 f.
80 Cicero, Brief an Atticus, 419,16,9, 4.11.44.
81 Ebd., 369,14,15, 1.5.44.
82 Cicero, Brief an Dolabella, 371A,14,17A, 3.5.44.
83 Ders., Brief an Atticus, 373,14,18, 9.5.44.
84 Henry Adams, *The Education of Henry Adams*, New York 1990, S. 13. Adams sprach von der Politik in Massachusetts.
85 Siehe Sueton, *Leben der Rhetoriker*, 5,29.
86 Velleius über Curio den Jüngeren, 2,48,4. Zit. nach Cicero, Brief an Atticus, 14,1,14, 13.2.61.
87 Appian, 3,28.
88 Cassius Dio, 46,41.
89 Ebd., 29.
90 Siehe Appian, 3,39. Seneca zu Octavians Temperament siehe *Über die Güte*, 1,11,1.
91 Cicero, Brief an Atticus, 425,1,16,14, November 44.
92 Cicero, Brief an Plancus, 393,10,19, Mai 43.
93 Cicero, *Philippische Reden*, 6,3,7.
94 Zu den Ausschweifungen, ebd., 2,12,30. Zum Rülpsen, ders., Brief an Cornificius, 373,12,25, 20.5.43. Zum Spucken, Brief an Cassius, 344,12,2, Ende September 44.
95 Zum Eifern gegen das Laster – Cicero, *Für Caelio*, 12,29.
96 »Wenn du also per Zufall…«, ebd., 17,42.
97 …dass eine seiner Villen »von einer Vornehmheit ist…«, ders., Brief an Quintus, 21,5,3,1, September 54.
98 Ders., *Philippische Reden*, 6,2,4. Warum sollte Antonius so handeln? Weil, so lässt uns Cicero wissen, »er sich zu Hause an Wollust und im Forum an Mord erfreut«.
99 Appian, 4,2.
100 Florus, 2,16,6.
101 Cassius Dio, 47,6,1.
102 Appian, 4,5.
103 Cassius Dio, 47,3,1. Die Köpfe wurden für eine vereinbarte Prämie abgeliefert, den Rest ließ man in den Straßen verrotten. Wenn ein Leichnam noch mit Kopf dalag, wusste man, dass es einen Falschen erwischt hatte, Appian, 4,15. Zur schlauen Ehefrau, siehe ebd. 4,40.
104 Plutarch, »Cicero«, 47,3.
105 Zu Ciceros Tod siehe Appian, 4,19f.; Plutarch, »Cicero«, 47; Cassius Dio, 47,8; Eusebius von Caesarea, *Chronik*, 184f., Livius, *Fragmente*, 120.
106 Zu Brutus' Tod siehe Florus, 2,17,14f.; Velleius, 2,52; Appian 4,135; Sueton, »Augustus«, 13; Plutarch, »Brutus«, 52 f.
107 Cassius Dio, 44,2,1.
108 Siehe Appian, 5,58.

6. KAPITEL: UM DEN HAFEN ZU ERREICHEN, MUSS MAN BISWEILEN DEN KURS ÄNDERN

Zu Antonius, seinen Frauen und seinen Ehen empfehle ich Eleanor Goltz Huzars sehr schöne Arbeit »Mark Antony: Marriages vs. Careers«, *Classical Journal* 81/2, 1985/86, S. 97–111; die unverzichtbare Textausgabe von Christopher B. R. Pelling (Hrsg.), *Plutarch: Life of Antony*, Cambridge 1999, sowie Pelling, *Plutarch and History: Eighteen Studies*, London 2002. Zu Kleopatras Ankunft in Tarsos Plutarch, mit einigen Beiträgen von Athenaios. Appian rundet das Bild ab, liefert aber keine Einzelheiten; Strabon und Xenophon (*Anabasis*, 1,2,23) beschreiben die Stadt. Françoise Perpillou-Thomas gibt eine lebendige Vorstellung von ägyptischer Gastfreundschaft: »Fêtes d'Egypte ptolémaïque et romaine d'après la documentation papyrologique grecque«, *Studia Hellenistica* 31, 1993. Das Porträt des Herodes in diesem und dem nächsten Kapitel stammt vor allem aus Josephus, *Jüdische Altertümer* und *Jüdischer Krieg*. Moderne Biografien: Michael Grant, *Herodes der Große*, Bergisch Gladbach 1982; A. H. M. Jones' hervorragendes Buch *The Herods of Judaea*, Oxford 1967; Samuel Sandmel, *Herod: Profile of a Tyrant*, Philadelphia 1967.

1 Überschrift: Freie Übersetzung eines Satzes von Cicero in einem Brief an Lentulus Spinther, *Ad Familiares* 1,9, vom Dezember 54. Vgl. Boissier, 1970, S. 223. »Ein unveränderliches Festhalten an einem Standpunkt hat bei großen Staatsmännern noch nie als Tugend gegolten«, erklärte Cicero, um seinen Seitenwechsel zu rechtfertigen. Motto: Aristoteles, *Politik*, 2, 6, 4–7.

2 Appian, 4, 129.

3 Plutarch, »Antonius«, 25.

4 Pelling, *Life of Antony*, S. 186.

5 Plutarch, »Antonius«, 25,4–26,1. Wichtig ist, dass Kleopatra sich von Antonius weder einschüchtern noch beeindrucken ließ. Es gibt auch eine weniger strategische Erklärung für die Verspätung: Der Hohepriester von Ägypten starb am 14. Juli. Kultische Verpflichtungen könnten Kleopatra aufgehalten haben.

6 Auch diese Reise habe ich mithilfe von Lionel Casson rekonstruiert; Gespräch am 26. Januar 2009. Wie Casson es ausdrückte: »Der einzig mögliche Schluss ist, dass Kleopatra vor Ort ein Flußboot herausputzen ließ«, Brief an die Autorin, 22. 3. 2009.

7 Plutarch, »Antonius«, 26.

8 Plutarch, »Schmeichler«, 51e. France Le Corsu tritt, nicht ganz überzeugend, dafür ein, dass Kleopatra in Tarsos eher als Isis und nicht als Aphrodite aufgetreten sei: »Cléopâtre-Isis«, in: *Bulletin de la Société Française d'Egyptologie* 82, 1978, S. 22–33.

9 Plutarch, »Antonius«, 26,4.

10 Ebd.

11 Dorothy Burr Thompson, *Ptolemaic Oinochoai and Portraits in Faience*, Oxford 1973, S. 29; Mitteilung von O. E. Kaper an die Autorin, 6. März 2010.

12 Athenaios, 4,147 f.
13 Ebd., 148b.
14 Plutarch, »Antonius«, 26,4.
15 Ebd., 24.
16 Ebd., 27.
17 »Sie entschuldigte sich nicht, sondern präsentierte vielmehr eine Liste der Dinge, die sie für ihn und Octavian getan hatte«, Appian, 5,8.
18 Plutarch, »Antonius«, 27.
19 Ebd.
20 Ebd.
21 Plutarch, »Antonius«, 10.
22 Cassius Dio, 48, 4, 1.
23 Apostelgeschichte 21,39.
24 Cassius Parmensis an Cicero, *Ad Familiares,* 12, 13, vom 13. 6. 43; Appian, 4,1,14 und 5,7. Cassius Dio behauptet, die Bewohner von Tarsos seien Caesar so ergeben gewesen, dass sie den Namen ihrer Stadt zu Juliopolis geändert hätten, 47, 26, 2. Siehe auch Dion Chrysostomos, »Die 33. Rede«.
25 Ronald Syme, *Die römische Revolution: Machtkämpfe im antiken Rom*, Stuttgart 2003, S. 222. Zu Symes Zweifeln S. 285. Auch dies ist Spekulation, wobei die gegenteiligen Behauptungen mit ähnlicher Sicherheit aufgestellt wurden, in Hinblick auf Antonius als auch auf Caesar. Siehe Anatole France in *La Vie littéraire*: »Es steht fest, dass Caesar Kleopatra liebte«, und im Gegensatz dazu James Anthony Froude, *Caesar: A Sketch*, New York 1879: »Es ist auch nicht wahrscheinlich, dass [Caesar] in einer so gefährlichen und schwierigen Situation wie der, in der er sich gerade befand, die prekäre Lage noch verschärfte, indem er sich überhaupt einer Intrige hingab.« (S. 456) Froude bezweifelt auch Kleopatras Besuch bei Caesar in Rom. Gruen nimmt jenem Aufenthalt jede Romantik.
26 Plutarch, »Julius Caesar«, 49,2.
27 Appian, 5,8.
28 Plutarch, »Alexander der Große«, 47. Er schrieb über Alexanders nützliche Eheschließung mit einer baktrischen Prinzessin.
29 Josephus, *Jüdische Altertümer*, 14,324.
30 Ebd., 15,93.
31 Siehe zum Beispiel Florus 2, 21,2.
32 Plutarch, »Antonius« 6,5.
33 Plinius, 36,21; Livius, *Römische Geschichte*, 1,44. Plinius liefert eine gute Beschreibung des Tempelbaus. Es war so schwierig, den größten Türsturz an seinen Platz zu hieven, dass der Architekt an Selbstmord dachte.
34 Josephus, *Jüdischer Krieg*, 1, 360. Ähnlich *Jüdische Altertümer*, 15, 89. Josephus fährt fort: Nachdem sie ihre ganze Familie, einen nach dem anderen, ausgelöscht hatte, bis kein Verwandter mehr übrig geblieben war, »dürstete« Kleopatra »jetzt nach dem Blut von Fremden«.

35 Siehe P. J. Bicknell, »Caesar, Antony, Cleopatra and Cyprus«, *Latomus* 36, 1977, S. 325–342, ein ausführliches Plädoyer dafür, dass Arsinoe nach dem Triumph von 46 rehabilitiert und als eine untergeordnete ptolemäische Herrscherin, als Gegenspielerin ihrer Schwester, eingesetzt wurde. Peter Green, *Alexander to Actium,* Berkeley 1990, S. 669, stimmt dieser Theorie ebenfalls zu. Nach Strabon hat Antonius Zypern tatsächlich beiden Schwestern überlassen, 14,6,6.

36 Appian, 5,9.

37 Caesar, *Alexandrinischer Krieg,* 65.

38 Appian, 5,10.

39 Plutarch, »Antonius«, 28.

40 Appian, 5,11.

41 Plutarch, »Antonius«, 28,1.

42 Ebd., 28.

43 Zum Durcheinander in der Küche Athenaios, 10,420e.

44 Plutarch, »Antonius«, 28.

45 Cicero an Quintus, *Briefe an den Bruder Quintus,* 1,36 (Z. 1), etwa 60/59 v. Chr.

46 Siehe dazu Sarah Pomeroy, *Women in Hellenistic Egypt,* Detroit 1990, S. 20–23; Gespräch mit Branko van Oppen, 27. Februar 2010. Arsinoe III. half das ptolemäische Heer zu sammeln, vermutlich zu Pferde, Polybios, V, 79 f.

47 Plutarch, »Antonius«, 29. Es gibt eine andere Erklärung für die Maskerade. Von Herodes weiß man, dass er sich nachts verkleidet unter seine Untertanen mischte, um so die politische Stimmung zu ergründen. Und er war nicht der Einzige, der das tat.

48 Dion Chrysostomos, »Die 32. Rede«, 1.

49 Plutarch, »Antonius«, 29.

50 Appian, 5,1,11.

51 Plutarch, »Demetrios und Antonius«, 3,3.

52 Plutarch, »Antonius«, 29.

53 Plutarch, »Schmeichler«, 61b. Shakespeare formulierte denselben Gedanken anders: »Andre Weiber sättigen die Lust, gewährend; sie macht hungrig, je reichlicher sie schenkt.« (*Antonius und Cleopatra* 2. Akt, 2. Szene, nach der Übersetzung von Ludwig Tieck und Wolf Graf von Baudissin.)

54 Appian, 5,21.

55 Cassius Dio, 48,27,1.

56 Plutarch, »Antonius«, 10.

57 Appian, 5,55.

58 Ebd., 5,19.

59 Ebd., 5,59.

60 Cassius Dio 48, 28,3.

61 J. P. V. D. Balsdon, *Die Frau in der römischen Antike,* München 1989, S. 53.

62 Appian, 5,59; ähnlich Cassius Dio, 48,28,3 f.

63 Cassius Dio, 48, 37,2.

64 Appian, 5,73.

65 Zitate in diesem Abschnitt aus Plutarch, »Antonius«, 31. Tacitus geht davon aus, dass die Ehe von Antonius und Octavia von Anfang an eine Falle war, *Annalen* 1,10.

66 Giovanni Boccaccio, *De claris mulieribus. Die großen Frauen,* übers. v. Irene Erfen und Peter Schmitt, Stuttgart 2003, S. 179.

67 Appian, 5,74.

68 Ebd., 5,67 f.

69 Ebd., 3,43.

70 Sueton, »Augustus«, 71.

71 Zitate dieses Abschnitts aus Plutarch, »Antonius«, 33. Ähnlich Plutarch, *Moralia,* »Über das Schicksal der Römer«, 319 f. Kleopatra taucht dort nicht auf; Plutarch macht den Seher zu Antonius' Freund, »gewohnt, oft freimütig mit ihm zu sprechen und ihn zu ermahnen«. Mit dem Verweis auf Antonius' höheres Alter, seine größere Erfahrung, Bekanntheit, Armee gibt der Amateurastrologe ihm den gleichen Rat in Bezug auf Octavian: »Meide ihn!« Nach Meinung von Linda Ricketts Neal, »Cleopatra's Influence on the Eastern Policy of Julius Caesar and Mark Antony«, Magisterarbeit, Iowa State University, 1975, war das eine verhüllte Warnung, besser nicht offen mit Octavian zu brechen. Kleopatra wollte lieber, dass Antonius sich im Osten einen Namen machte, um einen Entscheidungskampf zu vermeiden, S. 102.

72 Athenaios, 4,148c.

73 Cassius Dio, 48,54,7.

74 Plutarch, »Antonius«, 36. Plutarch, dem es auf eine moralische Deutung ankam, hatte sich zum Ziel gesetzt zu zeigen, »dass große Geister große Laster sowie auch große Tugenden hervorbringen«, »Demetrios«, 1.

75 Susan Walker und Peter Higgs (Hrsg.), *Cleopatra of Egypt,* Princeton 2001, S. 237; Jonathan Williams, »Imperial Style and the Coins of Cleopatra and Mark Antony«, in: Susan Walker und Sally-Ann Ashton (Hrsg.), *Cleopatra Reassessed,* London 2003, S. 88; Agnes Baldwin Brett, »A New Cleopatra Tetradrachm of Ascalon«, *American Journal of Archaeology* 41/3, 1937, S. 461. Wie Theodore V. Buttrey festgestellt hat (»*Thea Neotera:* On Coins of Antony and Cleopatra«, *American Numismatic Society Notes* 6, 1954, S. 95–109), wurden ptolemäische Herrscherpaare nie auf den beiden Seiten einer Münze dargestellt.

7. KAPITEL: EINE FRAU, ÜBER DIE DIE GANZE WELT REDET

Als besten Führer durch die verwirrende Gemengelage des Ostens und seine bunt schillernde Parade von Dynasten empfehle ich Richard D. Sullivan, *Near Eastern Royalty and Rome: 100–30 BC,* Toronto 1990. Zu Antonius' Ostpolitik: Albert Zwaenepoel, »La politique orientale d'Antoine«, *Etudes Classiques* 18,1, 1950, S. 3–15; Lucile Craven, *Antony's Oriental Policy Until the Defeat of the Parthian Expedition,* Columbia 1920; Linda Ricketts Neal, »Cleopatra's Influence on the Eastern Policy of Julius Caesar and Mark Antony«, Magisterarbeit, Iowa State University, 1975; A.N. Sherwin-White, *Roman Foreign Policy in the East,* London 1984. Wie im vorhergehenden Kapitel basiert das Porträt des Herodes auf Josephus' schillernder Darstellung. Zu Antiochia: A.F. Norman (Hrsg.), *Antioch as a Centre of Hellenic Culture as Observed by Libanius,* Liverpool 2000; außerdem als Quellen Libanios und Cicero. Zu Kleopatras Titeln und Erbe: Jean Bingen, »Cléopâtre VII Philopatris«, *Chronique d'Egypte* 74, 1999, S.118–123. Zu den Schenkungen: K.W. Meiklejohn, »Alexander Helios and Kaisarion«, *Journal of Roman Studies* 24, 1934, S.191–195.

Zu Octavian: G.W. Bowersock, *Augustus and the Greek World,* Oxford 1965; Anthony Everitt, *Augustus: The Life of Rome's First Emperor,* New York 2006; Kurt A. Raaflaub und Mark Toher (Hrsg.), *Between Republic and Empire,* Berkeley 1990.

1 Motto: Thukydides, *Geschichte des Peloponnesischen Krieges,* 2,45.
2 Strabon, 16,2,46.
3 Josephus, *Jüdischer Krieg,* 1,238 ff., 282 ff., 331–334, 340 f., 429 f. u.a.
4 Josephus, *Jüdische Altertümer,* 15,5.
5 Josephus, *Jüdischer Krieg,* 1,282–285; *Jüdische Altertümer,* 14,386 f.
6 Plutarch, »Antonius«, 36.
7 Everitt, *Augustus,* S.148.
8 Shakespeare, *Antonius und Cleopatra,* 5. Akt, 2. Szene, 111 ff., nach der Übersetzung von Ludwig Tieck und Wolf Graf von Baudissin.
9 Plutarch, »Antonius«, 36.
10 Ebd., 43.
11 Ebd., 37.
12 Ebd., 43.
13 Gespräch mit Lionel Casson am 11. 6. 2009. Strabon (14,5,3) beschränkt das Geschenk auf Zedern.
14 Plutarch, »Antonius«, 36.
15 Unserer Zählung nach wären es fünfzehn.
16 Jean Bingen, *Hellenistic Egypt,* Berkeley 2007, S. 120.
17 Plutarch, »Demetrios und Antonius«, 1,2. Er schreckte vor der Idee einer Ehe zwischen Antonius und Kleopatra zurück, »obwohl sie eine Frau war, die an Macht und Glanz alle Königsherrscher ihrer Zeit übertraf«, mit Ausnahme – so sah Plutarch es – des Partherkönigs.
18 Appian, 5,76. Nach Cassius Dio, 48,24,2 f., verliebte sich Antonius Hals über Kopf in Kleopatra.
19 Zu Jericho: Strabon, 16,1,15; Justinus, 36,3,1–7; Florus, 1,40,29 f.; Josephus, *Jüdischer Krieg,* 1,138 f.; 4,451–475; Plinius, 12,111–124; Diodor 2,48. Zu Weihrauch, Balsam, Bitumen und ihrer Verwendung: A. Lucas, *Ancient Egyptian Materials and Industries,* London 1962.

20 Josephus, *Jüdische Altertümer,* 14,484; ähnlich ders., *Jüdischer Krieg,* 1,355.

21 Josephus, *Jüdische. Altertümer,* 15,107. Josephus schreibt Kleopatra zudem den Tod des Malichus sowie eines syrischen Königs zu, *Jüdischer Krieg,* 1,440.

22 Ders., *Jüdische Altertümer,* 15,99 f.

23 Ebd., 15,98.

24 Ebd., 15,97.

25 Ebd., 15,101.

26 Ebd.

27 Josephus, *Jüdischer Krieg,* 1,498. Josephus wirft Nikolaos von Damaskus vor, er habe die Geschichte verfälscht, und führt als Beweis seine »falschen Vorwürfe der Zügellosigkeit« gegen Mariamne an, die jener erfunden habe, um den nicht zu rechtfertigenden Mord an ihr zu legitimieren (Josephus, *Jüdische Altertümer,* 16,185).

28 Pseudo-Aristeas, *Aristeasbrief,* 99. Siehe auch Josephus, *Jüdischer Krieg,* 5,231, und Philon, *Über die Wanderung Abrahams,* 102–105, zur Kleidung des Hohepriesters.

29 Josephus, *Jüdische Altertümer,* 15,26 f.

30 Ebd., 15,29.

31 Ebd., 15,45 f.

32 Euripides, *Helena,* 329, zitiert nach Euripides, *Sämtliche Tragödien und Fragmente,* Bd. 4, München 1963, S. 133.

33 Josephus, *Jüdischer Krieg,* 1,437.

34 Zu den Palästen des Herodes: Inge Nielsen, *Hellenistic Palaces: Tradition and Renewal,* Aarhus 1999; siehe auch Josephus, *Jüdische Altertümer,* 15,54 f.

35 Ebd, 15,63.

36 Ebd. 15,76.

37 Ebd. 15,77.

38 Ebd. 15,91.

39 Euripides, *Die Phönikerinnen,* 200 f., zitiert nach Euripides, *Sämtliche Tragödien und Fragmente,* Bd. 4, München 1963, S. 355.

40 Josephus, *Jüdischer Krieg,* 7,300 f.

41 Ebd., 1,534.

42 Ebd., 1,440.

43 Laut Cicero brauchte ein Brief von Kappadokien bis Rom siebenundvierzig Tage.

44 Information von Andrew Meadows an die Autorin, 24. 5. 2010.

45 Euripides, *Die Mänaden,* 283. Vgl. Euripides, *Sämtliche Tragödien und Fragmente,* Bd. 5, München 1963, S. 275.

46 Plutarch, »Antonius« 51; das Gerücht findet sich bei Plutarch wie auch bei Cassius Dio, 49,31,1.

47 Plutarch, »Crassus«, 22,4. Zum mitleiderregenden Zustand von Antonius' Männern Florus, 2,20.

48 Plutarch, »Antonius«, 37; Livius, *Periochae,* Buch 130.

49 Plutarch, »Antonius«, 43.
50 Ebd., 50.
51 Ebd., 44.
52 Florus, 2,20. Siehe auch Velleius, 2,82, und Cassius Dio, 49,32.
53 Plutarch, »Antonius«, 57.
54 Ebd., 53.
55 Plutarch, »Schmeichler«, 61 b.
56 Plutarch, »Antonius«, 53. Zu Kleopatras Wirkung auf Antonius' Freunde siehe Cassius Dio, 50,5,3.
57 Cassius Dio, 48,27,2.
58 Plutarch, »Schmeichler«, 61 b.
59 Plutarch, »Antonius«, 54.
60 Cassius Dio 49,34,1; Plutarch »Antonius«, 37.
61 Cassius Dio 49,39,2.
62 Zum Triumph, der kein Triumph war: Mary Beard und Michael Crawford, *Rome in the Late Republic*, London 1999, S. 266–269.
63 Cassius Dio, 49,40,1–3; Velleius, 2,82,4; Plutarch, »Antonius«, 50,6; Plutarch, »Crassus«, 33; Livius, *Periochae*, Buch 131.
64 Sally-Ann Ashton, *Cleopatra and Egypt*, Malden 2008, S.138 f.; Baudoin Van de Walle, »La Cléopâtre de Mariemont«, *Chronique d'Egypte* 24, 1949, S.28 f.; Gespräch mit Branko van Oppen, 28. 2. 2010.
65 Velleius, 2,82,4.
66 Theodore V. Buttrey »*Thea Neotera:* On Coins of Antony and Cleopatra«, *American Numismatic Society Notes* 6, 1954, S. 95–109.
67 Grace Harriet Macurdy, *Hellenistic Queens*, Baltimore 1932, S. 205. E.R. Bevan, *The House of Ptolemy*, Chicago 1968, S. 377, beschreibt das Goldene Zeitalter der Kleopatra besonders anschaulich: Zum zweiten Mal innerhalb eines Jahrzehnts »sah sie die Möglichkeit, Kaiserin der Welt zu werden, in greifbare Nähe gerückt«.
68 W. W. Tarn, »Alexander Helios and the Golden Age«, *Journal of Roman Studies* 22, II, 1932, S.142. Allgemein zur Situation der Juden in Kleopatras Zeit: Victor Tcherikover, *Hellenistic Civilization and the Jews*, Peabody, MA, 1999.
69 Cassius Dio, 49,41,6.
70 Plutarch, »Antonius«, 54,3.
71 Eleanor Goltz Huzar, »Mark Antony: Marriages vs. Careers«, in: *Classical Journal* 81, Nr.2, 1985/1986, S.108.

8. KAPITEL: VERBOTENE AFFÄREN UND UNEHELICHE KINDER

Zum Propagandakrieg siehe Cassius Dio, Plutarch, Sueton. Unter den modernen Untersuchungen der erhaltenen Quellen siehe M. P. Charlesworth, »Some Fragments of the Propaganda of Mark Antony«, in: *The Classical Quarterly* 27,3/4,

1933, S. 172–177; Joseph Geiger, »An Overlooked Item of the War of Propaganda between Octavian and Antony«, in: *Historia* 29, 1980, S. 112 ff.; und Kenneth Scott, »The Political Propaganda of 44–30 BC«, in: *Memoirs of the American Academy in Rome* XI, 1933, S. 7–49. Niemand versteht die Schlacht bei Actium, doch John Carter und William Murray kommen einer Erklärung am nächsten. Siehe Murrays sorgfältige und scharfsinnige Rekonstruktion der Ereignisse: William M. Murray und Photios M. Petsas, *Octavian's Campsite Memorial for the Actian War,* Philadelphia 1989, S. 1–172, und John M. Carter, *Die Schlacht bei Aktium. Aufstieg und Triumph des Kaisers Augustus,* Wiesbaden 1972, sowie in Carters Anmerkungen zur Schlacht in: *Cassius Dio. The Roman History,* New York 1987, S. 266. Zur Schlacht, den Winden, dem Schlachtfeld Gespräche mit William Murray am 14. 10. 2009 und am 3. 3. 2010. Siehe auch W. W. Tarn, »The Battle of Actium«, *Journal of Roman Studies* 21, 1931, S. 173–199; Lionel Casson, *Die Seefahrer der Antike,* München 1979. Zu Nikolaos von Damaskus Plutarch, *Tischgespräche,* 8,4,723; G. W. Bowersock, *Augustus and the Greek World,* Oxford 1965, S. 124 f., und Mark Toher, »The Terminal Date of Nicolaus's Universal History«, *The Ancient History Bulletin* 1/6, 1987, S. 135–138. Angelos Chaniotis ist sehr informativ, was Frauen und Krieg betrifft, *War in the Hellenistic World,* Oxford 2005, S. 110 ff.

Zum Aufenthalt in Griechenland die Arbeiten von Christian Habicht, besonders »Athens and the Ptolemies«, *Classical Antiquity* 11/1, April 1992, S. 68–90.

1 Kapitelüberschrift: Lucan 10,76. Motto: Hesiod, *Werke und Tage,* 760–764. Siehe auch Achilleus Tatios, 6,10: »Die Verleumdung ist schärfer als ein Messer, zerstörerischer als das Feuer, verführerischer als eine Sirene; das Gerücht ist flüssiger als das Wasser, flinker als der Wind, schneller als die Flügel des Vogels.«

2 Theokrit, *Idyll* 17, Lobgedicht auf Ptolemaios

3 Philon, *Gesandtschaft an Gaius,* 151.

4 Diodor, 33,28b,3.

5 Josephus, *Jüdische Altertümer,* 17,99 f. Zu Nikolaos auch Plutarch, *Tischgespräche,* 8,4,723.

6 Velleius, 2,83.

7 Plutarch, »Antonius«, 28.

8 Siehe P. M. Fraser, »Mark Antony in Alexandria – A Note«, in: *Journal of Roman Studies,* 47/1–2, 1957, S. 71 ff.

9 Cassius Dio, 50,5,1.

10 Siehe Peter van Minnen, »An Official Act of Cleopatra«, in: *Ancient Society* 30, 2000, S. 29–34; van Minnen, »Further Thoughts on the Cleopatra Papyrus«, *Archiv für Papyrusforschung* 47, 2001, S. 74–80; van Minnen, »A Royal Ordinance of Cleopatra and Related Documents«, in: Susan Walker und Sally-Ann Ashton (Hrsg.), *Cleopatra Reassessed,* London 2003, S.35–42.

11 Plutarch, »Brutus«, 3.

12 Peter van Minnen, »Further Thoughts on the Cleopatra Papyrus«, in: *Archiv für Papyrusforschung* 47, 2001, S. 79.
13 Cassius Dio, 50,4,1 f.
14 Appian, 5,144. Zu Sextus Pompeius allgemein siehe Appian, 5,133–145.
15 Cassius Dio, 44,10,3.
16 Plutarch, »Antonius«, 32.
17 Cassius Dio 50,18,3.
18 Sueton, »Augustus«, 69. Von Seianus sagte man später Ähnliches, »denn indem er verbotene Beziehungen zu den Ehefrauen fast aller bedeutenden Männer unterhielt, erfuhr er, was ihre Ehemänner sagten und taten«, Cassius Dio, 58,3.
19 Cicero, *Philippische Reden*, 5,18,50.
20 Sueton, »Augustus«, 69, nach einer derben Übersetzung ins Englische von Andrew Meadows, siehe Susan Walker und Peter Higgs (Hrsg.), *Cleopatra of Egypt*, Princeton 2001, S. 29.
21 Hopkins, *A World Full of Gods*, New York 2001, S. 200–205. Strabon, 14,1,24; Plinius, 5,31,15. Lucile Craven, *Antony's Oriental Policy Until the Defeat of the Parthian Expedition*, Columbia 1920, S. 22, weist darauf hin, dass Ephesos der Sitz des römischen Prokonsuls der Provinz Asia war; das Archiv und die Staatskasse befanden sich dort. Es war eine sinnvolle Geschäftsadresse für Marcus Antonius.
22 Cassius Dio, 50,2,6.
23 Plutarch, »Antonius«, 56.
24 Ders., »Aemilius Paulus«, 12,9.
25 Ders., »Antonius«, 56.
26 Ebd., 24.
27 Ebd., 56.
28 Zur Macht der Mythen siehe H. Jeanmarie, »La politique religieuse d'Antoine et de Cléopâtre«, in: *Revue Archéologique* 19, 1924, S. 241–261.
29 Nepos, *De viris illustribus*, 25 »Atticus«, 3,2.
30 Pausanias, 1,8,9; Habicht, »Athens and the Ptolemies«, S. 85; Plinius, 34,37.
31 Plutarch, »Antonius«, 57.
32 Siehe Lionel Casson, *Bibliotheken in der Antike*, Düsseldorf 2002, S. 72–77. Casson hat vermutet, dass es ein raffinierter Schachzug war, um eine finanzielle Belastung loszuwerden. Es gab keine richtige Verwendung für die Bibliothek von Pergamon, die sich schon seit einem Jahrhundert in römischer Hand befand.
33 Plutarch, »Antonius«, 58.
34 Ders., »Brutus«, 5; »Cato der Jüngere«, 24.
35 Ders., »Antonius«, 58.
36 Ders., »Marcus Cato«, 17,7.
37 Ders., »Antonius«, 58.
38 Cassius Dio, 50, 25,2; Horaz, *Epoden*, 9.
39 Besonders erhellend dazu Linda Ricketts Neal, »Cleopatra's Influence on

the Eastern Policy of Julius Caesar and Mark Antony«, Magisterarbeit, Iowa State University, 1975, S. 110.

40 Plutarch, »Pompeius«, 53.

41 Ders., »Antonius«, 59; zum Liebeskummer des Geminius siehe ders., »Pompeius«, 2.

42 Velleius, 2,83. Zu den Desertierten siehe auch Cassius Dio, 50,3,2 f.; zu Dellius' Herzschwäche Appian, 5,50;55;144.

43 Entweder Cassius Dio hat sich in der Chronologie geirrt – oder alle anderen: Er scheint anzudeuten (50,20,7), dass Octavian sich das Testament wenigstens ein Jahr früher, vor den Schenkungen von Alexandria, beschaffte, was der Zeremonie einen ganz anderen Anstrich geben würde.

44 Plutarch, »Antonius«, 58.

45 Petronius, *Satyricon*, 1.

46 Zur »beinahe durchgängigen Gleichsetzung von Orient und Sex«, dessen »sexueller Verheißung (und Bedrohung), unermüdlicher Sinnlichkeit, grenzenloser Begierde, mächtigen Fortpflanzungsenergien« siehe Edward W. Said, *Orientalismus*, Frankfurt a. M. u. a. 1981; und Plutarch, »Schmeichler«, 56e. Auch für Flaubert war in der Mitte des 19. Jahrhunderts die Kurtisane früherer Zeiten die »umschlingende, erdrosselnde Nilviper«.

47 Florus, 2,21,2.

48 Cassius Dio, 50,26,5.

49 Velleius, 2,82.

50 Plutarch, »Antonius«, 53.

51 Florus, 2,21,2.

52 Cassius Dio, 48,23,2.

53 Plutarch, »Antonius«, 60.

54 Ders., »Demetrios und Antonius«, 3,3.

55 Florus, 2,21,2.

56 Cassius Dio, 50,5,4.

57 Strabon wirft Antonius vor, er habe für Kleopatra die schönsten Kunstwerke geraubt, die er finden konnte, aus den Tempeln von Samos und anderen Orten: 13,1,30; 14,1,14; ebenso Plinius, 34,8;19;58.

58 Eutropius, 7,7.

59 Plautus, *Aulularia*, 167 ff.

60 Athenaios, 13,560 b. Er fügt noch hinzu, dass die Ägypterinnen bekanntermaßen »weitaus leidenschaftlicher seien als andere Frauen«.

61 Lucan, 10,67.

62 Livius, 1,32,5–14. Zum traditionellen Vorgang siehe Meyer Reinhold, »The Declaration of War against Cleopatra«, in: *Classical Journal* 77/2, 1981/1982, S. 97–103; ebenso R. M. Ogilvie, *A Commentary on Livy, Books 1–5*, Oxford 1978, S. 127 f., und Thomas Wiedemann, »The Fetiales: A Reconsideration«, in: *The Classical Quarterly* 36,2, 1986, S. 478–490. Wiedemann vermutet, dass Octavian den Ritus erfand.

63 Cassius Dio, 50,6,1.
64 Ebd., 50,21,3.
65 Ebd., 50,21,1.
66 Ebd., 50,26,3.
67 Ebd., 50,6,2 f.
68 Florus, 1,45,19.
69 Cassius Dio, 50,11,1.
70 Ebd., 50,8,1–5; 50,15,3.
71 Makrobius, *Saturnalia*, 2,4,29.
72 Nepos, »Atticus«, 20,4.
73 Ganz allgemein waren die Kategorien in Ägypten fließender, wo Alexander der Große zum Pharao werden und eine Frau als König dargestellt werden konnte und die Gottheiten dazu neigten, ineinander aufzugehen. Rom bevorzugte klarere Unterscheidungen. Nicht zufällig ist das Lateinische »gegenüber zusammengesetzten Wörtern und Wortneuschöpfungen weitaus weniger aufnahmebereit als das Griechische«. Elizabeth Rawson, *Cicero: A Portrait*, London 2001, S. 232.
74 William W. Tarn (und M. P. Charlesworth), *Octavian, Antonius und Kleopatra*, München 1967, S. 115 ff.
75 Cassius Dio, 50,24,3.
76 Ebd., 50,27,4. Er hätte Cicero zitieren können, der auf einen »verkommenen, unbescheidenen, verweichlichten« Mann schimpfte, »der, selbst wenn er Angst hatte, nie nüchtern« war, *Philippische Reden*, 3,5,12.
77 Nikolaos von Damaskus, Fragment 129.
78 Sueton, »Augustus«, 70.
79 Cassius Dio, 50,28,6.
80 Ebd., 50,24,5.
81 Ebd., 50,28,3 f.
82 Properz, *Elegien*, 3,11,47–68. Zu Kleopatra als einem armseligen Triumph *Elegien* 4,6,64 f. Kyra L. Nourse, *Women and the Early Development of Royal Power in the Hellenistic East*, Dissertation, University of Pennsylvania, 2002, S. 128, merkt an, dass die Griechen »die Frau, wenn man ihr Zugang zur Macht gewährte, als gefährlich emotional und zerstörerisch kleinlich« wahrnahmen. Der Amtsträger, der bei Aristophanes gegen Lysistrate antrat, argumentierte anders: »Doch Männer dürfen nie und nimmer von Frauen bezwungen werden!«, ruft er und gibt den Stab damit direkt an Lucan und Properz weiter.
83 Plutarch, »Antonius«, 62.
84 Cassius Dio, 50,12,8.
85 Zur medischen Kleidung siehe Plutarch, »Paulus«, 18 und 30 ff. Der ptolemäische Militärmantel stammt aus Athenaios, 5,196 f. Das armenische Heer war laut Sallust berühmt für seine prächtigen Rüstungen. Zu den geschmückten Waffen siehe Adrienne Mayor, *Pontisches Gift. Die Legende von Mithridates,*

Roms größtem Feind, Stuttgart 2011, S. 114 f., 242; Walker und Higgs (Hrsg.), *Cleopatra of Egypt*, S. 264. Plutarch lieferte eine Beschreibung des Lagerlebens in seiner Brutusbiografie; Josephus schildert lebhaft die dort herrschende präzise Routine in *Jüdischer Krieg*, 3,77–102. Einige Diskussionen gibt es über die purpurnen Segel der *Antonia*, trotz Plinius, 19,5, und Cassons entschiedenem Eintreten; Gespräch vom 26. 1. 2009. Nach Meinung William Murrays sind sie eine literarische Ausschmückung; Gespräch am 3. 3. 2010. Jedenfalls aber war das Schiff sicher mit prächtigen Schnitzereien verziert.

86 Plutarch, »Philopoemen«, 9,3,7.

87 Josephus, *Jüdischer Krieg*, 1,389 f.

88 Zitiert nach Antonia Fraser, *The Warrior Queens*, New York 1989, S. 190.

89 Sueton, »Nero«, 3; Appian, 4,38.

90 Plutarch, »Antonius«, 40.

91 Ders., »Gaius Marius«, 7. Er soll außerdem auf einer einfachen Pritsche geschlafen haben, was Antonius ganz sicher nicht tat, solange Kleopatra im Lager war.

92 Josephus, *Jüdischer Krieg*, 1,390.

93 Plutarch, »Antonius«, 58.

94 Ders., »Agesilaos und Pompeius«, 4.

95 Plinius, 21,12.

96 Velleius, 2,84; Cassius Dio, 50,13,8.

97 Plutarch, »Pompeius«, 76; Appian, 2,71. Die Ergebnisse waren kläglich, siehe Plutarch, »Caesar«, 45.

98 Cassius Dio, 50,19,4.

99 Cassius Dio, 50,30,2.

100 Plutarch, »Antonius«, 64.

101 Ebd., 40.

102 Cassius Dio, 50,30,3 f.

103 Ebd., 50,33,3 f.

104 Die Zitate der nächsten beiden Abschnitte stammen aus Plutarch, »Antonius«, 67. Es ist durchaus möglich, dass Plutarch diesen Missmut erfand oder ihn vorzeitig einführte. Womöglich passte er im Rückblick zusammen mit Kleopatras Verrat gut in die Geschichte. Siehe auch Velleius, 2,85.

105 Florus, 2,21.

106 Cassius Dio, 51,5,4.

107 Murray, *Octavian's Campsite Memorial*, S. 142, tritt überzeugend dafür ein, dass vor und nach Actium Octavian etwa 350 Schiffe erobert habe, darunter mehrere, die etwa genauso groß waren wie Kleopatras Flaggschiff.

Für Kleopatras letzte Tage müssen wir uns fast ausschließlich auf Cassius Dio und Plutarch stützen; Eusebius, Eutropius, Horaz, Sueton und Velleius Paterculus liefern nur kleine Ergänzungen. Besonders lesenswert über Plutarchs Ansatz zu Kleopatras Tod ist Christopher B. R. Pelling, *Plutarch and History: Eighteen Studies*, London 2002, S. 106 ff. Siehe auch J. Gwyn Griffiths, »The Death of Cleopatra VII«, in: *Journal of Egyptian Archaeology* 47, Dez. 1961, S. 113–118; Yolande Grisé, *Le suicide dans la Rome antique*, Montreal 1982; Saul Jarcho, »The Correspondence of Morgagni and Lancisi on the Death of Cleopatra«, in: *Bulletin of the History of Medicine* 43 / 4, 1969, S. 299–325; W. R. Johnson, »A Queen, A Great Queen? Cleopatra and the Politics of Misrepresentation«, in: *Arion* 6 / 3, 1967, S. 387–402; Gabriele Marasco, »Cleopatra e gli esperimenti su cavie umane«, in: *Historia* 44, 1995, S. 317–325. Francesco Sbordone, »La morte di Cleopatra nei medici greci«, in: *Rivista Indo-Greco-Italica* 14, 1930, S. 1–20; T. C. Skeats scharfsinnige Chronologie der letzten Tage im Leben der Kleopatra: »The Last Days of Cleopatra«, in: *Journal of Roman Studies* 13, 1953, S. 98 ff.; W. W. Tarn, »The Battle of Actium«, in: *Journal of Roman Studies* 21, 1931, S. 173–199. Zum Schicksal der Kinder Kleopatras K. W. Meiklejohn, »Alexander Helios and Kaisarion«, in: *Journal of Roman Studies* 24, 1934, S.191–195.

Einen ausführlichen Bericht über den Triumph und die Folgen von Actium findet man bei Robert Alan Gurval, *Actium and Augustus: The Politics and Emotions of Civil War*, Ann Arbor 1998.

Zu Kleopatras bleibendem und sich entwickelndem Image oder dazu, wie sie Eingang in die moderne Mythologie fand, siehe Mary Hamer, *Signs of Cleopatra*, London 1993; Lucy Hughes-Hallett, *Cleopatra: Histories, Dreams and Distortions*, New York 1991; Richardine G. Woodall, »Not Know Me Yet? The Metamorphosis of Cleopatra«, Dissertation, York University, 2004; Maria Wyke, *The Roman Mistress*, Oxford 2002, S. 195–320.

1 Überschrift: Cecil B. DeMille beschrieb Kleopatra als »die verruchteste Frau der Geschichte«, zitiert in: Michelle Lovric, *Cleopatra's Face*, London 2001, S. 83. Motto: Euripides, *Hekabe*, 356. Zitiert nach Euripides, *Sämtliche Tragödien und Fragmente*, Bd. 2, München 1963, S. 101.

2 Nach Euripides, *Herakles*, 559. Vgl. *Sämtliche Tragödien*, Bd. 3, S. 133.

3 Cassius Dio, 51,5,5.

4 Plutarch, »Antonius«, 69. Eine faszinierende Meinung zu Antonius' und Kleopatras Plänen nach Actium findet sich bei Claude Nicolet, »Où Antoine et Cléopâtre voulaient-ils aller?«, in: *Semitica* 39, 1990, S. 63–66.

5 Athenaios, 5,203 e–204 d.

6 Strabon, 16,4,21–26, dehnt ihr Territorium vom Süden Jordaniens bis zur Spitze des Golfs von Akaba aus.

7 Josephus, *Jüdische Altertümer*, 15,190. Ähnlich, wenn auch weniger drama-

tisch ders., *Jüdischer Krieg,* 1,388–394. Herodes' Einschmeicheln bei Octavian sah in der Rückschau edler aus: »Und als die Römer allen Monarchen der Welt den Krieg erklärt hatten, blieben allein unsere Könige aufgrund ihrer Treue ihre Verbündeten und Freunde«, erklärt Josephus, *Gegen Apion,* 2,134.

8 Zu Sertorius siehe Plutarch, »Pompeius«, 17 ff.; ders., »Cato der Jüngere«, 59; Cassius Dio, 51,8,6.

9 Cassius Dio, 51,5,6.

10 Ebd., 51,6,4.

11 Strabon, 17,1,9.

12 Plutarch, »Antonius«, 69.

13 Cassius Dio, 51,7,2 f.

14 Plutarch, »Schmeichler«, 69a.

15 Appian, 4,112.

16 Plutarch, »Antonius«, 71

17 Cassius Dio, 51,6,1.

18 Susan Walker und Peter Higgs (Hrsg.), *Cleopatra of Egypt,* Princeton 2001, S. 175.

19 Cassius Dio, 51,6,6.

20 Ebd., 51,8,2 f.

21 Ebd., 51,3,4.

22 Plutarch, »Antonius«, 73.

23 Cassius Dio, 51,8,7. Auf der Liste römischer Eroberungen Kleopatras landet bei Plutarch spontan und völlig unlogisch auch Cn. Pompeius. Plutarch, »Antonius«, 25,4.

24 Plutarch, »Antonius«, 72.

25 Ebd., 73.

26 Ebd., 71.

27 Ebd. 74.

28 Cassius Dio, 51,5,2.

29 Josephus, *Jüdischer Krieg,* 1,394 ff.; siehe auch ders., *Jüdische Altertümer,* 15, 199–202.

30 Grace Harriet Macurdy, *Hellenistic Queens,* Baltimore 1932, S. 221.

31 Plutarch, »Antonius«, 74.

32 Cassius Dio, 51,9,5.

33 Ebd., 51,9,6.

34 Plutarch, »Antonius«, 74.

35 Ebd., 75.

36 Ebd., 76.

37 Paulus Orosius, *Geschichte gegen die Heiden in sieben Büchern,* 6,19.

38 Cassius Dio, 51,10,5 f.; Livius, *Periochae,* Buch 133; Plutarch, »Antonius«, 76.

39 Plutarch, »Antonius«, 76.

40 Ebd., 77.

41 Ebd.

42 Ebd.

43 Antonius hatte sich vielleicht nicht völlig in ihm getäuscht: Proculeius zeigte seinen Brüdern gegenüber eine bemerkenswerte Großzügigkeit, Horaz, *Oden,* 2,2., Tacitus, *Annalen,* 4,40, bescheinigt ihm charakterliche Qualitäten; Juvenal, *Satiren,* 7,94, erwähnt ihn als Patron der Künste.

44 Plutarch, »Antonius«, 78.

45 Ebd.

46 Cassius Dio, 52,42,8.

47 Plutarch, »Antonius«, 78.

48 Cassius Dio, 51,11,3.

49 Plutarch, »Antonius«, 79.

50 Ebd.

51 Cassius Dio, 51,11,5.

52 Goudchaux schätzte die Mauerdicke auf 2,5 bis 3,5 Meter: »Cleopatra's Subtle Religious Strategy«, in: Walker und Higgs (Hrsg.), *Cleopatra of Egypt,* S. 136.

53 Plutarch, »Antonius«, 82.

54 Näheres zu den Klageritualen findet man bei Branko Fredde van Oppen de Ruiter, *The Religious Identification of Ptolemaic Queens with Aphrodite, Demeter, Hathor and Isis,* Dissertation, City University New York 2007, S. 274–370.

55 Paulus Orosius, *Geschichte gegen die Heiden in sieben Büchern,* 6,19.

56 Cassius Dio, 51,16,3 f.

57 Plutarch, »Antonius«, 83.

58 Cassius Dio, 51,12,1.

59 Nikolaos von Damaskus, 5.

60 Cicero, *Briefe an Atticus,* 10,14, vom 8. Mai 49.

61 Cassius Dio, 51,12,3.

62 Ebd., 51,12,7.

63 Plutarch, »Antonius«, 83.

64 Bei Cassius Dio wirft sie sich vor Octavian nieder, bei Florus schon im Jahr 48 bei Caesars Ankunft (2,13,56) und noch einmal vor Octavian (2,21,9).

65 Plutarch, »Antonius«, 83.

66 Cassius Dio, 51,12,4.

67 Plutarch, »Antonius«, 83.

68 Ebd.

69 Cassius Dio 51,13,2.

70 Plutarch, »Antonius«, 83.

71 Ebd., 84. Cornelius Dolabella könnte der Sohn des phasenweise mit Caesar verbündeten P. Cornelius Dolabella gewesen sein. Siehe *Prosopographia Imperii Romani,* Neubearbeitung.

72 Die ganze Szene mit den Zitaten Plutarch, »Antonius«, 84.

73 Ebd., 85. Genaueres zur Natter findet man bei Nikandros von Kolophon, *Theriaka.*

74 Cassius Dio, 51,13,5. Zu den Beschreibungen der Liege und der Königsinsignien: O. E. Kaper an die Autorin, 18. 3. 2010; zu Krummstab und Geißel: Gespräch mit Roger Bagnall, 3. 5. 2010.

75 Plutarch, »Antonius«, 85.

76 Ders., »Aemilius Paulus«, 26,12. Über die Mutter Alexanders des Großen – die ebenfalls Selbstmord beging – sagte man, dass man die Größe des Sohnes am Tod der Mutter erkennen könne.

77 Lucan, 9,920–938; Plinius, 7,2,13 ff. Siehe auch Plutarch, »Cato der Jüngere«, 56,3 f.; Cassius Dio, 51,14,4.

78 Strabon 17,1,10.

79 Plutarch, »Antonius«, 86.

80 Horaz, *Oden,* 1,37.

81 Velleius, 2,87.

82 Sueton, »Augustus«, 50.

83 Augustus, *Tatenbericht,* 4.

84 Plutarch, »Antonius«, 86.

85 Cassius Dio, 51,14,6.

86 Horaz, *Oden,* 1,37.

87 Plutarch, »Antonius«, 86.

88 Jack Lindsay, *Cleopatra,* London 1998, S. 337.

89 Vgl. Chip Brown, »Die Suche nach Kleopatra«, in: *National Geographic* (deutsche Ausgabe), Heft 7/2011, S. 42 ff.

90 Plinius, 5,51.

91 Cassius Dio, 59,20,1 f.; Sueton, »Caligula«, 23,1.

92 Sueton, »Caligula«, 35; Cassius Dio 59,25. Eine komplizierte, spekulative Darstellung des Todes findet sich bei Jean-Claude Faur, »Caligula et la Maurétanie: La fin de Ptolémée«, *Klio* 55, 1973, S. 249–271.

93 Paulus Orosius, *Geschichte gegen die Heiden in sieben Büchern,* 6,19.

94 Siehe Günther Hölbl, *Geschichte des Ptolemäerreiches,* Darmstadt 1994, S. 225.

95 Sueton, »Augustus«, 18; Cassius Dio, 51,16,5.

96 Gallus' Weihinschrift vom 15. April 29, zitiert in Robert K. Sherk, *Rome and the Greek East to the Death of Augustus,* Cambridge 1993, S. 94.

97 Cassius Dio, 51,21,7 f. Zu den Kindern Eusebius, *Chronik,* 187.

98 Gurval, *Actium and Augustus,* S. 29.

99 Cassius Dio, 51, 17,8. Zum Obelisken Plinius, 36,14,70 f.

100 Carla Alfano, »Egyptian influences in Italy«, in: Walker und Higgs (Hrsg.), *Cleopatra of Egypt,* S. 286 ff. Schon früher hatte Cicero (*De Legibus,* 2,2) für die in Rom in Mode gekommenen, nach ägyptischen Vorbildern modellierten Landschaften nur Hohn und Spott übrig. Spätere römische Kaiser machten sich anders als Octavian die ägyptische Kultur zu eigen; siehe René Preys, »Les empereurs romains vus de l'Egypte«, in: *Les Empereurs du Nil,* Löwen 2000, S. 30–33.

101 Siehe Meyer Reinhold, *A Historical Commentary on Cassius Dio's Roman His-*

tory, Atlanta 1988, S. 72; Diana E. E. Kleiner und Susan B. Matheson (Hg.), *I Claudia: Women in Ancient Rome,* New Haven 1996, S. 36–39.

102 Cassius Dio, 57,12. Eine gute moderne Darstellung findet sich bei Anthony A. Barrett, *Livia: First Lady of Imperial Rome,* New Haven 2002; Ruth Bertha Hoffsten, »Roman Women of Rank of the Early Empire in Public Life as Portrayed by Cassius Dio, Paterculus, Suetonius, and Tacitus«, Dissertation, University of Pennsylvania, 1939. Zu Livia und ihrem Personal: J. P. V. D. Balsdon, *Die Frau in der römischen Antike,* München 1989, S. 102–105; 306. Nach Meinung von Diana E. E. Kleiner, *Cleopatra and Rome,* Cambridge, MA, 2005, S. 251–257, hat Livia ihren Aufstieg sorgfältig nach dem Vorbild Kleopatras gestaltet.

103 Sueton, »Augustus«, 71. Nach Cassius Dio behielt Octavian mit Ausnahme »eines einzelnen Achatpokals« keinen einzigen Gegenstand aus Kleopatras Besitz.

104 Cassius Dio 52,30,1 f. Kleopatra wurde sogar als Besitzerin von Perlen übertroffen. Lollia Paulina, Caligulas dritte Ehefrau, soll bei einem Gastmahl erschienen sein, »bedeckt mit Smaragden und Perlen, die abwechselnd auf Schnüre gezogen waren und ihren ganzen Kopf, Haar, Ohren, Hals und Finger glänzen ließen; deren Gesamtpreis belief sich auf den Wert von 40 000 000 Sesterzen«. Das war viermal der Wert von Kleopatras Perlen, und Lollia war bereit, die Quittungen vorzuweisen, um das zu belegen. Plinius, 9,58.

105 Tacitus, *Annalen,* 1,10.

106 Cassius Dio, 55,15,1 f.

107 Velleius, 2,89.

108 Cassius Dio, 57,18,2.

109 J. H. C. Williams, »›Spoiling the Egyptians‹: Octavian and Cleopatra«, in: Walker und Higgs (Hrsg.), *Cleopatra of Egypt,* S. 197.

110 Brutus an Cicero: Cicero, *Briefe an Marcus Iunius Brutus,* 1,16.

111 Menander, zitiert in: Mary R. Lefkowitz und Maureen B. Fant, *Women's Life in Greece and Rome,* London 1992, S. 31.

112 Der Verfasser dieses pornografischen Textes ist unsicher, Hughes-Hallett, *Cleopatra,* S. 68.

113 Properz, *Elegien,* 3,11,30. Marilyn B. Skinner, *Sexuality in Greek and Roman Culture,* Malden 2005, S. 167, verweist darauf, dass die berühmte Prostituierte, die für ihre Habgier verurteilt und für ihren Scharfsinn gefeiert wurde, schon einen vertrauten Typus in der Geschichtsschreibung und Biografie darstellte.

114 Pseudo-Aurelius Victor, *Über die berühmten Männer der Stadt Rom,* 86,2. Mit den »Ägyptischen Nächten« knüpfte Puschkin an diese Aussage an.

115 Anna Jameson, *Memoirs of Celebrated Female Sovereigns,* New York 1836, S. 55.

116 Brief Nightingales vom Januar 1850, zitiert in: Gerard Vallée (Hrsg.), *Florence Nightingale on Mysticism and Eastern Religions,* Waterloo 2003, S. 244. Kleopatras

Verbrechen bestand darin, dass sie sich selbst – und Kaisarion – mit den Reliefs in Hermonthis unsterblich gemacht hatte.

117 Zitiert in: Michelle Lovric, *Cleopatra's Face,* London 2001, S. 83.

118 Plutarch, »Pompeius«, 70,4. Wie der mehrmals verheiratete Vater Alexanders des Großen feststellte, war eine Ehe viel billiger als ein Krieg.

119 Plutarch, »Antonius«, 66. Ganz übel beschimpft wird sie von Josephus, der sich bei der Aufzählung ihrer Verbrechen fast überschlägt, *Gegen Apion,* 2,57 ff.: Kleopatra »beging jede Art von Ungerechtigkeit und Verbrechen gegen ihre Verwandten, ihre treuen Ehemänner [sic], die Römer im Allgemeinen und deren Kaiser, ihre Wohltäter; sie erschlug ihre unschuldige Schwester Arsinoe im Tempel, ermordete auf verräterische Weise ihren Bruder, plünderte die Götter ihres Landes und die Gräber ihrer Vorfahren aus; sie, die ihren Thron dem ersten Caesar verdankte, wagte es, gegen seinen Sohn und Nachfolger zu revoltieren, und machte Antonius, indem sie ihn durch sinnliche Leidenschaft verdarb, zu einem Feind seines Landes und einem Verräter seiner Freunde, von denen sie einige ihres königlichen Ranges beraubte, andere hinterging und sie zu Verbrechen trieb«.

120 Siehe Jack Lindsay, *Mark Antony: His World and His Contemporaries,* London 1936, S. 231.

121 *Chronik des Johannes von Nikiu,* 67,5–10. Zitiert nach Lindsay, *Cleopatra,* S. 333. Er nennt Kleopatra die größte der Ptolemäer, schreibt ihr allerdings Leistungen zu, die sie nicht vollbracht hat.

122 René Weis, *Decoding a Hidden Life: Shakespeare Unbound,* New York 2007, S. 355–358. Weis verweist darauf, dass Shakespeare dreiundvierzig Jahre alt war, als er an diesem Stück arbeitete. Ebenso alt ist Antonius, als sich der Vorhang hebt.

123 *Antonius und Cleopatra* selbst wurde im 19. Jahrhundert oft als unanständig abgetan. Obwohl dieses Stück nach Meinung vieler Kritiker Shakespeares beste weibliche Hauptrolle enthält, fehlt es bekanntermaßen an guten Aufführungen wie auch an Bewunderern. Im Jahr 1938 bot Somerset Maugham eine Erklärung für diese Unbeliebtheit an: »Die Zuschauer fanden es verwerflich, dass ein Mann um einer Frau willen ein Reich wegwirft. Läge der Handlung nicht eine überlieferte Legende zugrunde, würden sie sogar einhellig behaupten, dass so etwas ganz unwahrscheinlich sei.« (*Die halbe Wahrheit,* Zürich 1997, S. 141 f.) Mit der großen, hoffnungslosen Liebe zwischen Antonius und Kleopatra konnten die Briten nichts anfangen, die »keinen Sinn für Erotik« hatten und nach Maughams Meinung im Allgemeinen Sex abstoßend fanden. Sie ruinierten sich nicht für eine Frau. Was womöglich erklären mag, warum Emily Dickinson dieses Stück besonders schätzte; siehe Judith Farr, »Emily Dickinson's ›Engulfing‹ Play: *Antony and Cleopatra*«, in: *Tulsa Studies in Women's Literature* 9, Nr. 2, 1990, S. 231–250. Auch Samuel Johnson und William Hazlitt gaben dem Stück nur mittelmäßige Noten; Johnson fand es schwülstig und nachlässig konstruiert. George Bernard

Shaw verursachte es Verdauungsstörungen. Nur Coleridge und T.S. Eliot zählten *Antonius und Cleopatra* zu Shakespeares größten Werken.

124 Zitiert in: Herbert W. Benario, »The ›Carmen de Bello Actiaco‹ and Early Imperial Epic«. In: Wolfgang Haase (Hrsg.), *Aufstieg und Niedergang der römischen Welt* II,30,3, Berlin 1983, S. 1661. Weitere Informationen zu diesem Fragment finden sich bei Bastien Pestel, »Le ›De Bello Actiaco‹, ou l'épopée de Cléopâtre«, Magisterarbeit, Université de Laval, 2005.

125 Euripides, *Die Phönikerinnen,* 388 ff. Vgl. *Sämtliche Tragödien,* Bd. 4, S. 369.

126 Athenaios, 6,229 c. Anderthalb Generationen nach Kleopatras Tod stellte Philon von Alexandria Gedanken zur Vergänglichkeit von Reichtum und Macht an. Sein eigenes Vaterland lieferte ihm dabei das beste Beispiel, in: *Über Joseph,* 135 f.: »Ägypten hatte einst die Oberhoheit über viele Völker, jetzt ist es selbst untertänig. … Wo ist das Haus der Ptolemäer und der Glanz aller Nachfolger Alexanders des Großen, der einst zu Lande und zu Wasser bis an die Enden der Erde erstrahlte?« Kleopatra war die Letzte in dieser Reihe gewesen.

AUSWAHLBIBLIOGRAFIE

Ashton, Sally-Ann, *Cleopatra and Egypt*. Malden, MA, 2008.

Bagnall, Roger S., und Raffaella Cribiore, *Women's Letters from Ancient Egypt: 300 BC–AD 800*, Ann Arbor 2006.

Bagnall, Roger S., und Peter Derow (Hg.), *Greek Historical Documents: The Hellenistic Period*, Chico, CA, 1981.

–, *The Hellenistic Period: Historical Sources in Translation*, Malden, MA, 2004.

Beard, Mary, und Michael Crawford, *Rome in the Late Republic*, London 1999.

Bevan, E. R., *The House of Ptolemy*, Chicago 1968.

Bianchi, Robert S., u.a., *Cleopatra's Egypt: Age of the Ptolemies*, New York 1988.

Bingen, Jean, *Hellenistic Egypt: Monarchy, Society, Economy, Culture*, Berkeley 2007.

Bouché-Leclercq, Auguste, *Histoire des Lagides*, 4 Bde., Aalen 1978.

Bowman, Alan K., *Egypt After the Pharaohs*, Berkeley 1986.

Braund, David, *Rome and the Friendly King*, London 1984.

Braund, David, und John Wilkins (Hrsg.), *Athenaeus and His World: Reading Greek Culture in the Roman Empire*, Chicago 2000.

Burstein, Stanley, *The Reign of Cleopatra*, Norman 2007.

Carter, John M., *Die Schlacht bei Aktium. Aufstieg und Triumph des Kaisers Augustus*, Wiesbaden 1972.

Casson, Lionel, *Ships and Seamanship in the Ancient World*, Princeton 1971.

–, *Travel in the Ancient World*, Baltimore 1994.

Chamoux, François, *Hellenistic Civilization*, Oxford 2003.

Chauveau, Michel, *Cleopatra: Beyond the Myth*, Ithaca 2002.

–. *Egypt in the Age of Cleopatra*, Ithaca 2000.

Everitt, Anthony, *Augustus: The Life of Rome's First Emperor*, New York 2006.

–. *Cicero: Ein turbulentes Leben*, Köln 2003.

Foertmeyer, Victoria Ann, »Tourism in Graeco-Roman Egypt«, Dissertation, Princeton University, 1989.

Fraser, P. M., *Ptolemaic Alexandria*, 3 Bde., Oxford 1972.

Grant, Michael, *Kleopatra*, Bergisch Gladbach 1998.

Green, Peter, *Alexander to Actium: The Historical Evolution of the Hellenistic Age*, Berkeley 1990.
–, *The Hellenistic Age: A Short History*, New York 2007.
Green, Peter (Hrsg.), *Hellenistic History and Culture*, Berkeley 1993.
Gruen, Erich S., *The Hellenistic World and the Coming of Rome*, 2 Bde., Berkeley 1984.
Heinen, Heinz, *Kleopatra-Studien: Gesammelte Schriften zur ausgehenden Ptolemäerzeit*, Konstanzer Althistorische Vorträge und Forschungen, Bd. 49, Konstanz 2009.
Hölbl, Günther, *Geschichte des Ptolemäerreiches*, Darmstadt 1994.
Huzar, Eleanor Goltz, *Mark Antony: A Biography*. Minneapolis 1978.
Jones, A. H. M., *The Greek City: From Alexander to Justinian*, Oxford 1984.
Jones, Prudence J., *Cleopatra: A Sourcebook*, Norman 2006.
Kleiner, Diana E. E., *Cleopatra and Rome*, Cambridge, MA, 2005.
Lewis, Naphtali, *Greeks in Ptolemaic Egypt*, Oxford 1986.
–, *Life in Egypt under Roman Rule*, Oxford 1983.
Lindsay, Jack, *Cleopatra*, London 1998. [gekürzte dt. Ausgabe der 1. Auflage: *Kleopatra. Eine Frau und eine Epoche*, Düsseldorf/Köln 1972].
Macurdy, Grace Harriet, *Hellenistic Queens*, Baltimore 1932.
Neal, Linda Ricketts, »Cleopatra's Influence on the Eastern Policy of Julius Caesar and Mark Antony«, Magisterarbeit, Iowa State University, 1975.
Pelling, Christopher B. R. (Hrsg.), *Plutarch: Life of Antony*, Cambridge 1999.
Pomeroy, Sarah B., *Women in Hellenistic Egypt*, Detroit 1990.
Préaux, Claire, *L'Economie royale des Lagides*, Brüssel 1939.
–, *Les grecs en Égypte, d'après les archives de Zénon*, Brüssel 1947.
Rawson, Elizabeth, *Intellectual Life in the Late Roman Republic*, Baltimore 1985 (ND 2002).
Reinhold, Meyer, *A Historical Commentary on Cassius Dio's Roman History*, Atlanta 1988.
Ricketts, Linda Maurine, »The Administration of Ptolemaic Egypt Under Cleopatra VII«, Dissertation, University of Minnesota, 1980.
Rostovtzeff, Michael, *Gesellschafts- und Wirtschaftsgeschichte der hellenistischen Welt*, 3 Bde., Darmstadt 1998.
Rowlandson, Jane (Hrsg.), *Women and Society in Greek and Roman Egypt: A Sourcebook*, Cambridge 1998 (ND 2005).
Sacks, Kenneth S., *Diodorus Siculus and the First Century*, Princeton 1990.
Shipley, Graham, *The Greek World After Alexander*, London 2000.
Sullivan, Richard D., *Near Eastern Royalty and Rome: 100–30 BC*, Toronto 1990.
Syme, Ronald, *Die römische Revolution: Machtkämpfe im antiken Rom*, Stuttgart 2003.
Tarn, William W., und M. P. Charlesworth, *Octavian, Antonius und Kleopatra*, München 1967.
Tarn, William W., und G. T. Griffith, *Die Kultur der hellenistischen Welt*, Darmstadt 1966.

Thompson, Dorothy, *Memphis under the Ptolemies,* Princeton 1988.
Tyldesley, Joyce, *Cleopatra: Last Queen of Egypt,* London 2008.
Van 't Dack, E. (Hrsg.), *Egypt and the Hellenistic World: Proceedings of the International Colloquium, Leuven, 24 – 26 May 1982,* Studia Hellenistica 27, Löwen 1983.
Volkmann, Hans, *Kleopatra: Politik und Propaganda,* München 1953.
Walbank, F. W., *Die hellenistische Welt,* München 1994.
Walker, Susan, und Sally-Ann Ashton (Hrsg.), *Cleopatra Reassessed,* London 2003.
Walker, Susan, und Peter Higgs (Hrsg.), *Cleopatra of Egypt: From History to Myth,* Princeton 2001.
Whitehorne, John, *Cleopatras,* London 1994.
Will, Edouard, *Histoire politique du monde hellénistique,* Paris 2003.

NAMENSREGISTER

(Kursiv gesetzte Ziffern beziehen sich auf die Bildunterschriften im Bildteil sowie auf die Fußnoten)

SACHREGISTER

(Kursiv gesetzte Seitenzahlen beziehen sich auf den Bildteil und die Fußnoten)

BILDNACHWEIS

Vorsatzblatt: Nimatallah / Art Resource, NY

1 Aquarell des Kanopischen Wegs: Jean-Claude Golvin
2 Aquarell von Alexandria: Jean-Claude Golvin
3 Die Welt, wie Kleopatra sie kannte: Cram's 1895 Universal Atlas
4 Vielleicht Kleopatra, in parischem Marmor: Sandro Vannini / Corbis
5 Vielleicht Kleopatra, mit festem Haarknoten: Bildarchiv Preussischer Kulturbesitz / Art Resource, NY
6 Vielleicht Kleopatra, ohne Diadem: © The Trustees of the British Museum
7 Vielleicht Kleopatra, mit markanten Wangenknochen: © Griechische Republik / Kulturministerium / Delos-Museum
8 Frauen, die mit Knöchelchen oder Würfeln spielen: © The Trustees of the British Museum
9 Mädchen mit Schreibtafel: Erich Lessing / Art Resource, NY
10 Ptolemaios Auletes: Mit freundlicher Genehmigung des Brooklyn Museum
11 Spielstein aus Elfenbein mit dem Bild Ptolemaios' XIV.: Bibliothèque nationale de France
12 Wahrscheinlich Kaisarion, in Granit: Araldo de Luca
13 Kleopatra als Isis, in Granit: © Musée royal de Mariemont
14 Büste des Ptolemaios Philadelphos: Jack A. Josephson
15 Basaltstatue der Kleopatra: Bild mit freundlicher Genehmigung des Rosicrucian Egyptian Museum, San Jose, Kalifornien
16 Wahrscheinlich Alexander Helios: Foto © The Walters Art Museum, Baltimore
17 Kleopatra-Stele: Louvre, Paris / Lauros / Giraudon / The Bridgeman Art Library
18 Caesar-Büste: Scala / Art Resource, NY
19 Stele des Buchis-Stieres: Kairo, Ägyptisches Museum
20 Chalzedon-Gemme Caesars: Bibliothèque nationale de France
21 Büste des Marcus Antonius: akg-images
22 Jaspis-Gemme des Marcus Antonius: © The Trustees of the British Museum

23 Zyprische Bronzemünze: © The Trustees of the British Museum

24 Bronzemünze aus Alexandria: Hunterian Museum, University of Glasgow

25 Silberne Tetradrachme aus Antiochia: Mit freundlicher Genehmigung der American Numismatic Society

26 Silberne Tetradrachme aus Askalon: Mit freundlicher Genehmigung des The Fan Museum, Greenwich, London

27 Goldring mit ptolemäischer Königin: V&A Images, Victoria and Albert Museum

28 Gemme aus blauem Glas: © The Trustees of the British Museum

29 Hathortempel in Dendera: Erich Lessing / Art Resource, NY

30 Cicerobüste: Galleria degli Uffizi, Alinari / The Bridgeman Art Library

31 Octavianstatue: Archäologisches Nationalmuseum, Athen

32 Büste der Octavia: The Granger Collection / GetStock.com

33 Hellenistisches Mosaik: © Bibliotheca Alexandria Antiquities Museum, Foto von Mohamed Nafea

34 Ohrringe aus Gold, Halbedelsteinen und Glas: Art Resource, NY

35 Denar mit Krokodil: TopFoto / GetStock.com.